善待儿童

儿童最大利益原则及其在教育、家庭、刑事制度中的运用

何海澜 / 著

The Principle of the Best Interest of the Child:

Its Implementation in Education, Family and Criminal Institutions

中国法制出版社
CHINA LEGAL PUBLISHING HOUSE

本书由北京师范大学青年教师
基金资助（310400062），特此致谢！

出版说明

人类文明史上，善待儿童总是言之善美、行之艰难，有时候甚至适得其反。为改变这个状况，要仰赖成人世界的道德自觉，更要依靠人类法律文明的制度化力量，这需要我们深入研究儿童制度原理，以形成更多更广泛的制度共识，凝聚更大更雄浑的制度伟力。

儿童最大利益原则（The Principle of Best Interest of Child）是现代政治法律中关于关爱和保护儿童的最重要、最核心，也是聚讼争议最为纷繁的制度原则，它要求凡涉儿童之事，皆主要考虑儿童，对儿童给予特别照顾。该书聚焦这个原则，旨在通过阐述其历史文化基础、制度设计机理、困境中的求索与发展，并分析其在教育、家庭、刑事等制度中的具体运用，力求探幽究微，诠释现代儿童制度的基本原理。作者主要从法学、儿童学的视角，兼采教育学、心理学、人权学、社会学、文化学等领域的有关成果，运用文献考索、案例分析、条约解释等方法，力求融会历史与现实、国内法与国际法、学术理论与制度实践，并以较多笔墨关注中国儿童制度的改革发展，勾画了一幅充满利益矛盾、制度博弈、学术论辩和文化冲突的复杂图景。作者意在强调，善待儿童的关键，是克服成人世界的自私、傲慢和偏执，真正按照儿童身心全面自由发展的实际需求，健全儿童法制和权利机制，使儿童利益和需求在制度上可要求、可主张、可救济、可维护。

全书由导论、正文十一章及结语构成。导论介绍儿童最大利益原则研究的背景和意义、国内外进展及本研究的意图与路径，正文各章依次论述儿童最大利益原则的孕育与生长、当代改革与发展、进入国际人权法、在《儿童权利公约》框架下的实施、困境中的求索、中国的历程、儿童受教育权的基本理论问题、儿童教育公平权、儿童教育质量权、儿童母乳喂养权以及违法儿童的保护。

该书反映了作者多年来研究儿童保护的学术成果，内容广泛，深入浅出，适合社会各界人士阅读。

目　录

CONTENTS

导　论

关爱儿童、保护儿童是人类的善良本性和道德传统，但是受利益和欲望的驱使，成人世界处处包藏着漠视和侵害儿童利益的危险，儿童最大利益原则的提出是一个改变儿童被动地位和悲惨处境的革命性变化，其核心理念是把儿童利益作为主要考虑，按照最有利于儿童的原则来调整和处理涉及儿童的法律关系，建立以儿童权利为中心的儿童法律文化。儿童最大利益原则是保护儿童的福音，是世界家庭法发展的一项伟大历史成就，是当代国际人权法发展的重要内容和动力，同时，深入研究、充分实施儿童最大利益原则，也是中国加强儿童权利保护、发展人权事业的迫切需要。

一、研究背景及意义

儿童代表未来和希望，但他们又是现实中的弱者，需要得到特别的关爱和保护。关爱儿童一直是人类道德文明中最自然、最温馨的部分，但是，在人欲横流、利益冲突的成人世界，一旦遭遇弱肉强食的“丛林法则”，这个最自然、最温馨的部分往往又是最虚弱、最无力的。善待儿童总是言之善美、行之艰难，有时候甚至适得其反。世界各个民族自古流传的形形色色的悲惨故事，多数与儿童的不幸遭遇有关。在人类历史上相当长的时期，乃至当今许多地区、许多场合，儿童并没有被看作是与成人一样的平等主体，他们往往被当作家族的财产和成人的附属品，或成为成人争斗的牺牲品，或沦为成人攫取财富和利益的工具。

为改变这个状况，既要仰赖成人世界的道德自觉，更要依靠人类法律文明的制度化力量，这需要我们深入研究儿童保护制度原理，以形成更多更广泛的制度共识，凝聚更大更雄浑的制度伟力。回顾历史，可以看到，随着人类文明的进步，爱护儿童的道德风尚和法律制度在不断抗争中艰难而顽强地生长。特别是随着近代启蒙运动的兴起，自然法和自然权利学说的提出，儿童的利益被作为一项权利来看待，儿童开始被看作独立的权利主体，保护儿童权利成为近代欧美国家政治法律改革的一项重要内容，并逐渐进入到国际人权法领域，成为当今人类的一个制度共识。在儿童保护制度所取得的若干成就和进展中，儿童最大利益原则[①]的提出具有划时代的重要意义，成为儿童的福音。简单说来，这个原则要求，凡涉儿童之事，皆主要考虑儿童，对儿童给予特别照顾。可以说，儿童最大利益原则是现代政治法律制度中关于儿童保护的最重要、最核心、也是聚讼争议最为纷繁的制度原则。

鉴于此，本书拟聚焦儿童最大利益原则，力图通过阐述该原则的历史文化基础、制度设计机理、困境中的求索与发展，并具体分析其在教育、家庭、刑事等制度中的运用，探幽究微，诠释儿童制度的若干基本原理问题，以期对中国儿童保护的理论和实践有所贡献。

（一）人类法律史上的伟大成就

作为儿童保护制度的一项核心原则，儿童最大利益的理念起源于英美法国家的家庭法传统。在这个过程中，19 世纪中期边沁的功利主义法理学和美国法律文化中对儿童利益的强调，起到了重要作用。19 世纪至 20 世纪初，美国的改革者们、博爱主义者们确信，人的童年应当充满快乐，要重视儿童有别于成人的特征和需要，那些处于社会边缘以及需要帮助的孩子都应该被纳入福利的考虑中。于是，“儿童最大利益”的理念逐渐生成，成为美国联邦法律制度的一个要素。英国、美国的法官们认真探索有关儿童最大利益原则的含义以及审判标准，特别是在有关儿童抚养、监护问题较多的亲子法领域，形成了一系列重要的理论学说与司法推断标准，比如“幼年原则”“主要照顾者的预设”“心理上父母的推论”等。为了最大限度地减少离婚

① “The Principle of best interest of the child”，也可译为“儿童最佳利益原则”。为了与相关国际人权文书的中文译本以及国内法律文书表述一致，本文采用“儿童最大利益原则”的译法。

给儿童带来的伤害，人们开始尝试采纳一种新的监护方式，即共同监护。在立法方面，20 世纪 70 年代至 20 世纪 90 年代，各国纷纷开始通过儿童法、抚养法、收养法、离婚法等对儿童在抚养方面的最大利益要素作出规定。英国有 1989 年《儿童法案》，澳大利亚有 1975 年《家庭法》，美国有 1973 年《统一结婚离婚法》并辅以各州立法的补充规定。

与英美法系国家相比，大陆法系国家和地区贯彻实施儿童最大利益原则有自己的特点。对于如何断定儿童最大利益，多数大陆法系的国家和地区并没有像英美法系国家那样，以详尽的列举式条款进行规定，但还是有些国家和地区，如德国、法国、俄罗斯、日本及我国台湾地区等，在立法中明确肯定了儿童最大利益原则。其中，德国还将儿童最大利益原则写入了民法典，诚可谓大陆法系国家中贯彻儿童最大利益原则之最为彻底者。

作为一项世界性的法律成就，儿童最大利益原则的重要价值，不仅仅在于宣示理想目标，还在于发展出一套关于如何关爱儿童、善待儿童的具体制度标准和机制。比如，强调尊重儿童作为权利主体的自治权，要求任何有关儿童的决定都要为儿童提供充分的表达意见的机会，裁决者或战略制定者应根据儿童的年龄和成熟度，对其意见进行合理采纳。各发达国家的立法与司法制度在不同程度上体现了这一主旨，这是儿童最大利益原则在 20 世纪发展进程中的一大特色。又比如，建立一套切实可行的儿童权利保护的监督机制。英国有关部门在离婚纠纷中行使司法权，多采取调解的方式，但即便是调解，也必须在地区法官或福利官的监督下进行，以防止父母制定不符合儿童最大利益的协定。[①] 若涉及诉讼，法庭必须为儿童指定诉讼监护人，代表儿童参与离婚诉讼，

---

① Gareth Miller, *Fronteirs of Family Law*, Aldershot: Ashgate PublishingLimited, 2003, pp.148–149.

就监护、抚养等问题提出符合儿童最大利益原则的建议。2004年，英国再次修订《儿童法》(2004 *Children's Act*)设立了政府的协调干预制度，以确保儿童权利的实现和儿童利益的最大化。在澳大利亚，法院也为维护儿童的最大利益设立了家庭顾问制度以及律师独立代表制度。以上这些成就，都是宝贵的历史文化财富，值得我们认真研究，并加以吸收。

(二)当代国际人权法的一座丰碑

自20世纪初期，儿童最大利益原则逐步进入国际人权领域，不仅为儿童权利在世界范围的发展推波助澜，而且为国际人权法的发展注入强劲动力。这生动体现在一系列人权文书里，如1924年《儿童权利宣言》(《日内瓦宣言》)、1948年《世界人权宣言》、1950年《欧洲保护人权与基本自由公约》、1959年《儿童权利宣言》、1966年《经济、社会和文化权利国际公约》、1966年《公民权利和政治权利国际公约》、1980年《海牙国际性非法诱拐儿童民事事项公约》①、1980年《关于承认和执行关于儿童监护和恢复儿童监护权决定的欧洲公约》②、1987年《非洲儿童福利和权利宪章》、1993年《海牙跨国收养公约》、1996年《欧洲行使儿童权利公约》③以及1996年《海牙保护儿童公约》等。④其中，将儿童权利保护和最大利益原则推向新阶段的，是1989年联合国《儿童权利公约》。《儿童权利公约》第3条第1款被认为是“儿童最

① Hague Convention on the Civil Aspects of International Child Abduction, 1980.

② European Convention on Recognition and Enforcement of Decisions Concerning Custody of Children and on Restoration of Custody of Children, 1980.

③ The European Covention on the Exercise of Children's Rights, 1996.

④ Michael Freeman, *A Commentary on the United Nations Convention on the Rights of the Child: Article 3 The Best Interest of The Child*, Leiden: Martinus Nijhoff, 2007.pp.11–23.

大利益”作为一项国际普遍承认的原则得以确立的里程碑。[1]迄今为止，已有196个国家加入了《儿童权利公约》。这意味着，儿童最大利益原则已经成为世界上多数国家和地区保护儿童权利的一般准则，各国的立法、司法和行政机关都要将儿童的最大利益纳入其规划、行动以及评估的标准。

最近几十年来，围绕最大利益原则提出的理论主张、进行的制度变革，一直走在当代人权事业发展的前沿，对儿童权利公约的实施起到重要推动作用。但同时，我们也要看到，在这个过程中，这个原则仍然遭遇着种种困境，其自身存在的一些问题也逐渐暴露出来，对学术理论的深化创新和制度实践的改革发展不断提出新的呼唤。

（三）中国儿童保护的必由之路

深入研究、正确运用儿童最大利益原则，是我国履行《儿童权利公约》义务的客观需要，也是改善我国儿童保护制度、推进人权法治事业的重要途径。

从国际法的角度看，我国作为提出通过1989年联合国《儿童权利公约》决议草案的共同提案国之一，自始便积极参与该公约的起草和制定。1990年8月29日，我国签署了该公约；1991年12月29日，第七届全国人大常委会第二十三次会议审议批准了该公约。我国在批准《儿童权利公约》时，没有对该公约第3条关于儿童最大利益原则的规定提出保留，这意味着，我国对儿童最大利益原则在国内的实施负有国际法律义务，国内立法、司法、行政措施等一切有关儿童事务的行为，都应当符合这一原则。如何做到这一点，需要深层次的理论探讨和制度改革。特别要看到，儿童权利委员会作为《儿童权利公约》实施的监督机构，一

① 王雪梅：《儿童权利保护的“最大利益原则”研究》，载《环球法律评论》2002冬季号，第493页。

方面为了使缔约国正确理解公约的含义和实施步骤，通过一般性意见对公约进行解释；另一方面，通过缔约国报告机制，对缔约国保障公约下权利的进展情况进行监督，通过定期评议缔约国报告，发现公约执行过程中存在的问题、取得的进步，并提出改进的建议。2011 年 12 月 19 日，联合国大会还通过了《儿童权利公约关于设定来文程序的任择议定书》（以下简称《公约第三项任择议定书》），为儿童设立了个人申诉机制。这意味着，随着《儿童权利公约》实施和监督机制的逐步加强，作为缔约国必须承担更强的法律义务，我国将面临更大的国际压力。

从国家现代化建设和人权发展的角度看，儿童最大利益原则应当成为切实改进儿童权利保护、培养现代合格国民的重要依循。历史上，我国虽然有悠久的重视儿童的优良文化传统，但是，儿童权利保护，正如整个公民权利保护那样，并不是中华法律文化的特色。现实中，随着市场经济发展、社会流动加快、贫富分化加剧、离婚率上升、教育应试化以及道德诚信动摇，对儿童的保护面临严峻挑战，令人担忧。对儿童负责就是对整个社会乃至整个国家的未来负责。为了我国未来的发展，提高国民素质，培养出品行优良的公民，国家应当进一步从实处将儿童的生存、发展和教育重视起来，着力规范和保护儿童的生存环境，并实施必要的干预。在这一过程中，儿童最大利益原则是离不开、绕不过的一条重要原则。这一原则历经二百年的发展，其中包含丰富的内涵以及经过反复论证和实践的标准，值得我们认真研究和运用。

二、研究现状及成果

在中外学术界，儿童最大利益原则研究是一道亮丽风景，也是一道聚讼纷纭的难题。迄今为止，与儿童最大利益原则相关的论著可谓汗牛充栋，在法学领域多见于人权法、家庭法、教育法学科，但更多的作品出自教育学、心理学、社会学等领域的学者之手。正是这些不同专业领域的研究，丰富发展了关于儿童最大利益原则的智识和运用。

（一）三部里程碑式作品

回顾学术史，首先要提到的是三本系列名著。

20 世纪 70 年代，人们普遍认为，有关儿童和家庭的法律及司法判决没有得到应有的重视和尊重，此时，一部具有里程碑式的关于儿童最大利益的理论著作在美国诞生了。1968 年，约瑟夫·格尔斯坦（Joseph Goldstein），安娜·弗洛伊德（Anna Freud）、阿尔伯特·索尼特（Albert Solnit），这三位分别来自家庭法、心理学、儿童学领域的专家与他们的学生们，开始共同致力于探索法律在儿童抚养和安置方面的角色问题。1973 年，他们一起迎来了第一部作品的出版。《儿童最大利益之上》（*Beyond the Best Interests of the Child*, 1973）[①] 首次引入“心理上父母”的概念，把儿童的心理需求与儿童监护问题联系起来，在理论上，将儿童心理学、社会科学以及儿童实证研究强有力地植入司法程序之中。此后，这一概念被广泛应用于法律领域，特别是在涉及儿童监护权的纠纷中，如离婚案件、涉及继父母或养父母与生理父母的纠纷、涉及非婚生育父母与他人构成婚姻关系后的纠纷、涉及同性父母共同抚养孩子的纠纷等。他们的这项研究从心理学的角度，应用心理分析的方法，通过“心理上父母”的理论，来寻求对儿童最大利益问题的解答，使儿童监护发生了彻底变革。这部著作强烈影响了法官和律师，在法律界，一种以儿童为中心的态度蔚然成风。

---

① Joseph Goldstein, Anna Freud and Albert Solnit, *Beyond the Best Interests of the Child*, New York: The Free Press, 1973.

继《在儿童最大利益面前》，1979年，这三位作者又出版了《在儿童最大利益面前》（*Before the Best Interests of the Child*, 1979）。[①]该书主要就国家介入亲子关系的问题进行分析，重点论述国家介入的依据及尺度。

1982年，安娜·弗洛伊德不幸逝世，但他们的探索并没有停止。另一位杰出的律师、法学研究者索尼娅·格尔斯坦（Sonja Goldstein）女士加入了这一研究。1986年，与前两部作品地位相当的第三部作品《儿童最大利益之中》（*In the Best Interests of the Child*, 1986）[②]问世了。这部作品的主要贡献在于，回过头来为摇摆不定的亲子关系提供平衡的方法，界定了儿童监护的专业界限。

1998年，这三部作品经过修订，再次以三部曲的形式出版，[③]时至今日，在家庭法中有关儿童监护的问题上依然备受瞩目，已然成为儿童保护制度原理研究的里程碑式的作品。

（二）其他优秀作品

同样值得关注的，还有其他一些优秀作品。

20世纪90年代，由菲利普·奥斯顿（Philip Alston）主编的《儿童最大利益原则研究》（*The Best Interest of The Child*: *Reconciling Culture and Human Rights*, 1994），[④]从国际人权法与文化融合的角度收录了当时国际上有关儿童最大利益原则的最新研究。在《儿童权利公约》通过最初的几年里，这部论文集的诞生无疑从一个

---

① Joseph Goldstein, Anna Freud and Albert Solnit, *Before the Best Interests of the Child*, New York: The Free Press, 1979.

② Joseph Goldstein, Anna Freud and Albert Solnit, *In the Best Interest of the Child*, New York: The Free Press, 1986.

③ Joseph Goldstein, Sonja Goldstein, Albert Solnit and the late Anna Freud, *In the Best Interest of the Child*, New York: The Free Press, 1998.

④ Philip Alston eds., *The Best Interest of the Child*: *Reconciling Culture and Human Rights*, Oxford: Clarendon Press, 1994.

新的视角，在国际人权法的框架下，向人们展示了儿童最大利益原则向国内法转化时面临的主要问题。这部合集在第一部分收录了几篇具有重要影响的文章，比如奥斯顿从文化与人权法融合角度的分析研究，[①] 史蒂芬·帕克（Stephen Parker）对这一原则不确定性的论述，[②] 约翰·伊克莱（John Eekelaar）关于儿童最大利益与儿童自治能动论的介绍等。[③] 在第二部分，各国的学者们分别从国内的角度探讨了有关儿童最大利益原则的实施问题，特别是儿童的教育、就学与监护问题。

2002年，克莱尔·布林（Claire Breen）出版了《儿童最大利益的标准：国际法和比较法中的西方传统》（*The Standard of the Best Interests of the Child: A Western Tradition in International and Comparative Law*, 2004）。[④] 作者从西方传统与国际法的角度对儿童最大利益的适用标准进行了分析。鉴于联合国儿童权利委员会将儿童最大利益原则作为一项指导性原则，这项研究聚焦于检验儿童最大利益原则在书中讨论的几个主题中究竟发挥了多大作用。这几个主题包括：西方社会法律传统、女童割礼、不干涉主义与亲权、少年犯死刑、《欧洲人权公约》机制下的传统。这部作品有一个重要观点：儿童最大利益原则是建立在“儿童无邪且需要保护”的西方传统观念的基础之上的，倘若人们一旦发现（某些）

---

① Philip Alston, “The Best Interest Priciple: Towards a Reconciliation of Culture and Human Rights”, in Philip Alston eds., *The Best Interest of the Child: Reconciling Culture and Human Rights*, Oxford: Clarendon Press, 1994, pp. 1–25.

② Stephen Parker, “The Best Interests of the Child–Principles and Problems”, in Philip Alston eds., *The Best Interest of the Child: Reconciling Culture and Human Rights*, Oxford: Clarendon Press, 1994, pp. 26–41.

③ John Eekelaar, “The Interest of the Child and the Child’s Wishes: The Role of Dynamic Self–Determinism”, in Philip Alston eds., *The Best Interest of the Child: Reconciling Culture and Human Rights*, Oxford: Clarendon Press, 1994, pp. 42–61.

④ Claire Breen, *The Standard of the Best Interests of the Child: A Western Tradition in International and Comparative Law*, New York: Springer, 2002.

儿童与此（“儿童无邪且需要保护”）判断标准不相符合，这一原则的适用便出现了困难。为此，考虑到标准的灵活性，应当把儿童最大利益原则看作国际法和国内法中儿童权利的支持性原则。

20 世纪 70 年代开始，关于儿童最大利益原则含义不明、标准不清的批判接踵而至。的确，儿童最大利益原则的这一特征是它在国内实施的主要困难。尽管这一原则通过 1989 年联合国《儿童权利公约》在国际人权法和国内法中被确立为一项指导性原则，但面对缔约国正确履行公约下法律义务的实际困惑，进一步明确这一原则的含义、地位与作用，还是显得十分必要。2007 年，英国学者迈克尔·弗里曼先生（Michael Freeman）出版了《〈联合国儿童权利公约〉第 3 条儿童最大利益评注》（*A Commentary on the United Nations Convention on the Rights of the Child: Article 3 The Best Interest of The Child*, 2007）。[①] 这部作品从国际人权法的角度，特别是在《儿童权利公约》的框架下分别介绍了儿童最大利益原则与其他国际人权文书的关系，公约第 3 条的含义与角色等。这一研究，为各国正确理解和定位公约中儿童最大利益原则，正确履行公约下的法律义务做出了卓越贡献。

还有一些同样优秀的作品涉及儿童最大利益原则。比如，莎伦·德特里克（Sharon Detrick）的《联合国儿童权利公约评注》（*A Commentary on the United Nations Convention on the Rights of the Child*, 1999）[②] 对《儿童权利公约》的起草历程、内容、适用、作用及限制进行了系统的介绍。该书的第二部分还对《儿童权利公约》各条款进行了详细的解释和评注，包括对第 3 条有关儿童最大利益原则本质的分析、缔约国履行国际法律义务的范围等，并

① Micheal Freeman, *A Commentary on the United Nations Convention on the Rights of the Child: Article 3 The Best Interest of The Child*, Leiden: Martinus Nijhoff, 2007.

② Sharon Detrick, *A Commentary on the United Nations Convention on the Rights of the Child*, The Hague: Martinus Nijhoff, 1999.

叙述了欧洲人权法院对该项原则的解释。

迈克尔·金和克里斯廷·派珀（Michael King and Christine Piper）合著的《法律如何看待儿童》(*How the Law Thinks of the Child*, 1995)[①]讨论了在法律体系中处理有关儿童虐待、儿童监护以及违法少年案件时，涉及的儿童最大利益问题，并论及自由裁量权的范围以及法律和其他学科的相关性。这部作品汲取了自创生理论和彻底构建主义的观点，认为重新构建法律体系中的儿童福利问题能够避免儿童福利政治化。

朱莉娅·菲昂达（Julia Fionda）主编的《童年的法律概念》(*Legal Concepts of Childhood*, 2001)[②]提示人们深入思考儿童在法律中的地位与处境。书中写道，在我们的历史和现代理论中，儿童是谁？儿童是什么？什么构成了童年？这些问题的答案是随着儿童与国家关系的变化而不断改换的。就什么是“儿童期”的法律概念的解释，实际上包含着人们对如何看待儿童的不同见解，还不免包含着人们对儿童能力的期待，而这些期待有的早已超出了儿童自身具备的能力，或许是不恰当、不公正的。正是这些不恰当、不公正的期待，要求人们从一定程度上对儿童进行保护，并承担起保证儿童福利的责任。这部论文集讨论了法律学科中有关儿童的不同角色，强调成人往往从各种不同的角度看待儿童，包括诉讼当事人、被害人、犯罪人、所有人的财产、福利服务的接受者等，继而分析了在不同学科中法律执业者们是如何看待儿童的。在不同的情境下，儿童的角色在法律执业者的眼中千差万别，比如，他们可能被视为应当受到关心、被保护的对象，或是自主的权利拥有者，抑或是缺乏道德意识、心智能力者，也可能是心智成熟、

---

① Michael King, Christine Piper, *How the Law Thinks of the Child*. 2d ed, Aldershot, UK: Arena, 1995.

② Julia Fionda, ed., *Legal Concepts of Childhood*. Oxford: Hart, 2001.

具备完全行为责任能力的人。该文集还从不同学科，包括法学、社会学、心理学、哲学以及文学等多方面，讨论有关儿童期的概念。

斯坦福·卡兹（Stanford N.Katz）、伊克莱（John Eekelaar）、麦克莱恩（Mavis Maclean）共同主编的《跨越世纪：美国和英格兰的家庭法律政策》（*Cross Currents: Family Law Policy in the United States and England*, 2000）[①] 运用比较研究的方法，对 20 世纪 50 年代至 21 世纪初美国和英格兰家庭法领域的主要问题进行了总结分析。其中，有两篇论文主要探讨了儿童最大利益。

迈克尔·金（Michael King）主编的《儿童福利的道德议程》（*Moral Agendas for Children's Welfare*, 1999）[②] 讨论了儿童法中的道德体现和有关道德的事项，涉及的问题包括对儿童有益的性别、原教旨主义、儿童福利的法律工作与儿童心理分析工作之间的矛盾等。

此外，还有一些论文值得特别关注，比如，约翰·伊克莱（John Eekelaar）在《儿童权利的出现》（*The Emergence of Children's Rights*, 1986）[③] 一文中讨论了儿童权利和最大利益在英国法中的发展，并提出儿童自治的利益的法律地位及其重要性。伊克莱认为，儿童自治是一项重要的儿童权利，而不是一项危险的权利。这项权利赋予儿童犯错的权利。

（三）近十年来的最新成果

近十年来，学界对儿童最大利益原则的研究不断取得新的成就。

---

① Stanford N.Katz, John Eekelaar and Mavis Maclean, *Cross Currents: Family Law Policy in the United States and England*, Oxford: Oxford University Press, 2000.

② Michael King, ed., *Moral Agendas for Children's Welfare* London and New York: Routledge, 1999.

③ John Eekelaar, "The Emergence of Children's Rights", in *Oxford Journal of Legal Studies*, Vol.6, No.2, 1986, pp.161–182.

约翰·托宾（John Tobin）题为《评判法官：他们采用权利的方式处理儿童问题了吗？》（*Judging the Judges: Are They Adopting the Rights Approach in Matters Involving Children?*，2009）[①]的文章，通过讨论一系列国内、区域和国际案例法，强调了法官适用儿童权利的能力，并对儿童权利语境下最大利益的基本要素作了分析。

吉恩·采尔马特（Jean Zermatten）在《儿童最大利益原则：语义分析和功能》（*The Best Interests of the Child Principle: Literal Analysis and Function*，2010）[②]一文中对《儿童权利公约》下的儿童最大利益原则作了概念和语义分析。作者认为，儿童最大利益原则在19世纪晚期至20世纪早期的历史文献并不多见，但作为当代法律概念的产物，儿童最大利益原则的内容和功能，通过一系列的学术研究和规则论证，在法学理论中已占有一席之地。这篇论文通过分析该项原则与《儿童权利公约》中其他条款的关系，谨慎地指出，不应将儿童最大利益理解为一项充满主观性的原则，并提倡对这一原则注入更多客观实在的理解和解释。

大卫·阿查德（David Archard）和玛丽特·斯基文尼斯（Marit Skivenes）共同撰写的《决定最大利益：挪威和英国的基本原则和判例》（*Deciding Best Interests: General Principles and the Cases of Norway and the UK*，2010）[③]论述了诠释最大利益原则所面临的困难。这篇论文假设理性的审议程序是使儿童获得最大利益的最佳

---

① John Tobin, "Judging the Judges: Are They Adopting the Rights Approach in Matters Involving Children?" , *in Melbourne University Law Review*, Vol.33, No.2, 2009, pp. 579–625.

② Jean Zermatten, "The Best Interests of the Child Principle: Literal Analysis and Function", in *The International Journal of Children's Rights*, 2010, Vol.18, Iss.4, pp.483–499.

③ David Archard and Marit Skivenes, "Deciding Best Interests: General Principles and the Cases of Norway and the UK" , in *Journal of Children's Services*, Vol.5, Iss.4, 2010, pp. 43–54.

方法，建议立法者不要大量、具体地规定什么是每一个孩子的最大利益，而是应当致力于形成一个列明儿童最大利益相关核心要素的清单。这个清单的内容不可穷尽，并且它能够帮助每一位儿童利益的决策者，在任何有关某一儿童利益的案件或事项上进行正确地评估和判断。同时，儿童自己的主张在任何有关最大利益的审议中是不可缺少的。法官应当将客观事实与援引的、大量的、具有争议的假设区分开来。

除了法学领域，儿童的最大利益也受到社会学和心理学学者的关注。保罗·米勒（Paul Millar）在《儿童的最大利益：一个以证据为基础的方法》（*The Best Interests of Children*: *An Evidence-Based Approach*，2009）[①]中，从实证的角度，通过数据对亲子法中儿童的最大利益作出分析。儿童的最大利益在家庭法中，特别是在有关儿童监护和抚养的案件中，是最重要的准则。儿童的最大利益与社会学理论紧密相关，社会学中通过调查研究得出的数据决定了儿童利益的重要的构成因素、特征和界限。米勒在这一研究中通过收集、分析司法数据中心以及国家发布的大量信息，发现儿童照顾者的性别因素并不重要，家庭成员的活力以及育儿策略对儿童的利益起到关键作用。这意味着，父母的行为决定着儿童利益的多少得失。米勒认为，在离婚的情形下，儿童的发展问题主要源于父母与子女的亲密联系被中断，他建议，法律应当保护儿童与爱他们的亲人之间的亲密联系。

本杰明·嘉伯（Benjamin D.Garber）所著的《家庭法领域的发展心理学：理论、适用以及儿童的最大利益》（*Developmental Psychology for Family Law Professionals*: *Theory*, *Application*, *and*

① Paul Millar, *The Best Interests of Children*: *An Evidence-Based Approach*, Toronto: University of Toronto, 2009.

The Best Interests of the Child，2010）[1]，从儿童心理发展的角度，在家庭法的范畴内对儿童最大利益的理论与适用进行了分析。作者建议，将发展心理学理论，包括任一儿童在不同阶段的发展需求、儿童的发展轨迹等理论纳入立法和审判的考虑要素中。特别是对儿童造成影响的虐待、忽视、移徙、离婚等事件和案件的处理和审判中，发展心理学的运用将起到重要作用。

与国际人权法宗旨的推定扩展相伴随，儿童最大利益原则与其形成之初相比，已经发生了很大变化，其适用范围从最初的婚姻家庭法领域的儿童监护权的纠纷，发展到与儿童相关的各个领域，成为一项跨学科研究。比如：在儿童教育方面，免费教育、免于教育歧视、禁止体罚等获得最大利益原则的有力支持；在少年司法方面，司法的正当程序和审判后的保护处分对违法少年进行的特别保护，体现了保护儿童最大利益的明显意向。[2] 特别是近些年来，学者们根据司法实践结合理论探讨，从更多新的角度发掘儿童最大利益原则的适用性，如胎儿的生命权与儿童的最大利益原则[3]、人造婴孩的最大利益[4]、母乳喂养与儿童最大利益[5]，变性父/母家庭中的儿童最大利益[6]、同性父

---

① Benjamin D.Garber, *Developmental Psychology for Family Law Professionals: Theory, Application, and The Best Interests of the Child*, New York: Springer Publishing, 2010.

② 参见《联合国少年司法最低限度标准规则》《联合国保护被剥夺自由少年规则》中的内容。

③ David N.Cornfield, Jeffrey P.Kahn, "Decisions about Life-sustaining Measures in Children: in Whose Best Interests?" , in *Acta Paediatrica*, Vol.101, Iss.4, 2012, pp.333–336.

④ Claire Breen, "Poles apart? The Best Interests of The Child and Assisted Reproduction in The Antipodes and Europe" , in *The International Journal of Children's Rights*, Vol.9, Iss.2, 2001.pp.157–180.

⑤ Linda Sweet and Charmaine Power, "Family Law as a Determinant of Child Health and Welfare: Shared Parenting, Breastfeeding and The Best Interests of The Child" , in *Health Sociology Review*, Vol. 18 Iss.1, 2009, pp.108–118.

⑥ Kari J.Carter, "The Best Interest Test and Child Custody: Why Transgender Should Not Be a Factor in Custody Determinations" , in *Health Matrix*, 2006.Vol.16, Iss.1, pp.209–236.

母抚养权与儿童最大利益[1]、移民法律和程序中的儿童最大利益[2]、律师的角色与儿童的最大利益[3]、儿童的最大利益、意愿与医疗健康[4]、体罚儿童和儿童人格尊严与最大利益原则[5]等。纵观这些新发展，可以看到，其共同特点是，强调通过国家的积极介入，实现儿童与成人在道德、地位、权利上的平等，从而促进和保障儿童的基本人权。

（四）中国学界的研究

近些年来，我国学者，特别是人权法、家庭法、教育法领域的学者，在儿童最大利益原则研究方面作出了艰辛努力，取得了瞩目的成果。

继一批基础性人权理论论著问世，一些论著聚焦儿童权利原理，从人权法的角度讨论什么是儿童的最大利益，提出政策和法律意见。柳华文主编的《儿童权利与法律保护》（2009）[6]着眼于中国的实际问题，通过大量的理论研究和案例分析，探讨了当前中国儿童权利保护所面临的诸多问题，包括弱势儿童的权利保护、儿童利益最大原则的国内实施、《未成年人保护法》的修订与实

---

① Daniel Rivers, " 'In The Best Interests of The Child' : Lesbian and Gay Parenting Custody Cases" , in *Journal of Social History*, Vol.43, No.4, 2010, pp.917-943.

② Bridgette A. Carr, "Incorporating a 'Best Interests of the Child' Approach Into Immigration Law and Procedure" , in *Yale Human Rights and Development Law Journal*, Sping, 2009.pp.120-159.

③ Jane Spinak, "When Did Lawyers for Children Stop Reading Goldstein, Freud and Solnit? Lessons from the Twentieth Century on Best Interests and the Role of the Child Advocate" , in *Family Law Quarterly*, Vol.41, 2007.pp.393-34.

④ Sarah Elliston, *The Best Interests of the Child in Healthcare*, New York: Taylor & Francis e-Library, 2007.

⑤ Micheal Freeman, "Upholding The Dignity and The Brest Interest of Children: International Law and Corporal Punishment of Children" , in *Law and Contemporary Problems*, Vol.73, 2010 Spring. pp.211-251.

⑥ 柳华文主编:《儿童权利与法律保护》，上海人民出版社 2009 年版。

施、农村留守儿童的问题、通过社会性别视角下的儿童权利保护、儿童安康与权利保护、中国残疾儿童的权利立法和法律实施、中国儿童的出生登记问题、女童性侵害问题、未成年人犯罪刑罚适用问题等。再如，王雪梅撰写的《儿童权利理论：一个初步的比较研究》(2005)，[①] 通过对儿童权利的解析，分析我国儿童权利保护法律实践，并对联合国《儿童权利公约》进行比较研究，指出了我国儿童权利保护应努力的方向，其中有专门关于儿童最大利益原则的介绍分析。

一些论著围绕父母的抚养义务、抚养权以及离婚后的子女监护制度、探望权等问题，对儿童最大利益原则的理论和实践问题进行了深刻独到的论述。[②] 夏吟兰所著的《美国现代婚姻家庭制度》(1999)，系统研究了美国传统家庭法中的结构制度，包括当时美国的离婚制度、子女监护和探视制度，而且对非传统家庭法中的弹性婚姻，如伴侣关系、推定婚姻以及美国家庭法中的热点问题，包括儿童最大利益以及儿童福利问题的适用，作了详尽分析。再如，王丽萍所著的《亲子法研究》(2004)[③] 系统研究了亲子法的历史沿革、亲子关系的确定及其种类、未成年子女在家庭中的权利、父母对于未成年子女的抚养义务、离婚家庭以及同性家庭中的亲子关系等。

值得注意的是，一些论著和论文围绕儿童教育制度改革，对儿童教育公平和教育质量问题，做了大量开创性研究。董奇、辛涛主编的《如何开展中小学校督导评估》[④] 注重学生权益的保

---

① 王雪梅:《儿童权利理论：一个初步的比较研究》，中国社会科学文献出版社2005年版。

② 夏吟兰:《美国现代婚姻家庭制度》，中国政法大学出版社1999年版。

③ 王丽萍:《亲子法研究》，法律出版社2004年版。

④ 教育部基础教育质量监测中心，董奇、辛涛主编:《如何开展中小学校督导评估》，教育科学出版社2013年版。

护，系统研制了一套普通中小学校督导评估方案，提供了一套完整的学校督导评估工具，并辅以评估工具应用的案例进行解释说明。这项研究还对我国法律框架下的学校督导评估指标体系进行分析，提出制度建设的若干意见。尹力撰写的《儿童受教育权：性质、内容与路径》[①]综合教育学、法学和社会学等多学科视角，基于儿童权利保护和儿童最大利益原则的理念，论述了如下内容：儿童受教育权利的性质、内容及其独特性；义务教育的基本价值取向、权利 / 义务的享有者 / 承担者以及承担义务的内容；如何保障受教育权，以及儿童受教育权受到侵害时，如何获得补偿和救济等问题。

总得看，教育学和教育法学领域的作品十分丰富。[②]一些调查研究从社会学的角度，对中国儿童的生存发展状况进行了实证分析和讨论，并提出改进的建议。尚晓援撰写的《建立有效的中国儿童保护制度》（2011）[③]对预防和制止针对儿童的暴力、虐待、忽视和剥削等行为的制度安排进行了深入的考察和分析。这部作品揭示了存在于中国家庭中和家庭外对儿童的暴力、虐待、忽视和剥削等问题，分析其原因和严重程度。尚晓援认为，中国以家庭为基础的儿童保护，不是因为儿童享有公民权利，而是因为家庭期望儿童长大以后，以某种方式回报父母。人们普遍认为父母

① 尹力：《儿童受教育权：性质、内容与路径》，教育科学出版社2011年版。

② 如劳凯声主编：《变革社会中的教育权与受教育权教育法学基本问题研究》，教育科学出版社2003年版。劳凯声主编：《中国教育法制评论》，教育科学出版社。强海燕、郑新蓉主编：《女童教育公平与教育质量研究》，教育科学出版社2013年版。杨成铭：《受教育权的促进与保护》，中国法制出版社2004年版。龚向和：《受教育权论》，中国人民公安大学出版社2004年版。申素平：《试析国际人权法中的受教育权》，载《比较教育研究》2009年第9期。辛涛：《我国教育问责制建立的几个关键问题》，载《北京大学教育评论》2013年第1期。陈韶峰：《受教育权纠纷及其法律救济》，教育科学出版社2010年版。

③ 尚晓援：《建立有效的中国儿童保护制度》，中国社会科学出版社2011年版。

采取怎样的抚养和教育子女的方式，他人无权干预。因此，当父母对孩子实施暴力、忽视和虐待时，没有有效的机制保护儿童免受来自家庭的伤害。而对于那些失去家庭保护的儿童，我国也缺少有效的制度来保护他们免受虐待、暴力、贫困的侵害。针对上述情况，作者提出了一个建立儿童保护制度的路线图。[①] 尚晓援的另一部相关作品《中国孤儿状况研究》(2008)[②] 通过对中国孤儿群体的生存和成长状况、中国的孤儿救助和照料制度进行考察分析，揭示了中国孤儿主要生活在他们原来的社区，依靠亲属网络的资助，以及亲属的照料和抚养成长。多数养护孤儿的家庭无力负担需要钱财付出的教育和医疗费用，导致很多孤儿生活在贫困中。而在 57.3 万名孤儿中，接近总数的 1/3 没有得到国家经常性的制度救助。这一研究呼吁中国政府和社会各界对孤儿的关注和支持，以确保他们获得健康成长的必要条件。此外，王雪梅撰写的《儿童福利论》(2014)，[③] 对东西方儿童福利理论、体系、制度进行了比较研究，考察了儿童福利制度的演进历史，探究了不同国家儿童福利制度发展特点、模式及其变革，我国儿童福利制度状况以及变革的必要性。王雪梅认为，中国儿童福利制度体系应满足儿童在物质、心理、精神和社会发展的实际需要，采用政府为主导、家庭承担首要责任、专业化社会化的运行模式，尽快从福利服务模式转向普惠制儿童福利模式。

---

① 尚晓援教授其他诸多作品多与儿童的权利与福利息息相关，深刻反映了中国儿童生存发展状况的真实状况。如尚晓援、王小林、陶传进：《中国儿童福利前沿问题》，社会科学文献出版社 2010 年版。尚晓援、王小林等：《中国儿童福利前沿问题》，社会科学文献出版社 2011 年版。尚晓援、王小林等：《中国儿童福利前沿问题》，社会科学文献出版社 2012 年版。尚晓援、王小林主编：《中国儿童福利前沿问题》，社会科学文献出版社 2013 年版。尚晓援、陶传进：《中国儿童福利制度的权利基础及其限度》，载《清华大学学报》2009 年第 2 期。

② 尚晓援：《中国弱势儿童群体保护制度》，社会科学文献出版社 2008 年版。

③ 王雪梅：《儿童福利论》，中国社会科学出版社 2014 年版。

三、研究进路和框架

（一）方法与范围

本书从儿童最大利益原则的渊源和标准起步，聚焦教育、家庭、司法等领域的儿童制度，从历史的、比较的角度，采取案例分析、文本解释等方法，展示儿童保护制度在国内法和国际法框架下生成发展的历史过程，分析其思想理论基础和制度设计原理，阐释其面临的理论、实践困境以及走出困境的种种努力。同时，本书怀着关注本土儿童问题的初衷，以较多笔墨讨论中国问题，叙述中国的慈幼文化传统、儿童最大利益原则在中国法律中的适用历程、《儿童权利公约》在中国的实施，以及教育法、家庭法、少年司法等领域的儿童保护制度面临的问题，并探讨制度改革的初步路径。

儿童保护涉及理论和制度、立法和司法、国际和国内方面的诸多问题，面宽域广。在研究重点上，一方面，本书着意于从历史中寻求理解和解决当前困境和问题的答案，主要通过分析英美历史上的经典判例、国际人权法上的文本含义和实施机制，着重探讨儿童最大利益原则的法理基础和博弈过程，力图在解决儿童最大利益原则含义和标准的不确定性等问题上有所深入。另一方面，本书着意于儿童最大利益原则的具体运用，重点选择儿童教育、家庭中的儿童抚养和少年司法，试图从具体问题分析中展示儿童最大利益原则如何作为一项指导性原则，用来解决面临的矛盾和冲突，推动相关制度的改革发展。

在学科领域上，本书运用的知识和经验材料，采取的视角和分析方法，主要来自人权法、家庭法、教育法，同时尽可能学习吸收哲学、历史学、教育学、社会学、儿童学以及宪法学、行政法学、刑法学等学科的思想材料。鉴于儿童最大利益原则在形成初期，主要发源于家庭法律制度，而不是国际人权法，本文对儿童最大利益原则在联合国《儿童权利公约》确立之前的研究场域，主要设定在家庭法，在联合国《儿童权利公约》确立之后的研究场域，主要设定在国际人权法。同时，家庭法领域的研究，又主要集中在监护权归属的划分。这里有两点考虑：一是儿童最大利益原则最初是为处理家庭法中抚养纠纷而提出来的，在家庭法领域，有关监护权的立法、司法实践以及理论学说也较为完备和成熟，具有代表性。二是根据儿童最大利益的需要，儿童在家庭环境下由父母、亲属抚养、照顾，是最理想、也是最普遍的成长方式，最大利益原则研究应着力于儿童的抚养、照顾方面的事项。当然，这并不是说，流浪儿童、孤儿、童工、居于托管机构的儿童等不在这一原则的运用范围内。

在研究步骤上，一是先做历史的研究，再做当代研究。通过追根溯源，弄清儿童最大利益原则的理论基础和基本原理。二是先做文本研究，再做应用研究。主要是注重对国际人权法条约文本的解释，通过对条款追根溯源来阐述目的和宗旨，通过文本解释来把握准确含义。三是先做国外、国际研究，再做中国问题研究。

作为中国学人在中国场景下的研究，实际上，本书在很大程度上不知不觉地以中国问题为思考的起点和落脚点。由于自己对中国有关问题的了解和研究还是很初步的，对中国儿童在家庭中和家庭外的生存状况还缺乏了解，只能着重就这些年来个人目力所及，在儿童教育、儿童抚养和监护以及少年司法问题上有所涉猎，以期为今后的研究打下基础。

（二）结构安排

本文除导论和结语外，正文部分由十一章构成。

第一章论述儿童最大利益原则的历史由来，分述思想萌芽、路径开启、权利确立。其中，主要通过介绍分析英美经典判例，具体展示儿童最大利益标准的博弈、抗争过程，并借此来诠释这一原则的最初含义及其演变。

第二章论述儿童最大利益原则的当代发展，依旧顺着各国国内法的发展线索，主要介绍有关立法和司法审判的改革发展。

第三章论述国际人权法下儿童最大利益原则的含义与适用，分述该原则进入国际人权法的背景和过程、《儿童权利公约》第 3 条第 1 款的条款解释、国际人权法下儿童最大利益原则的理论问题。

第四章论述《儿童权利公约》中儿童最大利益原则的实施机制，主要讨论义务和责任的分配，以及儿童权利委员会的指导和监督。

第五章论述了儿童最大利益概念和标准在法学理论中的发展，并就保护主义与自由自主、不确定论以及文化因素的局限性等经典问题进行梳理和总结。

第六章论述儿童最大利益原则在中国适用的历程，在充分肯定经验成就的同时，指出还存在的问题和不足，提出相应的对策建议。

第七章论述儿童受教育权的基本问题，包括儿童受教育权的法理基础、权利义务主体、基本特征、基本内容等，把教育公平权和教育质量权作为儿童受教育权两个基本方面。

第八章论述儿童教育公平权，主要是阐述教育公平权的含义和内容，评述我国义务教育法之得失，并以隐匿儿童为典型案例，透视当前复杂的制度问题。

第九章论述儿童教育质量权，主要是论证教育质量作为一项儿童权利的合理性基础，诠释儿童教育质量权的内容与标准，介绍国外教育质量管理法制建设的经验，分析我国儿童教育质量权的法律保护与需要研究的基本问题，最后对中国儿童教育质量管理的几个重要问题进行实例分析。

第十章论述儿童哺乳权，主要阐述儿童哺乳权的法律正当性，分析婴孩与母亲、母婴与第三方之间复杂的关系，以及国际法和国内法对哺乳权的保护。

第十一章论述对违法儿童的保护，主要是论证保护原则体系，分析少年司法的历史由来、制度框架、国际人权法下儿童的司法权利，以及我国有关制度状况。

第一章
艰难的孕育生长

儿童最大利益原则的孕育生长经历了思想萌芽、路径开启、权利确立这三个阶段。在思想萌芽阶段，犹太教和基督教文化、近代启蒙思想以及浪漫主义、博爱主义是主要思想文化渊源。在路径开启阶段，主要得益于英美家庭法的改革和儿童法理学的创立，其中，国家监护主义的介入和幼年原则的提出起到了重要作用。在权利确立阶段，儿童利益不再附着在母亲的平等权利上，而是获得了独立的权利资格，儿童被看作可以表达自由意志的权利主体，儿童的最大利益原则被作为一项自然的、天赋的权利确立下来。从上述历史过程中可以看到，儿童最大利益原则的形成过程，是不同标准的博弈过程，是儿童权利与其他权利冲突与抗争的过程。其中，既有与父权优先的抗争，也有与母权优先的抗争，同时，怎样认知、判断和保护儿童的最大利益，在很大程度上取决于法官的价值取向和认识水平。

如同当代政治法律中的其他重要原则，儿童最大利益原则的形成也经历了一个漫长而复杂的历史过程。追溯最大利益原则的历史源头和嬗变脉络，考察这一原则在人类思想历史上的孕育过程及其在法律实践中的创制过程，有助于我们深刻把握这个原则赖以建立的基础，深入思考为什么要强调保护儿童利益，在保护儿童时为什么要强调儿童的最大利益，以及怎样从法律上保护最大利益等基础性、原理性问题，同时，也为分析这一原则在后来所遇到的困境、所发生的变化奠定厚实的基础。鉴于早先的儿童最大利益原则起源于英美法律传统，我们将主要从英国与美国入手，按历史时序，分述儿童最大利益原则的思想萌芽、路径开启以及作为一项权利的确立。

一、思想理论的萌芽

人类历史上，各个国家和民族都经历过儿童权利的黑暗年代。我们还是从古代罗马的父权制原则说起。

古罗马社会是一个典型的身份社会，根据人们的不同身份而形成一种阶级分明（奴隶主与奴隶）、长幼有序（家父和他权人）、内外有别（市民与外邦人）的社会秩序。在这个秩序里，儿童和女子既要有所恃，也要有所养，这就对家父的监护权利和保佐义务提出了要求。按照父权制原则，“家父”（paterfamilias）在家庭事务中拥有至高无上的权力，家庭内部的其他成员，包括妇女、子女、卑亲属、奴隶等均没有法律人格。家庭是生产和交易的基本单位，国家或法律很少介入古罗马家庭这个权利自治的领域，并且社会体系也是围绕着拥有主权和财产的家父及其关系而创设的。[①] 在社会中，家父是罗马法中唯一拥有交易资格的人，作为当时理想中的自由人，是市民法的权利主体。在家庭内部，家父作为家族的代表，不受任何来自家庭的权力支配，终生享有完整的、与家庭有关的财产权利和人身权利。[②] 尽管妻子也可以作为自权人，[③] 但是她们在家庭中仍然从属于夫权，脱离了夫权的妇女在法律上没有任何自由人的权利，因而“家母”仅是一个要求子女对其表示尊重的头衔而已。[④]

子女无论其年龄和身份如何，完全在家父的掌控之下。从人身权利来讲，“父对其子有生死之权，更毋待论的，具有无限制的肉体惩罚权：他可以任意变更他们的个人身份；他可以为子娶妻，他可以将女许嫁；他可以令子离婚；他可以用收养的方法把子女移转到其他家族中去；并且可以出卖他们”。[⑤] 从财产权利来讲，“古代罗马法禁止‘在父权下之子’和父分开且持有财产，或者（我们宁可说）绝不考虑子有主张一种个别所有权的可能。父有权取得其子的全部取得物，并享有其契约的利益而不牵涉到

① “罗马‘城邦’在很长的时期中压制着较小的群体……无论是内部关系即‘家庭’成员之间的关系，还是外部关系，罗马国家都尊重这一特有的自主权以及家长的重大权力。在整个真正的罗马时代，罗马私法就是‘家父’或家长的法。”［意］彼德罗·彗梵得：《罗马法教科书》，黄风译，中国政法大学出版社 1992 年版，第 115 页。

② “在历史时代区分不同的支配权和权利［对人的支配权（potestas）、夫权（manus）、财产权（mancipium），对物的所有权（dominium）和其他权利］，它在最初时代被归纳为一个基本的概念单位。”［意］朱塞佩·格罗索：《罗马法史》，黄风译，中国政法大学出版社 1994 年版，第 13 页。

③ 罗马法根据人们在家庭中的地位不同，将家族成员分为自权人和他权人。“自权人”不受家父权、夫权、买主权支配，“他权人”则受家父权、夫权、买主权支配。

④ 黄风：《罗马私法导论》，中国政法大学出版社 2003 年版，第 89 页。

⑤ ［英］梅因：《古代法》，沈景一译，商务印书馆 1959 年版，第 79 页。

任何赔偿责任"。[①] 在家庭以外，家父对"在父权下之子"以及其奴隶的不法行为（或侵权行为）负责，并且他拥有把犯罪者交出以赔偿损害的权利。总之，在家父权制度之下，只有家父的权利，没有妇女和儿童的权利，只有家族的整体利益，没有妇女和儿童的个人利益。[②] 在父系所有制下的罗马帝国，弑杀婴孩、迫害幼童屡见不鲜。父系氏族制度瓦解后，父系凭借其先前所掌握的资源和权力，将父权法律制度延续了下来。正是这一制度，使得儿童一直处于任人宰割的悲惨境地。

但是，古代希腊罗马文明也呈现出珍视儿童、爱护儿童、对儿童给予特别保护的思想。如，罗马古谚讲：

> 珍爱子嗣，本性使然。
> 遵循本性，是为至善[③]
> 无上尊贵，当属孩童。[④]

① [英]梅因:《古代法》，沈景一译，商务印书馆 1959 年版，第 81 页。

② "我们一部分属于我们的国家，一部分属于我们的父母，一部分属于我们的朋友。" Appendix to C.S. Lewis, *Abolition of Man* (1944), United States: Simon & Schuster, 1996.p. 97. (quoting Roman, Cicero, De Off. I. vii). Lynne Marie Kohm, "Tracing the Foundations of the Best Interests of the Child Standard in American Jurisprudence", in *Journal of Law and Family Studies*, Vol 10, No 2, pp.337–376, at p.341.

③ "Nature produces a special love of offspring" "live according to Nature is the supreme good." Appendix to C.S. Lewis, 1944, United States: Simon & Schuster, 1996, p. 101. (quoting Roman, Cicero, DeOff. I.iv, and De Legibus, I. xxi) Lynne Marie Kohm, "Tracing the Foundations of the Best Interests of the Child Standard in American Jurisprudence", in *Journal of Law and Family Studies*, Vol 10, No 2, pp.337–376, at p.341.

④ "[g] reat reverence is owed to a child." Appendix to C.S. Lewis, *Abolition of Man* (1944), United States: Simon & Schuster, 1996, p. 101. (quoting Roman, Juvenal, xiv.47). Notes 22–25. Lynne Marie Kohm, "Tracing the Foundations of the Best Interests of the Child Standard in American Jurisprudence", in *Journal of Law and Family Studies*, Vol 10, No 2, pp.337–376, at p.341.

这里要特别关注的是，作为受压迫者的福音，早期犹太教、基督教的教义充满着关爱儿童、尊重儿童的理念。[①]《旧约全书》至少有五处经文论及照料和保护儿童的重要性，[②] 至少有十三处经文规劝父母或孩子来规范孩子的行为，[③] 至少有三处将孩子的品性比作圣洁的典范。[④]《新约全书》更为明确地表达了对儿童的尊崇，把孩子喻为仁慈上帝赐予人们的恩典与礼物。《新约全书》至少

---

① John T. Carroll, "Children in the Bible" , http://www.highbeam.com/doc/1P3-71671559.html，访问于 2011 年 12 月 12 日 . 关于罗马帝国分裂到基督教的国教化的历史转变，参见齐延平：《自由大宪章研究》，山东人民出版 2007 年版，第 16–24 页。

② 《以赛亚书》（Isaiah）54:13 描述了对子孙后代的保护："汝之子女都要受耶和华的教诲，汝之子女必享平安。"《以赛亚书》（Isaiah）66:13："母亲怎样宽慰孩子，我也同样宽慰你们……"《申命记》（Deuteronomy）30:19："选择生命，你和你的孩子将可活。"《申命记》（Deuteronomy）32:46："…要吩咐你们的子孙谨守遵行这律法上的话。"《玛拉基书》（Malachi）（公元前五世纪希伯来先知）4:6："他必使父亲的心转向子女，子女的心转向父亲……"

③ 《申命记》（Deuteronomy）4:9："…总要传授于你的子孙，你的子子孙孙。"《申命记》（Deuteronomy）6:7："汝当孜孜不倦地将戒律教授于你的子孙。"《申命记》（Deuteronomy）11:19："汝当将上帝之言语教授于汝之子女。"《诗篇》（Psalms）34:11："来吧，众子，侧耳倾听于我，我将对主的敬畏教授予你。"《诗篇》（Psalms）78:4–6："要求父母向下一代传达他们的教义。"《箴言》（Proverbs）10:1："所罗门的箴言。智慧之子，使父亲欢乐；愚昧之子，令母亲担忧。"《箴言》（Proverbs）20:11："孩童的行为，是纯洁，是正直，都能显明他的本性。"《箴言》（Proverbs）22:6："教养孩童，使他走当行的道，就是到老也不偏离。"《箴言》（Proverbs）22:15："愚蒙迷住孩童的心，用管教的杖可以远远赶除。"《箴言》（Proverbs）23:13："不可不管教孩童，你若用杖打他，他必不至于死。"《箴言》（Proverbs）23:22："你要听从你的父亲，即便你的母亲年迈，也不可以藐视他。"《箴言》（Proverbs）29:15："杖打能增加智慧，放纵的儿子使母亲蒙羞。"《旧约传道书》（Ecclesiastes）12:1："当你年幼…当记念造你之主。"《约珥书》（Joel）1:3："你们要将此传予子，子传予孙，孙传予后代。"

④ 《申命记》（Deuteronomy）14:1："你们是耶和华的儿女，神的儿女。"《以赛亚书》（Isaiah）11:6："孩童要引领他们（禽畜）。"《诗篇》（Psalms）8:2："你因敌人的缘故，从婴孩和吮乳的口中汲取的力量，使得敌人和复仇者哑口无言。" Lynne Marie Kohm, "Tracing the Foundations of the Best Interests of the Child Standard in American Jurisprudence" , in *Journal of Law and Family Studies*, Vol 10, No 2, pp.337–376, at pp.341–342.

有九处经文论及了关照与保护儿童的重要性，[①] 至少有五处直接涉及有关规范儿童行为的内容，[②] 此外，至少有三处将孩子的品性比作圣洁的典范，[③] 还有至少十五条经文恳请成人如同孩子一般。[④] 耶稣指出，神之子民如同其子，应如同孩子一般，是按照神的模样被塑造的。历史上犹太教和基督教（Judeo-Christian）至少二十七处相关的圣经经文证明：在犹太教、基督教的教义中，儿

① 《马太福音》（Matthew）7:11：“你们虽然不好，尚且知道拿良物给儿女…”《马太福音》（Matthew）18:6：“凡使这信我的一人跌倒的，倒不如把大磨石拴在这人颈项上，沉在深海里。”9:37：“凡为我名，接待一个像这小孩子的就是接待我…”《歌林多后书》（2 Corinthians）12:14：“儿女不该为父母积财，父母该为儿女积财。”《以弗所书》（Ephesians）6:4：“你们做父亲的，不要惹子女的气，只要照着主的教训和警戒，养育他们。”《歌罗西书》（Colossians）3:21：“你们做父亲的，不要惹儿女的气，恐怕他们失去志气。”《提摩太前书》（1 Timothy）3:12：“执事只要作一个妇人的丈夫，好好管理子女和自己的家。”《提摩太前书》（1 Timothy）5:10：“又有行善的名声，就如养育儿女…”《约翰一书》（1 John）5:1：“凡信耶稣是基督的，都是从神而生。凡爱生他之神的，也必爱从神生的。”

② 《马可福音》（Mark）7:10：“…当孝敬父母…”《马可福音》（Mark）13:12：“…与父母为敌…”《以弗所书》（Ephesians）6:1~3：“…听从父母…”《歌罗西书》（Colossians）3:20：“…听从父母…”《提摩太前书》（I Timothy）3:4：“…听从父亲…”。

③ 《马太福音》Matthew 11:25：“…将这些事，向聪明通达人，就藏起来，向婴孩，就显出来。”《马太福音》（Matthew）21:16：“…你从婴孩和吃奶的口中，完全了赞美的话…”《路加福音》（Luke）10:21：“正当那时，耶稣被圣灵感动，说，父啊，天地的主，我感谢你，因为你将这些事，向聪明通达人就藏起来，向婴孩就显出来。父啊，是的，因为你的美意本是如此。”

④ 《马太福音》（Matthew）5:9：“使人和睦的人有福了，因为他们必称为神的儿子。”《马太福音》（Matthew）18:2−3：“…你们若不回转，变成小孩子的模样…”《约翰福音》（John）1:12：“…赐他们权柄，做神的子女。”《约翰福音》（John）12:36：“…使你们成为光明之子…”《罗马书》（Romans）8:14, 16：“…称为神的子女…”《罗马书》（Romans）9:26：“…称他们为神的儿子…”《歌林多后书》（Corinthians）6:18：“…作神的儿女…”《加拉太书》Galatians 3:26：“…是神的儿子…”《加拉太书》（Galatians）4:5−6：“…叫我们享用儿子的名分…”《希伯来书》（Hebrews）12:7：“…这表明神待你们如同待儿子…”《约翰一书》（1 John）3:1：“…使我们得称为神的儿子…”

童是备受重视的，[①]他们是上帝赐予的礼物，[②]并被上帝赐予特别的福祉。[③]

这样的观念与当时的社会现实形成鲜明的对照。圣经的教义并没有完全渗透希腊罗马人的思想，但还是对当时的世道人心产生了潜移默化的影响，特别为西方关于儿童的权利观念奠定了文化基础。它首先从根本上改变了人们对孩子原本的看法。[④]比如，当社会普遍将儿童视为父系财产或家庭负累时，耶稣基督的教义

---

① 《约珥书》（Joel）2:28："…你们的儿女要说预言…"《诗篇》（Psalms）127:4–5："…子女好像勇士手中的箭…"《诗篇》（Psalms）128:3："…子女围绕你的桌子，就好像橄榄栽子。"《箴言》（Proverbs）17:6："子孙位老人的冠冕…"《箴言》（Proverbs）20:7："…他的子孙是有福气的。"《箴言》（Proverbs）31:28："他的儿女起来称他有福…"《马太福音》（Matthew）19:14："耶稣说，让小孩子到我这里来，不要阻止他们，因为在天国的，正是这样的人。"《马可福音》（Mark）10:14："…让小孩子到耶稣这里来…"《马可福音》（Mark）10:16："耶稣抱着小孩子…"《使徒行传》（Acts）2:39："应许给你们的子女…"（describing promises to children）《希伯来书》（Hebrew）2:13："…神赐予我的子女。"

② 《创世纪》（Genesis）33:5："…这些孩子是神施恩给的…"《创世纪》（Genesis）48:9："…这是神赐给的儿子…"《约书亚记》（Joshua）24:3："…使他的子孙众多…" Psalms 113:9："孩子为无法生育的妇女成为一位母亲而祈福"《诗篇》（Psalms）127:3："…所怀胎儿是神的赏赐…"《以赛亚书》（Isaiah）8:18："…耶和华所赐的子女…"

③ 《申命记》（Deuteronomy）5:16："当照耶和华汝神所嘱的孝敬父母，使你获福，并使你的日子在耶和华汝神所赐汝之土地上得以长久。"《诗篇》（Psalms）27:10："我父母遗弃我，耶和华必收留我。"（stating God receives children forsaken by parents）《箴言》（Proverbs）8:32："…谨守我道者，便为有福。"《以赛亚书》（Isaiah）40:11："…神慢慢引导那乳养小羊。"《马可福音》（Mark）10:14："…让小孩子到我这里来，不要阻止他们…"《使徒行传》（Acts）2:39："因为这应许是给你们和你们的儿女，并一切在远方的人，就是主我们神所召来的。"《以弗所书》（Ephesians）6:2："要孝敬父母，使你们获福，在世长寿。"

④ Lynne Marie Kohm, "Tracing the Foundations of the Best Interests of the Child Standard in American Jurisprudence", in *Journal of Law and Family Studies*, Vol 10, No 2, pp.337–376, at pp.342–343.

却将孩子当作耶稣的朋友，[①] 甚至是神国成员的表率。[②] 在上帝面前，儿童与成年人一律平等，这种相信儿童与成人平等的观念是西方人权观念的重要渊源。也正是由于这样的观念，人们在一定程度上忽略了成人与儿童之间应有的区分。[③]

珍爱儿童的观念几乎影响了与家庭有关的所有法律。[④] 在中世纪欧洲，罗马法、教会法和普通法共同构成了主要的法律渊源，家庭主要受教会法管辖。[⑤] 在墨兰顿（Philipp Melanchthon，1497–1560）思想的推动下，新教革命（Protestant Reformation）引发了一场法律革命，产生了家庭法等这些法学的基本科目。神学革命又推动了法制变革，奠定了普通法传统的基础，其中加尔文圣约神学（Calvinist Covenant Theology）使人们的私人生活发生了变化。[⑥] 人们开始关注儿童，并形成一种认识，即认为儿童生来天真无邪，应当被保护起来。[⑦]17 世纪末，“儿童”概念的产生引发了一场思想方式与社会传统的变革。[⑧] 如果借用伯尔曼（Harold Berman，1918–2007）的观点，即认为法律和任何具有合理性的

---

① 《新约全书》中，《约翰（马太：马可：路加）福音书》（Gospels）记载，耶稣是“孩子的朋友”。

② “让孩子到我这里来，不要妨碍他们；因为在神国的正是这样的人…我郑告于你们，凡若不能如孩童般接受神国者，断不可进入。”《马可福音》Mark 10:14–15（Rev. Standard）.

③ Philippe Aries, *Centuries of Childhood: A Social History of Family Life*, translated by Rober Baldick, New York: Alfred A Knopf, 1962, p.128.

④ 参见齐延平：《自由大宪章研究》，山东人民出版 2007 年版，第 24–33 页。

⑤ Lynne Marie Kohm, “Tracing the Foundations of the Best Interests of the Child Standard in American Jurisprudence”, in *Journal of Law and Family Studies*, Vol.10, No 2, pp.337–376, at p.343.

⑥ Peter Judson Richards, “The Christian Origins of the Law”, The Claremont Institute, http://www.claremont.org/writings/021606richards.html，访问于 2011 年 12 月 12 日。

⑦ Philippe Aries, *Centuries of Childhood: A Social History of Family Life*, translated by Rober Baldick, New York: Alfred A Knopf, 1962, p.129.

⑧ Philippe Aries, *Centuries of Childhood: A Social History of Family Life*, translated by Rober Baldick, New York: Alfred A Knopf, 1962, p.110.

法律体系由三部分构成，分别是立法者的积极指令、具有普遍性的道德法以及对历史传统的表达。那么，就可以说，当“儿童”的概念进入法律，成为传统的一部分时，它便与普遍道德法、立法者的积极指令共同发挥作用，指导法官的思考与价值判断。①

通常，历史学家们认为，18世纪是人们对儿童的观念剧烈转变的时期，在这个时期，儿童观念的转变来自三个方面。

一是基督教儿童观念的内在冲突和矛盾。基督教对儿童的评价充满了矛盾。早期基督教认为儿童生来堕落，而一些基督教徒则认为儿童只是缺乏成熟，在其成长和发育的过程中，可以通过增长智慧而逐渐成熟起来。还有一些清教主义者认为儿童生来带有原罪（Original Sin），其固有的罪恶本质，使得他们心向堕落，因而要通过教育和社会限制对其严加管教和纠正，用以化解他们的罪恶。《新约全书》赋予儿童一个需要爱与保护的形象，②《旧约全书》认为儿童需要智慧和被引导，③两者结合起来，便形成了社会和法律对儿童的成长和发展关切的依据。④

二是启蒙思想家关于儿童的自然主义观点。洛克（John Locke，1632–1704）认为，儿童有如白纸一张，没有好坏之分。⑤他们需要通过学校的教育，从不成熟的孩童转变为具有理性的成人。⑥儿

① 参见 Lynne Marie Kohm, “Tracing the Foundations of the Best Interests of the Child Standard in American Jurisprudence”, in *Journal of Law and Family Studies*, Vol 10, No 2, pp.337–376, at p.344. 关于伯尔曼的《法律与革命》的评论参见 Peter Judson Richards, The Claremont Institute, “The Christian Origins of the Law”, http://www.claremont.org/writings/021606richards.html，访问于 2011 年 12 月 12 日。

② Matthew 18:5, 14（NIV）.

③ Proverbs 22:6（NIV）.

④ Claire Breen, *The Standard of the Best Interests of the Child: A Western Tradition in International and Comparative Law*, New York: Springer, 2002, p.35–37.

⑤ Claire Breen, *The Standard of the Best Interests of the Child: A Western Tradition in International and Comparative Law*, New York: Springer, 2002, p.36.

⑥ Claire Breen, *The Standard of the Best Interests of the Child: A Western Tradition in International and Comparative Law*, New York: Springer, 2002, p.37.

童拥有受保护的自然权利，他们不应是父母的财产，而是上帝的孩子。他们注定要在道德和社会秩序中找到自己的位置，而父母有义务引导孩子成为有能力独立生活的人。① 卢梭（Jean Jacque Rousseau，1712–1778）赞同洛克关于儿童纯洁的观点，② 但认为人会被社会腐化。上帝创造万事于善，人的干预使他们变得邪恶。③

三是浪漫主义和博爱主义。它们在特定的宗教文化背景下，接受了卢梭和洛克关于儿童纯洁的观点，共同塑造了关于保护儿童的文化价值。④ 浪漫主义认为，人理所应当拥有快乐的童年，人们期待童年幸福、美满，希望童年时期的美好能够帮助人们在成人世界中获得精神救赎。这样的观念在欧洲人和美国人的思想中根深蒂固。受浪漫主义思想的影响，社会上出现了拯救儿童的博爱主义关切。博爱主义者赞同浪漫主义者关于童年期应当获得幸福的思想，并强调儿童代表着人类的未来，他们的心智尚未成熟，因而可以获得神的拯救。⑤

二、制度路径的开启

17 世纪到 19 世纪，与西方社会变革相伴随，法学家们在关注儿童、爱护儿童思想风潮的影响下，开始积极探索、大胆开拓保

① ［英］约翰·洛克：《政府论（下）》，叶启芳、瞿菊农译，商务印书馆 1964 年版。

② Claire Breen, *The Standard of the Best Interests of the Child: A Western Tradition in International and Comparative Law*, New York: Springer, 2002, p.36.

③ ［法］让·雅克·卢梭：《爱弥儿》，李平沤译，商务印书馆 2011 年版。

④ Lynne Marie Kohm, “Tracing the Foundations of the Best Interests of the Child Standard in American Jurisprudence”, in *Journal of Law and Family Studies*, Vol.10, No 2, pp.337–376, at p.346.

⑤ Claire Breen, *The Standard of the Best Interests of the Child: A Western Tradition in International and Comparative Law*, New York: Springer, 2002, p.40.

护儿童利益的制度化路径。先是英国和美国的法官们向根深蒂固的父权制原则发起一次又一次挑战，到19世纪中期，经过边沁的功利主义法理学的浸濡洗礼，英国儿童法的基础得到更新，它与美国法律文化中对儿童最大利益的强调相结合，促成了一种新的、有关儿童发展的法学理论的诞生。其中，国家监护原则[①]为儿童最大利益原则的产生提供了最初的理论基础，幼年原则作为对抗绝对父权的主要方式，开启了儿童最大利益原则标准形成的路径。

（一）国家监护原则

在17世纪，监护权的法理基础仍然建立在家长权的自然法传统之上，即相信父亲对孩子具有绝对的权力，孩子既是父亲财产的一部分，也受到父亲的保护。[②]英格兰普通法赋予父亲近乎于绝对的权利，相应地，父亲在道德和法律上也有责任保护并教育子女，特别是对子女的信仰、道德上的教育，训练他们掌握技能以及满足他们的基本需要等方面负有主要责任。[③]美国初期的

---

① 国家监护主义由来已久。早期罗马法设立监护制度，是为了保护父系家族中被拟定的未成年继承人，防止未成年继承人对财产的管理不善，避免家族财产受损。家父权建立在继承财产的基础上，监护人无须承担照顾被监护人的义务。由于罗马法缺乏对监护人的信任，从罗马帝国时期起，国家监护开始逐步形成。这种国家监护模式在日后被各国法律制度所继承、发展。参见［委内瑞拉］帕特丽夏·扭特:《监护》，鲁叔媛译，《法治论丛》1991年第3期，第95-96页。

② Kathryn L. Mercer, "A Content Analysis of Judicial Decision-Making: How Judges Use the Primary Caretaker Standard to Make a Custody Determination", in *William and Merry Journal of Women and the Law*, Vol.5, Iss.1, 1998, pp.1-149, at p.1, 14. Eric A. DeGroff, "Sex Education in the Public Schools and the Accommodation of Familial Rights", in *Children's Legal Rights Journal*, Vol. 26, 2006, pp.21-45, at p. 21.

③ Lynne Marie Kohm, "Tracing the Foundations of the Best Interests of the Child Standard in American Jurisprudence", in *Journal of Law and Family Studies*, Vol.10, No.2, pp.337-376, at p.346.

家庭法深受英国普通法中父权法律原则的影响，[①]17世纪美国新英格兰地区的家庭法仍是以父权等级制度为基础，强调家庭是社会组成的基石，以及家族隐私不可侵犯。在殖民主义时期，法庭很少介入家庭纠纷，除非父亲失职于维持家庭应有的井然秩序，社会公众为了保证社会安定才会介入私人家庭领域。[②]

到了17世纪晚期，英国高等法院（King's Bench）开始介入家庭事务，标志着国家监护主义兴起。[③]在立法上，受启蒙运动和浪漫主义的影响，英格兰开始从保护儿童利益的角度，在法律上将作用于监护权的父权优先原则与国家监护原则置于同等有效的地位。1753年英国《婚姻法案》（*Lord Hardwicke's Marriage Act of* 1753）将婚姻明确界定为一种财产利益，事关家庭财产继承人的合法性。[④]考虑到家族财产的继承权，父权优先原则建立在一种假设之上，即孩子由父亲抚养不会因离婚而影响子女对家族财产的继承，也不会因离婚而失去接受家父教导、培养、满足其基本需要的机会，因而子女由家父抚养才符合其最大利益。由于家父优先原则建立在满足儿童最大利益的假设之上，这样一来，儿童便在法理逻辑上跳出了父权的绝对统治。[⑤]

---

① 王洪：《论子女最佳利益原则》，载《现代法学》2003年第25卷第6期，第31页。

② Lynn M. Akre, "Struggling with Indeterminacy: A Call for Interdisciplinary Collaboration in Redefining the Best Interest of the Child Standard", in *Marquette Law Review*, Vol.75, Iss.3, pp.628–672, at pp.634–635.

③ Lynne Marie Kohm, "Tracing the Foundations of the Best Interests of the Child Standard in American Jurisprudence", in *Journal of Law and Family Studies*, Vol.10, No.2, pp.337–376, at p.346.

④ Claire Breen, *The Standard of the Best Interests of the Child: A Western Tradition in International and Comparative Law*, New York: Springer, 2002, p.40.

⑤ Lynne Marie Kohm, "Tracing the Foundations of the Best Interests of the Child Standard in American Jurisprudence", in *Journal of Law and Family Studies*, Vol.10, No.2, pp.337–376, at p.347.

根据密尔（John Stuart Mill，1806–1873）的古典自由主义理论，亲权只有在不对他人造成侵害时，才能被认为是正当运用。英格兰法院内为数不多的几起判例记录中有关儿童的法律规则，标志着西方儿童法理学的诞生。[①] 曼斯菲尔德勋爵（Lord Mansfield）在英国高等法院（King's Bench）为开辟这一新路径做出了重要贡献。1763 年，在 Rex v. Devall 案中，曼斯菲尔德勋爵裁定，法庭无须下达命令将受人身保护令保护的儿童送回父亲的身边，同时，法官对任何有关监护权的案件都有自由裁量权，有权根据具体情况进行裁决。[②]1774 年，有关争夺抚养权的 Blisset 案件（Blisset's Case）中，考虑到公众对儿童教育的关切，曼斯菲尔德勋爵裁定由母亲监护孩子，认为这是保护孩子最大利益的安排。[③]

15 年之后，英国高等法院另一起关于儿童利益的案件，对于推翻父权的绝对权威也具有重要的历史意义。1789 年 Powel v. Cleaver 案中，[④]Roberts 先生允许 Powel 先生在其有生之年照管并抚养自己的子女，相关费用均由 Powel 先生承担。Powel 先生照顾 Roberts 先生的子女多年后逝世，Roberts 先生这时再次出现，主张获得对孩子的监护权以及 Powel 先生遗赠给孩子的财产。[⑤] 尽管 Powel 先生在遗嘱中表示，在其逝世后，将委托 Roberts 先生代其行使监护权，但是这样一来，父亲对孩子们监护权的行使，将会剥夺孩子们获得遗产的权利。法庭认为 Roberts 先生在过去的多年

---

① Lynne Marie Kohm, "Tracing the Foundations of the Best Interests of the Child Standard in American Jurisprudence", in *Journal of Law and Family Studies*, Vol.10, No.2, p.355.

② （1763）97 Eng. Rep. 913, 914（K.B.）. 有关人身保护令在当时英国的作用，参见齐延平：《自由大宪章研究》，山东人民出版 2007 年版，第 234 页。

③ （1774）98 Eng. Rep. 899（K.B.）. Lynne Marie Kohm, "Tracing the Foundations of the Best Interests of the Child Standard in American Jurisprudence", in *Journal of Law and Family Studies*, Vol.10, No.2, pp.337–376, at p.355.

④ （1789）29 Eng. Rep. 274（Ch.）.

⑤ （1789）29 Eng. Rep. 276（Ch.）.

中不曾承担任何抚养孩子的义务，并且不曾顾及孩子们的利益，因而法庭也不必把 Roberts 先生作为父亲的感受考虑在内，将孩子们的财产继承权置于父亲的监护权之下。在以往有关监管儿童财产的案件中，当父母的利益与儿童的利益产生冲突时，法庭往往首先考虑亲权。① 但在此案中，法庭考虑到监护人可能给孩子们带来的不良后果，综合考察主张监护权一方的具体情况。法官认为 Powel 先生作为主张监护权的一方是一个堕落的人，因而孩子们应当远离他的不良影响。②Powel v. Cleaver 案为儿童的最大利益原则成为一项法定标准提供了可能性。同时，这个案件也表明，曾经毫无限制的亲权已经被国家监护削弱，父权绝对优先的意识已开始淡化。

遗憾的是，在那个时候，儿童利益最大原则的星星之火在英国未曾燎原，父权权威依然占据主导地位，1804 年的 De Manneville v. De Manneville 案即为明证。③ 按照常理来讲，一个刚刚出生 7 个月的婴孩由母亲哺育较为恰当，但由于法律明确规定，无论子女年龄，只要父亲选择接受，其监护权便属于父亲，法庭最终还是将监护权判给了父亲。④ 可见，总体上英国法院依然秉持不干预父权的传统，法庭在 Powel v. Cleaver 案所确立的原则，实际上未能在英国有关儿童监护权的纠纷中产生广泛影响。

在大洋的另一端，欧洲的殖民者们将普通法的传统带到美洲大陆，形成了美国法的基础。父权的倡导者们来到美洲的初期，倾向于保护父亲的权威，他们认为人类的生物和物理特征、存在于亲生父母及子女之间的依赖关系以及与之相关的亲权，皆为上

---

① （1789）29 Eng. Rep. 276, 277（Ch.）.

② （1789）29 Eng. Rep. 283（Ch.）.

③ （1804）32 Eng. Rep. 762（Ch.）.*King v. De Manneville*,（1804）102 Eng. Rep. 1054（K.B.）.

④ （1804）32 Eng. Rep. 762, 764（Ch.）.

帝赐予，是自然法的体现。[①]但问题在于，美国的社会实际上还是与英国有所不同。在美国建立之初，儿童的社会地位和法律地位十分特殊。儿童是家庭经济的一部分，是劳动力稀缺经济时期的补给，对经济的增长或衰退不无影响。父母把儿童视为财富的来源，在孩子 7 至 14 岁之间就要给他们分派工务，此后再送出去做学徒，多数孩子在 16 岁时就已经是一个全劳力了。当时美国的儿童被当作成人来看待，在法律上他们不再处于父亲或主人的绝对控制下，而是被视为雇工，拥有自己的利益。因此，在后革命时期（1779–1840），儿童的监护问题往往被看作涉及占有儿童劳动所得的利益之争。[②]

在这样的社会背景下，美国的法官与英国法官相比，更加勇于直面传统的自然权威，彻底挑战父权至上的原则。1809 年，发生在美国北卡罗来纳州的 Prather v. Prather 案中，Prather 先生作为一个 5 岁孩子的父亲，将妻子逐出家门，在其婚姻居所中与情人公开私通长达 10 年之久。法庭难以适用父权优先原则，于是将此案移交到衡平法院。衡平法院认为父亲的行为无法使得法庭就其抚养和监护其子女的事项产生信任，据此裁判剥夺父亲的监护权。[③]在 1824 年罗德岛州发生的 United States v. Green 案中，父权原则受到更强有力的挑战，并引发了一系列有关儿童利益的争议。此案中，父亲根据父权主张取得婴孩的抚养权，但法庭认为，尽管父母监护孩子的权利不可被随意剥夺，但当情况危及孩子的利益时，父母的权利也不是绝对的。法庭明确宣告，父母的权利因儿童的

---

① Claire Breen, *The Standard of the Best Interests of the Child: A Western Tradition in International and Comparative Law*, New York: Springer, 2002, p.148.

② Lynne Marie Kohm, "Tracing the Foundations of the Best Interests of the Child Standard in American Jurisprudence", in *Journal of Law and Family Studies*, Vol.10, No.2, pp.337–376, at p.348.

③ 4 S.C. Eq. Desau.（4 Des.）33–45（1809）.

利益而存在，当儿童的利益受到威胁时，父母的权利将服从于儿童利益。[①] 在此案中，法庭的自由裁量权被认为是对普通法原则的合理应用，法院对该案的判决与儿童最大利益的标准相一致。[②]

此时，在英国，功利主义思想在家庭法领域发生了重要影响。边沁（Jeremy Bentham，1748–1832）主张建立一种万全法，查明社会的每个角落，纠正英国法中普遍存在的不准确与混乱现象，要求法律将共同利益置于个人利益之上，强调通过法律改革促进公共的善（common good）。从社会功利的角度看，儿童处于社会的边缘地位，他们天真无邪且需要保护，国家为了培养出品行优良的国家公民，就必须采取行动，来规范儿童成长与发展的环境，确保儿童在国家规划、治理的环境下发展成为成熟且具有能力的人。[③] 这样的思想对有关儿童的法律产生了重大影响。

到了 19 世纪中期，为了保护国家未来公民的健康成长，英国社会出现了日渐增长的国家干涉主义与不干涉自由主义（laissez-faire）在私人家庭生活中二元并存的现象。[④] 国家监护已经打破私人家庭拒绝干预的绝对界限，开始代替家父，以最高监护者的身份监督并保护儿童在家庭中的基本利益。其中幼年原则，就是国家干预主义发展的一项重要成果。

---

① 2 D.C.（2 Cranch）520–523（1824）.

② Lynne Marie Kohm, "Tracing the Foundations of the Best Interests of the Child Standard in American Jurisprudence", in *Journal of Law and Family Studies*, Vol.10, No.2, pp.337–376, p.361.note.149.

③ "要完成这样一个生理机能的成长，或许花费若干年的时间便可达到，而智力和能力的发展则需要更长的时间。到了某个阶段，或者某种年龄，孩子们具备了力量和热情，却没有足够的经验和智慧来控制它们。他们或许非常敏感以至于易于冲动，有可能对未来或自己的人生规划毫不在意，在这样的情形下，他们更适宜处于一种比法律更为直接的监管之下。" Lynne Marie Kohm, "Tracing the Foundations of the Best Interests of the Child Standard in American Jurisprudence", in *Journal of Law and Family Studies*, Vol.10, No.2, pp.337–376, at p.350.and note 77.

④ Lynne Marie Kohm, "Tracing the Foundations of the Best Interests of the Child Standard in American Jurisprudence", in *Journal of Law and Family Studies*, Vol.10, No.2, pp.337–376, at p.361.

（二）幼年原则

尽管国家干预主义动摇了坚固的父权法律传统，但儿童最大利益原则路径的开启还是更多地通过建立在“儿童权利依附（妇女权利）理论”（attachment theory）基础上的幼年原则。

与欧洲大陆法系国家相比，英美法律制度受罗马法的影响相对少些。尽管早期英国普通法忠实地奉行父权优先原则，但父权的绝对性在英美法中比在罗马法中还是要缓和许多。在封建制和基督教家长制的影响下，法律上父亲对未成年子女的人身和财产拥有绝对权利，相比之下，母亲不具有任何法律上实质性的权利，因而，经常会发生由于父亲过世，母亲与第三人争夺子女监护权的纠纷。同时，由于当时妇女在法律上通常没有经济能力独立抚养子女，而法官又习惯于重点参照经济方面的因素来裁决监护案件，母亲获得子女监护权的几率微乎其微。[①]

随着人口的增长以及市场经济的发展，家长式统治的社会控制逐渐削弱，社会开始强调对个人的尊重。工业革命的到来推动了医疗健康服务、个人发展和教育等新的社会制度的发展，为妇女权利以及儿童劳工权利的确立注入了动力。同时，家庭法也推行新的理念，开始从浪漫主义的角度强调妇女贞洁、善良、主内的角色，而赋予儿童天真、脆弱的概念特征。[②]

儿童最大利益的概念在19世纪英美法离婚监护案件中已然出现，但其前提是假设由父亲行使监护权符合儿童的最大利益。这一假设不曾质疑父权的绝对优越性，比如父亲是否适合监护子女。“子女生而服从于父亲，为了家庭及子女的整体利益——尤其是为了子女的利益着想，若无特殊情形，法院不应介入父亲对

---

① William Blackstone, *Commentaries on the Law of England*, United States: University of Chicago Press, 1979.p.441.

② William Blackstone, *Commentaries on the Law of England*, United States: University of Chicago Press, 1979，p.635.

子女的权力。”[①] 可见，在 19 世纪的英国法庭，儿童最大利益还不能算作是监护案件中法官应当参照的重要因素，父权以及家族利益依然是法律的主要考量因素。直到 19 世纪末期，监护法才初露承认妇女权利或者儿童利益的端倪。法庭表面上扮演国家监护者的角色，实际上只是口头上承认儿童的最大利益，而没有任何真正干预父权的行动。为了抵制儿童最大利益标准的形成，许多 19 世纪的婚姻法依然主张保持父权等级制度。[②]

也是在这个时候，女权主义者对离婚妇女权利的争取，以及对亲子关系男女平等的诉求，使父权受到空前挑战，父权观念开始动摇。法庭在坚持父权至上原则的普通法传统与按照公理常识进行法制改革之间陷入两难境地。[③] 英国的法官们忠诚于以往判例定下的规则，不愿推翻父权。1839 年，在 Rex v. Greenhill 案中，[④] 父亲将情人带回家，母亲不得不带着孩子搬离其婚姻住宅（marital home），父亲以人身保护为由向法庭主张孩子的监护权，但又不愿放弃婚外私通。法庭尽管没有将孩子的监护权判给父亲，[⑤] 但却在判决中援用了父权原则。[⑥] 这一判例令英国上议院大法官塔尔福得先生（Chancellor Lord，Sir Thomas Talfourd）惊愕不已，此后

---

① Micheal Cretney, Judith Masson, Rebecca Harris, *Principles of Family Law*, United States: Sweet Maxwell, 2001.p.636.

② Lynne Marie Kohm, “Tracing the Foundations of the Best Interests of the Child Standard in American Jurisprudence”, in *Journal of Law and Family Studies*, Vol.10, No.2, pp.337–376, at pp.361–362.

③ Joanne Ross Wilder, “Religion and Best Interests in Custody Cases”, in *Journal of the American Academy of Matrimonial Lawyers*, Vol.18, 2002, pp.211–234, at p.213.

④ （1836）111 Eng. Rep. 922, 922（K.B.）.

⑤ Joanne Ross Wilder, “Religion and Best Interests in Custody Cases”, in *Journal of the American Academy of Matrimonial Lawyers*, Vol.18, 2002, pp.211–234, at p.213.

⑥ Lynne Marie Kohm, “Tracing the Foundations of the Best Interests of the Child Standard in American Jurisprudence”, in *Journal of Law and Family Studies*, Vol.10, No.2, pp.337–376, at pp.361–362.

他花了三年时间游说英国议会改革立法，希望通过推行幼年原则来改变父权优先原则的地位。[①]按照幼年原则，一方面，母亲在生理和天性上适合承担抚育年幼子女之责，“母亲的爱，即使最软弱的母爱也具有不可代替的特性”。另一方面，年幼儿童最需要母亲的陪伴照顾，“孩子需要母亲的关怀胜过对父亲的需要”，[②]因而离婚后，由母亲监护年幼子女最符合儿童的最大利益。在此原则之下，1839 年《儿童抚养法》（*Custody of Infants Act of* 1839）应运而生，该法也被称作塔尔福得爵士法案（Lord Talfourd's Act）。[③]《儿童抚养法》规定，法官有权裁断将 7 岁以下儿童的监护权裁判归母亲所有，后来 1873 年《婴儿抚养法（修正案）》又将 7 岁的年龄限制提高到 16 岁。

通过 1839 年《儿童抚养法》，英国法将幼年原则纳入普通法传统，儿童利益开始成为离婚案件中法官考虑的重点，妇女地位也相应得到提高。在幼年原则的指导下，英国法院开始认真思考如何将法定规则适用于儿童保护，母亲的监护权开始与父权抗衡。1851 年，在英国发生了一起匿名者案，法庭一改以往坚持父权的态度，从儿童的最大利益出发，否定了父亲的监护权。[④]该案中，6 岁孩子的父亲是位牧师，他离开家，因违背自然罪（unnatural crime）被指控并被逮捕，由于没有目击证人，后来又被宣告无罪释放。当父亲向法庭请求获得孩子的监护权时，法庭考虑到父亲

---

① Joanne Ross Wilder, “Religion and Best Interests in Custody Cases”, in *Journal of the American Academy of Matrimonial Lawyers*, Vol.18, 2002, pp.211–234, at pp.213–214. Joan B. Kelly, “The Determination of Child Custody”, in *The Future of Children*, Vol.4, No.1, 1994.p.121–142, at p.121.

② 夏吟兰：《美国现代婚姻制度》，中国政法大学出版 1998 年版，第 283 页。

③ Lynne Marie Kohm, “Tracing the Foundations of the Best Interests of the Child Standard in American Jurisprudence”, in *Journal of Law and Family Studies*, Vol.10, No.2, pp.337–376, at p.362.

④ Anonymous（1851）61 Eng. Rep. 260（Ch.）.

曾因为社会所不容的罪名被起诉，在名誉上受到严重的负面影响，如若人们得知孩子与父亲的关系，孩子也必然会被受人尊敬和有地位的社会阶层所排斥。[①] 法庭认为保护孩子是法庭的职责，考虑到母亲具备照管子女的优良资质，为了保护儿童的最大利益，法庭最终宣告由母亲行使监护权。[②]

此后，通过 1873 年《婴儿抚养法（修正案）》（*Custody of Infants Act of* 1873）、1886 年《婴儿监护法》（*The Guardianship of Infants Act of* 1886）以及 1857 年《离婚与婚姻诉讼法》（*Divorce and Matrimonial Causes Act*, 1857），父亲的优先权进一步被削弱。法律不仅开始允许母亲在分居、离婚的情形下享有监护权，还允许母亲享有探望子女的权利。[③]

总体来讲，直到 19 世纪末，幼年原则才在法理学中兴起。[④] 英国法并没有试图创设一个儿童最大利益的概念，而是通过强调父母权利的平等以及性别平等，通过将母亲的权利作为维护儿童利益的载体，来对儿童的最大利益进行保护。

美国也是首先通过判例法适用幼年原则。人们通常认为只要无法证明母亲对孩子的最大利益造成危害，监护权就应当由母亲来行使。这一原则逐渐为美国各州采用。如果父亲向法庭请求行使监护权，就首先要提供证据推翻母亲照顾子女符合儿童最大利

---

① Lynne Marie Kohm, "Tracing the Foundations of the Best Interests of the Child Standard in American Jurisprudence" , in *Journal of Law and Family Studies*, Vol.10, No.2, pp.337–376, note.165.

② Lynne Marie Kohm, "Tracing the Foundations of the Best Interests of the Child Standard in American Jurisprudence" , in *Journal of Law and Family Studies*, Vol.10, No.2, pp.337–376, at p.364.

③ Danaya C. Wright, "*De Manneville v. De Manneville*: Rethinking the Birth of Custody Law under Patriarchy" , in *Law and History Review*, Vol.17, Iss.2, 1999. pp.247–307, at pp.248–249.

④ Lynne Marie Kohm, "Tracing the Foundations of the Best Interests of the Child Standard in American Jurisprudence" , in *Journal of Law and Family Studies*, Vol.10, No.2, pp.337–376, at note.124.

益的这一假设。监护人的道德行为构成监护人资格的重要条件，如能够证明母亲有道德不当的行为，监护权也可以由父亲行使。[①]幼年原则下父权与母权的博弈使得儿童最大利益原则在法律中的确立延迟多年，直至 1925 年，儿童最大利益原则才开始作为一项原则性裁判标准被纳入立法中。[②]

三、作为一项权利的确立

尽管儿童最大利益的标准源自英美（Anglo-American）家庭法，但实际上，英国并不是儿童最大利益最忠实的拥护者，儿童最大利益的表述在英国法中或多或少更像是徒有外表的门面。相对于英国而言，美国在早期儿童最大利益原则标准创立的过程中起到了更显著的作用，美国独特的法律文化使得儿童最大利益的标准广泛地在西方世界传播。19 世纪到 20 世纪中期，美国通过判例法确立了儿童最大利益原则在亲子法和收养法领域的地位，逐步形成了当代儿童最大利益原则具体的评判标准，儿童最大利益原则也从最初的家庭法领域，拓展到少年司法领域乃至整个儿童法领域，并且更多地被看作是一项儿童权利。下文将择拣几个具有代表性的经典判例进行介绍。这些判例在儿童最大利益原则的具体标准的形成过程中起到了不可或缺的作用。通过分析判例，有助于我们了解这项原则在国内法中确立的初衷及其最初的含义，这也将有助于我们在后文现代人权法的框架下，深入理解这一原则的含义与功能。

---

① 参见施慧玲：《家庭法律社会学论文集》，元照出版有限公司 2004 年版，第 269 页。

② Danaya C. Wright, "*De Manneville v. De Manneville*: Rethinking the Birth of Custody Law under Patriarchy" , in *Law and History Review*, Vol.17, Iss.2, 1999, pp.247–307, at p.249.

（一）在亲子法中的确立

19 世纪至 20 世纪初，美国家庭将孩子作为家庭劳力和收入来源的需要已不再像从前那样迫切。改革者与博爱主义者们所确信的浪漫主义思想，即童年应当是人生中最幸福的时刻，应当充满快乐，儿童具有与成人不同的需要，[①] 使得儿童在母亲充满感情色彩的意念中，被赋予更多的保护与关爱。法律上那些不被承认的非婚生子女，在工业革命中处于不利境地的孩子们，也都被纳入社会福利的考虑之中，儿童的最大利益正在这样的背景下发展成为美国法的要素之一。[②]

1815年，发生于宾夕法尼亚州的Commonwealth v.Addicks案，[③] 是美国 19 世纪早期具有代表性的体现儿童最大利益原则被滥用的案件。两位年龄分别是 9 岁和 12 岁的女孩，其父母于三年前离婚。当时，法庭考虑到孩子年龄尚幼，依据幼年原则将监护权判给了母亲。三年后，父亲向法庭提出变更抚养权的请求，理由是母亲在婚姻存续期间的私通行为构成道德沦丧，所以，孩子与母亲生活不符合孩子们的最大利益，也不利于她们未来对道德概念的理解。母亲对孩子的监护权据理力争，她的辩护人申辩道：法庭三年前将抚养权判定给母亲时，已经获知母亲的私通行为。尽管当时主要基于幼年原则，将监护权交予母亲，但生活环境的稳定性和连贯性对于孩子的最大利益来讲至关重要。[④] 孩子的母亲在加拿大受过良好的教育，在年少时，奉母亲之命与几乎互不

---

① Claire Breen, *The Standard of the Best Interests of the Child: A Western Tradition in International and Comparative Law*, New York: Springer, 2002, p.42.

② Lynne Marie Kohm, "Tracing the Foundations of the Best Interests of the Child Standard in American Jurisprudence", in *Journal of Law and Family Studies*, Vol.10, No.2, pp.337–376, at p.359.

③ 5 Binn. 520（Pa. 1815）.

④ 5 Binn. 521（Pa. 1815）.

认识的前夫成婚。婚后她发现二人在年龄、习惯、教育、个性等方面差距悬殊，难以共同生活。母亲的私通行为的确应受到严厉的批评，但是不可否认，在母亲的照料之下，孩子们受到了无微不至的呵护，并且这种照料也体现在道德教育方面。①母亲除了有私通的污点外，在抚养子女方面没有任何失误。相反，孩子的父亲具有暴力倾向，倘若他们随父亲搬到纽约，将不再受到本庭的监管，这才是对她们的利益起决定作用的因素。②

在这样的情形下，法庭陷入了进退两难的境地，因为法庭的判决关乎孩子们对其父母不幸婚姻的道德判断，如果法庭允许孩子们与母亲继续生活在一起，是否意味着法庭对母亲私通行为的默许？③尽管母亲不幸的个人经历可怜可叹，但她已经在基本的道德伦理上铸下无可挽回的错误，法庭认为无论如何母亲的私通行为不能被认为是合理合法的。考虑到孩子们正处于分辨是非道德的关键时期，未来三年的教育对她们尤为重要，很可能对她们一生的命运起到决定性作用，最终，法庭还是将监护权判给了父亲，认为孩子需要懂得婚姻誓约的神圣。法庭建议父亲切勿粗暴地将孩子从母亲身边带走，避免以任何暴力来惊吓孩子或由母亲来完成抚养方式的转变。同时，法庭也明确地表示，未成年兄弟姐妹一同生活成长，是儿童最大利益标准的一部分。④

Commonwealth v. Addicks 案被认为是第一起应用儿童最大利

---

① 5 Binn. 520–521（Pa. 1815）.

② 5 Binn. 520（Pa. 1815）.

③ Lynne Marie Kohm, "Tracing the Foundations of the Best Interests of the Child Standard in American Jurisprudence", in *Journal of Law and Family Studies*, Vol.10, No.2, pp.337–376, at note.134.

④ 5 Binn. 520（Pa. 1815）.

益标准的判例。[①] 该案中，婚姻誓约的神圣性以及抚养者的行为对孩子道德的教育和影响构成法庭判决的依据。起初，儿童的最大利益是幼年原则适用的基础，尽管幼年原则确立了一种母亲优先的推定，但这种推定很容易被母亲的不胜任或不适合推翻。尽管对母亲私通行为的指责，在任何有关儿童最大利益的裁断与争夺中都是对监护人资格的致命一击，但母亲的失误对孩子的道德和教育环境是否真正造成负面影响尚未确定，同时，父亲的暴力倾向是否可能对孩子造成实质上的伤害也未可知，而法庭还是偏执地仅以母亲私通的理由作出最终裁决。[②] 由此可见，儿童最大利益的标准在很大程度上，有被任意决定的可能。

继 Commonwealth v. Addicks 案之后，1834 年，发生于马萨诸塞州的 Commonwealth v. Wales Briggs 案有效地阐释了任何亲权都建立在维护儿童利益的父母义务的基础之上。本案中，母亲宣称因为父亲过度放纵，所以将孩子带离其居所，并提出离婚。经过对具体事实的核查，法庭发现父亲的行为不构成过度放纵或行为不当，不足以构成母亲提出离婚的充分理由。[③] 法庭认为任何父母权利都应当以其维护子女利益的义务为前提，[④] 即便采用幼年原则也务必以儿童最大利益为依据。根据不足的离婚并不利于儿童

---

① Lynne Marie Kohm, "Tracing the Foundations of the Best Interests of the Child Standard in American Jurisprudence", in *Journal of Law and Family Studies*, Vol.10, No.2, pp.337–376, at p.359.

② Joanne Ross Wilder, "Religion and Best Interests in Custody Cases", in *Journal of the American Academy of Matrimonial Lawyers*, Vol.18, 2002.pp.211–234, at p.212. Lynne Marie Kohm, "Tracing the Foundations of the Best Interests of the Child Standard in American Jurisprudence", in *Journal of Law and Family Studies*, Vol.10, No 2, pp.337–376, at note.140.

③ 33 Mass.（16 Pick.）203, 205（1834）.

④ Lynne Marie Kohm, "Tracing the Foundations of the Best Interests of the Child Standard in American Jurisprudence", in *Journal of Law and Family Studies*, Vol.10, No.2, pp.337–376, at p.361.note 151.

的成长，母亲在没有充分合理理由的情况下与丈夫分居，并将孩子带离婚姻居所，已经构成孩子不能与她共同生活的正当理由，法庭据此剥夺了母亲的监护权。①

1870 年，伊利诺斯高等法院根据国家宪法对人的权利进行规定，通过 O'Conner v. Turner 案，确立了对儿童保护的正当程序。② 内战后期（Post-Civil War）人权的概念也适用于儿童。伊利诺斯的立法允许将 14 岁的男孩监禁在芝加哥的一所改教学校。孩子的父亲向法院申请人身保护令，对孩子的监禁表示反对。将儿童囚禁在改教学校被认为不合乎宪法规定，并且也不符合儿童的最大利益。③ 一些学者认为 O'Conner v.Turner 案强调的是儿童受到正当程序保护的权利，而另一些学者则主张本案所产生的影响是司法对"儿童的需要"概念的拓展。④

"儿童需要"往往意味着与母亲在一起生活，但同时也体现了国家利益在其未来公民身上的拓展，儿童最大利益原则可以服务于国家利益，由此引发了一场儿童权利运动。⑤1840 年以后，儿童权利保护的思想开始在美国萌发。1844 年纽约郡的 Barry v.Mercein

---

① Lynne Marie Kohm, "Tracing the Foundations of the Best Interests of the Child Standard in American Jurisprudence", in *Journal of Law and Family Studies*, Vol.10, No.2, pp.337–376, at p.361.note 151.

② 55 Ill. 280, 5（1870）.

③ David S. Tanenhaus, "Between Dependency and Liberty: The Conundrum of Children's Rights in the Gilded Age", in *Law and History Review*, Vol.23, No.2, 2005. pp.351–385, at pp.355–370.

④ David S. Tanenhaus, "Between Dependency and Liberty: The Conundrum of Children's Rights in the Gilded Age", in *Law and History Review*, Vol.23, No.2, 2005. pp.351–385, at pp.370–379. 有学者认为，人们对儿童权利的意识并没有这样早发生，人们对儿童权利的意识始自于 *Brown v. Board of Education*, 347 U.S. 483（1954），并且 *In re Gault*, 387 U.S. 1（1967）是第一个涉及儿童权利的判例。参见 Theresa Glennon, Robert G. Schwartz, "Foreword: Looking Back, Looking Ahead: The Evolution of Children's Rights", in *Temple Law Review*, Vol.68, No.4, 1995. pp.1557–1572, at p.1559.

⑤ Lynne Marie Kohm, "Tracing the Foundations of the Best Interests of the Child Standard in American Jurisprudence", in *Journal of Law and Family Studies*, Vol.10, No 2, pp.337–376, at p.368.

案，[①] 标志着儿童开始作为与父母平等的权利主体，其最大利益作为一项权利资格与父母的（公民的）宪法权利进行公平对抗。[②] 在该案中，父母双方自愿分居，母亲带女儿回到孩子外祖父的居所居住。起初，美国纽约南区巡回法庭基于父权优先的考虑，不止三四次签发人身保护令，将处于幼儿期女儿的抚养权判给父亲。但在复审中这一决定又被撤销了，法庭两次拒绝签发人身保护令，认为监护权不应通过人身保护令而被移交给父亲，其理由是此案适用幼年原则对儿童利益的益处显然要优于适用父权优先原则。[③] 七年后，此案在美国联邦最高法院复审，最高法院明确肯定了州法院为儿童最大利益作出的最终判决，[④] 认为法庭没有合理理由为父亲颁发人身保护令，并且指出他们也没有管辖权来更改判决。[⑤]Mercein v.Barry 案在美国早期有关儿童权利的案件中可算是首屈一指。法庭对此案的处理使得法庭在亲子案件领域树立起具有公信度的权威，并曾经一度掀起最大利益原则的风潮。[⑥] 这一判例将儿童置于具有一定自由意志的权利主体的地位，而不再被当作完全由成人来决定其利益的被动客体。同时，区分儿童的自由权利与儿童的利益也尤为重要，儿童利益不是人身自由问题，却关乎儿童的照顾和成长。因而，有关儿童利益的立法机关、社会各方，特别是父母，都应承担起维护儿童最大利益的积极义务。

到 19 世纪末，儿童最大利益原则已有很大发展。一些学者

---

① Barry v. Mercein, 25 Wend. 64（N.Y. 1840）.

② Lynne Marie Kohm, "Tracing the Foundations of the Best Interests of the Child Standard in American Jurisprudence", in *Journal of Law and Family Studies*, Vol.10, No. 2, pp.337–376, at p.363.

③ 25 Wend. 64（N.Y. 1840）.

④ 46 U.S.（5 How.）120（1847）.

⑤ 46 U.S.（5 How.）103（1847）.

⑥ Kathryn L. Mercer, "A Content Analysis of Judicial Decision-Making: How Judges Use the Primary Caretaker Standard to Make a Custody Determination", in *William and Merry Journal of Women and the Law*, Vol.5, Iss.1, 1998, pp.1–149, at p.20.

甚至相信这项原则开始取代父母的权威，并逐渐削减亲权在法律中的分量。儿童权利主体地位的确立使得儿童的意愿成为儿童最大利益的要素之一，由此也引发了人们的思考，即儿童最大利益标准的分析究竟立足于权利，还是立足于利益？1875年，在肯塔基州发生的Ellis v.Jesup案中，[①]法庭认为13岁是一个孩子可以自己作出决定的年龄，因而法庭不能够违背儿童本人的意愿将监护权判给其父，儿童的意愿对本案的裁决起了决定作用。[②]随后，1886年弗吉尼亚州的Merritt v. Swimley案中，法庭正式确立了在抚养权纠纷中应当首先考虑儿童权利的论断，由此，儿童的意愿便成为儿童最大利益标准的主要参考依据之一。[③]

无论儿童的最大利益是否是一个权利概念，可以肯定的是，儿童的利益如今已被法庭作为裁判监护权案件的主要考虑因素，儿童利益的地位甚至已经超越家庭中的亲权。自1877年发生于俄亥俄州的Clark v.Bayer案以后，儿童的最大利益逐渐成为法庭裁判监护权最主要的标准，自此，儿童最大利益原则在美国各地迅速传播开来。其中，1881年经堪萨斯高等法院判决的Chapsky v.Wood案尤为引人注目。此案的重点不再局限于通过限制父母的权利来确保儿童的利益，而是将儿童的最大利益作为监护权裁定唯一的考虑，在必要时，彻底摒弃父母的权利。当一个孩子已经由养父母尽职尽责地照管多年，法庭是否承认生父的抚养权，取决于哪种抚养方式能够确保并增强孩子的利益和福祉。生父的权利和多年来以父母的方式抚养孩子的人的权利都应当被考虑到。也许多年来代替亲生父母照顾孩子的人的权利，在法律上还不能构成一项亲权，但是他们多年来承担照顾、抚养孩子的重任。在

---

① 74 Ky. 403（1875）.

② Ex Parte Reed, 19 S.C. 604, 1（S.C. 1883）.

③ 82 Va. 433, 4（Va. 1886）.

孩子婴儿期时所经历的艰辛，为其付出的劳力、心力是不能够以金钱来衡量的。孩子在他们的呵护下，度过了快乐而幸福的童年时光。法庭不仅应对他们的忠诚给予公正、恰当的评价，他们所付出的辛劳，以及对孩子的成长和利益保护起到的积极作用，都应得到尊重。在这样的情况下，孩子的未来无法预知，法官唯有依据公理良知来判断如何才能促进孩子的福利。最终，儿童的最大利益还是战胜了亲权，法庭判定监护权由养父母来行使。[①]

从以上案例可以看出，确立儿童最大利益作为一项法定标准，不可能一蹴而就，这需要有关儿童法律实践的不断积累。儿童的利益与其生父生母密切相关，用法律来促进和睦的家庭生活，确保国家未来公民的健康成长，需要国家重视亲子方面的立法标准和司法裁量权的限制。在19世纪，这些标准不再囿于父亲的权利，母亲的权利也包括其中。同时，儿童的最大利益是父母享有权利和履行义务的前提，父母作为儿童的监护者，必须具备培养国家未来公民的能力，因而父母监护子女的能力和资格也必须接受司法的评估和监督。

（二）在收养法中的确立

在新教改革运动的影响下，社会福利政策将济贫院的孩子们以及无人收容的孩子们的利益考虑在内。19世纪中期，美国出现了有关收养的成文法。美国的首部收养法于1851年在马萨诸塞州通过，[②]这部立法强调的是被收养儿童对父母的需要，[③]主旨在于确保儿童的最大利益，并为以后其他各州的收养法确定了基调。

---

① Lynne Marie Kohm, “Tracing the Foundations of the Best Interests of the Child Standard in American Jurisprudence” , in *Journal of Law and Family Studies*, Vol.10, No.2, pp.337–376, at notes. 181–182.

② Mass. Gen. Laws Ann. ch. 324 § 752（West 1854）

③ Mass. Gen. Laws Ann. ch. 324 § 752.

1855年马萨诸塞州的立法规定，父母是否有渎职行为，是否平等、公正地处事，孩子是否幸福并享有福利等，都决定父母是否享有权利，包括监护权。[①]

对儿童最大利益的强调是美国收养法的主要特征，该法在有关儿童的法理学领域掀起了巨大的浪潮。与罗马法传统不同，美国的收养模式和框架是依据儿童最大利益的这项新标准来制定的。罗马法将收养作为确立家族继承人的一种方式，而美国法则是寻求一项制度来改善被忽视和无所依靠的孩子的生存状况，继承仅仅是附带的考虑。美国法与英国法也形成鲜明的对比，因为英国法依然依循罗马法的传统，其收养制度仍是以继承为目的的。美国的成文法迅速跳出了罗马法概念的窠臼，一改以往罗马法将维持家族传统的连续性作为主要目的做法，将儿童的福利作为法律的主要考虑。[②]

由于以儿童最大利益为基础，美国法的收养观念是，收养是为孩子找到一个适合的家庭，而不是为一个家庭来寻找一个合适的孩子。这种异于经典的罗马法、普通法的收养观不仅是美国家庭法发展的基础，如今也成为世界各国仿效的标本，即通过以儿童为中心的收养方式创生一种新的家庭关系，这一新的家庭关系将模仿、复制存在于生父母与子女之间的家庭关系之中。[③]

此外，值得注意的是，19世纪之后，儿童的最大利益已经不仅仅是美国家庭法的法理学的基础，它同样成为少年刑事司法法理

---

① Lynne Marie Kohm, "Tracing the Foundations of the Best Interests of the Child Standard in American Jurisprudence" , in *Journal of Law and Family Studies*, Vol. 10, No.2, pp.337–376, at p.364.

② Stephen G. Post, "Adoption Theologically Considered" , in *The Journal of Religious Ethics*, Vol.25, No.1, 1997, pp.149–168 at pp.151–152.

③ Lynne Marie Kohm, "Tracing the Foundations of the Best Interests of the Child Standard in American Jurisprudence" , in *Journal of Law and Family Studies*, Vol.10, No.2, pp.337–376, at p.349.

学的基础。[①] 殖民地时代，社会对儿童的关切在于，认为儿童需要家庭，并应被给予关爱，这样的思想引发了一场关于解救流浪儿童、违法少年以及受压迫童工的拯救儿童运动。人们认为解决流浪儿童问题的方法应当是将违法少年重新转变成儿童，这样的方法建立在浪漫主义以及博爱主义的信念之上，即认为健康的童年是正常成年生活的基础。健康的童年生活只有在家庭环境中才能找到，或者以一种能够给予儿童依靠和保护的方式来代替家庭。儿童可以通过生活在一个家庭或者能够替代家庭的环境中逐渐回归其原本天真无邪的本色。通过重新成为家庭中父母的子女，而重拾真正的童年生活。在这样的信念之下，儿童纯洁且需要保护的形象，在确定有关儿童刑事责任的事项上被采纳。[②] 同时，出于让孩子得到拯救，重新回到正常的家庭环境中的理念，几乎贯穿少年司法程序中的每一个环节，从拘禁到安置处理，似乎都是在维护儿童最大利益的思想之下。[③] 可以说，少年司法的基础就是儿童最大利益，尽管少年司法似乎并不十分在意儿童最大利益的标准是什么。

纵观儿童最大利益原则确立的历史，可以看到，儿童最大利益原则的形成过程，是不同标准的博弈过程，是儿童权利与其他权利冲突与抗争的过程，其中，既有与父权优先的抗争，也有与母权优先的抗争。同时，怎样认知、判断和保护儿童的最大利益，在很大程度上取决于法官的价值取向和认识水平。

---

① Claire Breen, *The Standard of the Best Interests of the Child: A Western Tradition in International and Comparative Law*, New York: Springer, 2002.p.148.

② Claire Breen, *The Standard of the Best Interests of the Child: A Western Tradition in International and Comparative Law*, New York: Springer, 2002.p.20.

③ Lynne Marie Kohm, "Tracing the Foundations of the Best Interests of the Child Standard in American Jurisprudence", in *Journal of Law and Family Studies*, Vol.10, No.2, pp.337–376, at p.351.

第二章
当代改革与发展

20 世纪中期，儿童最大利益原则在一些发达国家的亲子法领域迅速发展。一是针对标准的不确定性，特别是对法官自由裁量权的过度依赖，尽可能将已确定的具体标准通过立法确定下来。二是在司法实践中尽量明确监护案件中儿童最大利益的评定标准。在推定方式上，逐渐摒弃幼年原则推定，取而代之的是主要照顾者推定的广泛适用。心理上父母的推定以及共同监护的抚养方式是司法实践的成功尝试。三是在法学理论发展上，一方面，在儿童最大利益原则之下，家庭法中出现了父母权利与责任的变革。另一方面，也产生了一些关于这一原则在适用方面的困难，包括保护主义与自由自主的矛盾，不确定性引发的法官自由裁量权的误用，以及文化因素在这一原则适用中的局限性。

作为一项包含着权利主张、不断面对各种利益纠纷的法律原则，儿童最大利益原则遇到的最大难题是标准问题，即究竟什么是最大利益、怎样判断最大利益、由谁来判断最大利益。面对涉及儿童监护、抚养、收养、教育、财产以及行为的形形色色、错综复杂的具体案件，同样都是或者至少在名义上是为了维护儿童最大利益，但在不同的时期、不同的国家、不同的地区、不同的政府、不同的法院或法官那里，适用的标准往往千差万别。从历史上看，儿童最大利益原则最初是通过英美判例法而形成和发展的，这一路径先天地导致了儿童最大利益原则对法官自由裁量权的过度依赖，继而加剧了其标准本身的不确定性。许多地区的法官只是根据既有的判例法敷衍了事，而不是寻求查明事实的真相来明确什么才是对某个孩子最有利的安排，这样的现象屡见不鲜。到了 20 世纪初，人们越来越多地对单凭法官的价值观和个人经验来决定什么是儿童最大利益提出质疑。20 世纪 60 年代，随着儿童权利保护运动的兴起，调整和规范司法自由裁量权、从法律上严肃对待并分析儿童利益的决定要素，成为社会的普遍关切。在此背景下，关于儿童最大利益的立法和司法进入了一个前所未有的改革发展时期。

一、英美法系国家的立法发展

为了减少法官的主观因素对儿童最大利益原则的影响，许多国家，特别是主要的普通法法系国家重视通过立法明确规定儿童权利，并力图把最大利益原则的标准确定下来。

（一）英国法

首先看英国的情形。英国是世界上最早制定儿童权利保护法的国家，这与长期以来英国法官在涉及儿童利益的判决中积累的大量经验直接相关。如前所述，英国法院早在 19 世纪时就使用类似“儿童最大利益”的措辞审理有关监护权的案件。首次将儿童福利写入法律的，是 1886 年《婴儿监护法》。该法把儿童福利与父母的行为和预期一并列为法官裁判时应当考虑的因素。1925 年，英国又颁布《婴儿监护法》，使儿童福利成为法庭决定一个相关事项的主要考虑因素，父母任一方都不享有优先于他方的请求权。[①]20 世纪 70 年代始，幼年原则的推定受到女权主义的质疑，随着国家介入主义、儿童保护运动的兴起，1971 年《未成年人监护法》首次推翻了幼年原则，正式采纳儿童最大利益原则。但最终明确以儿童最大利益原则作为裁判儿童事务的最高准则与判断标准的，还是 1989 年《儿童法》。

作为英国（英格兰及威尔士）最为重要的儿童保护法，1989 年《儿童法》正式确立了儿童福利原则，也就是儿童最大利益原则。解读这部法律，有以下几点值得特别注意。第一，该法第 1 条明确规定儿童福利（Welfare of the Child）原则。当法院决定任何有关于儿童抚养、有关管理儿童财产的问题时，儿童福利必须是法院裁决主要的考虑因素。第二，该法通过对父母责任的界定来限制家庭的权威，以“父母职责”（parental responsibility）的表述，[②] 取代“管教”（control）、“父母权利”（parental right）、“父母义务”等概念。父母对子女不再拥有绝对的权利，代之以“对孩

---

① Micheal Cretney, Judith Masson, Rebecca Harris, *Principles of Family Law*, United States: Sweet Maxwell, 2001.p.636.

② Art.2–4 of 1989 Children's Act of U.K.

子及其有关财产拥有的所有的权利、义务、权力、责任和威信”。[①]第三，将私法与公法纳入同一文本的框架下，促进法庭对家事诉讼的管理。一方面，鼓励父母通过协商来妥善安置子女，另一方面，鼓励立法机构与父母之间建立良好的协作关系，允许父母在质疑国家的介入与担任儿童保护者的角色之间寻求平衡。[②]为了尽量减少离婚给未成年子女造成的伤害，相关部门通常提醒父母对离婚进行再三考虑，并辅以调解。法律将妥善抚养、教育儿童等事项视为父母的共同责任，这样便于法院根据儿童最大利益原则进行监督。父母作为儿童的直接监护者，法院往往力求父母就儿童的问题达成一致。只有在父母的意见出现分歧时，法院才签发指令给予帮助。这并不是说，父母可以任意决定协议的内容，当协议内容不符合儿童的最大利益时，法院有权否决父母达成一致的协议内容，并对其内容进行修改。尽管司法权在处理离婚纠纷的问题上多采以调解的方式，但即便是调解也必须在地区法官或福利官的监督下进行，以防止父母制订不符合儿童最大利益的协定。[③]第四，该法通过政府当局介入的方式为家庭中的儿童提供支持。法院以签发指令的方式调整有关儿童的监护和交往等事项。法律还规定了地方当局对于儿童事务的职权和职责，为紧急情况下的儿童，创设紧急保护令（Orders for Emergency Protection of Children）[④]和儿童评估令（Child Assessment Orders）。[⑤]在离婚诉讼中，设专职儿童代表参与诉讼，彻底改变了儿童在离婚诉讼

---

① Section 3, Parental Responsibility of 1989 Children's Act of U.K.

② Report on "An Overview of 1989 Children's Act", www.rcpsych.ac.uk/files/samplechapter/102_0.pdf.

③ Gareth Miller, *Fronteirs of Family Law*, Aldershot: Ashgate PublishingLimited, 2003, pp.148-149.

④ 1989年《儿童法》第44条。

⑤ 1989年《儿童法》第43条。

中的从属地位。诉讼监护人作为未成年子女的代表，就监护、抚养等问题提出符合儿童最大利益原则的建议。[①] 此外，法庭还应根据儿童最大利益原则，对是否签发"照护令"及其签发方式进行裁定。儿童有权与探视令中规定的人保持联系，其监护人无权干涉这项权利。但是在保护儿童最大利益的必要情况下，法官有权中止探望。为保障儿童最大利益，政府还设立了福利报告制度和儿童福利职业。[②] 法院以儿童福利为基础，灵活处理儿童案件，通过加强与其他儿童保护机构的合作，如社区之家、[③] 志愿组织、[④] 已注册的儿童之家等，[⑤] 努力实现更好保护儿童权利、维护儿童最大利益的宗旨。

2004 年，英国再次修订《儿童法》。[⑥] 新法的特点是，强调政府的协调干预。如设立了英国儿童专员一职（Children's Commissioner）；为英格兰、苏格兰和威尔士的每一个儿童创立电子记录，确保政府可以越过地方当局和政府服务机构来追踪儿童的生存和发展状况；为所有涉及儿童保护的服务，设立"合作义务"，意在尽量减少法制漏洞给儿童带来危险的可能性；服务机构包括地方当局、警察、矫正机构、少年犯罪小组、区域战略卫生局（Strategic Health Authorities，SHA）、初级卫生保健信托机构（Primary Care Trust，PCT）、学习与技能委员会（Learning

---

① 1989 年《儿童法》第 41–42 条。

② 1989 年《儿童法》第 7 条。

③ 1989 年《儿童法》第 6 章。

④ 1989 年《儿童法》第 7 章。

⑤ 1989 年《儿童法》第 8 章。

⑥ 2010 年，英国政府颁布了《儿童、学校、家庭法》（*Children, Schools and Families Act, 2010*），这里法案在原有的《儿童法》的基础上，进一步强调了残障儿童或儿童对特殊教育的需要，对学校、其他教育机构以及政府当局的权力进行立法，补充修订了《教育法案》，规范了有关地方儿童保护局的内容，并对于家庭诉讼相关信息公开进行了规定。参见 2010 年英国《儿童、学校、家庭法》第二十六章（*Children, Schools and Families Act 2010*, Chapter 26）。

and Skills Council）等；建立新的法定机构—地方儿童保护理事会（Local Safeguarding Children Boards），负责儿童保护的相关事务；要求英格兰地方当局任命一名儿童服务事务的负责人。

经过多年的发展，英国关于儿童最大利益的法律制度日益完善。这里窥举两个方面。

一是儿童抚养和监护制度。儿童最大利益是法院裁决有关儿童问题纠纷的最高准则，在实践中，为了将这一原则的判断标准尽可能界定明确，减少法官自由裁量权的滥用，1989 年《儿童法》通过第 1 条第 3 款列明了儿童福利标准清单："（1）根据儿童的年龄、成熟度考虑儿童可确定的情感和意愿；（2）儿童的身体、情感和教育等方面的需要；（3）变更环境对儿童可能造成的影响；（4）儿童的年龄、性别等以及其任何相关的其他因素；（5）儿童曾经遭受过的伤害以及可能遭受的伤害；（6）父母以及任何被法院认为相关的人具备满足儿童合理需要的能力；（7）本案的诉讼程序中，本法授予法官谋求儿童最大利益的职权范围。"[①]

1996 年，英国还修订了《家庭法》，该法第 11 条特别规定了"子女的利益"。在 1989 年《儿童法》所赋予的儿童利益的范畴内，以及其他因维护子女利益的理由，法庭有权下达命令不予签发离婚令或分居令。[②] 在离婚案件中，针对子女的最大利益应考虑到以下因素："（1）子女与其年龄和理解力相适应的意愿以及表达意愿的情形；（2）父母双方抚养、照顾子女的表现；[③]（3）与子女共同生活的一方现在居住或未来居住的环境；（4）与子女共同生活的一方正在或打算与谁共同生活。"[④] 此外，一些基本原则无疑将构成子女的最大利益，如：（1）与具备责任感的父

① 1989 年《儿童法》第 1 条第 3 款。
② 1996 年《家庭法》第 11 条（2）、（3）款。
③ 1996 年《家庭法》第 11 条（4）（a）、（b）款。
④ 1996 年《家庭法》第 11 条（4）（d）款。

母或家庭成员保持联系；（2）与父母保持尽可能良好的、具有持续性的关系。[①]

二是儿童收养制度。2002年英国《儿童与收养法》第1条第2款规定："法院、收养机构均应以被收养儿童的终身利益为主要考量。"第1条第4.5款还规定了法院和收养机构在作出决定时应当考虑的具体因素，包括：（1）在对儿童年龄和成熟度的考虑下，被收养儿童的期望和情感；（2）被收养儿童的特殊需要；（3）脱离原生活环境而被收养这一事实对该儿童可能产生的影响；（4）儿童的年龄、性别、经历、性格等相关情况；（5）根据1989年《儿童法》的标准，该儿童曾经遭受或可能面临的伤害；（6）儿童与其亲属或与收养相关的其他人的关系，考虑上述的任何关系的延续或发展的可能性，以及上述关系的发展可能对该儿童产生的影响；（7）评估儿童与其亲属或与收养相关的其他人的能力和意愿，判断上述相关者是否有可能满足该儿童的生活需求，并提供一个适合儿童健康成长的环境；（8）该儿童的亲属或任何相关人员对该儿童的感情和期望；（9）试收养以及收养的安排必须要考虑到该儿童的宗教信仰、种族血统以及语言文化因素。此外，2002年英国《收养与儿童法》规定，在正式收养以前必须经过试收养，并在第三部分对试收养制度作了特别规定。该法规定的收养的条件非常严苛，申请人与被安排试收养的儿童必须共同生活达一定期限后，才具备申请收养令申请的资格。收养虽然使父母责任发生了转移，但它不完全割裂儿童与原家庭的联系。第47条规定：法院在签发收养令时，必须在儿童的亲生父母或监护人同意或不反对收养安排的前提下。

自1989年《儿童法》颁布后，英国的立法者们对保护儿童权利的热情未减，二十多年来颁布和修订的儿童法及儿童权利

① 1996年《家庭法》第11条（4）（c）款。

文书层出不穷。如 2000 年《儿童法》[Children (Leaving Care) Act, 2000]、2004 年《儿童法》(Children Act, 2004)、2006 年《儿童与收养法》(Children and Adoption Act, 2006)、2008 年《儿童与青年人法》(Children and Young Persons Act, 2008)、2010 年《儿童贫穷法》(Child Poverty Act, 2010)、2010 年《儿童学校与家庭法》(Children Schools and Families Act, 2010)、2014 年《儿童与家庭法》(Children and Families Act, 2014) 等。这些立法在 1989 年《儿童法》的基础上，对儿童最大利益的保护有了更为细致、详尽的规定。总的看，英国有关儿童监护以及收养的法律观念已经完全摆脱旧的普通法的传统影响，一改以往因循守旧的风格，明确地将儿童的最大利益置于处理亲子关系最高标准的地位。父母的权利，甚至包括家庭中婚姻关系的持续与否都要将儿童的最大利益考虑在内，这是一个焕然一新的大转变。在此基础上，立法的积极干预也取得了以往法官裁判所无法达到效果，如通过设立福利报告制度、福利职位、儿童事务专员、诉讼监护人制度、儿童事务电子记录制度、司法部门与社会服务机构的合作机制等为儿童的最大利益提供全方位的保护。

（二）美国法

美国立法中有关儿童最大利益标准的主要内容与英国法相似，它们都将子女与父母双方的意愿、成长环境、父母抚养和监护子女的能力作为衡量儿童最大利益的标准。与英国不同的，一是立法数量多。在儿童最大利益标准名义下司法自由裁量权的滥用，使得美国一些州积极致力于将其标准成文化、法典化。如今美国的每个州都设有成文法，规定在任何关于儿童安置的决定中都应考虑到儿童的最大利益。二是具体制度有自己的一些特色。比如，美国在对儿童监护人的推断中，率先将主要照顾者的推论纳入了立法标准之中。下面简述几项具体制度。

一是监护与抚养制度。美国《统一结婚离婚法》402 条规定，法院设定在作出与儿童抚养与监护相关的决定时，要考虑以下因素：（1）父母任一方或双方对监护事项的意愿；（2）子女对监护人选的意愿；（3）子女与父母、兄弟姐妹或其他可能影响其最大利益的人之间的互动与关系；（4）子女对家庭、学校及居住区的适应；（5）所有监护关系者身心健康状况，以及其他因素。①同时，第 402 条第 2 款规定，“在足以影响其与子女间关系的情况下，父母的行为才成为法院的审酌因素”。②

一些州在美国《统一结婚离婚法》第 402 条的基础上，还增加了其他考量因素，对儿童最大利益原则的执行标准进一步细化。明尼苏达州的法律除了将《统一结婚离婚法》第 402 条的内容纳入法官对监护和抚养纠纷的审酌考虑因素外，还增加了以下衡量标准：（1）子女的主要照顾者；（2）父 / 母与子女的亲密程度；（3）子女生活在一个稳定、满意的环境中的时间，以及父母对维护这一环境的意愿；（4）作为一个家庭或监护之家永久性的可能性；（5）当事人给予子女爱护、影响、指导、继续教育以及提高子女的文化修养和宗教信仰的能力；（6）子女的文化背景；（7）发生在父母间的暴力行为对子女造成的影响。③

二是探望制度。子女有权与无监护权的父母一方保持联系并相互探望。《统一结婚离婚法》（Uniform Marriage and Divorce Act, 1970）第 407 条专门就探望权作出规定，并强调探望权应根据儿童身心、道德、情感健康的需要而行使。父母离婚后，各州的法律对祖父母、继父母等相关的第三人探望权也给予保护或进行限制，但无论是进行限制还是给予保护，其出发点都是基于对儿童

---

① 夏吟兰：《美国现代婚姻家庭制度》，中国政法大学出版社 1999 年版，第 282 页。

② 1970 年《统一结婚离婚法》第 402 条第 2 款。

③ 夏吟兰：《美国现代婚姻家庭制度》，中国政法大学出版社 1999 年版，第 282—283 页。

最大利益的考虑，发生在美国密歇根州著名的 Baby Jessica 案就是这一领域的经典判例。①

三是抚养变更制度。通常孩子生活方式与环境的持续性和稳定性构成儿童最大利益的合理标准，但在一些情况下，变更监护权更符合最大利益原则的要求。为此，《统一结婚离婚法》对抚养方的变更作了限制性的规定。为防止无监护权的一方父 / 母以缠讼的方式报复原配偶，第 409 条规定，在前一个监护判决生效后两年之内，如无紧急事由，不得诉请抚养变更。除考虑到与儿童最大利益有关的事由，如维持现行监护方式会对孩子身心健康、道德、情感等方面产生消极影响，以及在监护人自愿放弃监护权的情况下，法庭可以考虑变更监护权的请求。此外，《统一子女监护权法》(Uniform Child Custody Jurisdiction Act, 1981) 还规定，法庭更改之前的监护判决时，必须根据判决后发生的或判决时未能预测的事实，确定子女或监护人的情况已发生变化，并且更改抚养方更符合儿童的最大利益，具体适用于以下三种情况：(1) 监护人同意变更；(2) 子女经法定监护方同意，实际上已与另一方家庭共同生活；(3) 子女目前的生存环境严重危害其身体、精神、道德和感情的健康，并且变更其目前的生活环境更易于其健康和成长。②

四是收养制度。美国 1997 年《收养和家庭保障条例》(Adoption and Safe Family Act, 1997) 确立了儿童最大利益原则。③ 立法机关没有刻意忽略儿童与其亲生父母之间的联系，也不曾对处于困境、

---

① *In re Clausen 442 Mich. 648* (1993) . 另参见 Martin Guggenheim, *What's Wrong With Children's Rights*?, United States: Harvard University Press, 2005, pp.50–96.

② 夏吟兰：《美国现代婚姻家庭制度》，中国政法大学出版社 1999 年版，第 305–306 页。

③ 陈苇、谢京杰：《论“儿童最大利益优先原则”在我国的确立》，载《法商研究》2005 年第 5 期，第 39 页。

需要将孩子寄养的和睦家庭造成威胁。亲权不能被剥夺，除非有确凿的证据，表明将孩子与亲生父 / 母分开，能够为孩子与预期的养父母建立更加良好的亲密联系。

此外，在英美法系国家中，澳大利亚儿童保护法的发展也达到较高的水平。特别是，2005 年以来，澳大利亚将家庭和谐、人权保护的理念与儿童最大利益原则相结合，对儿童权利实行全方位保护，此不赘述。[①]

二、大陆法系国家的立法发展

（一）亲权概念的变化

大陆法系主要渊源于罗马法，父权制传统根深蒂固。1804 年拿破仑法典专章规定了亲权，德国、瑞士、日本等受罗马法传统影响的国家和地区的法律也都设有亲权的内容，但是，随着时代的变化，传统的亲权概念发生了很大变化。亲权被更多地赋予了义务的内涵，有的国家还干脆将亲权直接改写为“父母照顾权”。与普通法系国家相比，大陆法系国家对亲权与监护的理解有所不同。在普通法系国家，如英国、美国、澳大利亚、加拿大等国家，法律上不区分亲权与监护，保护、照管未成年人与保护、照管无民事行为能力或限制民事行为能力的成年人一样，都属于监护。儿童首选由父母监护，无父母或父母不胜任、不适任时，再另设监护人。而在大陆法系国家，监护与亲权有所分别，监护主要针对无父母、处于父母照顾之外的未成年人、无民事行为能力人或限制民事行为能力人的人身和财产的保护和管理，所以大陆法国

---

① 关于澳大利亚的情形，参见陈苇主编：《澳大利亚家庭法》，群众出版社 2009 年版。

家的亲权主要指家庭中的父母照顾。[①]

（二）德国法的几个特色

德国作为大陆法系国家中贯彻儿童最大利益原则最为彻底的国家，将儿童最大利益原则写入了民法典。《德国民法典》在1997年12月16日进行修改时新增加的第1697a条规定，法官在决定父母照顾、看护以及探望子女的事务方面，应当依据具体的实际情况，并评估可预见的可能性，作出最益于儿童利益的判决。

德国家庭法赋予父母照顾权以广泛的内容，包括对子女的法定代理，决定子女姓名、身份、社会交往、教育（包括宗教信仰教育）、居所、职业培训等方面的权利。同时，父母的照顾权也包含着一些对子女的义务，如要促进子女的健康、精神、心理、社会交往、教育方面的发展，还包括监督子女，子女不法施加于第三人的损害赔偿责任由父母来承担。德国家庭法下父母照顾权的法律性质在于子女的最大利益，在父母行使照顾权时不能首先考虑父母的自身利益，而应最大限度追求子女的道德完整和身心发展。这并不是说一旦父母在客观上没有能够最大限度地达到子女的最大利益，国家就要实施干预。在德国《基本法》第6条第2款下，父母有权利根据自己的判断，运用自己认为恰当的方式来实现子女的最大利益。只有在父母的目的和方式脱离社会的基本共识，严重损害子女的最大利益时，国家才能根据《基本法》第6条第2款，依法行使监督职责。[②]

1. 在父母的教育原则上，尽管德国法赋予父母照顾权以广

① 夏吟兰、蒋月、薛宁兰：《21世纪婚姻家庭关系新规制》，中国检察出版社2001年版，第304-305页。

② ［德］迪尔特·施瓦布：《德国家庭法》，王葆时译，法律出版社2010年版，第319-321页。

泛的决定权，但父母的任何决定都须考虑到子女不断增长的能力和子女对独立的、有责任感的行为实施的渴望，需要父母在有关子女的照管和教育事项上，同子女讨论父母的权利问题并力求取得一致。[①] 这表明子女的独立性和责任感是父母教育的目的，这一独立性和责任感并不是一蹴而就的，这需要父母循序渐进的引导，通过与子女共同商讨来培养子女的独立性和责任感。第1631条a规定的在有关教育与职业的选择问题上，父母尤其要考虑子女的才能和爱好，存在疑问时，要听取教师或有关人士的建议。[②]

2. 在父母的教育方式上，法律禁止父母对子女施加任何形式的暴力，包括体罚或心灵上的伤害、侮辱性的教育措施。[③]

3. 在子女的交往问题上，一般认为子女与双亲同时保持良好、稳定的关系最为符合儿童的最大利益。[④]1998年德国子女法改革后，1684条新增了：子女与其他人的联系若利于子女发展，那么子女与其他人的交往也符合儿童的最大利益。

4. 在父母离婚的情形下，“父母以自己的责任和相互之间的协商一致为子女的幸福而行使父母照顾权，在发生意见分歧时他们应先尝试求得一致”。[⑤] 如果父母双方不能就照顾子女的重要事项安排取得一致，经父母任一方申请，家庭法院有权决定委托父母的一方。[⑥]离婚后，子女拥有与父母保持联系，探望彼此的权利。只要与儿童的最大利益不相抵触，监护方无权干涉子女与祖父母、

---

① 《德国民法典》第1626条第2款。

② ［德］迪尔特·施瓦布：《德国家庭法》，王葆时译，法律出版社2010年版，第321–322页。

③ 《德国民法典》第1631条第2款。

④ 《德国民法典》第1626条第3款。

⑤ 《德国民法典》第1627条。

⑥ 《德国民法典》第1628条。

外祖父母和兄弟姐妹交往的权利。[1]

此外，对于如何断定儿童最大利益，《德国民法典》并没有像英美法系国家的立法以详尽的列举式条款进行规定，但在理论和实践上已经形成了一些规则。这些规则多与英美法国家的立法规定相近，比如，要求法庭裁定离婚父母某一方的监护权时，主要考察父母的道德品行、能力、职业状况及其与子女间的亲密程度，是否具备亲自照顾子女的能力和意愿，以及是否能够在主观和客观方面给予子女稳定、健康、持续的生存与发展环境。同时，法院也应依据孩子的成熟度和理解力考虑孩子对监护安排的意愿。如果依据上述因素仍无法做出符合儿童最大利益的决定，法院还可以考虑导致婚姻破裂的原因，比如父母任意一方在婚姻存续期间有无过错以及离婚过程中父母的状态，如在离婚程序进行过程中，还要对是否有家庭暴力倾向等作出评估。不过，此项主张与德国民法所确立的离婚破裂主义原则存在冲突，难以为多数学者接受。

三、司法审判的改革发展

尽管各国通过立法和制定相关规则的方式，确立了一些帮助法官确定什么构成儿童最大利益的标准，但在实践中，就某一特定情况进行判断，还是充满着无法确定的因素。与一般民事案件的裁断显著不同的是，要做出符合某个儿童利益的判断，法官不仅要对过去、当下事实因素进行考虑，还要对未来的各种可能性进行理性的预测。这些事实和因素涉及范围广泛，不仅要考虑离婚诉讼以及儿童监护的安排，还要考虑有关儿童的一切行动和因素。这项工作如此复杂、困难，以至于有些法官不得不寻求心理健康以及儿童专业人员的帮助。即便如此，问

① 《德国民法典》第1684条。

题仍可能无法妥善解决，因为法院在与专业人员就儿童监护事项进行评估合作时，往往难以就评估的具体内容与目标达成一致，法官不得不依照个人主观价值和经验作出裁决，很容易将其个人偏见、缺乏理性的观点，在毫无知觉的情况下应用于儿童事务的裁断中。[①]他们不必在法庭上宣誓，也不必经过交叉询问的检验，就可以独具权威地宣称其裁决是出于对儿童最大利益的考虑。

为了解决这一原则在适用上的困扰，许多国家的法官和学者试图在立法之外，通过一些规则、推定方法或解决方式，归纳出一些较为明确、易于遵循的规则，帮助法官针对不同的个体情况断定什么是符合某个儿童儿童最大利益的标准，尽量减少自由裁量权的主观性带来的不利影响。

（一）逐步明确监护权的标准

综合外国的司法实践，儿童最大利益原则的判断标准可分为监护人的能力、资格和儿童需求。[②]

1. 监护人的能力和资格

（1）监护人的主、客观条件

①监护人的客观能力。评估监护人的抚养能力，主要考虑以下因素，包括：监护人的身心健康状况、教育程度、成熟度等。这些因素决定监护人能否充分承担抚养和教育子女的责任，监护人与子女相处的技巧会对子女的心理健康造成影响。监护人的受教育程度、社会地位与子女受教育的机会和质量也有关联性，一般情况下，教育程度愈高的父母，协调家庭教育与学校教育的能

---

① 王洪：《论子女最佳利益原则》，载《现代法学》2003年第6期，第34页。

② 以下分类及主要内容，参见王洪：《论子女最佳利益原则》，载《现代法学》2003年第6期，第33—34页。

力往往越强，孩子受到正确、有益的教导和照料的可能性越高。因此，一些国家的法官，常倾向于将儿童监护权判给有能力使儿童受到良好教育的一方。

②监护人的主观意愿。父母对子女监护的意愿在一定程度上反映了他们对子女的感情和关爱程度，这些主观因素可以作为法官预测父母日后为子女谋求福祉、付出努力的意愿，并可由此推测父母与子女之间的情感关系。将儿童的监护权判给监护意愿强烈，或对子女感情较深的一方，往往会符合儿童的最大利益。

③监护人的生活环境以及居住伴侣。儿童脱离原本的家庭环境，随监护人在新的环境生活，监护人的居住环境、与监护人共同生活的人都会对儿童的利益造成影响。由于各方面原因，监护人在实际上需要与监护人以外的第三人共同抚养孩子，第三人协助履行监护义务，也是抚养子女的一种方式。这里的第三人并不限于亲属，也可包括生活伴侣、朋友、受雇人等。无论与监护人有无婚姻关系，只要能对儿童的成长、发展、生活和教育有益，并能提供规律且安稳的协助即可。

（2）判定取消监护人资格的消极因素[①]

①道德上的不当行为。父/母不受社会肯定的宗教信仰、政治立场或精神信念以及不为社会所容的犯罪行为会对子女造成影响。依据心理学理论，儿童行为社会化的过程中，常汲取家人在是非、道德和价值方面的判断标准，作为自己的价值观或行为依据，所以对监护权的决定，法院通常将监护人有无道德上的不当行为作为衡量儿童最大利益标准的因素之一。比如，有的父母因婚外性行为被法院认定不适合监护子女。如果母亲经常在丈夫外

① 除父/母失当的私人性生活、酗酒行为外，父/母的工作伙伴与生活伴侣的不当行为也作为判定取消监护人资格的消极因素。参见 Sanford N.Katz, John Eekelaar, and Mavis Maclean, *Cross Currents-Family Law and Policy in The US and England*, Qxford Unlversity Express, 2000, p.436.

出期间与邻居在婚姻居所寻欢作乐，无论她与子女的关系如何亲密，法院依然有充分的理由相信母亲的生活方式会间接影响子女在未来的行为。随着社会价值观念的不断发展，一些曾经所谓的道德上的不当行为也开始被重新审视、衡量。监护权并不应该作为道德谴责和惩罚的工具。这些与道德有关的行为仅作为是否对子女造成消极影响，或产生相当因果关系的因素之一，而不作为判定婚姻关系存续期间过错行为的依据。

②侵犯儿童基本人权的行为。对子女实施的忽视、虐待、有辱人格的行为：如遗弃、长期忽视、暴力、严重酗酒、虐待、体罚、拒不履行抚养义务、禁止子女接受教育等，这些行为是对儿童基本人权的侵犯，父母任一方因上述行为或倾向被判定不具备监护资格是毋庸置疑的。

2. 儿童的需求

（1）儿童的年龄与性别

有关幼年原则的推定，一般认为与母亲共同生活更符合幼年子女的最大利益。20 世纪 70 年代以来，幼年原则的推定逐渐被取消，特别是在美国，一些法律明文规定，法院在裁断监护权的案件时，必须坚持性别平等的原则。对于度过幼年期的孩子来讲，与同性别的父母生活更利于孩子的健康发展。由此可以推定在一般情况下，处于年幼期的儿童由女性监护人监护，度过幼年期的儿童将性别认同的因素纳入监护决定的考虑范围，将会符合儿童的最大利益。[1]

（2）儿童的主观意愿与成熟度

在儿童权利主体论的影响下，法官在决定有关监护权的归属时，须将儿童的意愿考虑在内。但如何判断儿童意见是否具有合理性呢？法院通常认为，儿童须达到可以分辨、表达自己选择父

---

① 夏吟兰：《美国现代婚姻家庭制度》，中国政法大学出版社 1999 年版，第 288 页。

母的想法的年龄，法院方可考虑采纳儿童独立表达的意见。[1]除了年龄因素外，法庭对儿童意见的采纳还根据其的意思能力以及成熟度来判断。尽管目前为止，儿童独立表达的意见一般只起参考作用，但儿童的意见已经逐步成为法官判定监护权案件的重要考量因素。

在这方面，美国法早就作了更进一步的规定。为了使得法官更为准确且恰当地了解到儿童的意愿，《统一结婚离婚法》第404条规定：法庭可以在法庭议事室会见子女，以听询子女在监护和探视方面的愿望。法庭可以允许律师在听询时在场。法庭应将听询情况加以记录并作为案卷的一部分。同时第404条的注释明确指出，法官了解子女的意愿非常重要，但是没有理由让孩子们因法庭的肃穆气氛和不愉快的反复审问感到不安，所以听询可以在法庭之外的场所，例如法庭议事室、法官的办公室等地进行。法官听询时可以允许，也可不允许律师在场，但必须将听询情况记录在案，以便各方律师能够获悉听询的内容。[2]

（3）生活环境的持续性和稳定性

为了尽量使儿童的成长环境与父母离婚前的环境保持一致，生活状态与环境的稳定与连续性也是儿童最大利益的标准之一。主要照顾者、家庭成员间的关系状况、居住条件、社区环境、孩子的就读学校及伙伴、父母双方是否能付出如离婚前一般的努力照管子女等因素都是其生活环境保持连续、一致性的构成因素。[3]主要照顾者的推定就是为了维持孩子持续、稳定的生活环境。

① 各国对采纳儿童建议的年龄界定并不一致。

② 夏吟兰：《美国现代婚姻家庭制度》，中国政法大学出版社1999年版，第289页。

③ Sanford Katz, John Eekelaar, Mavis Maclean, *Cross Currents-Family Law and Policy in the United States and England*, Oxford University Press, 2000, p.435.

（4）兄弟姐妹的共同相处

兄弟姐妹共同生活是儿童最大利益的要素之一，一些法院将几个子女的监护权判给不同监护人，是为了降低某一监护人的经济负担，或是为平息监护人之间对子女的争夺，这种做法有悖于儿童的最大利益。

（5）种族

在父母属于不同种族的监护案件中，种族也是儿童最大利益的标准之一。虽然仅以种族相同为由裁判监护权会违反多数国家宪法中关于种族歧视原则的规定，但在一些母亲与异族再婚的情况下，法院也会考虑到孩子承受来自不同种族家庭带来的压力与社会偏见。然而与主要照顾者的推定相比，种族因素也仅是考虑因素之一，但在具体案件中，还要综合监护人所属的家庭与儿童的精神、生活习惯的适应性，以及社会公平的价值取向来决定。[①]

（6）宗教信仰

如果儿童确有信仰的需求，而父母一方又恰能满足儿童的精神需要，宗教信仰可作为法官裁决监护权的因素之一，但法庭不应从不同宗教的优劣性或依据某种倾向来看待儿童监护权的问题。一般情况来讲，在离婚后，如在离婚协议中商定子女宗教信仰的，应按协议办理；如未商定，则由监护方决定。但在一些情况下，父母的宗教信仰会成为儿童最大利益实现的绊脚石，比如1967年在美国加利福尼亚州的一起判例中，母亲因为要参加宗教活动长期与世隔绝，无法履行照顾年仅两岁的孩子的职责，在这种情况下，法院判定孩子不适宜与母亲生活在一起。[②] 由此可见，

---

① 夏吟兰：《美国现代婚姻家庭制度》，中国政法大学出版社1999年版，第291页。

② 夏吟兰：《美国现代婚姻家庭制度》，中国政法大学出版社1999年版，第291页。

为孩子选择一种信仰并不是法院裁决的目的，法院的职责在于使监护人与子女在宗教信仰上，能够和谐相处，以避免因信仰和思想确信引发权利或利益方面的冲突。

（二）法官的推定方法

尽管各国在立法和司法实践中已经确立了有关儿童最大利益原则的具体标准，但是这些标准如何把握仍然难以完全达成一致。为此，法官以及学者们也就如何断定怎样的标准最利于儿童推出一些预设，即假定儿童在幼年期由母亲照顾，或者儿童应当由主要照顾者继续照顾和监护最符合儿童的最大利益。

1. 幼年原则推定

儿童最大利益的标准是幼年原则假设的理论基础，父权优先原则的观念在 19 世纪 90 年代末便逐渐被法院摒弃，取而代之的是孩子在年幼阶段更需要母亲照料的观点。幼年原则曾盛行一时，法律肯定了母亲享有抚养权的推定。[①] 这一推定唯有经证实母亲不胜任或不适宜抚养孩子，才被决定不必适用。幼年原则代表了非传统的性别等级，在有关监护儿童的诉讼中，对父亲和母亲的区别对待完全在建立在性别的基础之上。直至 20 世纪 80 年代，这一推定一直被广泛地规定在法律之中。[②]

20 世纪 70 年代，幼年原则的推定开始受到质疑，这是因为：第一，许多法院认为这一推定有性别歧视的意味，以性别作为差别对待的区分标准，忽视了其他实质性且必要关联的因素。在美国，幼年原则被认为违反了美国宪法修正案第 14 条的规定以及各州宪法中平等保护条款的精神主旨。第二，幼年原则的

---

① Lynne Marie Kohm, “Tracing the Foundations of the Best Interests of the Child Standard in American Jurisprudence”, in *Journal of Law and Family Studies*, Vol. 10, No.2, pp.337–376, at p.368.

② Cf.Ex parte Devine, 398 So. 2d 686, 697（Ala. 1981）.

推定取决于心理学上的预设，即幼年儿童天性更需要母亲，并且母亲比父亲更富于照顾子女并满足幼儿需求的能力，然而这一预设无法确保适用于所有个案。第三，这一推定将妇女定位于家庭主妇或母亲的角色，通过强调妇儿的密不可分，使得妇女被限制在家庭之中，因而被视为反女权运动的权谋之计。第四，过分强调妇儿的整体性，同时也是过分忽视子女对父亲的需要，心理学家、社会工作者提出证据证明父亲对于子女的重要性，这一推定也因此遭到多方人士的抗议。[①]美国各州法院多以违反宪法下性别平等原则为由，纷纷以判例或成文法废止了幼年原则的推定。在此情况下，法院判决有关监护权的案件时，对母亲不给予任何优先考虑。

当性别平等登上了宪法舞台，法庭判定不得有基于性别的优先权或推定，于是，幼年原则的概念被另外一种推定所取代，即在离婚案件中，抚养权将被判给婚姻存续期间主要照顾孩子的一方。这一“主要照顾者”的推定取缔了抚养权案件中所有基于性别的假设。[②]然而，幼年原则学说的余晖依然延续至今，[③]这一理

① 雷文玫：《以“子女最佳利益”之名：离婚父母对未成年子女权利义务行使与负担之研究》，载《台大法学论丛》1999年第3期，第33页。

② 俄勒冈有关抚养权的成文法以及判例法中，有诸多适用于“主要照顾者”推定的判例。如 Derby v. Derby, 571 P.2d 562, 564（Or. Ct. App. 1977）; 572 P.2d 1080（Or. Ct. App. 1977）. 此判例承认了，无论性别，主要照顾的父/母应作为抚养权的拥有者。这项规则后来被规定为成文法。Or. Rev. Stat. § 107.137（3）（1981），规定了不存在母亲优于父亲的优先权；Or. Rev. Stat. § 107.137（4）（1994），规定了不存在父亲优于母亲的优先权。

③ 例如，*Hollon v. Hollon, 784 So. 2d 943, 947*（*Miss. 2001*）重申了幼年原则，对母亲抚养权的优先考虑，仅仅是根据多处证据证明的一个因素，即儿童最大利益的一方面。

论仍然被一些拥护女权主义的家庭法专家所鼓励和倡导。[①]

2. 主要照顾者推定

主要照顾者的推定是目前美国法院普遍采用的裁断方法，这一推定假设由日常生活中对子女承担主要照顾责任的一方在双方婚姻关系结束后，继续监管、照顾孩子，将符合儿童最大利益的要求。除非另一方能证明自己是更为适合的监护人，否则法官通过这一推定来决定监护权的归属。[②]法院在确定主要照顾者时，主要根据日常生活中由谁承担以下责任："（1）做饭；（2）洗澡；（3）清洁、洗衣、购物；（4）医疗、看护、治病就医；（5）放学后安排孩子的社交活动；（6）安排可替代的照看方式，去幼儿园、雇用保姆；（7）哄孩子睡觉，早上叫醒孩子；（8）培养孩子掌握基本的行为规则，如上卫生间；（9）教育、文化、宗教、社会活动的安排；（10）培养孩子学习基本的技能，如读、写、算等。"[③]

此外，在家里全职照顾子女的一方；兼职工作但有时间照顾子女的一方；双方均全职工作的，但主要负责为子女安排日常生活，并为子女提供主要感情支持的一方，都可算作主要照顾者。[④]对于那种认为职业妇女不符合主要照顾者标准的论断是不公正的，特别是对于那些已经给予孩子主要照顾的职业妇女来讲，妇女的工作状态和身份，与其从孩子出生之日起就一直承担照顾孩子的责任的事实相比，不应构成否定其作为主要照顾者的

---

① Lynne Marie Kohm, "Tracing the Foundations of the Best Interests of the Child Standard in American Jurisprudence", in *Journal of Law and Family Studies*, Vol. 10, No. 2, pp.337–376, at p.370.

② David L. Chambers, "Rethinking the Substantive Rules for Custody Disputes in Divorce", in *Michigan Law Review*, Vol. 83, No. 3（Dec., 1984）, pp. 477–489.

③ 夏吟兰：《美国现代婚姻家庭制度》，中国政法大学出版社 1999 年版，第 285–286 页。

④ 夏吟兰：《美国现代婚姻家庭制度》，中国政法大学出版社 1999 年版，第 288 页。

理由。[①]

主要照顾者的推定使得法官对孩子安置的分析和判断简单许多。第一，这一推定论为法官提供了一个较为明确的标准，对于谁是主要照顾者这一事实，无需依赖心理学的分析或评估，可以直接从儿童的老师、保姆、邻居、医生及监护人本人的证词中得到证实。第二，主要照顾者过去对孩子的照管，证明了其倾心尽力照顾孩子的意愿和能力。同时，多年的照顾与相处已经使得主要照顾者与孩子建立起亲密的关系与情感联系，因而多数情况下，主要照顾者就是孩子心理上的父母。第三，由主要照顾者在婚姻关系结束后继续照管孩子，不但能最大限度地将儿童原本的生活习惯保持原状，保持孩子生活习惯的稳定性，同时也最大限度满足了主要照顾者与孩子的情感需要。

德国尽管没有明确引用主要照顾者的表述，但在理论上，将事实上的照顾者和法律上的照顾者区分开来。并且认为对子女最重要的照顾并非法律行为，而是对子女日常生活的照料以及与子女的相处，亲子之间良好的精神和情感关系是抚养和教育子女的基础。[②]其实，这样的理论与美国所倡导的主要照顾者的推断方法是一致的。

同时，主要照顾者的推断方法也会带来一些问题。首先，现代社会的家庭中，许多夫妻分工照管子女，父母双方为照管孩子倾注的心血和精力的付出不分轩轾。其次，父母离婚后，他们照顾孩子的意愿和行为可能由于新的生活模式或者新的感情生活/婚姻生活而改变。因而，主要照顾者的推定仅作为儿童最大利益的诸多考察方式之一，并不起决定性作用。[③]

---

① 夏吟兰:《美国现代婚姻家庭制度》，中国政法大学出版社 1999 年版，第 286 页。

② 参见［德］迪尔特·施瓦布:《德国家庭法》，王葆时译，法律出版社 2010 年版，第 319 页。

③ *Spurgeon v. Spurgeon*, 849 P.2d 1132, 1133（Or. Ct. App.1993）.

3. 心理父母推定

通常，国家应当把对家庭生活的干预降到最低限度，但在一些情况下，基于对儿童最大利益的考虑，在有关监护权的裁决中，国家会依据心理上父母的推定将亲生父母排除在考虑范围外。例如，美国曾有一案，孩子出生后不久一直由祖母的朋友监护照管，在孩子 8 岁时，生母主张要回对女儿的监护权。起初法院倾向于由生母行使监护权，因为生母不具备遗弃、忽视、不适合抚养等情形，并且她并没有主动放弃对女儿的监护权，在此情况下，通常法院无权介入并剥夺生母的监护权。即便如此，法院还是坚持首先对儿童最大利益的相关事实进行调查之后，再决定监护权的归属。经调查，法院发现孩子与祖母的朋友经过多年共同生活，已经建立心理上的亲子关系，若变更抚养权不符合儿童最大利益的需要，因而判决监护权仍属于祖母的朋友。[①] 另有一案，夫妻离婚后自愿将孩子的抚养权交给生父的姐姐，四年半后，生母主张变更孩子的抚养权。在无法证明变更抚养权有利于孩子最大利益的情况下，法院不再坚持生母优先的原则，判决维持现有监护状态。[②]

另一方面，由于心理上父母的推定难以评估，儿童与父母的心理依赖可能以不同形式存在，而心理上的父母又取决于儿童的主观感受，难以被儿童以外的人获悉并客观判断，所以这一推定方法仍未得到普遍承认，有些法院甚至拒绝适用这一推定方法。[③]

---

① 此案事实根据夏吟兰:《美国现代婚姻家庭制度》，中国政法大学出版社 1999 年版，第 284 页。

② 此案事实根据夏吟兰:《美国现代婚姻家庭制度》，中国政法大学出版社 1999 年版，第 285 页。

③ 参见夏吟兰:《美国现代婚姻家庭制度》，中国政法大学出版社 1999 年版，第 285 页。

（三）照顾方式的探索：共同监护

现代国外立法将监护分为三种形式：单方行使、双方行使、单方行使兼双方行使三类。相对于以传统的方式由父或母单方监护，由父母共同监护子女，有助于将离婚对孩子造成的伤害降到最低限度，[①] 因而，推定离婚后以共同抚养的方式照顾孩子，更符合儿童的最大利益。

共同监护作为一种可能的监护方式，早在 1934 年就出现在美国的判例法中，[②] 但被正式确立为一个概念还是在 20 世纪 70 年代中期。[③] 共同监护是指父母离婚后，无论监护权在哪一方，双方将有权共同决定并参与有关孩子生活、教育方面的安排，并承担相同的抚养责任。比如，2008 年澳大利亚家庭法规定，法院在签发抚养令时，应判决子女与父母双方花同等的有效时间共同生活，特别是在周末、假期及其之外的时间，父母应参与与子女相关的事务等。[④]

美国立法和司法虽然承认共同监护可以作为一种可行的监护方式，但是共同监护是否真的符合儿童的最大利益仍是个值得探讨的问题。共同监护在法律上主要分为共同法定监护（joint legal custody）和共同生活监护（joint physical custody）。共同法定监护即父母双方均对涉及子女利益的决策和事务负有责任，并具有决定权。共同生活监护又称作“居所监护”（residential custody）或“分别监护”（divided custody），即离婚后父母轮流在不同时期履行对子女的监护责任。比如，父母任一方与子女居住在一起，在

① 陈苇：《离婚后父母对未成年子女监护权问题研究——兼谈我国〈婚姻法〉相关内容的修改与补充》，载《中国法学》1998 年第 3 期，第 43-44 页。

② McCann v. Mc-Cann, 167Md. 167, 172, 173A. 7（1934）.

③ 夏吟兰：《美国现代婚姻制度》，中国政法大学出版 1999 年版，第 294 页。

④ Australian Family Law Act 1975（amended in 2008）, ss 65DAA, 68LA（2）,（3）,（5）.

其监护期间，该方有权利和责任决定有关抚养子女的事项，另一方在此期间享有对子女的探视权。共同生活监护的方式和内容可以根据父母和子女的具体需要进行变更。

美国各州对共同监护的规定并不统一，但通常情况下，法院在确认离婚后父母共同监护子女的事项时，主要以儿童的最大利益为依据，具体考虑以下因素：

（1）父母之间就影响子女利益的事项达成一致交流的能力和状况；

（2）子女的数量、年龄和意愿；

（3）共同监护可能对子女的社会生活和家庭生活造成的干扰，比如共同监护是否会干扰或中断子女的就学和社会生活；

（4）父母双方家庭的地理位置以及相隔距离；

（5）父母的身心、职业和经济状况；

（6）父母双方的意愿；

（7）当局的救助作用；

（8）父母从此种监护方式中是否获益；

（9）子女与父母的关系。①

对这样一种突破传统的监护方式，至今仍褒贬不一。尽管共同监护可以帮助子女不因父母离婚而失去与另一方生活的机会，但是破裂的家庭所能给予孩子的生活方式毕竟不同于一个完整家庭所给予的。孩子在与父母交替生活的过程中，其生活的一致性和连续性是否能够得到保证？并且，离婚后的父母能否就子女相关的生活琐事乃至重大决策达成一致，保证孩子在平静的家庭环

① 夏吟兰:《美国现代婚姻制度》，中国政法大学出版 1999 年版，第 274 页。

境中发展？这些问题都是难以把握的。

无论是幼年原则推定、主要照顾者推定、心理父母推定，还是共同监护的方式，都是法官在有限的法律标准和依据之下，为确保最有利于儿童利益的抚养方式的一种参考方式，这些推论和方式也为法官在相对不确定的原则标准下，掌握更为客观实在的事实，作出更为理性的判断提供了借鉴和帮助。无论采用哪种推断或方式来裁决有关儿童安置的案子，儿童最大利益原则都是评定这些推定是否适用以及如何适用的基础。

第三章 儿童最大利益原则进入国际人权法

1959年《儿童权利宣言》、1989年《儿童权利公约》(以下简称《公约》)的制定实施是在世界范围内确立儿童最大利益原则的里程碑，集中体现了儿童权利保护在理论和实践上不断取得的重大成就。尽管《公约》还存在一些问题，但它把最大利益原则作为保护儿童权利的普遍原则，开始明确地以一种权利的方式从其他各式各样的利益中区分出最重要的利益，同时，以非确定性条款向一切最有利于儿童的可实行和可接受的选择开放等，从而把儿童权利保护推向新阶段。《公约》第3条文本含义的分析表明，不论存在怎样的认识分歧，这一原则都为儿童权利的保护提供一个更为广阔的道德层面和价值层面的平台与框架，而且与《公约》下的其他权利条款相辅相成，共同构成并且支撑了一个相对完整的儿童权利保护框架。

儿童最大利益原则在当代的改革发展，不是局限在某些国家的国内法领域悄然进行的，而是同儿童最大利益原则进入国际人权法的伟大历史过程相伴随、相呼应的。随着人类进入“权利的时代”[①]，儿童的权利和成人的权利一样，都被看作是普遍权利（universal rights）的一部分。尽管存在这样那样的困惑和挑战，儿童最大利益原则还是昂首阔步地进入国际人权法，成为世界共守的法则。最近几十年来，其理论和实践逐渐超越传统家庭法和国内法的藩篱，在世界范围获得了许多重要的发展与升华。

一、历史过程的回顾

（一）从《儿童权利宣言》到《儿童权利公约》

19世纪末，在工业化、城市化浪潮席卷下，社会分化加剧，儿童的生存状况每况愈下，贫困的威胁、教育的缺乏引发了一系列社会问题，使儿童问题成为社会的严重关切。人们开始设法变革先前处理儿童事务的方法，一些新的事项，如儿童福利、儿童劳工、义务教育、未成年人的违法处置等被一一提出。在美国“拯救儿童运动”（The Child Saving Movement）的推动下，一场儿童保护社会风潮影响了全球许多国家和地区。

1924年，儿童权利的内容首次以一个统一文本的形式在国际

① “The age of righrs”是美国学者亨金描述这个时代的用语，后来逐渐流行。参见［美］路易斯·亨金：《权利的时代》，信春鹰、吴玉章、李林译，知识出版社1997年版。

上得到承认，这就是《儿童权利宣言》(《日内瓦宣言》)。最初，《儿童权利宣言》是由“拯救儿童世界联盟”(Save the Children International Union，SCIU)起草并公布的。第一次世界大战后，鉴于儿童在战乱中遭受的苦难，英国的尹兰尼女士(Eglantine Jebb)发起成立“拯救儿童国际联盟”，并发布了《儿童权利宪章》。这个非政府组织坐落于日内瓦，在其积极推动下，国际联盟大会(Assembly of the League of Nations)于1924年通过了《儿童权利宣言》(《日内瓦宣言》)。

1959年，联合国大会通过的《儿童权利宣言》，宣告了各国儿童应当享有的各项基本权利，这是第二份《儿童权利宣言》，标志着儿童权利保护进入到一个新的历史阶段。该宣言在序言中阐述了对儿童进行保护的重要性：

> “……鉴于儿童因身心尚未成熟，在其出生以前和以后均需要特殊的保护及照料，包括法律上的适当保护；…发布这一儿童权利宣言，以期儿童能有幸福的童年，为其自身的和社会的利益而得享宣言中所说明的各项权利和自由，并号召所有父母和一切男女个人以及各自愿组织、地方当局和各国政府确认这些权利。”(序言)

该宣言还明确要求：

> “儿童的最大利益应成为对儿童的教育和指导负有责任的人的指导原则；儿童的父母首先负有责任。”(原则七)
>
> “儿童在一切情况下均应属于首先受到保护和救济之列。”(原则八)
>
> “身心或所处社会地位不正常的儿童，应根据其特殊情况的需要给予特别的治疗、教育和照料。”(原则五)

“儿童为了全面而协调地发展其个性，需要得到慈爱和了解，应当尽可能地在其父母的照料和负责下，无论如何要在慈爱和精神上与物质上有保障的气氛下成长。尚在幼年的儿童除非情况特殊，不应与其母亲分离。社会和公众事务当局应有责任对无家可归和难以维生的儿童给予特殊照顾。采取国家支付或其他援助的办法使家庭人口众多的儿童得以维持生活乃是恰当的。”（原则六）。

该宣言不仅使儿童的法律主体地位受到国际人权法的确认，而且首次在国际范围内宣布了儿童最大利益原则（原则二）。从此，儿童最大利益原则成为保护儿童权利的一项国际性指导原则。此后，若干国际公约和区域性条约中又多次重申这一原则。1979 年联合国《消除对妇女一切形式歧视公约》第 16 条第 1 款第 4 项规定，任何与婚姻和家庭相关的事务中，“均应以子女的利益为重”；1986 年《关于儿童保护和儿童福利、特别是国内和国际寄养和收养办法的社会和法律原则宣言》第 5 条规定：“在亲生父母以外安排儿童的照料时，一切事项应以争取儿童的最大利益……为主要考虑”；1987 年《非洲儿童权利和福利宪章》第 4 条规定：“任何个人或当局所作的涉及儿童的行为，应主要考虑儿童的最大利益。”1987 年，联合国难民高级专员署执行委员会就难民儿童问题明确提出：“对于涉及难民儿童利益的一切行动均应以儿童的最大利益原则和家庭统一原则为指导。”尽管《公民权利和政治权利国际公约》和《经济、社会和文化权利国际公约》没有规定“最大利益原则”及其适用，但是，人权事务委员会在其一般性意见中提到应将“儿童的主要利益”作为解决婚姻家庭案件的准则。[①] 总体来讲，“最大利益原则”已被国际社会普遍承

① 1989 年第十七号一般性意见，第 6 节。

认，并作为为儿童权利保护的最高准则。各国在处理有关儿童事务时，该原则被作为解释相关法律条文的依据。

将儿童权利保护和最大利益原则推向新阶段的，是 1989 年《儿童权利公约》。1989 年《儿童权利公约》的制定和通过是“儿童最大利益”作为一项国际普遍承认的原则得以确立的里程碑。①《儿童权利公约》一共分为四部分。第一部分是序言，序言回顾了《联合国宪章》的原则，以及有关人权的宣言和公约中的相关原则。第二部分（第 1—41 条）是实质性条款，这一部分包括儿童的定义、《儿童权利公约》的原则以及儿童权利的具体内容。第三部分（第 42—45 条）是程序性条款，这一部分规定缔约国有定期提交执行公约情况报告的义务，联合国儿童权利委员会负责审议各缔约国的报告，并规定了儿童权利委员会的组成和任期。第四部分（第 46—54 条）规定了公约的签署、批准、加入、生效、修改、保留、退出等事项。

《儿童权利公约》首次在国际范围内确立了关于童年期的条款，要求区分童年期与成年期，根据儿童自身特点，保证其成长、学习、玩耍和发展的时间，更为重要的是，《儿童权利公约》提出了关于儿童保护的最为基本的四项原则，即不歧视原则（第 2 条），儿童最大利益原则（第 3 条），确保儿童的生命权、生存权和发展权原则（第 6 条），尊重儿童的意见原则（第 12 条）。这四项原则所强调的不同方面，在每个儿童个体成长的过程中是相辅相成、不可分割的。

儿童最大利益原则作为《儿童权利公约》确认的一项基本原则，体现在《儿童权利公约》制定的诸项条款中。儿童最大利益原则在《儿童权利公约》后续的条款中出现了八次。其中，第 21 条最为鲜

---

① 王雪梅：《儿童权利保护的“最大利益原则”研究（上）》，载《环球法律评论》2002 冬季号，第 493 页。

明地表达了儿童最大利益原则，它要求“凡承认和（或）许可收养制度的国家应确保以儿童的最大利益为主要考虑”。第 18 条第 1 款要求“父母或视具体情况而定的法定监护人对儿童的养育和发展负有主要责任。儿童的最大利益将是他们主要关心的事”。还有不少条款带有中立色彩：比如关涉强制父母与儿童分离必须“符合儿童的最大利益而确有必要”（第 9 条第 1 款）；儿童有权同分离的父母经常保持个人关系及直接联系的权利，但违反儿童最大利益者除外（第 9 条第 3 款）；暂时或永久脱离家庭环境的儿童，或为其最大利益不得在这种环境中继续生活的儿童，应有权得到国家的特别保护和协助（第 20 条第 1 款）；所有被剥夺自由的儿童应同成人隔开，除非认为反之最有利于儿童（第 37 条第 3 款）；通过依法公正审理迅速作出判决，并且须有其父母或法定监护人在场，除非认为这样做不符合儿童的最大利益（第 40 条第 2 款 B（3））。

从《儿童权利公约》的条款框架中，我们可以看出，儿童最大利益原则是一项纲领性原则，它与不歧视原则，儿童的生命权、生存权和发展权原则以及尊重儿童意愿的原则一道，从整体上强调了儿童权利保护的不同方面。同时，这一原则贯穿于《儿童权利公约》下诸多实体性权利条款，既是对相关实体性条款的指导，也与相关实体性条款相辅相成，使这一抽象的原则具体体现为一项权利。

（二）《儿童权利公约》第 3 条第 1 款的起草

规定儿童最大利益原则的 1989 年《儿童权利公约》第 3 条第 1 款，最初是由波兰的亚当·洛帕萨教授（后为《儿童权利公约》起草工作组主席）在 1978 年联合国人权事务委员会会议上倡议起草的。这部草案的提出，是为了使 1959 年《儿童权利宣言》的内容以具有拘束力的条约形式得以适用。考虑到使用的标准应当包含比介绍性和结论性的条款更为丰富的内容，这部草案的初

稿援用了《儿童权利宣言》第二项原则的全部内容：①

> 儿童应受到特别保护，并应通过法律和其他方法而获得各种机会与便利，使其能在健康而正常的状态和自由与尊严的条件下，得到身体、心智、道德、精神和社会等方面的发展。在以此目的制定法律时，应以儿童的最大利益为主要考虑。

一些代表考虑到条款的适应性，对其过于宽泛、笼统的表述感到不满。澳大利亚和美国于 1980 年向《儿童权利公约》的起草工作小组提交了提案。其中，美国提交的关于儿童最大利益原则的条款表述如下：②

> 一切关于儿童的官方行为，不论是由公私社会福利机构、法院、行政当局执行，均应以儿童的最大利益为一种主要考虑。

1981 年人权委员会工作小组对修正的内容进行首次讨论。不少代表认为波兰代表的初稿涉及范围广泛，能够为儿童提供更全面的保护，但更倾向于以美国的提案为文本的基础，因而，第一次审读通过了美国代表的提案。直至七年以后，才进行第二次审读。在此期间，比利时、国际法律界妇女联合会（International Federation of Women in Legal Careers）和国际废奴主义者联盟（International Abolitionist Federation）分别于 1983 年和 1984 年提交了建议书。孟加拉国于 1986 年提交过一份评论。在 1988 年的技术评审以及 1988—1989 年的第二次审读中产生了一些讨论。一项关于将主要

① Office of the United Nations High Commissioner for Human Rights, *Legislative History of the Convention on the Rights of the Child*（*Volume I*）, New York and Geneva, 2007.p.335.

② Office of the United Nations High Commissioner for Human Rights, *Legislative History of the Convention on the Rights of the Child*（*Volume I*）, New York and Geneva, 2007.p.338.

考虑（primary consideration）前的“a”更换为“the”的请求被提出，但未被通过。在第二次审读的最后阶段，代表们就修正最大利益原则条款有关讨论的唯一结论是，在“行政当局”（administrative authorities）后增加“立法机构”（legislative bodies）。[①]

虽然《儿童权利公约》第3条第1款的起草过程历经11年之久，但起草工作小组对第3条第1款并没有进行非常细致的讨论。在起草过程中，不少评论者对此感到疑惑，也有不少国家在国内范围进行了激烈的讨论。直到1988年，工作小组并没有对这项原则确立一个明确的表述。但即便如此，《儿童权利公约》第3条第1款的起草和确立还是为儿童最大利益原则的法理学做出了一项具有真知灼见的贡献，即在国际范围内确立“儿童的最大利益”包含其身体、心智、道德、精神和社会等方面的发展。[②]在后续的讨论中，一些代表对这样的表达感到满意，对其理解，既没有要求作出进一步详尽的解释，也没有寻求更为精准的定义。相应地，《儿童权利公约》其他条款的起草均以儿童的最大利益为基准，使其表达在某种特定语境下的影响更为明显。

一方面，《儿童权利公约》第3条第1款的起草者们似乎对“儿童最大利益”早已熟知，通过国内习惯法的大量应用，得出了这样一个结论：“儿童最大利益”无法被周密分析。另一方面，起草者们似乎没有意识到此项原则在不同法理角度下产生的矛盾，认为没有必要为其不确定的限度进行辩护，也不必进一步界定这项原则。因而，尽管儿童最大利益原则通过第3条第1款而确立，并且体现在《儿童权利公约》的各项条款中，却没有任何代表对其本质含义表示过特别关注。这说明，《儿童权利公约》的前五条规

① Office of the United Nations High Commissioner for Human Rights, *Legislative History of the Convention on the Rights of the Child (Volume I)*, New York and Geneva, 2007.pp.341–346.

② 《儿童权利宣言》原则二。

定只是作为整体性纲领，要求《儿童权利公约》的其他条款适应于这些纲领性原则。也正是由于人们对这方面要求的忽视，导致了某项具体权利与儿童最大利益在具体语境下不同解释之间的冲突，这在《儿童权利公约》的起草过程中是始料未及的。遗憾的是，准备文件（travaux Préparatoires）并没有留下太多能够协助人们解构关于第3条第1款的信息。在这样的情况下，通过考察第3条第1款的文本来解释儿童最大利益原则的含义，就显得尤为必要。①

二、《儿童权利公约》第3条第1款释义②

儿童最大利益原则在国际上是通过《儿童权利公约》第3条第1款得以确立的。该款规定：

> 关于儿童的一切行动，不论是由公私社会福利机构、法院、行政当局或立法机构执行，均应以儿童的最大利益为一种主要考虑。③

为了明确儿童最大利益原则在国际人权法中的含义，我们必

① Philip Alston, "The Best Interest Priciple: Towards a Reconciliation of Culture and Human Rights", in Philip Alston eds., *The Best Interest of The Child: Reconciling Culture and Human Rights*, Oxford: Clarendon Press, 1994, pp.10-11.

② 下文有关《儿童权利公约》第3条第1款的起草过程和部分释义主要参见Philip Alston, "The Best Interest Priciple: Towards a Reconciliation of Culture and Human Rights", in Philip Alston eds., *The Best Interest of The Child: Reconciling Culture and Human Rights*, Oxford: Clarendon Press, 1994, pp.11-15. Office of the United Nations High Commissioner for Human Rights, Legislative History of the Convention on the Rights of the Child（Volume 1）, New York and Geneva, 2007.

③ Article 3.1 In all actions concerning children, whether undertaken by public or private social welfare institutions, courts of law, administrative authorities or legislative bodies, the best interests of the child shall be a primary consideration.

须以极度的耐心和谨慎来解释分析《儿童权利公约》第 3 条第 1 款的文本含义。

根据《维也纳条约法公约》第 31 条第 1 项的规定："条约应就其用语，按照上下文，并参照其目的和宗旨所具有的通常意义，善意地予以解释。"这一项规定是人权条约解释首先要适用的规则，[①] 它开宗明义地阐明了条约解释的三个规则：第一，根据"条约必须遵守"的规则，条约应当按照善意进行解释；第二，条约应当按照使用词语的通常意义进行解释；第三，词语的上下文、条约的宗旨和目的将决定条约词语的通常意义，而不是予以抽象地理解和界定。[②] 这三个规则可以说是约文解释的精髓所在。《维也纳条约法公约》第 32 条规定的适用解释的辅助手段，特别是准备工作文件，[③] 从本质上讲，也是为了参照其目的和宗旨。

根据国际条约法，按照条约解释的主体，条约的解释可以分为官方解释（official interpretation）和学理解释（doctrinal interpretation）。[④] 下文中，条约当事国授权的国际机构，主要指联合国人权机构，所作出的关于儿童最大利益原则条款的解释，属于官方解释。尽管联合国没有对儿童最大利益原则的含义进行明确的界定，但通过考察儿童权利委员会的相关建议和评论，也将有助于我们把握该项原则在《儿童权利公约》第 3 条第 1 款下的含义以及范围。学理解释对官方解释往往产生重要影响，因而，研究分析有关儿童最大利益原则含义和适用范围的理论学说也尤

---

① ［奥］弗雷德·诺瓦克:《国际人权制度导论》，柳华文、孙世彦译，北京大学出版社 2010 年版，第 62 页。

② 李浩培:《条约法概论（第二版）》，法律出版社 2003 年版，第 351 页。

③ 《维也纳条约法公约》第 32 条规定："为了证实由于适用第 31 条所得到的意义；或者按照第 31 条进行解释所得到的意义：（甲）不明或难解时；（乙）或显然荒谬或不合理时；为了确定该用语的意义，得适用补充的解释材料及其缔结的情况。"李浩培:《条约法概论》（第二版），法律出版社 2003 年版，第 351 页。

④ 李浩培:《条约法概论（第二版）》，法律出版社 2003 年版，第 334 页。

为必要。根据上述解释方法，下文将考察《儿童权利公约》第3条第1款的历史背景、起草条约时的专家咨询意见、对这些情况和意见作出的改变；借鉴相关的理论学说，参照第3条第1款的目的和宗旨，从善意的角度，论述该款文本具有的通常意义。

（一）“最大利益”的含义

联合国儿童权利委员会（UNCRC）并没有定义什么是“最大利益”，也没有在后来的评论或建议中阐释它，也就是说，儿童的最大利益并没有一个固定且明确的内容。为了解这一表述的目的和宗旨，我们可以通过回顾条文起草时的情况，来分析其文本的含义。波兰代表起草的第3条第1款规定：

> 儿童应受到特别保护，并应通过法律和其他方法而获得各种机会与便利，使其能在健康而正常的状态和自由与尊严的条件下，得到身体、心智、道德、精神和社会等方面的发展。在以此目的制定法律时，应以儿童的最大利益为首要考虑。①

代表们对于“最大利益”所包含的内容的表述各抒己见。新西兰代表认为“最大利益”应当在国家范围内通过法律以及育儿习惯被界定，并应当在国家范围为人们所接受和采纳。②西班牙代表则提出应当在“正常的状态”后加上“避免任何伤害或可能危害其身心健康的事物，特别是任何形式的毒品”的表述。③联合国粮食及农业组织（Food and Agriculture Organization of the United Nations，FAO）则建议应当加上儿童的“情感发

---

① E/CN.4/1292 p. 124.

② E/CN.4/1324/Add. 5.

③ E/CN.4/1324.

展”（emotional development）[①]。联合国教育、科学与文化组织（UNESCO）希望儿童的文化发展“充分考虑国家和区域的现实”。[②]世界卫生组织（WHO）则认为应当阐明怎样的“特别保护”被排除在外，比如，抵制有害的社会环境、疾病、虐待是否也算作“特别保护”？[③]

人们在解释儿童最大利益时，众说纷纭。鉴于此，奥斯顿认为《儿童权利公约》第3条中“利益”的含义应当采用法理中的特殊意义，即将儿童的“福利”（welfare）作为法定的衡量标准。哪种方式能够符合儿童的福利，而哪种方式不符合儿童的福利，二者的区别则表现出更多实质性的不同。然而，如何决定利益，把人们引向了有关适用这项原则的、进退两难的窘境。《儿童权利公约》相较于多数国内法规的优势在于，在一个范围广泛的权利体系中确立了，至少开始明确地以一种权利的方式，从其他各式各样的利益中区分出最重要的利益。[④]

儿童最大利益原则本是成人制定的原则，不免从成人的视角出发。《儿童权利公约》第3条第1款冲淡了家长主导的色彩，更加强调从儿童的眼光和角度出发。儿童最大利益原则从法官处理监护纠纷的标准发展而来，决策者在有关儿童安置的问题上，必须对什么是“最大利益”进行预测和决断。他/她不仅要熟知安置儿童的环境和各种选择，还有责任正确预测对每一种选择和可能性可能产生的每一种后果，以及在其过程中可能遇到的所有

① E/CN. 4/1324.

② E/CN. 4/1324.

③ E/CN. 4/1324.

④ Philip Alston, “The Best Interest Priciple: Towards a Reconciliation of Culture and Human Rights”, in Philip Alston eds., *The Best Interest of The Child: Reconciling Culture and Human Rights*, Oxford: Clarendon Press, 1994, pp.10–11.

困难和问题。[①] 儿童在这些决策过程中被作为分配的客体，特别是在《儿童权利公约》第3条第1款中，“最大利益”的范围远超出抚养纠纷所涉及的范围，决策者就必须考虑到各种因素，比如教育、医疗、财产在儿童和其他人，或者某一儿童和其他儿童之间如何分配。[②] 这时分配的正义就成为“最大利益”的关键。弗里曼（Micheal Freeman）先生举例说，如果有限的资源只能允许在修建学校和修建敬老院之间选择其一，那么修建敬老院肯定作为首要的考虑，因为老年人已经纳税多年，理应得到回报。同样，如果在有限的资源和条件下，只能研发一种疫苗用于拯救早产儿、艾滋病毒感染的婴孩或者患有某种罕见疾病的婴儿中的其一，不同的国家可能会做出决然不同的选择。[③]

儿童的“最大利益”涉及与儿童有关的一切，要穷尽“最大利益”的范围和内容是不切实际的，并且“最大利益”的判断也要根据具体的个案来一一甄别。当然，这并不是说“最大利益”全然无从把握，至少，我们可以从相反的角度，明确什么不是儿童的“最大利益”。比如，2006年6月儿童权利委员会在其第八号一般性意见中指出，无论在学校还是在家庭中，体罚都不是儿童的最大利益。[④] 再如，非洲每年约有三百万女孩要接受割礼，实践证明，这些女孩成人后在生产时会更加困难，并且她们产下的孩子死亡率高达50%以上。因而，尽管女性割礼在一些文化中被合法化，但对她们的孩子来讲，施于母亲的割礼无论如何也不

① Micheal Freeman, *A Commentary on the United Nations Convention on the Rights of the Child*: Article 3 The Best Interest of The Child, Leiden: Martinus Nijhoff, 2007, p.51.

② Stephen. Parker, “The Best Interests of The Child: Principles and Problems” , in Philip Alston, *The Best Intersts of The Child: Reconciling Culture and Human Rights*, Oxford: Clarendon Press, 1994.pp.36–37.

③ Micheal Freeman, *A Commentary on the United Nations Convention on the Rights of the Child: Article 3 The Best Interest of The Child*, Leiden: Martinus Nijhoff, 2007, p.51.

④ U.N. Doc. CRC/C/GC/8（2006）

能算作“最大利益”。[①] 埃塞俄比亚、[②] 苏丹 [③] 以及塞内加尔 [④] 提交给儿童权利委员会的报告均明确地表示割礼不符合儿童的最大利益，由此可见，《儿童权利公约》第3条第1款作为一项基本的指导原则，在实践中起到了切实的积极作用。

（二）“一个主要考虑”的含义

“一个主要考虑”这一表述中的“考虑”（consideration），与“因素”（factor）或“元素”（element）的意思相同。一方面，这一表述强调的是必须切实地考虑到儿童的最大利益。这一考虑必须是真实的，而非浮于表面，并且要确保儿童最大利益的各个方面匹配均衡。另一方面，儿童的最大利益不是一个高于一切的因素，这也是起草者们更倾向于制定不确定性条款，而非确定性条款的原因。这样的选择使得儿童最大利益原则的适用充满着争议，即便是在国内法领域，其应用最为广泛的监护权案件中。奥斯顿认为，其解决之道是将这项原则解释为一项“伞形条款”（an umbrella provision），这一“伞形条款”可以广泛地适用于各种各样、充斥矛盾的情况，并且都可以通过论证成为相关的（relevant）和恰当（appropriate）的考虑。对“一个主要考虑”（a primary consideration）的定义（相对于绝对的主要考虑 the primary consideration）隐含着对充分选择性的保证，至少在一些极为特殊的情况下，能够使得其他利益胜过儿童的利益。无论如何，这个被采纳的条款模式似乎也预示着一项责任，即证明寻求达到一个非以儿童为中心的结果（a non-child-centered result），它表明在一

① Micheal Freeman, *A Commentary on the United Nations Convention on the Rights of the Child: Article 3 The Best Interest of The Child*, Leiden: Martinus Nijhoff, 2007, p.51.

② U.N. Doc.CRC/C/15/Add. 67, para. 6 in 1995.

③ U.N. Doc.CRC/C/15/Add. 10, para. 12 in 1993.

④ U.N. Doc.CRC/C/15/Add. 44, para. 24 in 1995.

些情况下，其他可实行和可接受的选择是存在的。[①]

最大利益的标准要求将儿童的利益作为一个主要考虑，表示这是一项具有强制性的义务。但同时，这一要求是将儿童的最大利益作为一个主要考虑（a primary consideration），而不是“（绝对的）主要考虑”（the primary consideration），也不是“以…为首要考虑”（the paramount consideration）。无论是“（绝对的）主要考虑”（the primary consideration），还是“以…为重”（paramount）在解释方面似乎都比一个主要考虑（a primary consideration）果断、明确得多。但是，1959 年《儿童权利宣言》中所用的“（绝对的）主要考虑”（the primary consideration），[②] 以及《儿童权利公约》的第一部草案所用的“以…为首要考虑”（the paramount consideration）在起草过程中都未能通过。[③]

在其他人权文书中，迄今尚未有任何一项关于最大利益原则的专门定义。比如，1979 年《消除对妇女的一切形式歧视国际公约》对儿童最大利益在不同的语境下采用了两种不同的表述：“首要考虑”（the primordial consideration）[④] 和“以…为重”

---

① Philip Alston, “The Best Interest Priciple: Towards a Reconciliation of Culture and Human Rights”, in Philip Alston eds., *The Best Interest of The Child: Reconciling Culture and Human Rights*, Oxford: Clarendon Press, 1994, pp.12–13.

② Principle 2: The child shall enjoy special protection, and shall be given opportunities and facilities, by law and by other means, to enable him to develop physically, mentally, morally, spiritually and socially in a healthy and normal manner and in conditions of freedom and dignity. In the enactment of laws for this purpose, the best interests of the child shall be the paramount consideration.

③ Office of the United Nations High Commissioner for Human Rights, *Legislative History of the Convention on the Rights of the Child*（*Volume I*）, New York and Geneva, 2007.pp.345–346.

④ 《消除对妇女的一切形式歧视国际公约》第 1 款（b）项规定：“保证家庭教育应包括正确了解母性的社会功能和确认教养子女是父母的共同责任，但了解到在任何情况下应首先考虑子女的利益。”

(paramount)[①]。在起草《儿童权利公约》时，人们曾就“最大利益”应当以“一个主要”(a primary)(的考虑)还是“以…为重”(the paramount)(的考虑)来表述，或者以某种更为恰当的方式作为表述，进行过讨论。1981 年工作小组的部分代表，曾对波兰代表提交的修正草案中所用的“以…为重”(paramount)的表述表示担忧，他们认为，“以儿童利益为重”这样的表述过于宽泛。比如，有代表曾经提出儿童利益不能过于概括，由于其他各方可能在一些情形下具有同等，甚至更为重要的法律利益，以“儿童利益为重”不可能适用于所有情况。[②]

这个问题在 1988 年工作小组最后一次会议中再次被提上议程。在“技术评审”(Technical Review)中，“一个主要考虑”(a primary consideration)被更读为“主要考虑”(the primary consideration)，这是考虑到后者与其他国际文书更为一致。[③]然而，这项提议最终还是被否决了。这是因为多数有关儿童利益的文书所涉及的范围，相较于《儿童权利公约》第 3 条第 1 款牵涉的范围实属有限，多数往往与收养和监护有关。尤其是当儿童的利益与司法和整个社会进行比较时，人们更为重视平等。[④]

关于采用“以…为重”(paramount)的表述几乎没有得到人

---

① 《消除对妇女的一切形式歧视国际公约》第 1 款(d)项规定：“不论婚姻状况如何，在有关子女的事务上，作为父母亲有相同的权利和义务。但在任何情形下，均应以子女的利益为重。”

② 比如在婴儿出生时出现的有关生命安全的紧急情况，是否以儿童的利益为重，还是以母亲的生命安全为重，就很难定夺。Office of the United Nations High Commissioner for Human Rights, *Legislative History of the Convention on the Rights of the Child*(*Volume I*), New York and Geneva, 2007.p.339.

③ UN doc E/CN.4/1989/WG.1/CRP.1, 14.

④ UN doc E/CN.4/1989/48, paras 121-122. Office of the United Nations High Commissioner for Human Rights, *Legislative History of the Convention on the Rights of the Child*(*Volume I*), New York and Geneva, 2007.p.345.

们的支持。[①]另一项提议是，当儿童最大利益采用“主要考虑”（the primary consideration）时，仅限于儿童福利（welfare）的相关事项。这项提议也遭到了代表们的反对，他们认为这项提议不相称地限制了为儿童提供保护的范围。[②]

弗里曼认为，“主要”（primary）和“首要”（paramount）的区别在于：“首要”（paramount）强调儿童最大利益是决定性的，它决定采取措施的全部内容。如果儿童的最大利益是首要的，那么其他人的权利或者价值将被忽视，儿童的利益便不仅是至高无上的，它还是唯一的。这显然出离了人们的本意，更违背了司法公平、正义的价值。“首要”（primary）相对来讲意味着“首先”，暂且不论这一表述是否明确，至少它规劝人们特别考虑儿童的利益，并且考虑儿童的最大利益应多于其他因素。这便引发了一个问题，即这一主要考虑的比例相对其他因素究竟是多少？[③]

此外，“一个主要考虑”（a primary consideration）和“（绝对的）主要考虑”（the primary consideration）的区别在于：“一个主要考虑”（a primary consideration）强调儿童的最大利益在其他因素中是一个首先强调的因素，其优先性不是绝对的。当各种不同的利益发生冲突时，比如帕克（Stephen Parker）文中所说的社会公正与儿童的最大利益相冲突时，人们多会主张平等比儿童的最大利益更为重要。[④]如果怀孕待产的妇女与腹中的婴儿同时陷入

---

① UN doc E/CN.4/1989/48, para. 119.

② UN doc E/CN.4/1989/48, para. 123.

③ Micheal Freeman, *A Commentary on the United Nations Convention on the Rights of the Child*: Article 3 The Best Interest of The Child, Leiden: Martinus Nijhoff, 2007, pp.60–61.

④ Philip Alston, “The Best Interest Priciple: Towards a Reconciliation of Culture and Human Rights” , in Philip Alston eds., *The Best Interest of The Child*: *Reconciling Culture and Human Rights*, Oxford: Clarendon Press, 1994, p.12.

生命危急的状况，待产妇女的利益可以优先保证；[①] 弗里曼先生还举了另一个例子，如果手术会对其本身或腹中的胎儿带来风险，妇女有权拒绝接受剖宫产手术。[②] 起草者们最终之所以采纳“一个主要考虑”是因为，相对“（绝对的）主要考虑”，“一个主要考虑”为决策者提供了更为灵活的空间，特别是在一些极端特殊的情况下。这一灵活的表述并不是说不应以儿童的最大利益为重，而是因为《儿童权利公约》第 3 条第 1 款所适用的范围和领域极为广泛，而儿童的最大利益原则并不是在《儿童权利公约》规定中的所有情况下都具有正当性。[③]

在一些极为特殊的情况下，法官的工作是在不同的儿童之间裁断最大利益，而不是在儿童的最大利益与其他利益之间进行取舍。[④] 弗里曼先生举了一个典型的例子：英国曾发生了一起连体双胞胎案，[⑤] 这对双胞胎信仰天主教，并不主张为这对双胞胎实施分体手术，但鉴于儿童的利益，英国法庭必须确定为他们实施分体手术是否合法。双胞胎中身体状况较弱的孩子将无可避免地成为分体手术的牺牲品，所以，法官就必须在这两个孩子之间的最大利益中进行抉择。这场手术将是双胞胎中身体强壮的孩子的最大利益，但同时却会夺去另一个孩子的生命。主审法官以及上诉法庭的一位法官（Robert Walker L.J.）认为，倘若这两个孩子连体，

---

① UN Doc./E/CN.4/L.1575, para. 24（1981）. Office of the United Nations High Commissioner for Human Rights, *Legislative History of the Convention on the Rights of the Child*（*Volume I*）, New York and Geneva, 2007.p.339.

② *St. George's NHS Trust v. S*（*1999*）*Fam 26.*

③ Micheal Freeman, *A Commentary on the United Nations Convention on the Rights of the Child*: Article 3 The Best Interest of The Child, Leiden: Martinus Nijhoff, 2007, p.61.

④ 下列三种情况参见 Micheal Freeman, *A Commentary on the United Nations Convention on the Rights of the Child*: Article 3 The Best Interest of The Child, Leiden: Martinus Nijhoff, 2007, pp.61–64.

⑤ Micheal Freeman, “Whose Life Is It Anyway?” in *Medical Law Review*, Vol.9, 2001, pp.259–280.

他们将无法享受有质量的生活，但如果实施分体手术，至少可以获得尊严和身体的自治。另一位上诉法院的法官（Ward L.J.）也赞同上述观点，他认为这对双胞胎的最大利益是，给予有条件（主要指身体状况）把握生存机会的孩子以生命，其代价是另一个孩子的牺牲。[①] 最终，上诉法院的多数法官都同意这样的观点，可见对一个孩子的最大利益未必是另一孩子的最大利益，这一原则留给人们抉择的空间是尤为必要的。

第二种情况是针对未成年父母与其子女之间的利益冲突。这些未满 18 岁的父母自己本身还是孩子，当他们与其子女之间的利益发生冲突将如何取舍呢？对于一个未成年母亲来讲，与自己的孩子保持亲密的关系，符合她情感和精神的需要，这也许是她的最大利益。但对于她的孩子来讲，成长于一个稳定、正常、能够获得恰当照料的环境，被心智成熟的父母抚养才是她 / 他的最大利益。未成年母亲和其子女的最大利益都应当被作为“一个主要考虑”，她们之中，谁的最大利益又更为主要呢？在这样难以取舍的情况下，也许更应该从其角色，而不是年龄来看待这位未成年的母亲。[②]1972 年在美国马里兰州一位 16 岁的少女曾经因母亲要求其终止妊娠而将母亲告上法院。法院认为未成年人生育子女后，无法承担抚养责任，往往将孩子交给祖父母或者社会代理机构抚养，但这样的环境不利于儿童成长，更不符合儿童的最大利益。据此法院要求这位 16 岁的少女按照母亲的安排接受人工

---

① Micheal Freeman, *A Commentary on the United Nations Convention on the Rights of the Child: Article 3 The Best Interest of The Child*, Leiden: Martinus Nijhoff, 2007, pp.62–63.

② Micheal Freeman, *A Commentary on the United Nations Convention on the Rights of the Child: Article 3 The Best Interest of The Child*, Leiden: Martinus Nijhoff, 2007, p.63.

流产手术。[①]

第三种情况是关于不同的儿童群体之间的最大利益的冲突。公私社会福利机构、行政当局以及立法机构经常对作为一个群体的儿童做出政策性的决定。比如，在一些资源有限的国家，如果缩短学时，可以节省宝贵的教育资源，让更多的儿童受到教育；但如果决定延长学时，却又可以使在教育系统中受教育的孩子获得更多益处。[②] 在这样的情况下应当如何决策？再比如，一笔财政经费应当用于补贴新生儿，还是补贴违法少年的安置机构？如果儿童的最大利益是一个主要考虑，那么富有的国家是否应当重新检视国内的相关政策？而那些贫穷的国家是否也应当从儿童的利益与当局腐败的集团利益中认真思考，做出明智的选择？[③]

（三）“关于儿童的一切行动”的含义

1.“一切行动”的含义

与儿童利益相关的“一切行动”，如文中所示，并不特指父母的行动，而主要指公私社会福利机构、法院、行政当局或立法机构的行动。[④]“行动”这一表述首次出现在波兰代表提交的首

---

① Special Appeals of Maryland, 1972.16 Md.App.209, 295, A.2d238. 这位16岁的少女没有权利无视父母，按照自己的意愿行事，来强迫父母服从她的意愿。参见王丽萍：《亲子法研究》，法律出版社2004年版，第158页。

② Adel Azer, “Modalities of the Best Interests Principle in Education” in Philip Alston eds., *The Best Interest of The Child: Reconciling Culture and Human Rights*, Oxford: Clarendon Press, 1994, pp. 227–258.

③ Micheal Freeman, *A Commentary on the United Nations Convention on the Rights of the Child*: Article 3 *The Best Interest of The Child*, Leiden: Martinus Nijhoff, 2007, p.64.

④ 在国际公约中将义务（obligation）施加于父母以及监护人不免受到质疑，但是从人道主义和博爱主义的角度出发，儿童的最大利益应当是父母、监护人、社会和国家机构行动的首要考虑。参见 Office of the United Nations High Commissioner for Human Rights, *Legislative History of the Convention on the Rights of the Child (Volume I)*, New York and Geneva, 2007.p.339.

部公约草案中，并且这一词并没有被定义。[①]在第二次审读过程中，部分代表曾对儿童的最大利益是否应该在所有的行动中作为一个首要考虑提出质疑。[②]多数人都会认为整个社会和正义至少应当与利益同等重要，即便不是同等重要，也至少比儿童的最大利益重要。[③]在讨论"一个主要考虑"还是"主要考虑"的问题时，芬兰代表曾提出建议，"主要考虑"的表述应仅用于儿童的福利中。[④]而英国代表以及挪威代表则认为，或者将"一切行动中"的"一切"（all）删除，或者采用"儿童的最大利益应当是首要考虑"（shall be of primary consideration）的表述。[⑤]

没有任何迹象表示儿童最大利益原则中的"行动"有不作为的限制性用法。在起草过程中，也没有任何关于"行动"含义的讨论。"行动"一词是不作为性质的，还是除了侵犯儿童最大利益以外的所有行动都算作"行动"尚未有任何界定，对此，弗里曼（Freeman）认为起草者们并没有对此进行立法的意图，他建议不必执着于此项表述的字面意义，而应当将此款解释的重点放在《儿童权利公约》的目的和宗旨上。对于"行动"的范围应当采用后者，即除了侵犯儿童最大利益以外的所有行为都算作"行动"。举例而言，倘若将"行动"的性质界定为不作为，那么，社会福利机构就可以有充足的理由为保护儿童免受虐待或忽视而推卸责任；但从相反的角度设想，倘若"行动"的性质是积极的，儿童的最大利益就意味着，社会福利机构有义务采

---

① UN Doc.E/CN.4/1349.

② UN Doc.E/CN.4/1989/48, para. 121.

③ UN Doc.E/CN.4/1989/48, para. 121.

④ UN Doc.E/CN.4/1989/48, para. 123.

⑤ UN Doc.E/CN.4/1989/48, para. 124. 上述讨论参见 Office of the United Nations High Commissioner for Human Rights, *Legislative History of the Convention on the Rights of the Child*（*Volume I*）, New York and Geneva, 2007.pp.345–356.

取措施，将受忽视或虐待的孩子带离他们的父母。[①] 同样地，如果教育机构没有采取积极的措施来管理教学机制，为孩子们提供有效的教育，那么，就可以说教育机构没有履行《儿童权利公约》第 3 条第 1 款的法律义务。[②]

2. “关于”的含义

儿童最大利益原则适用于一切关于儿童的行动，但细究起来，并非政府的一切决策和行动都与儿童相关。“关于”（concerning）这一表述的微妙意蕴，使得“关于儿童的一切行动”显得有些不确定。凡是对儿童直接产生影响的行动就应当适用儿童最大利益原则，这是没有疑问的，但是，那些对儿童产生间接影响的行动是否也应当适用于该项原则，就不好把握了。比如，国家发动战争是关乎儿童的，如果这场战争持续时间长久，并且违反《儿童权利公约》第 38 条的规定，[③] 致使部分儿童入伍，这便是直接关系到儿童。但是，如果国家决定使用核武器，或者阻止其他国家使用核武器，这虽然也关系到儿童，但是否直接就不好说了。再如，克隆、胚胎植入前的基因诊断以及堕胎，都关乎儿童，但是，如果无论是否拥有生命，都被视为关于儿童的行动或决定，这便越出了《儿童权利公约》第 3 条第 1 款所指的范围。[④]

---

① Claire Brennan, “Third Party Liability for Child Abuse: Unanswered Questions”, in *Journal of Social Welfare and Family Law*, Vol.25, No.1, pp.23–37.

② Micheal Freeman, *A Commentary on the United Nations Convention on the Rights of the Child: Article 3 The Best Interest of The Child*, Leiden: Martinus Nijhoff, 2007, p.45.

③ 《儿童权利公约》第 38 条：1. 缔约国承担尊重并确保尊重在武装冲突中对其适用的国际人道主义法律中有关儿童的规则。2. 缔约国应采取一切可行措施确保未满 15 岁的人不直接参加敌对行动。3. 缔约国应避免招募任何未满 15 岁的人加入武装部队。在招募已满 15 岁但未满 18 岁的人时，缔约国应致力首先考虑年龄最大者。4. 缔约国按照国际人道主义法律规定它们在武装冲突中保护平民人口的义务，应采取一切可行措施确保保护和照料受武装冲突影响的儿童。

④ Micheal Freeman, *A Commentary on the United Nations Convention on the Rights of the Child: Article 3 The Best Interest of The Child*, Leiden: Martinus Nijhoff, 2007, p.46.

3. “儿童”的含义

《儿童权利公约》第3条第1款中“关于儿童的一切行动”中的“儿童”采用复数形式（children），而“儿童最大利益原则”中的“儿童”采用了单数形式（child）。① 通常来讲，儿童的复数形式意味着儿童作为一个群体，单数形式则多指作为个人的儿童。儿童最大利益原则（此表述中用“Child”）在抚养权纠纷的领域中为人熟知，这里的“儿童”多是针对个人，个人主义者所关注的，多是有关抚养案件的判决和安排恰当与否。② 但是，在“关于儿童的一切行动”这一表述中，奥斯顿认为，“儿童”复数形式的用法表明了对最大利益原则采用宽泛范围的意图，它所着力表现的是，在集体的、分配正义失败的情况下，采用强制的人为干预来确保某一儿童群体的最大利益。这一观点得到了弗里曼的赞同，他认为，《儿童权利公约》第3条第1款所覆涵的范围要比传统意义上该项原则主要适用的范围要广泛许多。③ 委员会似乎也倾向于采用“儿童”的复数形式，以表示该项原则适用范围的广泛，如“relevant to children”“in all relevant fields”“relating to children”“impact on children”等。④ 由此可见，

---

① Article 3.1. In all actions concerning children, whether undertaken by public or private social welfare institutions, courts of law, administrative authorities or legislative bodies, the best interests of the child shall be a primary consideration.

② 参见 Philip Alston, “The Best Interest Priciple: Towards a Reconciliation of Culture and Human Rights”, in Philip Alston eds., *The Best Interest of The Child: Reconciling Culture and Human Rights*, Oxford: Clarendon Press, 1994, pp.14–15.

③ Micheal Freeman, *A Commentary on the United Nations Convention on the Rights of the Child: Article 3 The Best Interest of The Child*, Leiden: Martinus Nijhoff, 2007, p.46.

④ Andorra CRC/C/15/Add. 176, para. 26（2002）, Azerbaijan CRC/C/15/Add.77, para. 15（1997）, Bahrain CRC/C/15/Add. 175, para. 22（2002）, Belarus CRC/C/15/Add.180, para. 26（2002）. Micheal Freeman, *A Commentary on the United Nations Convention on the Rights of the Child: Article 3 The Best Interest of The Child*, Leiden: Martinus Nijhoff, 2007, p.46.

儿童最大利益中的“儿童”，不限于个人，也包括儿童群体。这样的概括和理解，有助于最大范围内将各种不同情况下的儿童事务纳入到这一原则的适用范围中去，以便在最大程度上确保儿童的利益。

（四）关于执行者的公、私性质

儿童最大利益原则的实施不限于“公私社会福利机构、法院、行政当局或立法机构”。1979 年波兰代表提交的第一部文本中建议儿童最大利益原则应当适用于任何与儿童有关的行动，“无论是否由其父母、监护人、社会或公共机构，或者特别法院和行政当局实施”。[①] 另外一项来自美国的提案则建议儿童最大利益原则应适用于“所有与儿童相关的官方行动，无论是否由公私社会福利机构、法院或行政当局实施”。[②] 这两个版本最终都未被起草小组采纳，起草小组最终决定在美国提案的基础上，将“官方”（official）删除，[③] 并在第二次审读阶段，将“立法机构”添加进来。[④]

没有采用波兰代表的建议说明起草者们的意图在于将儿童最大利益原则的执行者主要限定在官方行为，而不是特指父母亲或监护者的行为。[⑤] 但同时，将美国提案中的“官方”（official）删除，表示《儿童权利公约》第 3 条第 1 款中儿童最大利益原则的执行者也包括非官方机构，[⑥] 比如儿童的慈善机构、志愿者组织、宗教

---

① UN Doc.E/CN.4/1349（1980）, pages 2–3, at Article 3.

② UN Doc.E/CN.4/L.1575（1981）, para. 20.

③ UN doc E/CN.4/L.1575（1981）, paras 25–26.

④ UN Doc.E/CN.4/1989/WG.1/CRP.1, Add.1, p.4 at 4.Article 3; E/CN.4/1989/48, paras.117, 126.

⑤ UN doc E/CN.4/L.1575（1981）, paras 23–24.

⑥ Philip Alston, “The Best Interest Priciple: Towards a Reconciliation of Culture and Human Rights”, in Philip Alston eds., *The Best Interest of The Child: Reconciling Culture and Human Rights*, Oxford: Clarendon Press, 1994, p. 15.

团体等。

尽管《儿童权利公约》第 3 条第 1 款并没有强调父母或监护人有强制性义务执行儿童最大利益原则，但根据《儿童权利公约》第 18 条的规定，养育和培养孩子的首要义务还是在父母或监护人身上，《儿童权利公约》第 18 条第 1 款规定，儿童的最大利益将是父母主要关心的事（the best interests of the child will be their basic concern）。在此，“将是他们（父母）主要关心的事”的表述远没有“均应以…为一种首要考虑”的语气具有强制性。[①] 而《儿童权利公约》第 27 条第 2 款中，[②] 尽管没有关于儿童最大利益的任何表述，但它表明父母或其他负责照顾儿童的人负有确保儿童发展所需生活条件的首要责任。如此一来，“私法性质”的行为（private actions），特别是那些父母和监护人的行为更具有普遍性（general nature）。[③] 由此可见，儿童最大利益原则的实施和执行并不限于公法性质的行为和事务（public undertakings），它也强调私人家庭的行为义务。

《儿童权利公约》第 3 条第 1 款中的“法院”指所有的法院，既包括初审法庭，也包括上诉法院，既包括民事、刑事法庭，也包括行政法庭；遵守儿童最大利益原则的裁决者既包括专业人士，也包括非专业人士。法院的最重要的功能之一就是保证正当程序的实施，而在司法程序中，儿童被赋予与成人相同的正当程序的权利也是近半个世纪才兴起的，[④] 在司法程序中，儿童与成人显著

---

① 英语中“shall”比“will”的义务性更强。

② 《儿童权利公约》第 27 条第 2 款规定：“母亲或其他负责照顾儿童的人负有在其能力和经济条件许可范围内确保儿童发展所需生活条件的首要责任。”

③ Philip Alston, “The Best Interest Priciple: Towards a Reconciliation of Culture and Human Rights”, in Philip Alston eds., *The Best Interest of The Child: Reconciling Culture and Human Rights*, Oxford: Clarendon Press, 1994, p. 15.

④ 美国 1967 年的 In re Gault 案，*387 U.S. 1*（*1967*）是一个里程碑。它首次在正当程序的权利保护中，将违法未成年人与成人置于平等的位置上。

的差异在于儿童的意见和想法往往被忽视，因此，在《儿童权利公约》第 3 条的起草过程中，美国曾经提议添加一款规定："在影响到儿童的任何司法和行政诉讼中，达到一定年龄的儿童应有机会在诉讼过程中作为一个独立的主体发表自己的意见，儿童的意见应被合法的当局纳入考虑之中。"[①] 考虑到没有足够能力表达自己意见的儿童的利益，荷兰提议应加入"直接或间接通过代表"（陈述意见）。[②] 在第一次审读时，美国提交的草案在"依照其年龄"后加上了"成熟程度"。[③] 最终，起草小组决定不在第 3 条规定设立此款，而是以儿童的参与权为基础，作为第 12 条的内容依据。[④] 因而，最大利益原则与儿童的参与权在《儿童权利公约》中分项而立，但无论如何，儿童的参与权是儿童最大利益原则的重要内容之一。

三、儿童最大利益原则在国际人权法中的角色

（一）国际标准与国内法

当今许多文献对《儿童权利公约》第 3 条第 1 款下儿童最大利益原则的含义和意义作了许多解读，目的并不仅仅在于分析儿童最大利益原则与《儿童权利公约》第 3 条第 1 款的关联性，而在于将儿童最大利益原则纳入人权保护的整体框架中来。《儿童权利公约》代表了各国建立普遍性国际人权标准的努力，体现了《世界人权宣言》保护人权的宗旨和目标。这些宗旨和目标通过各项原则和条约机制得以推广和执行，产生了大量具体化的人权

① UN Doc.E/CN. 4/L 1575, para. 20.

② UN Doc.E/CN. 4/L 1575, para. 30.

③ UN Doc.E/CN. 4/1988/WG. 1/WP.1/Rev.1.

④ UN Doc. E/CN.4/L. 1575.

文书。国际社会对保护人权这一宗旨的认同和重视，体现在各国对《儿童权利公约》空前迅速地批准和加入。到 2015 年，《儿童权利公约》已有 196 个缔约国。[①] 随着《儿童权利公约》所确立的目标和规范在世界范围内被广泛接受，一些问题也随之而来。比如，《儿童权利公约》所规定的人权标准在各国和地区是否能够达到普遍一致，这无可避免地对不同文化、历史背景的社会产生了影响，同时，也对国际人权法提出了挑战。

早在 1993 年 6 月于维也纳召开的世界人权大会上，来自各国的专家、学者和官员对如何适用统一的人权标准展开了多种抽象和宏观的讨论。在有关儿童权利保护的问题上，儿童最大利益原则可以作为一个很好的角度，帮助人们更加深入且细致地理解关于儿童权利保护的问题。[②]

深入分析儿童最大利益原则，将有助于人们阐明国际人权标准与相对应的国内法的关系。在东方日益崛起的新时代，面临挑战的政治、文化和科技上的欧洲中心主义（euro-centrism）有时会在国际标准中寻求其规范的合法基础，比如，《世界人权宣言》在美国、英国和法国的法律中，就有特定的渊源和直接对应的内容。国际人权文书的起草和通过建立在采纳、汲取国内法律制度范式的基础上，其"法律的一般原则"的地位与《国际法院规约》（*Statute of International Court of Justice*）第 38 条一起，共同构成国际人权文书对缔约国具有拘束力的合理性依据。[③]

---

① 联合国网站：www. ohchr. org / Documents / HR Bodies / CRC / OHCHR_Map_CRC. pdf，访问于 2016 年 2 月 22 日。

② Philip Alston, "The Best InterestPriciple: Towards a Reconciliation of Culture and Human Rights", in Philip Alston eds., *The Best Interests of The Child: Reconciling Culture and Human Rights*, Oxford: Clarendon Press, 1994.p.17.

③ Philip Alston, "The Best InterestPriciple: Towards a Reconciliation of Culture and Human Rights", in Philip Alston eds., *The Best Interests of The Child: Reconciling Culture and Human Rights*, Oxford: Clarendon Press, 1994.p.17.

但是，这种源于国际法并逐渐走进国内法的标准，并不能全部顺利地通过国内法庭和立法自动转化。比如，对酷刑和其他残忍、不人道或有辱人格的待遇或处罚的禁止在一些人权文书中被规定。这些禁止性规定，借鉴于美国的权利法案，但很显然，美国最高法院的实践并没有使国际人权监督机构感到，这些国际人权文书下的各种解释已被美国所适用，特别是在与禁止死刑和单独监禁的相关问题上。相似地，涉及范围广泛的儿童最大利益原则最初是在英美法律制度下形成并发展的，但在国际人权机构的解释下，却显得并不具有相应的影响力，几乎不具决定性作用。① 美国并没有加入《儿童权利公约》，其原因是国内大量的非政府组织认为，《儿童权利公约》对儿童权利的强调会损害父母的权利。同理，对《儿童权利公约》所规定的原则势必要带来国内法院对国际标准的适用问题，这种适用甚至需要推翻该国传统法律制度迄今为止的一些发展成果，特别是在有限的监护权的决定上。

国际标准开放的必然结果一定包含着这一原则固有的不确定的特征，这必然也在一定程度上对国际人权法普遍主义论的推行造成了困难。这就对《儿童权利公约》提出了要求：第一，规范必须足够清楚，能够全面、稳定地为国际社会提供限制政府暗中削弱或规避义务的行为的依据；第二，任何介入儿童事务的国家、家庭和第三方应有统一的宗旨和目标；第三，这种标准能够照顾到不同程度的适用性和灵活性。如果不确定性是法律原则的固有特征，那么，儿童最大利益原则可说是不确定程度最高的范例，这一特征曾受到不少学术评论者的批判，甚至在起草过程完成之

---

① Philip Alston, "The Best InterestPriciple: Towards a Reconciliation of Culture and Human Rights" , in Philip Alston eds., *The Best Interests of The Child: Reconciling Culture and Human Rights*, Oxford: Clarendon Press, 1994.p.17.

前，这些批判就存在了。[①] 但无论问题的严重程度如何，这项原则并不能够成为阻碍儿童权利保护措施实施的正当理由。

这一原则最明显的不足，也就是其不确定性，可以在实践中通过适用地方化"法律"或"文化"而被弱化。况且，这一原则与《儿童权利公约》下的其他条款相结合，旨在为儿童权利的保护提供一个更为广阔的道德层面和价值层面的平台与框架。以缺少某种要素作为代价，来获得国际层面的普遍共识是值得的。如今经 196 个缔约国审慎权衡后，形成的对这一原则宗旨的一致肯定，便是最好的例证。儿童最大利益原则在国际法中确立的目的并不是试图在某种有关儿童利益的事项上寻求一种定义式的陈述，它对我们的真正贡献在于鼓励人们抛却程式化的模式，在实质上分辨什么才算是儿童的最大利益。[②]

（二）最大利益条款的实际作用

在具体执行上，奥斯顿认为，《儿童权利公约》第 3 条第 1 款在儿童权利的保护中扮演着三种角色：（1）普遍指导作用。与《儿童权利公约》下的其他条款相结合，在人权普遍主义的启发下，支持、证明或阐明一种独特的方法，用以帮助人们应对和解决《儿童权利公约》规定中涉及的问题。在实施《儿童权利公约》下其他权利的过程中，儿童最大利益原则提供了协助。（2）调节

---

① Philip Alston, "The Best InterestPriciple: Towards a Reconciliation of Culture and Human Rights", in Philip Alston eds., *The Best Interests of The Child: Reconciling Culture and Human Rights*, Oxford: Clarendon Press, 1994.pp.17–18.

② Carl Schneider, "Discretion, Rules and Law: Child Custody and the UMDA's (*US Uniform Marriage and Divorce Act*, 1974) Best Interest Standard", in *Michigan Law Review*, Vol. 89, No. 8, 1991, pp.2215–2298. Philip Alston, "The Best InterestPriciple: Towards a Reconciliation of Culture and Human Rights", in Philip Alston eds., *The Best Interest of The Child: Reconciling Culture and Human Rights*, Oxford: Clarendon Press, 1994, pp.17–19.

作用。作为一个具有调节作用的原则，它可以在《儿童权利公约》的整体框架和宗旨下，解决《儿童权利公约》下不同权利的矛盾冲突。（3）评估作用。在积极权利以外的所有问题上，该项原则可以用以评估缔约国的法律和实践。①

《儿童权利公约》实施的十多年后，弗里曼（Freeman）对于上述三种角色作了如下评论：弗里曼非常赞同奥斯顿所述的第一种角色，认为委员会通过列举缔约国报告中的具体的实质性问题，而不断强调这一原则的重要性和指导作用。比如，在有关澳大利亚的报告中，委员会表示对禁止在学校、家庭以及其他机构使用体罚的立法不足的关注。②委员会指出这违反了《儿童权利公约》第19条的规定，但同时也强调澳大利亚有关禁用体罚的立法缺陷同样也违反了《儿童权利公约》第3条的规定。对于奥斯顿所述的第二种调和的角色，弗里曼认为《儿童权利公约》第3条第1款很难胜任。因为《儿童权利公约》下对不同权利的评价和取舍，很大程度上取决于决策者的价值观，以及他们认为《儿童权利公约》哪一方面更为重要。奥斯顿所述的第三种评估的角色，最初源自帕克的观点。弗里曼认为，奥斯顿在这个问题上与帕克的观点是一致的，即儿童权利的实现过程总是存在间隙缺漏，儿童最大利益原则可以用以弥补儿童享有权利过程中任何被忽视的地方。③

---

① Philip Alston, "The Best InterestPriciple: Towards a Reconciliation of Culture and Human Rights", in Philip Alston eds., *The Best Interest of The Child: Reconciling Culture and Human Rights*, Oxford: Clarendon Press, 1994, pp.15–17.

② U.N. Doc.CRC/C/15/Add. 79. See Cynthia Price Cohen eds., *Jurisprudence on the Rights of The Child*（Vol.I）, Ardsley, New York: Transnational Publishers, 2005, pp. 372–373.

③ Micheal Freeman, *A Commentary on the United Nations Convention on the Rights of the Child: Article 3 The Best Interest of The Child*, Leiden: Martinus Nijhoff, 2007, pp.32–33.

第四章
《儿童权利公约》框架下的实施机制

儿童自我保护能力的缺失呼唤更多的国家责任、家庭责任和社会责任。国家对儿童最大利益原则的实施负有主要责任，父母、社会公私机构及其人员都在国家的监督之下，有义务遵守这一原则。在持续、稳定的家庭环境下生活是他们的最大利益，这要求父母承担主要的抚养义务，而国家应采取一切措施协助父母完成这一使命。在国际上，监督国家责任的履行，依靠《儿童权利公约》的实施机制。联合国儿童权利委员会机制的重要作用在于，一方面，通过一般性意见提供技术指导。另一方面，通过对缔约国报告的审议以及儿童个人申诉机制进行监督。

法律的生命在于实行，法律的实行又在于义务的履行。权利与义务是相辅相成的，现代法律以权利为本位，但任何权利的实现都必须有赖于相应的义务或责任的履行。美国法理学家霍菲尔德对权利与义务（责任）对应关系的情形作了细致的区分，从中可以看到，与权利相应的义务（责任）的承担方式和履行程度，对于权利的实现具有决定性影响。[①] 如果说最大利益原则是儿童的一项权利，那么，这项权利所要求的义务（责任）的承担者、履行者是谁？国家、社会机构、家庭、父母在其中应当扮演怎样的角色？在国际范围内，儿童最大利益原则实施过程中面临的主要问题是什么？《儿童权利公约》提供了什么样的实施机制？本章拟对以上问题作初步探讨。

一、相关者的义务和责任

在当今时代，儿童最大利益原则是在《儿童权利公约》的框架下实施的，而不再仅限于抚养纠纷等家庭法问题。《儿童权利公约》第 3 条第 1 款强调儿童最大利益原则适用于“关于儿童一切行动”，相关的义务（责任）范围也随之扩大。《儿童权利公约》第 3 条第 2、3 款规定了《儿童权利公约》下儿童权利实施的责任与义务。研究儿童最大利益原则的实施，应当把第 3 条第 1 款

① 参见夏勇：《中国民权哲学》，生活·读书·新知三联书店 2004 年版，第 221—229 页。

和第3条第2款、第3款结合起来考虑。

（一）国家责任与家庭责任的关系

《儿童权利公约》第3条第2款强调国家在儿童权利的保护上承担主要责任，但总体来看，《儿童权利公约》的各个条款作为一个整体，并没有确立一个一致的、稳定的责任主体。比如，《儿童权利公约》第7条第1款、第9条、第10条以及第29条第1（c）款规定了父母的责任，第14条第2款、第18条、第40条第2（b）款规定了父母或视具体情况而定的法定监护人的责任。第19条规定的责任主体是以"父母；法定监护人或其他任何负责照管儿童的人"的形式作为表述；第26条第2款则规定为"负有赡养儿童义务的人"；第27条则指"父母或其他负责照顾儿童的人"[①] 以及"父母或其他对儿童负有经济责任的人"。[②] 因而，在主要责任者的确定上，《儿童权利公约》第3条第2款与《儿童权利公约》其他条款应当是相互支持和补充的。

这里面临的主要问题是国家责任与家庭责任的关系。首先要明确的是，国家责任不可替代。通常情况下，特别是在发达国家，人们认为照管孩子的主要责任在于家庭，这也符合人的自然本性和社会习俗，但是，在许多情况下，家庭无法履行其应有的责任。比如，在一些发展中国家，特别是在非洲，贫困导致家庭不堪重负，照管孩子的责任不得不被扩展到当地习俗认定的大家庭或者社会成员。在这里，家族部落对儿童承担的责任实际上相当于国家责任。还比如，关于流离失所的街头少年。街头少年往往被排除在儿童的范畴之外，成为一个被边缘化的群体。他们需要比其他一般状态下的儿童更为特殊的关照和对待，特别是需要远离危

---

① 《儿童权利公约》第27条第1款。

② 《儿童权利公约》第27条第4款。

险的生活和工作，需要保障他们的工作权、与成人同工同酬的权利等。本着《儿童权利公约》第3条第2款的宗旨，结合第3条第1款的最大利益原则，缔约国有责任采取立法和行政措施来保障这些街头少年的权益，这些是家庭无法做到的。[①]

固然，在国际人权法下，缔约国对实施《儿童权利公约》条款所规定的权利负有国际法律义务，但是，如果将照管儿童的全部责任归于国家，将会使国家和儿童都陷入糟糕的境地。弗里曼认为，在这个问题上，纳粹主义和斯大林主义皆为失败的典型。正因此，《儿童权利公约》第3条第2款将主要责任归于国家的同时，要求国家在履行职责时必须将“父母、法定监护人或任何对其负有法律责任的个人的权利和义务”考虑在内，在后续条款中，《儿童权利公约》多次强调父母、法定监护人对儿童权利的保护义务，第5条规定了“缔约国应尊重父母或于适用时尊重当地习俗认定的大家庭或社会成员、法定监护人或其他对儿童负有法律责任的人以下的责任、权利义务，以符合儿童不同阶段上、接受能力的方式适当指导和引导儿童行使本公约所确认的权利”。《儿童权利公约》第18条第1款也规定“父母或视具体情况而定的法定监护人对儿童的养育和发展负有首要责任。儿童的最大利益将是他们主要关心的事”。

尽管国家是儿童权利的主要责任承担者，但儿童权利的主要义务承担者依然是家庭，国家的角色是支持、协助家庭履行好这一主要义务。《儿童权利公约》第9条、第10条、第18条、第20条、第21条、第27条都体现了国家的这一支持职能。当儿童暂时或永久脱离家庭环境、与父母分离、收养以及家庭遇到抚养或照顾

① 以上参见 Micheal Freeman, *A Commentary on the United Nations Convention on the Rights of the Child: Article 3 The Best Interest of The Child*, Leiden: Martinus Nijhoff, 2007, pp.65–66.

儿童的困难时，国家将承担主要责任来协助家庭确保儿童的权利，并在行动中将儿童的最大利益作为主要考虑的因素。

（二）父母义务的重要价值

保障儿童权利需要家长自治，因为任何对孩子的安置措施和方法，都无法代替孩子在亲情、家庭中获得的幸福。这里，我们可以归纳出若干具体理由。第一，儿童不断发展的心理和情感需要建立在亲情血缘的基础上，它与儿童的健康成长和发展息息相关。第二，为了维系家庭关系，无论是心理上的亲子关系、生理上的亲子关系，还是收养的亲子关系，都需要父母权利的实际存在。第三，国家干预的作用是有限的，它只能最低限度地干涉复杂的私人之间的亲子关系。国家监护，无论如何都是一种生硬的手段，永远无法取代有血有肉的父母。法律制度面对某个孩子日渐变化的具体需求，很少能够及时提供所需的资源，更不可能准确地感知和回应。国家不可能对每个孩子成长中的细节照顾得面面俱到，也不能够根据孩子对时间的感知而迅速作出反应。从儿童的角度来看，儿童不具备完全的能力来回应法庭裁决或者服务机构的安排，他们在肃穆的法庭和服务机构面前并不能像在嘘寒问暖的父母面前应对自如。况且，父母对子女的期望是其子女专属的，孩子将期盼、教导、要求和禁止转化为自我约束，没有照顾者情感纽带的支持，这一转化很难充分地发挥作用。第四，在一些情况下，国家立法、法庭裁决以及管理机构并不能为孩子提供比父母更好的照顾，也无法补偿孩子因离家所受的损失，有时，国家的介入还会令情况变得更糟。至少，在生养自己的家庭中存在珍贵的、持续的、孩子成长过程中需要的感情“滋养”：与生俱来的亲密、彼此需要的感觉、孩子与抚养者之间的感情等。任何家庭以外的安置措施都无法满足上述需要，这些孩子成长中本该有的亲情缺失成为孩子人格的一部分。因而，父母对于孩子来讲是无可取代的，国家在采取措施介入家庭生活时，特别是将孩子带离他们的家人时，要特别考虑到这样的安排是否真的有益。[①]

正是由于这些原因，尽管人们反对对孩子实施体罚，但是国家要考虑到如果对实施体罚的父母采取强硬的法律措施，是否能让孩子过得更好？[②]正是因为父母对孩子的重要性，国家应当在人们居住的社区内提供残疾儿童的临时护理以及日托服务，以协助残疾儿童父母，减轻他们照管孩子的压力。[③]特别是在父母与子女利益不完全一致的情况下，国家更要把握好正义的价值，合理分配子女与父母的利益。

《儿童权利公约》第 3 条第 1 款有关儿童最大利益的原则并没有特别强调父母的权利和义务，尽管父母在日常生活中对养育孩子负有主要责任。[④]有关保护儿童权利责任归属的第 3 条第 2 款也仅要求缔约国将父母的“权利和义务”考虑在内。同时，父母的权利和义务的内容被零散地界定在后续的其他条款中，在不同国家的法律制度中也有所差别。[⑤]这些权利与义务涉及抚养孩子的权利，不与孩子居住的父 / 母有权与孩子保持联系，并探望孩子，同意孩子就医治疗的权利，为孩子选择学校，引导孩子信仰或不信仰某种宗教的权利等。

如今，不少国家的法律制度强调父母的责任多于父母的权利，《儿童权利公约》在第 18 条规定了父母的责任（Parental

---

① Joseph Goldstein, Anna Freud, Albert Solnit, *Best Interests of the Child: The Least Detrimental Alternative*, New York: The Free Press, 1998, pp.90–92.

② U.N. Doc. CRC/C/GC/8（2006）, para.38, para.42.

③ U.N. Doc. CRC/C/GC/9（2007）, para.41, para.47.

④ U.N. Doc. CRC/C/GC/7/Rev.1（2006）, para.15.para.16.

⑤ Micheal Freeman, *A Commentary on the United Nations Convention on the Rights of the Child*: Article 3 The Best Interest of The Child, Leiden: Martinus Nijhoff, 2007, p.69.

Responsibilities），第 1 款要求“缔约国应尽其最大努力，确保父母双方对儿童的养育和发展负有共同责任的原则得到确认。父母或视具体情况而定的法定监护人对儿童的养育和发展负有首要责任。儿童的最大利益将是他们主要关心的事”。弗里曼认为，尽管条款没有明确界定什么是父母的“共同责任”，但对“儿童的养育和发展”的界定已经足以涵括其所指的所有范围。如第 18 条第 1 款所示，在父母的养育和培育儿童的责任中，儿童的最大利益应当是他们主要关心的事。而父母的权利在《儿童权利公约》的其他条款中也并没有被更多地说明和解释。①

（三）国家介入家庭的具体情形和理由

国家应当在什么情况下，依据什么介入亲子关系中？换言之，是什么令家庭的隐私合理合法地处于国家的审查之下呢？格尔斯坦（Joseph Goldstein）等总结出了国家介入家庭的依据：②

1. 父母要求决定儿童的安置

第一，离婚或分居的父母要求法庭决定抚养权。无论父母是否处于婚姻状态，在离婚或者分居的情况下，当父母对孩子的抚养权无法达成一致意见时，国家的介入是具有正当性的。原则上讲，国家强制父母放弃其专门代表子女的权利理应受到限制。父母通过协商自主决定有关孩子抚养和照顾的安排，被

---

① 比如，1983 年芬兰、1987 年挪威、1986 年和 1997 年丹麦、1989 年奥地利、1994 年塞浦路斯、1998 年拉脱维亚、1999 年克罗地亚、2000 年德国、2003 年冰岛、2004 年乌克兰、2004 年罗马尼亚等。此外，意大利在 1995 年，以色列在 2000 年都有司法判例表明对父母责任的强调。Micheal Freeman, *A Commentary on the United Nations Convention on the Rights of the Child*: Article 3 The Best Interest of The Child, Leiden: Martinus Nijhoff, 2007, p.69.

② 下文关于国家介入家庭依据的内容主要摘引自 Joseph Goldstein, Anna Freud, Albert Solnit, *Best Interests of the Child*: *The Least Detrimental Alternative*, New York: The Free Press, 1998, pp.99–150.

认为是离婚或分居家庭中儿童利益的最大选择。如果父母向法庭寻求解决孩子抚养问题的方法，就将私人的家庭生活置于法庭的管辖之中。在此种情况下，国家应当把介入的限度调控到最低程度，比如，如果父母一共有三个子女，他们对其中一个孩子的抚养权无法成一致，那么，法庭应当仅对这一个孩子的抚养权问题进行裁决，其余两个孩子的抚养问题应当交由父母自行决定。

第二，父母主动要求放弃子女。父母有权放弃对子女的权利，在此情形下，国家不应对父母施加任何压力。为了相对保障儿童的安全和利益，并考虑到尽量避免给父母带来污名的影响，国家有义务提供相应的程序来解决儿童的安置问题。国家介入的前提是父母对子女的放弃。法庭在此情况下的职责是：①确定国家是否强制或欺骗父母放弃其子女；②考察国家是否未能尽职尽责提供相应的服务，为本有可能在一起生活的亲子提供共同生活的机会。

同时，这一介入程序允许父母改变他们放弃子女的决定。国家介入的依据在于为孩子提供满足他们爱与被爱的需要，如果收养能够为孩子提供第二次获得稳定、持久家庭关系的机会，国家应当最大限度地满足孩子的需要，因为这对于孩子的成长和发展至关重要。[①]

2. 保护儿童与长期照管者的家庭纽带

为了防止儿童看护机构、长期缺位的父 / 母（无论亲生父 / 母或养父 / 母）强迫儿童与愿意长期、永久照顾他们的心理上的父母分离，国家也有权介入。家庭关系维系并不需要依赖血缘关系或法律关系，当长期养育孩子的父母给予孩子以情感，令他们

① Joseph Goldstein, Anna Freud, Albert Solnit, *Best Interests of the Child: The Least Detrimental Alternative*, New York: The Free Press, 1998, pp.102–103.

感到被爱、被需要、被关心和爱护，那么这样一种已经形成的、决定性的依赖关系不应当受到干扰。

考虑到儿童对时间的感知，国家在此种情况下的干预也取决于替代父母抚养孩子的人照顾孩子的时间长短。对孩子来讲，如果离开父母的时间达到一定程度，那么这种分离就不是短暂的；在此期间，如果主要负责照顾孩子的人与孩子相处的时间够长，他们与孩子之间很可能在内心建立起一种亲密联系。一旦这种新的心理上的关系建立起来，孩子与他们心理上父母分离的痛苦便不亚于与亲生父母或养父母分离的痛苦。如何确定孩子与照顾他们的心理上的父母在何时建立起关系，是一个难以解决的问题，并没有一个精确的时间表能够令人们借鉴。对此，格尔斯坦（Joseph Goldstein）等提议列出法定的时间表以供参考。①

在孩子成长的不同阶段，当孩子与其照顾者相处的时间在不同区间达到一定程度时，就没有理由坚持认为孩子与分离的亲生父母的关系比长期照顾他 / 她的人对其更加重要：①照顾一岁的孩子长达 6 个月之久；②照顾三岁的孩子长达 12 个月之久；③照顾三岁的孩子长达 24 个月之久。②

对于那些年龄稍大一些的孩子，以 24 个月的标准衡量不足以证明与其亲生父母分离的必要性。一些年龄稍大的孩子可能依然保持着对亲生父母强烈的情感，他们早期的、持续时间长久的心理纽带可能会影响他们与养父母之间的心理关系。在这样的情况下，将孩子送回亲生父母身边也许更为恰当。对此，对五岁以上孩子的安置问题应当通过特别听审的程序妥善解决。适合进行听审的条件应当符合以下任一情形：①在安置问题需要解决时，

① Joseph Goldstein, Anna Freud, Albert Solnit, *Best Interests of the Child: The Least Detrimental Alternative*, New York: The Free Press, 1998, p.105.

② Joseph Goldstein, Anna Freud, Albert Solnit, *Best Interests of the Child: The Least Detrimental Alternative*, New York: The Free Press, 1998, pp.105-106.

孩子的父母必须已经持续照顾孩子超过三年以上；②由于父母曾经或意欲对孩子施加严重的身体伤害，或者对孩子进行过性侵犯，致使孩子不曾与他们分开。在这样的情形下，听审应当迅速决定未与孩子共同生活的父母是否依然是他们心理上的父母，以及将孩子送回他们身边是否能将危害减少到最低程度。①

3. 父母照顾的失败

第一，死亡或失踪的父母指定孩子的抚养人。父母的自主权包括为孩子指定其他照顾者，这是建立在这样一个假设之上，即父母知道谁是照顾孩子的最佳人选。在死亡、失踪的父母未曾为孩子指定抚养者的情况下，国家有行使国家监护人的权利；但如果孩子的生父母已经为孩子指定了抚养者，比如被囚禁的母亲在入狱前为孩子指定了照顾者，并且被指定的照顾者也确实承担了照顾孩子的义务，那么国家应当尊重生父母为孩子指定照顾者的自治权。②

第二，父母对子女造成严重的身体伤害，意欲威胁、伤害子女，或屡次疏于保护子女受伤害。父母的权利也不是无限度的，他们对孩子的照顾必须有一个最低限度的标准。国家有权保护孩子免受父母主动实施的暴力、性侵犯以及其他残忍的对待，如对孩子绝食、下毒，或者扼勒孩子致死。同时，如果父母缺乏保护孩子免受伤害的能力，致使孩子屡次受到严重的身体伤害，国家也有权限制父母的权利。

儿童喜爱冒险和冲动的行为往往在他们的认识能力之外，即便父母数次告诫，他们依然可能发生严重的事故，比如不慎吞食了具有毒性的东西，或者被沸水烫伤等。儿童自我保护能力的缺乏要求父母承担保护他们身体安全的义务。儿童这样缺乏自我保护能力的

---

① Joseph Goldstein, Anna Freud, Albert Solnit, *Best Interests of the Child: The Least Detrimental Alternative*, New York: The Free Press, 1998, p.106.

② Joseph Goldstein, Anna Freud, Albert Solnit, *Best Interests of the Child: The Least Detrimental Alternative*, New York: The Free Press, 1998, pp.110–111.

状态将会持续多年，直到他们具备保护自己远离危险的能力。

当父母对子女造成严重的身体伤害，意欲或威胁伤害子女，或屡次失职于保护子女避免类似伤害发生时，国家有责任确保儿童未来的安全。国家可以通过支持性的协助措施来帮助父母，或者重新安置孩子，使有能力确保他们安康成长的人代替父母照顾他们。对于前一种处理方法，仍然允许父母与子女生活在一起，目的在于将对儿童的伤害降到最低程度。在另外一些情形下，这种处理方式是不适合的，如果父母真的缺乏保护子女免受伤害的能力，身体屡次受伤会对孩子的心理造成伤害，导致孩子在心理上缺乏安全感。

值得注意的是，通常对孩子的体罚并不会造成严重的身体损伤，并且体罚被一些家长视为管教孩子的方式，但无论来自学校的体罚，还是来自家庭成员的体罚，不仅有损孩子的人格尊严，对他们心理健康的发展也造成不利影响。1978 年欧洲人权法院对泰瑞尔一案的判决，[①] 是欧洲儿童免受体罚权利的里程碑。随后，联合国儿童权利委员会在其第八号一般性意见中特别强调儿童免遭体罚和其他残忍或不人道形式惩罚的权利，并界定：

> "身体"或"肉体"的惩罚是任何运用体力施加的处罚，且不论程度多轻都旨在造成某种程度的痛苦或不舒服。大部分情况下是用手或某一器具——鞭子、棍棒、皮带、鞋、木勺等（"拍打""打耳光""打屁股"）打儿童。但是，这也可涉及如踢打、摇晃或扔掷儿童，抓、捏、咬、抓头发或抓耳朵，强迫儿童做不舒服的姿势、烙烫、辱骂或强迫吞咽（例如，用肥皂清洗儿童的嘴，或强迫儿童吞咽辛辣作料）。
>
> 联合国儿童权利委员会[②]

---

① *Tyrer v.United Kingdom*, judgement of 25 April 1978.

② U.N. Doc. CRC/C/GC/8（2006）, para.11.

4. 父母拒绝接受挽救儿童生命的医疗救治

父母通常如同保护自己一般保护孩子的身体，他们为子女的健康和医疗作出决定。法律无法通过医学，从道德、政治或社会价值观的层面来评估父母对子女的医疗决策。法律对维护家庭的完整负有责任，而父母的观点、家庭中的亲子关系也往往涉及多样且复杂的因素，如不同的宗教、信仰、科学与道德的确信以及不同年代的人的价值观差异等。这时，法律的作用就在于防止将一个人观念上的确信变成对另一个人的专制。[①] 因而，当父 / 母在以下情形，拒绝对孩子的医疗救治时，国家有权进行干涉：（1）医疗专家断定这是非试验性的并且适合于孩子的治疗；（2）治疗不会引致死亡；（3）预期的治疗结果是社会对每个孩子的期盼—正常、健康地成长或值得生活下去。[②] 同时，在另一些情况下，国家的干预是缺乏合理依据的：（1）缺乏可行的治疗方法；（2）可循的医疗建议相互冲突；（3）尽管专家的意见一致，但可预期的治疗并不能使孩子正常、健康地成长或值得生活下去。[③]

此外，当儿童需要独立的法律代表时，国家也有有权介入。比如当父母没有足够能力为子女提供法律协助，或者在任何变更亲子关系的裁决中，国家有责任提供相应的援助。

（四）社会机构的职责

1. 标准

为了确保儿童最大利益原则的实施，缔约国有责任使国内的

① Joseph Goldstein, Anna Freud, Albert Solnit, *Best Interests of the Child: The Least Detrimental Alternative*, New York: The Free Press, 1998, p.129.

② Joseph Goldstein, Anna Freud, Albert Solnit, *Best Interests of the Child: The Least Detrimental Alternative*, New York: The Free Press, 1998, p.128.

③ Joseph Goldstein, Anna Freud, Albert Solnit, *Best Interests of the Child: The Least Detrimental Alternative*, New York: The Free Press, 1998, p.131.

机构和服务与《儿童权利公约》的标准相一致，并确保由国内合法的行政当局管理这些机构，并对其服务标准进行监督。这要求：（1）在与儿童相关的具体领域提供相关的服务；（2）由能够胜任且合适的人员来从事这些工作；（3）行政当局称职的监督管理。

在此宗旨下，《儿童权利公约》第3条第3款与第18条都提出相关要求。第3条第3款要求“缔约国应确保负责照料或保护儿童的机构、服务部门及设施符合主管当局规定的标准，尤其是安全、卫生、工作人员数目和资格以及有效监督方面的标准”。第18条规定：“（2）为保证和促进本公约所列举的权利，缔约国应在父母和法定监护人履行其抚养儿童的责任方面给予适当协助，并应确保发展育儿机构、设施和服务。（3）缔约国应采取一切适当措施确保就业父母的子女有权享受他们有资格得到的托儿服务和设施。”

《儿童权利公约》第3条第3款反映了委员会要求缔约国首先设立合格的行政当局，进而采取符合主管当局所要求的标准的措施。由于第3条第3款并没有界定什么是“合格”的主管当局，也没有明确是怎样的“标准”，因而，第3条第3款的标准必须要符合第3条第1款儿童最大利益这一一般性原则。①

2. 机构

最初，第3条第3款要求缔约国应确保“直接负责照料儿童机构的官员和人员…”，但后来修订为现在的文本，即“负责照料或保护儿童的机构、服务部门及设施”。这表明：第一，第3条第3款并非限于要求机构对儿童的照顾，还要求其他的相关服务，包括有父母安排的相关服务，比如孩子的托管、培养等。第二，这些机构也不限于公共机构。无论违法少年的看护机构，还是残

① Micheal Freeman, *A Commentary on the United Nations Convention on the Rights of the Child: Article 3 The Best Interest of The Child*, Leiden: Martinus Nijhoff, 2007, p.72.

障儿童的护理机构都在第 3 条第 3 款所指的范围之内。[①]

3. 人员要求

要达到《儿童权利公约》第 3 条第 1 款的标准，就意味着负责照料或保护儿童的机构或服务部门的人员应当是合适的。这要求负责照料或保护儿童的机构或服务部门的官员和工作人员必须受过专业的培训并且恪守职责。[②]20 多年前，在英国有不少反面的事例：一些机构以看护儿童为名，却对儿童施以心理、生理和性方面的虐待。[③] 在一些更为恶劣的情况下，孩子被带离有虐待倾向的父母，却在儿童看护机构受到程度更为严重的虐待。这绝不是儿童的最大利益。还有一些情况，那些看似友好的同伴、朋友、工作人员却在背地里唆使他人恐吓被害人，有许多儿童从父母的虐待中逃离，却又很快陷入同伴、看护人员更为严重的虐待之中。因而，对于儿童相关服务机构工作人员的要求是尤为必要的。在他们工作的机构中，以及在他们提供的服务里，儿童必须受到真正的保护，其内心要感到解脱，这些机构如果不能成为他们的避风港，那么就会成为危险的地方。[④]

4. 非官方性质的行为

尽管儿童的权利和利益在国家的监护下受到很大程度的保护，但这并不能涵括所有情况。在《儿童权利公约》规定的国家责任之外的情况下，还有不少儿童饱受折磨。比如，对于街头少年面对其"保护者"的剥削、虐待，国际上尚未能够订立被国内

---

① Micheal Freeman, *A Commentary on the United Nations Convention on the Rights of the Child: Article 3 The Best Interest of The Child*, Leiden: Martinus Nijhoff, 2007, p.72.

② UN Doc. E/CN.4/1989/48, para. 144.

③ Micheal Freeman, *A Commentary on the United Nations Convention on the Rights of the Child: Article 3 The Best Interest of The Child*, Leiden: Martinus Nijhoff, 2007, p.73.

④ Micheal Freeman, *A Commentary on the United Nations Convention on the Rights of the Child: Article 3 The Best Interest of The Child*, Leiden: Martinus Nijhoff, 2007, pp.72–73.

当局适用的合格的监督管理标准。对此，弗里曼举了一个例子，1999 年两位分别来自英国和加拿大的恋童癖，受雇于非政府组织，在埃塞俄比亚对一些孤儿实施了性虐待。他们辗转于发展中国家，从事与儿童相关的工作，但其雇佣记录却都含糊不明，其中一人还因在看护工作中虐待儿童而处于警方的调查中。针对儿童照管的责任问题，谁又应当对上述的事件负责呢？①

二、儿童权利委员会的监督和指导

在《儿童权利公约》的框架下，委员会为保证儿童最大利益原则在缔约国得到实施作出了许多努力。主要分为两方面：一是通过一般性意见进行解释；二是在《儿童权利公约》第 44 条的规定下，通过缔约国对《儿童权利公约》条款定期提交的报告进行审查，并发布书面报告对各国在执行过程中存在的问题进行强调。由于儿童最大利益原则涉及一切有关儿童的行动，所以几乎所有的一般性意见和委员会的报告都对相关内容进行过强调。分析委员会对《儿童权利公约》其他条款有关儿童最大利益的解释，将有助于我们进一步了解和把握不同状态下的儿童群体最大利益的内容及《儿童权利公约》的相关实施情况。

（一）委员会的监督

1. 报告制度

为了使委员会了解缔约国对《儿童权利公约》的执行状况，缔约国依据《儿童权利公约》第 44 条，在公约对缔约国生效两年内开始向委员会提交《儿童权利公约》下权利实施与实现方面

---

① Micheal Freeman, *A Commentary on the United Nations Convention on the Rights of the Child: Article 3 The Best Interest of The Child*, Leiden: Martinus Nijhoff, 2007, p.74.

的报告。自首次提交报告后，每五年提交一次。缔约国将依照委员会规定的报告指南依次介绍其为实现《儿童权利公约》所规定的内容采取的措施，[①] 以及《儿童权利公约》下各项权利实现的进展情况。在每次审议缔约国报告之前，委员会将邀请非政府组织、国家人权机构与联合国机构的代表进行非公开性质的座谈，并针对缔约国提交的报告列一个问题清单。如果委员会认为有些问题尚未在缔约国的报告中提及，那么根据这次会谈所列的问题清单，其有权要求缔约国在正式审议之前再次提交一份补充性质的书面报告，将清单中所列明的问题进行说明和解释。此后，委员会将邀请缔约国代表出席公开会议，共同讨论并评议报告内容。经与缔约国代表共同讨论，委员会将与缔约国代表成员在闭幕会议上对书面的总结性发言达成一致意见，包括序言、取得的进展、实施中遇到的困难和问题以及需要关注的原则性问题以及对缔约国的评价与建议。根据《儿童权利公约》第 44 条的规定，委员会有权在总结性发言时要求缔约国提交补充信息，提交的时限待定。委员会在总结性发言中也可要求缔约国在下次提交的报告中对某些问题进行重点说明。为促进《儿童权利公约》在缔约国的实施，根据《儿童权利公约》第 45 条第 2 款的规定，委员会有权向相关的联合国机构（世界卫生组织、联合国人权高专办、国际劳工组织等其他有关机构）转交缔约国的要求、说明缔约国需要技术援助的报告，以及委员会做出的与技术支持相关的意见和建议。[②] 迄今为止，委员会已经收到 710 份缔约国报告，并针对各国报告和问题，作出了 698 份结论性意见。报告制度对于缔约国来讲是一个有效且有意义的监督机制，通过提交报告，缔约国可以在收

---

① 参见联合国儿童权利委员会网站：http://www2.ohchr.org/english/bodies/crc/workingmethods.htm#a5，访问于 2012 年 3 月 15 日.

② 参见联合国儿童权利委员会网站：http://www2.ohchr.org/english/bodies/crc/workingmethods.htm#a5，访问于 2012 年 3 月 15 日.

集数据、整理信息的过程中发现在《儿童权利公约》执行过程中存在的问题。通过委员会对报告的审议，一些突出的问题被强调。而联合国的相关机构、委员会成员的点评与建议以及联合国相关机构的技术支持与援助，可以帮助缔约国尽快找到解决问题的方法和努力的方向。特别是委员会要求缔约国在下次报告中说明被关注问题的解决措施和进展情况，可以说是对缔约国尽职履责的一个很好的督促。

2. 个人申诉

2011 年 12 月 19 日，联合国大会通过了《儿童权利公约关于设定来文程序的任择议定书》(以下简称《公约第三项任择议定书》)，为儿童设立了个人申诉机制。任何受到权利侵犯的儿童或其代理人可以向委员会进行申诉，委员会将对申诉进行审查，如发现确实存在违反《儿童权利公约》《关于儿童卷入武装冲突问题的任择议定书》以及《关于贩卖儿童、儿童卖淫和儿童色情制品问题的任择议定书》的行为，委员会将向相关缔约国政府提出具体行动建议，并就缔约国对建议的执行情况进行监督。《公约第三项任择议定书》于 2012 年开放签署，在获得 10 个国家批准之后正式生效。尽管《公约第三项任择议定书》刚刚开放，但至 2016 年 1 月底已有 49 个国家签署了此项议定书。《儿童权利公约》个人来文机制为世界各国普遍接受或许还需要一个漫长的过程，但其本身的设立为儿童最大利益原则在缔约国的实施注入了新的力量。在这一机制的影响下，无论是否批准了议定书，《儿童权利公约》的缔约国都将会感到来自国际监督更为严格的压力。

（二）通过一般性意见进行指导

1. 关于一般措施

（1）规划和评估

儿童最大利益原则是缔约国内各立法、司法和行政机关的行为准则，为此，缔约国的部门和机构首先应系统地审查其决定和行动在当前和未来对儿童权利和利益产生何种影响。例如，拟议现行法律、政策、行政行动或法院判决，包括与儿童没有直接关系，但对儿童产生间接影响的那些政策或行动。[①]政府在作出经济和社会方面的规划时，要确保儿童，特别是那些处于社会边缘和不利境地的儿童群体免受经济政策的消极影响。[②]在评估各级政府与儿童相关的立法、政策与实施，包括任何与儿童相关的拟议法律、政策或预算拨款以及执行工作的实际影响时，也要遵守这一原则。[③]儿童权利委员会在其第五号一般性意见中指出："为了确保在一切有关儿童的行动中均以儿童的最大利益为一种首要考虑（第 3 条第 1 款），以及确保《儿童权利公约》所有规定在各级政府的立法和政策制定与实施中得到尊重，需要持续不断地对儿童的影响进行评估（预测任何拟议法律、政策或预算拨款对儿童和对其权利的享有可能产生的影响）和评价（评价执行工作的实际影响）。"

（2）第三方的间接义务

由于缔约国有责任确保非国家性质的社会机构以及个人按照《儿童权利公约》规定行事，使此种行为者也负有间接义务，所以，私营部门也要严格遵守儿童最大利益原则。[④]

（3）开展国际合作

同样，联合国及联合国所有相关机构在促进国际合作和技术援助活动中也应以儿童的最大利益作为首要考虑，这涉及世界银行集团、国际货币基金组织和世界贸易组织开展的国际合作和经

---

① U.N. Doc.CRC/GC/2003/5（2003）, para.12.

② U.N. Doc.CRC/GC/2003/5（2003）, para.51.

③ U.N. Doc.CRC/GC/2003/5（2003）, para.45.

④ U.N. Doc.CRC/GC/2003/5（2003）, paras.43-44.

济发展的有关活动。[①]

2. 关于不同状态下儿童的最大利益

（1）幼儿

对于幼儿来讲，家庭对其给予的照料最为关键。在幼儿成长的过程中，其父母以及主要照顾者扮演着至关重要的角色。《儿童权利公约》第18条规定，缔约国有义务为父母、家庭提供有关儿童照料方面的协助，家庭作为社会的基本单元，被视为儿童幸福成长的最自然的环境，因而来自核心家庭、大家庭、社区的任何有关儿童照管、抚养的安排都必须符合儿童的最大利益。[②]委员会敦促缔约国采取措施确保父母能够承担主要的抚养责任，保证父母尽量减少对幼儿不利的抚养方式，如遗弃、非恰当的养育、在严重的身心压力或精神损害下的养育、孤立无援或不稳定的养育、父母关系不和环境下的养育、虐待子女、亲子关系破裂情形下的养育、在服务质量低劣的机构接受照料等。除了上述措施，缔约国还应当采取步骤，减少弃儿和孤儿的数量，减少需要得到家庭以外的个人或机构长期照料的人的数量，除非其他的替代措施更符合儿童的最大利益。[③]为了达到上述目标，缔约国应当制定一个面向幼儿抚养者的协助计划，包括为幼儿的抚养者提供间接的干预协助，如津贴、住房、工时等，还有比较直接的干预协助，如母婴围产期保健服务、家访等。此外，为幼儿的抚养者提供训练、教育、培训的机会，以确保他们对儿童权利以及儿童最大利益的实现方式和意义有适当充足的理解。[④]

此外，教育是幼儿最大利益的重要组成部分。高质量的教育能够帮助幼儿顺利地过渡到小学，因而不少国家摒弃了将保育与

---

① U.N. Doc.CRC/GC/2003/5（2003）, para.64.

② U.N. Doc. CRC/C/GC/7/Rev.1（2006）, paras.15–16.

③ U.N. Doc. CRC/C/GC/7/Rev.1（2006）, para.18.

④ U.N. Doc. CRC/C/GC/7/Rev.1（2006）, para.20.

教育分开的传统观念，开始为 4 岁的幼童提供综合性教育，其中也包括幼期的人权教育。[①] 缔约国有责任对幼儿的教育和发展提供服务，要确保私营性质的机构所提供的服务能够满足儿童的最大利益，并且他们的服务应受到监督。[②]

（2）患病儿童

儿童的健康成长是其最大利益的重要方面，在有关儿童医疗健康的事项上，儿童有权利自由地表达自己的意见。医疗机构及护理人员的行动应符合儿童最大利益原则，在儿童本人允许且知情的情况下，将儿童的意见通报其监护人，依据其成熟度，适当采纳儿童的意见。[③]

委员会特别强调，应为患有精神紊乱症的儿童提供充分的治疗和护理。对于精神状况不佳的孩子来讲，在家庭环境中接受治疗和护理是他们的最大利益。儿童住院或被安置在精神病院必须是为在保证儿童最大利益的前提下，所实施的万不得已的治疗方法。在住院期间，未成年患者享有《儿童权利公约》下的一切权利，包括获得教育、玩耍和娱乐的权利。医疗机构以及护理人员应当根据儿童的需要，将儿童与成年人分开。儿童有权同家庭成员以外能够代表其本人利益的个人代表进行交流。[④]

此外，艾滋病毒/艾滋病对儿童的影响至深，所以，《儿童权利公约》一般原则所载的权利，包括儿童最大利益原则在所有有关艾滋病毒/艾滋病的预防、治疗、护理和支助中，都应作为指导性原则。[⑤] 即便“预防、照料和治疗艾滋病毒/艾滋病感染者的政策和方案，一般是为成年人制定的”，但由于《儿童权利公约》

---

① U.N. Doc. CRC/C/GC/7/Rev.1（2006）, para.30.para.33.

② U.N. Doc. CRC/C/GC/7/Rev.1（2006）, para.32.

③ U.N. Doc.CRC/GC/2003/4（2003）, para.32.

④ U.N. Doc.CRC/GC/2003/4（2003）, para.29.

⑤ U.N. Doc.CRC/GC/2003/3（2003）, para.5.

第3条规定了缔约国所承载的义务，上述政策和方案也应当将儿童考虑进去。委员会要求缔约国将儿童置于对此种疾病作出回应的中心位置，相关战略应适应儿童的权利和需求。①

（3）残障儿童

任何儿童无论是否身患残疾都有资格享有其最大利益的待遇和权利，儿童最大利益的标准应当相同。除此之外，缔约国还应当针对残疾儿童的福利需求，进行立法以及政策规划，将儿童最大利益的标准纳入为残疾儿童提供的每一项服务以及所采取的与残疾儿童相关的任何行动中去，包括为残疾儿童提供服务的机构及设施、国家的财政拨款、立法政策等都应优先考虑残疾儿童的安全、保护、照顾等方面的切实需要。②

残疾儿童与其他儿童相同，只要家庭供给和安排适当，残疾儿童在自己的家庭中由自己的亲属照顾是最利于其成长的。对此，国家有责任为其照料者提供支助以确保残疾童在符合其最大利益的前提下继续与父母共同生活。这些支助性的服务包括不同形式的临时护理，例如，在其所居住的社区直接获得日托服务。为防止残疾儿童受到各种形式的虐待、忽视，委员会促请各缔约国只有在万不得已的情况下，作为最后手段将残疾儿童安置在照管机构，并且这种安排必须建立在儿童最大利益原则的前提下。③

（4）远离原籍国无人陪伴和无父母陪伴的儿童

儿童最大利益原则也适用于缔约国其领土上无人陪伴或无父母陪伴的儿童，包括在边境找到的儿童。④缔约国应对无人陪伴和无父母陪伴儿童应作出秩序分明的安排，⑤无论是短期或长期的

---

① U.N. Doc.CRC/GC/2003/3（2003）, para.10.

② U.N. Doc. CRC/C/GC/9（2007）, paras.29–30.

③ U.N. Doc. CRC/C/GC/9（2007）, para.41, para.47.

④ U.N. Doc.CRC/GC/2005/6（2005）, para.13.

⑤ U.N. Doc.CRC/GC/2005/6（2005）, para.31.

安排，都要根据儿童最大利益的需要。为此，缔约国首先要确定什么是这个儿童的最大利益，要对儿童的身份、国籍、成长经历、族裔、文化、语言、处境以及具体需要进行全面评估。①

通常，帮助孩子找到亲人是首先要做的事情。但在一些情况下，根据儿童的具体情况，指定称职的监护人是更为切实的选择。为了确保无人陪伴和无父母陪伴儿童的最大利益，缔约国须建立法律框架并采取必要措施，为此类儿童指定监护人或顾问。一旦儿童无人陪伴或无父母陪伴的身份得到确认，缔约国就应立即为儿童指定监护人或顾问。在该儿童成年之前或永久离开该国领土和/或该国管辖范围之前，缔约国应确保该儿童始终得到监护人或顾问妥善的照管与协助。监护人或顾问须掌握养育儿童方面的专门知识，并且通过专门机构以及个人服务等协助，确保该儿童能够在法律权利、社会权利、医疗卫生、心理健康、物质需求和教育等各方面得到发展和满足。②

对于监护人的甄选要符合儿童最大利益的原则，具体有以下标准可供参照：第一，可能与儿童利益发生冲突的机构或个人不具备监护的资格，如与该儿童有雇佣关系的人就不适合担任其监护人。③第二，监护人是否具备尽职照顾该儿童日常生活的意愿与能力。如果监护人缺乏抚养意愿或无法胜任，缔约国有义务采取替代措施来安置孩子。④第三，“在出现大规模紧急状态的情况下，很难逐个为儿童安排监护人，这时就应由国家以及能够代表这些儿童利益的组织”来采取措施保障这类儿童的权利和最大利益。⑤

此外，在《儿童权利公约》第16条的规定下，缔约国有义

① U.N. Doc.CRC/GC/2005/6（2005），para.20.

② U.N. Doc.CRC/GC/2005/6（2005）.

③ U.N. Doc.CRC/GC/2005/6（2005），para.33.

④ U.N. Doc.CRC/GC/2005/6（2005），para.34.

⑤ U.N. Doc.CRC/GC/2005/6（2005），para.37.

务保护无人陪伴或无父母陪伴儿童的隐私权，对其有关信息，特别是所在地点的信息进行保密，只有在保证儿童最大利益的前提下，才可向其父母透露。[①]

最后，为了防止监护人的行为侵犯儿童基本权利，[②] 以及在日常照顾中的行动符合该儿童的最大利益，缔约国应通过评审机制对监护人的工作进行监督。[③] 同时，根据《儿童权利公约》第 25 条规定，对儿童安置有关的所有情况进行定期审查。[④]

（5）违法儿童

儿童的最大利益在少年司法中既是目的，也是原则。委员会建议少年司法中的所有决定，都应首先考虑到儿童的最大利益。儿童有别于成人的各方面需求构成了减轻触法儿童量刑和处遇的依据。与少年司法的所有相关环节，包括预防少年犯罪、[⑤] 刑事责任年龄的限定、[⑥] 正当程序下包含的各种权利、审判结束后的待遇都要围绕保护儿童最大利益的宗旨设计和执行。[⑦]

（6）土著儿童

土著儿童最大利益的标准与其他儿童的不同之处在于他们独特的文化因素。[⑧] 缔约国及其立法机关在考虑土著儿童的最大利益时，应特别重视他们的文化权利，还要“考虑到他们需要与其群体的其他成员共同行使这些权利”。因而政府在制定与土著儿童有关的立法、政策和方案时，应与土著群体，包括土著家庭共同协商，使他们有机会参与讨论如何在文化相对性的基础上促进

① U.N. Doc.CRC/GC/2005/6（2005）, paras.29–30.

② 如虐待、长期忽视、严重体罚等情形发生。

③ U.N. Doc.CRC/GC/2005/6（2005）, para.35.

④ U.N. Doc.CRC/GC/2005/6（2005）, paras.19–22.

⑤ U.N. Doc. CRC/C/GC/10（2007）, para.16.

⑥ U.N. Doc. CRC/C/GC/10（2007）, para.31.

⑦ U.N. Doc. CRC/C/GC/10（2007）.

⑧ U.N. Doc. CRC/C/GC/11（2009）, para.30.

土著儿童的最大利益。[①]特别是涉及影响土著儿童的发展、社会服务、卫生和教育等方面的决策中，维护儿童的最大利益以及土著家庭、社区的完整性应作为最主要的考虑因素。[②]

3. 关于体罚与儿童最大利益原则

近些年来，人们开始认识到体罚不符合儿童的权利，也不符合儿童的最大利益。但是，当委员会审查某些缔约国有关体罚问题的报告时，有些缔约国代表会提出某种程度的体罚是为了儿童的最大利益。[③]因而在此非常有必要强调，为了保护儿童免遭任意形式的暴力，并对儿童意见给予必要的尊重和考虑，儿童最大利益的作用显然不包括为体罚和其他残忍或有辱人格的惩罚作辩护，何况任何程度的体罚都是对儿童尊严和人身安全的侵害。[④]为了禁止在学校、家庭中对儿童进行体罚，缔约国有必要采取措施。考虑到儿童的最大利益，以及亲子之间的亲密与依赖关系，在以法律的方式禁止家庭成员对儿童的体罚时，首先是要通过教育，以期通过改变家长的态度和习惯进行预防。如果不得不起诉家长或以其他方式干预家庭时，应考虑到起诉家长在大部分情况下，不可能符合其子女的最大利益。所以，委员会建议只有出于保护儿童免遭重大伤害所需时，才可提出诉讼或进行其他强行干预，并要考虑采纳儿童的意见。[⑤]

---

① U.N. Doc. CRC/C/GC/11（2009）, para.31.

② U.N. Doc. CRC/C/GC/11（2009）, para.47.

③ U.N. Doc. CRC/C/GC/8（2006）, para.26.

④ U.N. Doc. CRC/C/GC/8（2006）, para.26.

⑤ U.N. Doc. CRC/C/GC/8（2006）, para.38, para.42.

第五章
困境中的求索

儿童最大利益原则进入国际人权法，意味着该原则必须经受来自不同社会制度、不同文化传统的拷问，接受世界范围的各种挑战，而不再局限于国内法领域，也不再局限于西方文化的视角。从权利理论角度看，该原则面临的主要问题，是保护主义与自由主义、不确定性以及文化多样性问题。各国学者展开的争论与诘问主要围绕括何谓“最大利益”、如何裁定“最大利益”以及由谁认定“最大利益”。对最大利益原则的反思与确证主要集中在两个方面，一是关于该原则的功能，其价值导向功能、制度规范功能和权利救济功能得到普遍承认。二是关于该原则与社会正义的关系，其正当性、正义性的论证主要从社会功利主义、儿童本位主义、博爱主义等角度进行，最具根本性的是天道人性。

儿童最大利益原则进入国际人权法，意味着该原则必须经受来自不同社会制度、不同文化传统的拷问，必须接受世界范围的各种挑战，而不再局限于国内法领域，也不再局限于西方文化的视角。与寻求《儿童权利公约》第3条第1款含义的规范、准确的解释和《儿童权利公约》框架下的实施机制相比，围绕儿童最大利益原则展开的多角度、多层面、多焦点、多文化的理论探讨，显得更为繁杂而难以把握，但也因此更为重要，并富于启发。

一、来自儿童权利理论的困惑与探索

与立法和司法的发展相伴随，围绕最大利益原则，儿童权利保护理论多彩纷呈，尤其是其中的一些质疑、批评和挑战，对我们进行深入思考研究颇具参考价值。这里选择几个维度的问题略作评述。

（一）保护主义与自由自主问题

随着儿童权利学说的不断发展，发生了保护主义观念与儿童的自主权的对立冲突。[①] 古根海姆（Martin Guggenheim）曾说，相信儿童拥有“无能力”的权利是有道理的，并且儿童有权被认为

① Lynne Marie Kohm, “Tracing the Foundations of the Best Interests of the Child Standard in American Jurisprudence”, in *Journal of Law and Family Studies*, Vol.10, No. 2, pp.337–376, at p.353.

是明白其应享的所有权利。[①] 这一观点被广泛用于反驳那些反对儿童自由权利的理论学说。[②]

从儿童最大利益的角度来看，儿童权利的形成和发展已经跳出儿童需要高度保护的理论层面，他们拥有属于自己的权利。20 世纪九十年代，以伊克莱（John Eekelaar）为代表，提出了一种儿童能动自治论。儿童能动自治论相信儿童有能力决定什么是自己的利益，作为权利主体，儿童自我选择的自由就是他们最大利益的一部分。因为由决策者的信念所转化产生的客观结果本身反映了决策者的利益，因而儿童经过自我选择得出的结果，反映的才是他们自己的最大利益。[③] 从拉兹（Joseph Raz）的自由主义论的角度来看，能动自治论允许每个个体自由地决定自己的生活目标和价值，因为不同个体的不同生活目标和价值不能够仅用单一或同一的标准进行衡量。[④] 每个人的需求、目标和价值观如此多元多样，逐一为每个人选择适合他们的最大利益，无异于天方夜谭。

儿童自治能动论扩大了儿童对自己的生活目标和结果进行选择的范围，帮助儿童最大限度地实现自我。但同时，这一理论也是一把双刃剑，它在鼓励儿童为自己的选择承担后果的同时，很

---

① Martin Guggenheim, *What's Wrong With Children's Rights*, United States: Harvard University Press, 2005, pp.x.

② See Bruce C. Hafen, "Children's Liberation and the New Egalitarianism: Some Reservations about Abandoning Youth to Their Rights" , *Brighham Young University Law Review*, Vol.1976, Iss.3, 1976, pp.605–658, p.656.

③ John Eekelaar, "The Interest of the Child and the Child's Wishes: The Role of Dynamic Self-Determinism" , in Philip Alston eds., *The Best Interest of The Child: Reconciling Culture and Human Rights*, Oxford: Clarendon Press, 1994, pp. 42–61, 53–54.

④ Joseph Raz, The Morality of Freedom., United States: Oxford University Press, 1986.See John Eekelaar, "The Interest of the Child and the Child's Wishes: The Role of Dynamic Self-Determinism" , in Philip Alston eds., *The Best Interest of The Child: Reconciling Culture and Human Rights*, Oxford: Clarendon Press, 1994, p. 50.

可能对儿童的根本利益造成负面影响。因为自治不仅象征着权利和自由，同时也意味着自我毁灭、放纵以及对冲动的默许。儿童在成长过程中，其决定不断受到修正和发展的挑战。比如，通常人们认为义务教育符合儿童的最大利益，但也不免有部分孩子在短期内失去对学习的兴趣，认为玩耍更符合自己对于童年的期盼，所以依照他们的自主选择，他们宁愿选择放弃义务教育，而利用更多的时间娱乐、玩耍。若干年之后，当他们步入成年，发现自己没有掌握最基本的知识，更无一技之长用以谋生。这时，按照自治能动论，他们已经开始为自己的选择承担后果，但问题是，当年的选择真的是他们的最大利益吗？这就是他们真正想要的人生吗？当父母的权利与儿童的权利直面冲突时，儿童能动自治论便使儿童与其父母之间出现隔阂。同时，法院与立法机关因能动自治论对涉及儿童权利的案件备感迷茫，他们对有关儿童最大利益的事项往往作出无动于衷的处理。不少人认为，如果社会真正关心儿童的最大利益，那么这样的发展方向是错误的。将儿童最大利益概念作为一项法律原则来误用或过度使用，其结果会使儿童成为国家的牺牲品。①

我们不能绝对地讲，允许儿童自治就必然符合或者一定有悖于儿童最大利益。如果认真观察儿童与成人，人们往往会发现儿童并不比成人更放纵或更冲动，而成人的理性决策也往往遇到失败和挫折。② 考虑到历史和实践，儿童利益的丧失或者权利的侵犯多不是因为儿童本身为自己作出了错误的决策，而多是因为成人的忽视或侵犯，所以，自治对于维护儿童最大利益的益处还是

① Joseph Raz, *The Morality of Freedom.*, United States: Oxford University Press, 1986.See John Eekelaar, "The Interest of the Child and the Child's Wishes: The Role of Dynamic Self-Determinism" , in Philip Alston eds., *The Best Interest of The Child: Reconciling Culture and Human Rights*, Oxford: Clarendon Press, 1994, pp. 50–53.

② 王雪梅：《儿童权利保护的"最大利益原则"研究（下）》，载《环球法律评论》2003 年春季号，第 111 页。

多于弊端。多数情况下，孩子们不会因自治而丧失发展机会，反而会因自治而增进自己的利益。

（二）不确定论问题

儿童最大利益原则遭受的最尖锐的批判，是它的不确定性。比如，澳大利亚高等法院的法官曾强调，在没有法律规则或一个价值等级制度的情况下，如何看待最大利益取决于决策者的价值体系。缺少了规则或准则，人们很容易受制于无可审查的裁量权。在一些情况下，那些具有专业知识的法官也可能为偏见、家长主义以及非理性的妄断提供托词。①因而，儿童最大利益原则在人们的眼中往往是虚无缥缈的、难以把握的、含糊其辞的，是不确定的。

芒金（Robert Mnookin）最早发起对儿童最大利益原则不确定性的批判。在芒金看来，对标准的选择从本质上取决于对价值的选择，但是关于怎样的价值观可以作为衡量儿童最大利益标准的基础，人们尚未形成一致的意见。②各式各样的儿童政策中存在着门类繁多的价值观，但对于如何分辨什么是对儿童最有利的价值却是困难重重，而儿童自己通常不能为他们自己的利益而辩护。③他认为，依据人们现有的价值观对儿童成长所产生的影响做出预测，以及根据这些预测做出的儿童事务的相关安排是不确

① Stephen Parker, "The Best Interest of the Child: Principles and Problems", in Philip Alston eds., *The Best Interest of The Child: Reconciling Culture and Human Rights*, Oxford: Clarendon Press, 1994, pp.26–27.

② Robert H. Mnookin, "Child-Custody Adjudication: Judicial Functions in the Face of Indeterminacy", *Law and Contemporary Problems*, Vol. 39, No. 3, 1975, pp. 226–293.

③ Philip Alston, "The Best Interest Priciple: Towards a Reconciliation of Culture and Human Rights", in Philip Alston eds., *The Best Interest of The Child: Reconciling Culture and Human Rights*, Oxford: Clarendon Press, 1994, pp.18–19.See Robert H. Mnookin, *In The Interest of Children: Advocacy, Law Reform and Public Policy*, New York: W.H.Freeman &Co, 1985, pp.17–18.

定的，这是由人们价值观的差异性造成的。“使用一种不确定的标准将导致家庭和国家之间责任分配不合理。”① 不合理的责任分配会削弱父母的力量，为他们判断哪些因素可能对子女造成侵害造成困难。即便存在可选的政策，那么法官也必须面对价值的选择。他们必须通过一种方式来决定怎样的情况构成对儿童的消极影响，怎样的情况构成对儿童的积极影响。② 据此，芒金认为，最大利益原则并不适合作为保护儿童的准则，他建议以中立的规则来代替原则，比如，要求禁止对儿童造成实质上的伤害的任何行为。儿童最大利益原则应作为能够将对儿童的伤害降低到最低程度的准则。③

自芒金之后，批判声浪接踵而来，他们之中最主要的批判依然是围绕着最大利益原则的不确定性。施奈德（Carl Schneirder）认为，实践中原则的适用主要受社会标准的影响。法恩曼（Martha Fineman）认为原则对价值观过于宽容，有些“帮助人的行业”在处理关于儿童事务的过程中往往会侵犯妇女的利益。④

---

① Robert H. Mnookin, “Child-Custody Adjudication: Judicial Functions in the Face of Indeterminacy”, *Law and Contemporary Problems*, Vol. 39, No. 3, 1975, pp. 226–293, at p.268.

② Stephen Parker, “The Best Interest of the Child: Principles and Problems”, in Philip Alston eds., *The Best Interest of The Child: Reconciling Culture and Human Rights*, Oxford: Clarendon Press, 1994, p.59.

③ John Eekelaar, “The Interest of the Child and the Child's Wishes: The Role of Dynamic Self-Determinism”, in Philip Alston eds., *The Best Interest of The Child: Reconciling Culture and Human Rights*, Oxford: Clarendon Press, 1994, pp. 45–46.

④ Stephen Parker, “The Best Interest of the Child: Principles and Problems”, in Philip Alston eds., *The Best Interest of The Child: Reconciling Culture and Human Rights*, Oxford: Clarendon Press, 1994, p.45. Carl Schneirder, “Discretion, Rules, and Law: Child Custody and the UMDA's Best-Interest Standard”, in *Michigan Law Review*, Vol. 89, No. 8, 1991, pp. 2215–2298. Martha Fineman, “Dominant Discourse, Professional Language, and Legal Change in Child Custody Decision-making”, in *Harvard Law Review*, Vol. 101, No. 4, 1988, pp. 727–774.

帕克（Stephen Parker）通过理性选择理论和规则怀疑论证明最大利益原则的不确定性。在理性选择理论中，任何一项决定都关涉一个决定性的答案，这个答案大体上要求符合以下条件："①所有的选择必须已知；②每种选择下所有可能性的后果必须已知；③每种后果发生的几率必须已知；④每种后果所带来的价值必须已知。"（Parker：1994）[①] 倘若忽略事物的两面性，那么，任何具有不同知识和信息背景的决策者，在上述任何阶段，将会对任何客观而明确的问题作出不同的决定。通常情况下，最大利益原则的不确定性是基于第四个要件，任何决定取决于其价值，但事实上，若由不同的决策者来决定极为相似的事实，其结果往往会大为不同，这是因为前三个要件也必须已知。通常，在有关离婚监护权的案件中，仅能已知第一个要件，尽管法庭已经将儿童的最大利益作为首要考虑因素，但最终的结果依旧是父亲或者母亲任一方胜诉，任何结果在当代社会不可能同时符合上述四个要件。决定什么构成儿童的最大利益似乎没有真正正确的答案，因为战略上人类社会尚未形成关于养育孩子明确、一致的意见，也没有一个能够决定最终价值观的、恰当的等级制度。[②]

其实，作为一项法律原则，儿童最大利益原则具有不确定性并不奇怪，因为任何法律原则都具有这个特性。按照批判法学的观点，法律具有不确定性，并且"不确定性"一词本身也是不确

① Stephen Parker, "The Best Interest of the Child: Principles and Problems" , in Philip Alston eds., *The Best Interest of The Child: Reconciling Culture and Human Rights*, Oxford: Clarendon Press, 1994, p.45.

② Stephen Parker, "The Best Interest of the Child: Principles and Problems" , in Philip Alston eds., *The Best Interest of The Child: Reconciling Culture and Human Rights*, Oxford: Clarendon Press, 1994, pp.29–30.

定的。[①] 不确定性体现在具体规则的选择上，[②] 以及法律推理的一般性结论中，[③] 因此，任何法律原则（legal doctrine）在任何既定的环境下，都不可能得出一个明白、正确的答案。[④] 由于对法律确定性提出挑战的规则怀疑论学者当中很多是从事司法实践的法官，如美国大法官霍姆斯、现实主义法学家弗兰克以及波斯纳等，因而怀疑主义关于法律规则实际上无用的观点似乎非常有效地影响了司法制度。19 世纪末，霍姆斯（Oliver Wendell.Holmes，1841–1935）提出法律规范和原则对判决具体案件所产生的作用是有局限性的。法律是参与诉讼活动的人对社会力量作出反应的结果。法律体系并不像数学，通过公理推算就可以得出正确的结果，事实上，人们往往无法找到精确的定量关系，也不可能得出精准的结论。因而，法律应由那些有能力、有经验的人来执行，并且当时的道德和政治理论，法官的个性及其对政策的理解等因素都会成为规则遵守的决定因素。[⑤]

20 世纪 30 年代，另一位现实主义法学家弗兰克（Jerome

---

① Stephen Parker, "The Best Interest of the Child: Principles and Problems", in Philip Alston eds., *The Best Interest of The Child: Reconcilig Culture and Human Rights*, Oxford: Clarendon Press, 1994, p. 31. See Joseph William Singer, "The Player and Cards: Nihilism and Legal Theory", in *The Yale Law Journal*, Vol. 94, No. 1, 1984, pp. 1–70.

② Girardeau A. Spann, "Deconstructing the Legislative Veto", in *Minnesota Law Review*, Vol.68, pp.473–544.

③ Duncan Kennedy, "Legal Formality", *Journal of Legal Studies*, Vol. 2, No. 2, pp.351–398.

④ Saul Kripke, *Wittgensteinian on Rules and Private Language*, Oxford, Blackwell, 1982.See Stephen Parker, "The Best Interest of the Child: Principles and Problems", in Philip Alston eds., *The Best Interest of The Child: Reconciling Culture and Human Rights*, Oxford: Clarendon Press, 1994, p. 31.

⑤ Oliver Wendell.Holmes, JR., *The Common Law*, ED.M.Howe, Boston: Little Brown,（1881）1963, p.5, p.32. 祝爱珍：《霍姆斯的现实主义法学思想——从"法律的生命不是逻辑，而是经验"谈起》，载《宁德师专学报（哲学社会科学版）》2007 年第 3 期。

Frank，1889–1957）在《法与时代精神》中提出法律规则具有时效性、变化性和主观性的观点，并强调了法的不确定性以及规则怀疑主义。弗兰克认为，人们对法律的准确性和预见性的期望过高，人们通常认为的稳定的、确定的法律实际上是非理性的，因而人们对法原本的追求有些不切实际，但同时又忽略了法的不确定性本身也具有一定的社会价值。[①]后来，波斯纳（Richard Allen Posner，1939–）用经济学方法论证法律的不确定性问题。他认为，法官的直觉、价值观、个人偏好和政治取向对案件的裁决都起到决定作用。历史上无数重要的法律问题，特别是那些里程碑式的和原创式的判例，都不是通过既定的法律推理得出的。当法律推理无法解决现有的问题，法官就不得不寻求一种能够令自己的道德良知和他人认为正确和满意的方式来解答法律问题，这时的答案是不确定的。[②]

帕克在证明儿童最大利益原则不确定性的过程中，特别介绍了维特根斯坦（Ludwig Wittgenstein，1889~1951）和克里普克（Saul Aaron Kripke）的规则怀疑论：维特根斯坦在创作后期认为，规则遵循与私人语言等密切相关，而对规则遵循问题的各种解释关系到实在论与反实在论。继维特根斯坦之后，美国哲学家克里普克（Saul Aaron Kripke）对这一问题做了进一步研究，在其作品《维特根斯坦论规则和私人语言》中，他以加法运算规则为例对规则遵循悖论进行解读，进而提出了一种怀疑论解决方式。帕克认为，尽管克里普克和维特根斯坦讨论的是数学规则，但却同样精确地适用于其他种类的规则，比如语言规则。帕克认为，倘若克里普克论证成立，那么遵守规则学说和观念便成了人们美好的期望和幻影，并且按照维特根斯坦的理论，人们意图通过语言来传达信

① 参见付池斌：《现实主义法学》，法制出版社 2005 年版，第 171–172 页。

② ［美］波斯纳：《法理学问题》，苏力译，中国政法大学出版社 2002 年版。

息、表达预期结果的能力也丧失了依据。①

我们应当承认规则怀疑主义的观点，但也不是说规则毫无确定性而言。帕克认为在立场分明、情节简单的情形下，总有一些规则能够被人们正确应用，比如，当一种情况符合规则使用的条件，而其他情况却超出了规则适用的范围，那么按照规则得出一个正确答案不是一件复杂的事。哈特（H.L.A. Hart，1907–1992）从语义分析学的角度指出，命题以及每字每句在一定范围内都指向明确的含义，法律规则只有特定的范围内才具有较高的确定性。任何用来传递行为标准的工具，如判例或立法，无论它们如何顺利地适用于大多数案件，但都会在某处存在适用上的问题，这就是不确定性的表现，而法律规则的适用也因此具有"空缺结构"（open texture）的特征。如果人们试图废止自由裁量权，希望根据规则预知准确的结果，就会陷入困境，这是因为人们对事物的相对无知，以及对目的的相对不确定。由于语言和规则的空缺结构，法官的裁量权和创建新规范的权利也具有了正当性。②

法律规则的意义在于限制法官的自由裁量权，而不是制定

---

① Stephen Parker, "The Best Interest of the Child: Principles and Problems", in Philip Alston eds., *The Best Interest of The Child: Reconciling Culture and Human Rights*, Oxford: Clarendon Press, 1994, pp. 32–33. 另参见［英］维特根斯坦：《哲学研究》（*Philosophical Investigations*），韩林合译，商务印书馆 2013 年版。克里普克的规则怀疑论大致如下："运算中的'意向'可以理解为一种派生的意向。运算者使'plus'（加）这个词和'+'这个符号指谓数学函项'加法'，'plus'（加）和'+'是被用来指谓加法，这个词语和符号体现的意义来自运算者内在的意向，因而它的意义是派生的。怀疑论者在质疑究竟是什么规则使'125'成为'68+57'这个加法的结果时，指出：或许在计算比 57 小的数时，'plus'和'+'是指谓函项'quus'，这种以'quus'作为规则进行运算的意向也是派生的。并且，根据对'quus'的定义，'68+57'可以等于'5'而不是'125'，这表明语词和符号所表达的语义规则并非源自其内在的意向性，而只具有行为主体派生的意向，并且它依赖于使用者和观察者的意向，因而怀疑论者会质疑是否可以由其他的规则如'quus'来代替加法。"

② 参见［英］哈特：《法律的概念》，张文显、郑成良、杜景义、宋金娜译，中国大百科出版社 1996 年版，第 126–128 页。

法官的自由裁量权。从逻辑上讲，一般一个行动不可适用于不同的规则，但实际中，同一行动却很可能适用不同的规则，此时，法官的职责在于排除这些不合理或不一致的因素。由于用以指导法官决定适用哪一种规则的确定的方法并不存在，这就引起了人们对法官自由裁量权的怀疑。尤其是在普通法国家，普通法就是法官制定规则的集中体现，法官是法律规则的制定者，也是其废除者，这种法律体系与存在争议的、含义不明的法条解释相关。[①]

此外，法律规则不确定有时也是因其无法适应社会价值变化的特性导致的，这体现在法律规则语言的落伍以及含糊不明等方面。尽管随着社会的不断发展，法律往往会不断地推陈出新，但没有那部法律或者哪个规则可以代表所有人的权利、自由以及对社会福利要求。应该说，不确定的不是法律规则，而是价值理念。比如，美国早在1787年宪法中就有关于正当程序的规定，此后又不断出台多部修正案，如今正当程序已经成为国际公认的司法准则，但又有哪一部文献曾经把正当程序的概念和含义完全解释清楚呢？[②]儿童最大利益原则早在19世纪英美法离婚监护案件中就已出现，如今这一原则含义早已不同于它最初的概念，而人们对这一原则概念也仍在探索过程当中。近几十年，人们对儿童最大利益原则内涵的界定已经更加广泛，这一原则已经开始适用于

① 参见［美］波斯纳：《法理学问题》，苏力译，中国政法大学出版社2002年版。

② 沈宗灵：《现代西方法理学》，北京大学出版社1992年版，第330页。

胎儿的生命权①、人造婴孩②、母乳喂养③，变性父/母家庭④、同性父母家庭⑤、移民法律和程序⑥、儿童意愿与医疗决定⑦、体罚与儿童的尊严⑧等相关问题的讨论与解决之中。

既然法律规则的不确定性是与生俱来的，儿童最大利益原则的这一特性也不能例外，所以这一原则如何执行实施很大程度上取决于法官。那么，法官的主观因素与规则遵循之间存在怎样的联系，减少儿童最大利益原则不确定程度的关键在于什么呢？

爱尔兰哲学家佩迪特（Philip Noel Pettit）对克里普克函数标本研究得出的结论作出了回应。他认为，特定的规则执行者面对克里普克具有局限性的函数标本，仅仅会认定唯一的规则。因为具有局限性的标本会使规则执行者在主观上产生一种意向

---

① David N. Cornfield, Jeffrey P. Kahn, "Decisions about Life-sustaining Measures in Children: in Whose Best Interests?" , in *Acta Paediatr*, Vol.101, No.4, 2012, pp.333–336.

② Claire Breen, "Poles apart? The Best Interests of The Child and Assisted Reproduction in The Antipodes and Europe" , in *The International Journal of Children s Rights*, Vol.9, Iss.2, 2001.pp.157–180.

③ Linda Sweet and Charmaine Power, "Family Law as a Determinant of Child Health and Welfare: Shared Parenting, Breastfeeding and The Best Interests of The Child" , in *Health Sociology Review*, Vol. 18 Issue 1, 2009, pp.108–118.

④ KariJ. Carter, "The Best Interest Test and Child Custody: Why Transgender Should Not Be a Factor in Custody Determinations" , in *Health Matrix Clevel*, Vol.16, No.1, 2006, pp.209–236.

⑤ Daniel Rivers, " 'In The Best Interests of The Child' : Lesbian and Gay Parenting Custody Cases" , in *Journal of Social History*, Vol.43, No.4, 2010, pp.917–943.

⑥ Bridgette A. Carr, "Incorporating a 'Best Interests of the Child' Approach Into Immigration Law and Procedure" , in *Yale Human Rights and Development Law Journal*, Sping, 2009.pp.120–159.

⑦ See Sarah Elliston, *The Best Interests of the Child in Healthcare*, New York: Taylor & Francis e-Library, 2007. Julia Fionda, ed., *Legal Concepts of Childhood*. Oxford: Hart, 2001.

⑧ Micheal Freeman, "Upholding The Dignity and The Brest Interest of Children: International Law and Corporal Punishment of Children" , *Law and Contemporary Problems*, Vol.73, 2010 Spring. pp.211–251.

（inclination），无论规则执行者是否意识到这个意向的存在或其产生的过程，它实际上对规则执行者产生了作用，而规则的执行者可能仅仅意识到对其中某种规则治理（rule-governed）的回应，在已知的条件下是恰当的。意向使得人们对某种规则作出选择，使遵循规则在一般条件下成为人们频繁相互作用的行为。法律具有示范规则相互作用的特质，通过既成法律传统的训练，法院的程序、法官对以往判例见解的忠诚信念、统治阶级、当局、律师，通过遵守规则进行互动或持续对抗。

佩迪特特别强调人们频繁互动并遵循规则的过程必须在“一般条件”下，并且“一般条件”是难以把握的。由于这个原因，人们即便通过互动选择并遵守了同一规则，也会产生不同的结果。佩迪特认为人们对于儿童最大利益原则适用的一般条件的主观理解过于片面，不但站不住脚而且又太过具体。比如儿童最大利益原则适用之初，人们认为妇女私通极为不道德，且败坏世风。1815 年的 Commonwealth v.Addicks 案中，[①] 尽管年幼的孩子并不能洞悉人格操守以及与社会保持一致的重要性，但法官们还是普遍认为，孩子与这样的母亲一起生活，不是儿童最大利益的选择。这个已然达成共识的论断显得有些盲目，不少学者强烈反对将抚养权作为惩罚婚姻关系中有过错的一方的做法。时至今日，夫妻任一方是否在婚姻关系存续期间另有私情而导致婚姻关系破裂，已经很少作为儿童最大利益的考量标准。

帕克还举了另一个例子：假设有两起来自不同国家的抚养权的纠纷，基因构成、性格、修养和能力这些相关方面的条件基本相同，两个案子的决策者一致认为上述每一方面对于一个人的幸福都具有同等重要的价值，并且他们相信幸福是通过最大限度发挥一个人的内在价值才能达到的。这两个案子的区别在

① *5 Binn. 520（Pa. 1815）.*

于其广泛的社会特征。假定，在第一个案子中，一个孩子的预期寿命很短，这个孩子唯一的需要的就是安静地度过生命的最后阶段，对未来无需过度筹划；而另一个案子中，孩子的生命预期要长得多，通过时间和金钱的投资，使其受到良好的教育才是其真正所需。法官对这两起案子的裁决应当会不同。在第一个案子中，必须有充分的证据证明对短期幸福的考虑，孩子所及机会以外的训练会通过给她 / 他带来挫败感而产生不幸。在第二个案子中，由于有充足的时间，将孩子的满足感延迟更具有正当性，对于这个孩子来讲在成长过程中积累知识、能力和智慧来获得未来更好的发展机会更符合他 / 她的长远利益。帕克认为两位决策者所面临的不同在于，在他们看来，什么才是符合儿童最大利益原则的一般条件。①

如果将"一般条件"的限定减少，将眼光置于更宏观的层面，产生的不同结果会更为多样，同时，儿童最大利益原则所能发挥的作用就更为有限。当强势的政治因素作用于家庭自治和国家监护时，父母们可能会强烈反对父母以外的人介入家庭事务，而法院也不愿偏倚倾向于父母权利的法律推定。除此之外，身处不同的社会和文化之中，人们对于一些基本问题或事物的看法也会有所不同。比如，社会、家庭和个人应当如何对待和看待男孩和女孩，如何培养、教育他们才能使他们获得真正的幸福？利益、幸福的标准又是什么呢？在中国古代，男耕女织是一种既实际又浪漫的分工，而且"女子无才便是德"，对女孩最好的培养就是教会她们妇德、妇言、妇行，再缠上"三寸金莲"，就符合"最大利益"了。而男孩自幼便身负家族兴衰的重任，在中国，贵族等

---

① Stephen Parker, "The Best Interest of the Child: Principles and Problems" , in Philip Alston eds., *The Best Interest of The Child: Reconciling Culture and Human Rights*, Oxford: Clarendon Press, 1994, pp. 32–33.

级身份不似欧洲社会那般难以逾越，各个阶层的男子可以通过科举成为受人尊重的士族大夫，家族对于男孩最好的培养便是教导他们饱读诗书、端正品性、磨砺意志。时至今日，人们对子女的养育方式也是莫衷一是。比如，民间有“男孩粗养，女孩富养”的说法，但也有人认为现代社会男女平等，男女成人后面对同样的竞争，因而鼓励女孩经受与男孩同样的磨砺和锻炼，以期她们在社会竞争中同男子一样具备潜能和实力，在工作和生活中受到同等的尊重。事实上，每个人的个性不同，也许对于一个人来讲是幸福的结局，对另一个人而言可能就是不幸。而这些都属于“一般条件”的范畴，它所涉及的因素越复杂，人们（包括裁决者与被裁决者以及国家与社会民众）达成共识的可能性就越小，儿童最大利益原则发挥的功能作用就越有限。①

价值观在规则遵守的过程中起到了重要作用，在西方国家，原本一致的意见可以因不同的价值观而分崩离析，如个性（individuality）与因循守旧（conformism）、物质成就和个人满足、性别差异等，这些价值观的相对性会妨碍规则的实施、解释和推定。② 儿童最大利益原则的形成过程中，英国法官往往在对普通法传统的忠诚与保护儿童利益的道德良知面前进退两难，实质上早就放弃了指导儿童最大利益适用的规则。这也可以看作是其社会中一种价值等级的瓦解。价值观对于法律管辖的决定具有重要意义，而正义是一个宽泛的结合点。对正义宽泛而丰富的理解可以满足儿童最大利益标准不同的解释和适用，即便是在不同的地

---

① See Stephen Parker, “The Best Interest of the Child: Principles and Problems” , in Philip Alston eds., *The Best Interest of The Child: Reconciling Culture and Human Rights*, Oxford: Clarendon Press, 1994, p.34.

② See Stephen Parker, “The Best Interest of the Child: Principles and Problems” , in Philip Alston eds., *The Best Interest of The Child: Reconciling Culture and Human Rights*, Oxford: Clarendon Press, 1994, p.34.

方习俗和社会文化中。

(三)文化多样性问题

除了规则的不确定性外，文化多样性也是造成人权多样性的重要因素。[①]一般而言，根据人权原则确立一个标准，比如禁止酷刑、信仰自由等，会帮助人们在不同的价值和文化背景下为权利的概念理解达成一致，但实际情况中的复杂程度远远超出这个良好愿望。儿童权利领域也是这样。

在一些情况下，当儿童受到父母抚养、照顾的权利与其宗教信仰或者教育权利发生冲突时，儿童最大利益原则可以发挥调解作用，在一定程度上将儿童与其父母分离，来保证儿童获得教育机会，从而在最大限度上满足该儿童的利益需求。但同时，这项原则作用的发挥，很大程度上取决于相关文化对其采纳和执行的程度，社会的文化传统不可能总是允许这一原则扮演裁断者的角色。在文化差异性的背景下，可以借鉴1950年《欧洲保护人权与基本自由公约》(简称《欧洲人权公约》)下文化所扮演的角色。在《欧洲人权公约》下，文化因素被推定为法理发展中概念性的审酌标准。文化的概念应当从普遍性的角度来看待，不仅仅在解释非西方文化因素的场景下才适用，这样的审酌标准，在《欧洲人权公约》中无处不在，并在后来有关的理论学说中以及欧洲委员会和欧洲人权法院的工作和审判工作中发展。欧洲委员会和欧洲人权法院往往允许国内政府在适用《欧洲人权公约》时，在文化方面保留适量的自由裁量权。文化在欧洲的人权监督机制中是具有重要地位的审酌因素，欧洲人权法院将有关文化因素纳入权

① 参见[美]米尔恩:《人的权利与人的多样性——人权哲学问题》，夏勇、张志铭译，中国大百科出版社1993年版。

利的考虑，以此决定多种权利的实际范围。①

文化作为一个要素不能被排除在人权的方程式外，但它也不能用作捏造权利。②事实上，还有很多文化习惯，按照人权标准，即使可以调和，也很难被接受。比如，非洲一些地区对女童实施的割礼，是凭借文化传统之名。再如，法国女权主义作家西蒙娜·德·波伏娃（Simone de Beauvoir）《第二性》（*Le Deuxième Sexe*）③中提到的关于法国大革命之前女性与男性的严重不平等的地位与状态，也是归结为社会文化和历史传统。其实，男女的不平等以及妇女权利被公然侵犯、忽视，是一种世界范围的、历史性的“文化传统”。④怎么能够假借尊重和维护文化传统之名，使践踏人权和儿童权利的“文化”合理化、合法化呢？

儿童最大利益原则正是要将文化传统中与儿童权利标准相悖的因素排除在外，尽管这个利益价值的权衡是复杂的、难以把握的。比如，加拿大政府在1870年至1970年间推行同化政策，100年间，大约15万5岁至16岁的土著儿童被迫离开父母，前往远离土著保留地的寄宿学校接受教育。这些土著儿童分别来自第一民族、因纽特人和米提人部落。第一民族原称印第安人，米提人则是4个土著部落居民和源自法国、苏格兰和英格兰的白人通婚生下的后代。尽管加拿大司法部表达了一种稳定长期的价值取向：以自然、必要和合法的方式，理解并安置那些离开家庭和

---

① Philip Alston, “The Best Interest Priciple: Towards a Reconciliation of Culture and Human Rights”, inPhilip Alston eds., *The Best Interest of The Child: Reconciling Culture and Human Rights*, Oxford: Clarendon Press, 1994. pp.19-20.

② Philip Alston, “The Best Interest Priciple: Towards a Reconciliation of Culture and Human Rights”, inPhilip Alston eds., *The Best Interest of The Child: Reconciling Culture and Human Rights*, Oxford: Clarendon Press, 1994. pp.19-20.

③ ［法］西蒙娜·德·波伏娃：《第二性》，陶铁柱译，中国书籍出版社1998年版。

④ 参见［英］玛格丽特·沃特兹（Margaret Walters）：《女权主义简史》，朱刚、麻晓蓉译，外语教学与研究出版社2008年版。

部落的土著儿童（First Nations' children），[①] 而不要采取强制和危险的方式。但是事实上，寄宿学校当时由教会开办，受到政府资助，在寄宿学校，土著儿童不仅不能讲本民族语言，还有很多人身心受到虐待，甚至遭到性侵害。除此之外，他们受到的教育将他们同自己的家庭、部落割裂开来，令他们为身为土著人感到羞耻。[②] 由此可见，尽管在理论上，文化因素的考虑必须为人权标准让步，但在实践中，人权标准如何被国内政府和司法机构正确而妥当地把握，这才是问题的关键所在。

二、围绕“最大利益”的争论与诘问

（一）何谓“最大利益”？

儿童权利委员会并没有给“最大利益”下一个明确的定义，为避免空泛蹈虚，几十年来，联合国儿童权利委员会及各国学者作出了种种努力。弗里曼从以下几个方面作出了相对细致的解析：[③]

1. 最大利益是个体利益，还是群体利益?

一种观点认为，要区分儿童作为个体的最大利益与作为群体的最大利益。儿童权利委员会在第七号一般性意见中强调了区分儿童个体和群体利益的决策程序的重要性。作为个体儿童的利益，主要关乎与儿童的照料、健康、教育等相关的决策，以及

---

① 第一民族（First Nations），是一个加拿大的种族名称，与印第安人（Indian）同义，指的是在现今加拿大境内的北美洲原住民及其后裔，不包括因努伊特人和梅提斯人。第一民族、因努伊特人和梅提斯人的总称，是原住民（Aboriginal peoples, First peoples, or Indigenous peoples）。在加拿大，原住民的国家级代议机构是第一民族议会（Assembly of First Nations）。

② 《加拿大百年迫使15万儿童离开父母，政府为此道歉》，搜狐网新闻：http://news.sohu.com/20080613/n257461741.shtml，访问于2011年11月10日。

③ Michael Freeman, *A Commentary on the United Nations Convention on the Rights of the Child: Article 3 The Best Interest of The Child*, Leiden: Martinus Nijhoff, 2007.

父母、专业人员和其他照顾儿童者作出的决定；缔约国确保儿童在诉讼中都能有代表其利益的代理人协助其行使权利，并且确保儿童的意见被倾听、被充分尊重。一个儿童群体的最大利益，主要关涉到影响到儿童的法律和政策，行政、司法以及服务的提供。这既包括直接影响到儿童的卫生保健服务、幼儿看护服务以及学校教育等，也包括间接影响到儿童的环境、住房等政策与行动。①

实际上，这不仅仅是决策程序问题，更多涉及个人主义与集体主义的价值观问题。国际人权法下儿童的概念究竟是完全的个人主义，还是集体主义居于主导？奥斯顿（Philip Alston）认为，儿童最大利益原则应被视为保护个人权利的标准，因为个人标准可以明确且完美地体现该项原则的重要性，并且不会被集体主义的主张所颠覆，但最终，集体主义还是会与个人权利相融合。②对此，帕克（Stephen Parker）持另一种观点，认为尽管有关最大利益规范模式的差异性相当明显，但其本身的含义却不似那么迥异。正因为儿童最大利益原则不确定性的表述形式，儿童的角色在那些弱势的规范模式中被卓有成效地改变了。在那些以儿童最大利益为首要的文本中，作为个体的儿童是被关注的重点，并且他/她被置于客体地位。《儿童权利公约》第3条第1款并未明确将儿童视为一个受益的群体，还是独立的个人。其条款表述兼具个人主义和集体主义，没有任何对个人权利的强调（相较于集体权利）。尽管法庭往往对作为个体儿童的权利和利益作出裁决，但其他决策者，如公私社会福利机构、行政当局以及立法机构却也经常对作为一个群体的儿童做出决定。比如，如何分配教育资

① CRC/C/GC/7/Rev.1（2006）, para.13.

② Philip Alston, "The Best InterestPriciple: Towards a Reconciliation of Culture and Human Rights", in Philip Alston eds., *The Best Interest of The Child: Reconciling Culture and Human Rights*, Oxford: Clarendon Press, 1994, p.21.

源可说是一个例证，在埃及，决定缩短学时，是为了节省宝贵的资源，让更多的儿童受教育。但倘若决定延长学时，却又可以使在教育系统中受教育的孩子获得更多益处。① 如果《儿童权利公约》第 3 条第 1 款如同其他家庭法专注于儿童个体的权利的规定，那么上述有关埃及教育资源分配的问题将无从解决。②

笔者以为，最大利益原则究竟是个人主义概念，还是集体主义概念，取决于适用的具体场景。对于法官来讲，多数情况这一原则的适用是个人主义概念；但对于政府机构来讲，官员们在制定方针时，考虑到的多是作为集体概念的儿童群体。不同的主体所面对的儿童事务不同，在千变万化的场景中，个人主义与集体主义的儿童观并不足以在现实中引起普遍争议。我们唯一能够确定的是在任何情况下，最大限度地作出对儿童最有利的选择。

2. 最大利益是基本利益，还是全部利益？

一种观点认为，儿童最大利益就是儿童的基本利益。伊克莱（John Eekelaar）认为，儿童最大利益可以界定为基本利益，比如生理、情感和精神上的关照、发展的利益，在步入成年的过程中尽量避免一切消极因素、自治的利益，特别是选择他们自己生活方式的自由。③

另一种观点认为，从《儿童权利公约》的实施需要看，儿童最大利益应当是儿童的全部利益。沃尔夫（Joachim Wolf）认为，

---

① 有关埃及教育资源分配的论述，请参见 Adel Azer, "Modalities of the Best Interests Principle in Education", in Philip Alston eds., *The Best Interest of The Child: Reconciling Culture and Human Rights*, Oxford: Clarendon Press, 1994, pp. 227–258.

② Stephen Parker, "The Best Interest of the Child: Principles and Problems", in Philip Alston eds., *The Best Interest of The Child: Reconciling Culture and Human Rights*, Oxford: Clarendon Press, 1994, p. 28.

③ John Eekelaar, "The Importance of Thinking That Children Have Rights', *International Journal of Law and the Family*, Vol.6, Iss.1, 1992.pp.221–235, at pp.230–231.

《儿童权利公约》第3条有关最大利益的条款是从一般的意义上表述儿童的最大利益的。尽管这一标准具有灵活性的特点，并扩大了立法机关任意作为的范围，但我们在解读什么是儿童的最大利益时，要根据1959年《儿童权利宣言》原则二，据此，儿童的最大利益是指，能够使儿童在健康和正常的状态下，增加发展身体、心智、道德、精神和社会方面的机会和便利；再结合《儿童权利公约》第3条所指的“最大利益”“涉及儿童的所有行动”。这样的标准，几乎囊括了儿童的全部权利，也意味着国家处理涉及儿童事务的问题中的全部义务。[①]

3. 最大利益是短期利益，还是长远利益？

儿童的当前利益（短期利益）与根本利益（长远利益）也有区别。如芒金所言，一个人在七岁到十岁感到幸福的条件，可能会对三十岁的他/她产生相反的后果。法官是否应该自问怎样的裁决会使孩子在下一年感到幸福？或者在三十岁、七十岁依然感到幸福？法官是否应该考虑怎样的裁决会使孩子长大成人后感到这就是他/她心中所愿？在这样的情况下，法官将如何比较断定在一个年龄阶段的幸福和在另一年龄阶段的幸福呢？[②]这是一个依照个人主观经验难以胜任的工作。

（二）如何裁定最大利益？

1. 最大利益是确定的，还是不确定的？

如本书第三章所述，有一种较有影响的观点认为，儿童最大利益具有主观性、不确定性，可以说，因时因地而异，因事因人

① 王雪梅：《儿童权利保护的“最佳利益原则”研究（上）》，载《环球法律评论》2002冬季号，第494–495页。

② Robert H. Mnookin, “Child-Custody Adjudication: Judicial Functions in the Face of Indeterminacy”, in *Law and Contemporary Problems*, Vol. 39, No. 3, 1975, pp. 226–293.at p.260.

而别。

弗里曼（Micheal Freeman）认为，儿童最大利益是不确定的，界定什么是最大利益取决于不同的理解和概念。不同的社会、不同的历史时期，人们对什么是儿童最大利益的理解也不尽相同。即便在现代社会，不同的文化背景下，人们对儿童的最大利益的界定各有其是。① 儿童的最大利益，对于贫困不堪或者无家可归的孩子来讲，可以是一种物质需求；对于离婚家庭来讲，可以是精神健康、情感保障或者是发展的机会；对于跨国收养的孩子来讲，可以是道德信仰的和谐。在一些情况下，忽视宗教教义便侵犯了儿童的最大利益；在另一些情况下，儿童的最大利益便是要求保护孩子远离色情、暴力、酒精、毒品以及赌博等不良影响。那么，同性恋的影响是否也算作儿童利益的不良因素？考虑到儿童可能会受到与社会主流观点相悖的有关同性恋“污名”的影响、以及可能受到同性恋思想的感染，早期，一些西方国家的判例明确裁断，在同性恋家庭中成长不符合儿童的最大利益。② 还比如教育。一般而言，教育肯定是符合儿童的最大利益，但是教育是否被限定在学校进行？如果父母坚持在家中教育孩子，是否剥夺了孩子与其他孩子交流、互动的机会？这是否算作对儿童最大利益的侵犯？③ 在这些情形下，如何界定什么是儿童的最大利益取决于立法政策或者裁决者更偏重于儿童福利的哪个层面，因而解

---

① Micheal Freeman, *A Commentary on the United Nations Convention on the Rights of the Child: Article 3 The Best Interest of The Child*, Leiden: Martinus Nijhoff, 2007, p.27. 参见本文第二章有关内容。

② Stephen F. Morin, Stephen J. Schultz, "The Gay Movement and the Rights of Children", in *Journal of Social Issues*, Volume 34, Iss.2, 1978, pp.137–148.

③ Re O [1992] 2 FLR 7. Micheal Freeman, *A Commentary on the United Nations Convention on the Rights of the Child: Article 3 The Best Interest of The Child*, Leiden: Martinus Nijhoff, 2007, p.28.

读儿童最大利益是一个价值观问题，它充满主观性。[①]

弗里曼教授还阐述了影响儿童最大利益认定的若干价值因素。首要的价值因素是宗教信仰和文化传统。英国发生过这样一起案子：信仰基督教的母亲和信仰穆斯林教的父亲，就是否应当给 5 岁的孩子施以割礼的事项提起了诉讼。[②]英国上诉法院（The English Court of Appeal）认为，违背孩子主要抚养者，即信仰基督教的母亲的意愿，对孩子施以割礼，不符合孩子的最大利益。[③]这样一来，尽管我们并不知道孩子长大后是否会意愿皈依穆斯林教，但从法院的判决可以看出，主要抚养者的信仰趋向很大程度上决定了孩子的利益。[④]

2. 裁断最大利益是理论问题，还是实践问题?

从以上讨论可以看到，对最大利益的确存在多元多维的理解，但是，这并不意味着最大利益是完全不确定的、无客观标准可循的。笔者以为，确定与不确定、客观与主观，本身都是具有相对性的概念，我们不妨从两个方面来观察这种相对的确定性、客观性。

裁定何为最大利益，与其说是一个理论问题，不如说是一个实践问题，取决于政府决策和司法裁判的实际过程中不同价值、不同利益的博弈。

在更多情况下，什么是儿童的最大利益是无法用理论学说囊括全部的，辨别什么是儿童最大利益的过程不仅是裁断抚养权的过程，也是一场纠纷解决的过程，儿童的最大利益也往往不是唯

---

① John. Elster, "Solomonic Judgements: Against the Best Interests of the Child" , in *University of Chicago Law Review*, Vol. 54, No. 1, 1987, pp. 1–45.

② *Re J*[2000] 1 FLR 571; *Re S*[2005] 1 FLR 236.

③ *Re J*[2000] 1 FLR 574.

④ Micheal Freeman, *A Commentary on the United Nations Convention on the Rights of the Child: Article 3 The Best Interest of The Child*, Leiden: Martinus Nijhoff, 2007, pp.2–3.

一的决定因素，而仅是一个主要的因素。对此，弗里曼先生举了很多例子，特别是那些关于医疗的决定：[①] 比如，医生与父母总为是否给孩子注射麻疹、风疹、腮腺炎疫苗而争执不休，而最为相关且最为脆弱的后果承担者却是孩子。[②] 感染艾滋病毒的母亲是否有权阻止新生婴儿做艾滋病毒检查，感染艾滋病毒的母亲是否有权母乳喂养婴孩？[③] 再如，尽管在所有的医学判断表明移植可行的情况下，父母是否有权拒绝接受医生为孩子进行器官移植的手术。[④] 英国的判例法告诉人们，在上述情况下，母乳喂养母亲的权利宣告无效，而父母决定是否为孩子进行器官移植的权利却依然受到法庭的保护。英国家事法庭主席（President of the Family Division in England）指出，生命的延续并不是司法的全部宗旨。其他考虑因素也许并不是儿童的最大利益，但该儿童的最大利益要求其未来的治疗由其父母亲力亲为，因而其手术进行与否的决定也应当由其父母来作出。[⑤]

《儿童权利公约》第 3 条第 1 款关于最大利益的规定，以及这一原则与后文中各项具体条款的关系并不明确，因为无论从现实，还是理论上来讲，强调儿童利益重于他人利益，或者对《儿童权利公约》规定以外的价值不留任何考虑的余地是不可行，也是没有依据的。[⑥] 比如，宗教信仰和儿童的利益相比，孰轻孰重，这毫无疑问地是个充满争议的问题。[⑦] 儿童的最大利益在多数情

---

① Micheal Freeman, *A Commentary on the United Nations Convention on the Rights of the Child: Article 3 The Best Interest of The Child*, Leiden: Martinus Nijhoff, 2007, p.3.

② *Re C*[2003]2 FLR 1054, 1095.

③ *Re C*（*HIV Test*）[1999]2 FLR 1004.

④ *Re T*[1997]1 FLR 502.

⑤ *Re T*[1997]1 FLR 512.

⑥ 以下引自 Micheal Freeman, *A Commentary on the United Nations Convention on the Rights of the Child: Article 3 The Best Interest of The Child*, Leiden: Martinus Nijhoff, 2007, p.3.

⑦ Eva Brems, "Right Above Their Heads: The Headscarf Controversy and Children's Rights", in *International Journal of Children's Rights*, Vol.14, Iss.2, 2006.pp.119-136.

况下可以被解释为超越其他因素的考虑，但同时也有一些无可避免的情形，如社会将采取措施抵制违法少年的犯罪行为，这些措施多不是首先从儿童最大利益的角度出发。① 那么，儿童的最大利益在国际法中究竟处于怎样的地位？它是不是居于次要的位置，并且仅仅算是一项公共政策呢？②

（三）由谁认定最大利益？

1. 最大利益是成人说了算，还是儿童说了算？

倘若儿童和成人在对于什么是儿童的最大利益这一问题上无法达成一致，将会怎样？倘若成人无视孩子们的声音，将会怎样？

这里应当注意的，是《儿童权利公约》第 12 条第 1 款中规定的尊重儿童意见的原则。瑞典人权外交官托马斯·海莫堡（Thomas Hammarberg）曾指出，为了解什么是某个儿童或某些儿童的真实利益，听取有能力形成自己意见的儿童的真实想法是“唯一合乎逻辑的做法”。这一原则被一些学者归结为参与要素或参与权。③ 不过，《儿童权利公约》第 3 条第 1 款下的儿童最大利益原则与第 12 条第 1 款所强调的儿童参与权结合起来考虑，依然疑点重重，这实际上涉及对儿童权利的保护和限制，涉及儿童自治与其他因素的矛盾与平衡。④

伊克莱（John Eekelaar）是儿童能动自治论的倡导者，他认为允许孩子为自己做决定，并允许孩子犯错误，给孩子最大限度

---

① Thompson and Venables Case（1993）, Micheal Freeman, *The Moral Status of Children*, The Hague: Martinus Nijhoff, 1997, p.12.

② Geraldine Van Bueren, *The International Law on the Rights of the Child*, The Hague: Martinus Nijhoff, 1998. p.48.

③ ［瑞典］托马斯·海莫堡：《儿童》，载 A. 艾德、C. 克洛斯、A. 罗萨斯主编：《经济、社会和文化权利教程（修订第二版）》，四川人民出版社 2004 年版，第 292 页。

④ U.N. Doc.CRC/GC/2003/5, para.45.

的机会来追求生活，帮助他们找到步入成年的途径，是最为切实可行的自主选择。① 莫罗（Virginia Morrow）解释道，这并不是要求人们对儿童的决定和言语唯命是从，而是允许儿童在其可控条件之内做出决定，意在增强儿童的能力，帮助他们作出明智的选择。② 保护儿童权利，特别是对儿童最大利益的承诺，不是要儿童在短期内作出具有风险的选择，而是要培养他们具有长期效应的自治潜能。③

弗里曼并没有一味地大力提倡儿童自治，而是运用辩证的方法，论证儿童的自由自主权利应当建立在一些具有依据的限制之上。儿童最大利益原则可以成为一个最好的依据。反过来，儿童对自治权利的享有也是儿童最大利益原则重要的组成部分。这种互为依据、互相关联的关系，使得人们对儿童自主权利的限制在道德的层面上充满矛盾。他举了下面的例子：

> “尽管每个人都允许有犯错误的机会，但在一些极端情形下，比如：患有厌食症的少年拒绝接受治疗；④ 或者耶和华的见证者（Jehovah's Witness）需要输血，却因为信仰而拒绝接受治疗；⑤ 再如有的少女急需进行心脏移植手术，但她却陷

---

① John Eekelaar, “The Interests of The Child and the Child's Wishes: the Role of Dynamic Self-Determinism” , in *International Journal of Law, Policy and The Family*, Vcl. 8, no. 1, 1994.pp. 42–61, at p.42, 53.

② Virginia Morrow, “We Are People Too: Children's and Young People's Perspectives on Children's Rights and Decision Making in England” , in *International Journal of Children's Rights*, Vol.7, Iss.2, 1999.pp.149–170, at p, 166.

③ Jane Fortin, “Children's Rights: Are the Courts Now Taking Them More Seriously?” , in *King's College Law Journal*, Vol.15, 2004.pp.253–272, at p. 259.

④ *Re W*（1993）Fam 64 and *Re C*（1997）2 FLR 180.

⑤ *Re E*（1993）1 FLR 386, *Re L*（1998）2 FLR 810, *Re P*（2004）2 FLR 1117. See Micheal Freeman, “Rethinking *Gillick*” , 13 *International Journal of Children's Rights*, Vol.13, iss.1–2, 2005.pp.201–218.

入了戏剧的幻想中，宁愿与自己的心脏一同面对死亡，也不愿借助别人的心脏活下去。[①]在这样的情况下，我们是否还要坚持他们的能动自治呢？如果这些少年少女因为坚持而厌食，因为拒绝治疗而丧失活着的机会，那么他们的利益又从何谈起呢？”[②]

总之，从技术层面上看，尊重儿童意见的这一原则在实践中很难把握，几乎没有哪个缔约国提出一个综合方法来实施这一影响儿童重大利益的原则，多数国家仅仅简单规定了儿童到了某个法定年龄，有权对影响自己未来生活的某种权利或利益事项形成可供法官参考的意见。

2. 最大利益是自由权，还是福利权？

最大利益由谁说了算，从某种角度看，也是一个关于权利性质的问题。如前所述，既然儿童最大利益原则已经被宣布为一项权利、一项人权，那么，它是一种什么意义上的权利？这种权利性质的认定，将在很大程度上影响最大利益本身的认定。

有学者认为，儿童最大利益这一标准，在更多情况下，是建立在儿童被视为客体，而非主体的场景下才能够成立的。[③]那么，它在权利语境下存在的理由是什么呢？弗里曼指出儿童的最大利益是什么，实质上是一个关于权利性质是什么的问题。一种理论认为，儿童最大利益原则作为一项权利，强调的是自

---

① *Re M*（1999）2 FLR 1097.

② Micheal Freeman, *A Commentary on the United Nations Convention on the Rights of the Child: Article 3 The Best Interest of The Child*, Leiden: Martinus Nijhoff, 2007.

③ Katherine O' Donovan, *Family Law Matters*, London: Pluto Press, 1993, pp.100–105.See Philip Alston, "The Best Interest Priciple: Towards a Reconciliation of Culture and Human Rights" , in Philip Alston eds., *The Best Interest of The Child: Reconciling Culture and Human Rights*, Oxford: Clarendon Press, 1994, p.18.

由意志和选择自由；另一种理论则认为，儿童最大利益原则作为一项权利，强调的是利益和福利。**在目的方面**，对于前者，法律的目的在于最大限度地赋予个人表达自我意志的可能性和途径。个人的意志、选择和行动自由是权利概念中最明显的体现。对于后者，权利的作用不在于保护个人的主张，而是为了维护某种利益，权利是在法律和规则保障下的个人利益。**在义务的承担方面**，对于前者，如果说某人享有权利，无论如何他/她都受益于义务的履行；对于后者，如果说某人享有权利，无论道德理论或法律标准（如公约或法律体系）对其进行保护或对其利益的促进都被视为施加义务的理由。无论这些义务是否是被强制施加得来，我们都需要清楚谁需要承担这些义务，以及这些义务的构成。①

三、对最大利益原则的反思与确认

（一）最大利益原则有多大用处?

围绕最大利益原则的一系列基本问题的争论，不免引起人们对这个原则的怀疑：这个如此众说纷纭、争执不休的原则，究竟有多大用处？是不是就该弃之不用呢？

总的看，尽管对于什么是儿童最大利益，谁来界定儿童最大利益等，还有许多不同的见解和诉求，从而导致儿童最大利益原则具有一定的主观性、不确定性，并时常处在各种价值冲突、利益冲突的漩涡之中，但同时，也要看到，作为一项国际人权法原则，最大利益原则还是具有不可替代的、客观的功能。在世界范围内，迄今为止对最大利益原则功用的评价和期许，正面的、积

① Micheal Freeman, *A Commentary on the United Nations Convention on the Rights of the Child: Article 3 The Best Interest of The Child*, Leiden: Martinus Nijhoff, 2007, p.4.

极的也是远多于负面的、消极的。

1. 价值引导功能

首先应当肯定的是这个原则的价值引导功能。儿童最大利益原则旨在解决儿童的平等价值的承认和保护问题。瑞典人权外交官托马斯·海莫堡（Thomas Hammarberg）指出，时至今日，儿童依然无法与成人一样处于平等地位。他认为，《儿童权利公约》的主要哲学观点是：儿童是平等的人，他们与成人一样具有与生俱来的价值。童年本身具有价值，并非仅仅是为成年生活做准备的培训阶段。而儿童最大利益原则在一定程度上有助于解决“如何才能使儿童的平等价值既得到承认，同时又得到必要的保护”这一问题。儿童最大利益原则是《儿童权利公约》所传递的一条主要信息，即“官方在任何时候做出会对儿童产生影响的决定时，都应该把儿童的利益看作是重要的。父母的利益或国家的利益不应该成为首先予以考虑的问题”。[①]

2. 制度规范功能

从儿童最大利益原则的历史由来与演变，我们可以清楚看到，随着社会观念的发展和法治的进步，儿童最大利益原则已经成为了一项法定原则和一项权利资格，被涵括在法律所调整的事项范围内，不仅体现在一些国家的国内法，而且已经进入国际人权法，并在更高层次、更宽的平台上，为国内法的改革发展增添助力。**它的主要作用**在于提醒和指导人们最大程度上重视儿童的利益和权利，并将这一原则付诸行动。一方面，对儿童利益和权利直接作出规定和裁定的立法者和法官负有刚性职责，他们应当在获得最为全面的信息的基础上，尽可能多地满足儿童的利益，将对儿童的伤害和损失降到最低，也因此，

---

① ［瑞典］托马斯·海莫堡：《儿童》，载 A. 艾德、C. 克洛斯、A. 罗萨斯主编：《经济、社会和文化权利教程（修订第二版）》，四川人民出版社 2004 年版，第 290 页。

在实践中，这一原则在司法领域的应用相对广泛；另一方面，对于其他执法者及与儿童利益和权利相关者来讲，儿童最大利益原则使他们明白在处理与儿童相关的事务时，儿童利益的特殊地位和优先性。

3. 权利救济功能

尽管对于最大利益原则在现行法律制度中究竟居于何种地位、在法律原则体系里具有何种位阶，还存在诸多争论，但是，从前文涉及的诸多案例可以看到，这个原则不论是对于改变弱势儿童群体的无权地位，使他们免受成人世界粗暴和傲慢的侵犯，还是对于保护个案中儿童的有关利益，使利益受到侵犯的儿童获得司法、社会等制度化的救济，都具有重要作用。这个作用是实实在在的，相比之下，主观性的、哲学性的价值评价问题倒显得有些空泛无力。古罗马有一句法律谚语："无救济即无权利。"儿童最大利益的实现程度，取决于实践中不同价值、不同利益的博弈结果，取决于实践中儿童获得保护性救济的程度。在当代世界，最大利益原则被越来越多地运用于调整、调和涉及儿童的矛盾和冲突，这些矛盾和冲突既发生在个人利益之间、个人和群体之间，也发生在个人（或群体）与作为有组织的集体单位的社会利益之间。当各种相互冲突的利益不能同时满足时，显然要通过价值判断来确定它们的重要性和取舍，即所谓"利益评价"（valuation of interests）。但是，必须看到的是，利益评价并不单单是一个、甚至主要不是一个哲学问题。凭借哲学方法，对那些应当受到法律承认并得到保护的利益作出普遍有效的权威性评价和安排是不可能的。即使忽略价值观的差异性，时代某种特定历史的偶然性或社会偶然性也决定了无法为法律制度确立一种长期有效的价值等级序列。对此，笔者比较赞同罗斯科·庞德的观点，他并不主张用固化呆板的评价规则来解决问题，认为应当采用实用主义和经验主义的方法，尽可能多地满足某种利益，同时使牺牲和冲突降低到最低程度。[①]

当然，在当今的社会环境下，在国家法律没有硬性规定的领域，这一原则所发挥的效力还很有限。儿童最大利益原则在家庭成员、教育者、保育工作人员、相关行政人员等相关人员和机构中的具体践行，还有赖于人们的认识水平、教育程度、社会经济条件、国家立法和执法水平等复杂的因素。以我国为例，计划生育政策的最大受害者并非超生或者非婚生子的父母，也不是所谓遭受公共资源损失的其他国民，更不是政府，而是因为无法上户口而失去一切国民权利资格的儿童。即便如此，从《社会抚养费征收管理条例》的修订稿来看，控制国家人口增长的重要性，在我国立法部门和相关政府部门看来，还是比儿童利益重要。

（二）最大利益原则是否符合社会正义？

为什么是儿童的最大利益？或者，为什么要优先考虑儿童利益？这个问题似乎又回到了原点。在人类社会各式各样的利益中，为何要对儿童的利益予以格外重视，并制定成为一项被国际社会普遍接受的原则？这是一个证明最大利益原则的正当性的问题。

1. 社会功利主义的论证

最为流行的，是形形色色的社会功利主义的论证。简言之，就是重视儿童的利益将使得社会功利最大化。比如，有人认为，儿童利益对社会秩序的稳定至关重要，不仅涉及千家万户，而且几乎涉及所有人的切身利益，将儿童至于首要的位置是构筑未来稳定的社会秩序的一种方式。有人认为，儿童是未来的希望，不仅是祖国的花朵，而且是某种社会事业的“接班人”，保护儿童

---

① ［美］E. 博登海默：《法理学——法律哲学与法律方法》，邓正来译，中国政法大学出版社 1998 年版，第 413—415 页。

对于事业发展、民族振兴具有重要意义。还有人认为，儿童“成龙”“成凤”关系家庭、家族、学校的荣誉和未来，必须细心呵护培养。这些论点虽然都是合情合理的，但难以为儿童最大利益原则提供道德上、法律上的正当性证明。这是由功利主义的局限性所决定的。因为，从功利主义的视角看，儿童是被“工具化”了的，是实现某种外在目标的手段。按照功利主义的逻辑，为了所谓“社会利益”“长远考虑”或某种荣誉，是可以剥夺儿童的美好童年、让儿童绝对服从成人世界的欲望和利益的。换言之，儿童利益实际上是最小的、而非最大的，需要优先考虑的是成人世界的利益，而非儿童利益。

2. 儿童本位主义的论证

我们不妨试着站在儿童自身的角度，设身处地地分析他们之所以需要被予以格外关照的原因。

首先，儿童在身体上、心理上皆需要成人承担呵护的责任，而且这种呵护不同于对成人的呵护，具有特殊性。[①] 在法律上，儿童被假定为是没有行为能力的，他们不具备满足自己最为基本需要的能力，没有外界的帮助，他们甚至没有能力维系生命。比如，在收养关系中，儿童在出生时没有能力自主选择亲生父母，无论儿童与其亲生父母的关系在未来是否可能有所发展，都要通过法庭的程序，为其指定收养父母。关系亲密的父母与儿童构成了一个家庭的核心，父母对于儿童的生存、身心发展以及其最终对生活环境的适应性都负有责任。儿童的法律地位取决于心理层面的因素。儿童对成人在主观上的情感依赖取决于其对成人客观上的依赖，比如儿童与谁长期生活在一起。每个儿童的发展都是对其所处的生活环境的回应，其情感、智慧及道德的能力都与其

① Micheal Freeman, *A Commentary on the United Nations Convention on the Rights of the Child: Article 3 The Best Interest of The Child*, Leiden: Martinus Nijhoff, 2007, p.41.

家庭关系息息相关。这些能力又体现在他 / 她的社会行为上。

与此同时，这些因素又是脆弱不堪的，特别是当儿童自行应用这些因素时，他们就很容易迷失，往往强调了成长需要的一面，而忽略了另一面。但如果儿童仅仅被视为一个成人世界的附属，或者一个父母意愿的接受者，也会出现问题。事实上，儿童与环境产生互动是以其独立的、固有的个性为基础。这一互动并不仅仅是对事物、人物、环境、事件的反应，它包括人的性格和特征，即便生长在同一家庭的兄妹之间，其与环境的互动也不尽相同。因而，观察儿童的一面，就能洞察出他们成长的背景。无论儿童之间的差异性如何，造成他们与成人存在本质区别的是儿童的心理特征。这也是决定儿童成长、发展，影响他们成年后社会行为的根本因素。这也迎合了功利主义的说法，儿童心理，乃至其成长和发展，对社会的稳定至关重要。

其次，儿童生活在成人主宰的世界中，由于儿童远比成人脆弱，他们不仅很容易被忽视，而且时时处在受到来自成年人的利益、欲望和行为侵害的危险之中，因而必须予以优先考虑。在《法理学—法律哲学与法律方法》的序言中，博登海默教授引用了美国心理学家戈登·奥波尔的观点：

> 尽管婴儿是一个依赖社会的存在，但他绝不是一个社会化的存在。甚至两岁的儿童，当人们用适用于成年人的标准来衡量他时，他也仍然是一个非社会化的讨厌的小东西。[①]

可见，儿童在成人世界所处的境地是多么的窘迫。一方面，儿童依赖成人；另一方面，儿童又在很多方面无法得到成人的理

---

① ［美］E. 博登海默：《法理学——法律哲学与法律方法》，邓正来译，中国政法大学出版社 1998 年版，第 7–8 页。

解。这使得儿童时刻处于一种被成人和成人世界的规则掌控并极其可能受到伤害的危险中。举例而言，根据心理学家的研究，儿童在年龄较小的时候就处于一个危险不断增长的境地，诸如贫穷与社会经济不利、不平等、家庭破碎、单亲家庭、无家可归、移民家庭孩子的适应问题、双职工父母对孩子的照顾不周、儿童忽视和虐待等因素对儿童产生的消极影响会延至终生。而这些危害儿童的因素的存在具有普遍性。以忽视和虐待儿童为例，这一情况在世界范围内是呈蔓延趋势的。[①] 美国的法律制度较为注重对儿童忽视和虐待的预防和控制，其一系列立法和行政措施已然走在世界前沿，但即便如此，一系列忽视和虐待儿童的数字和报告，还是令人吃惊不已。对于那些儿童保护的法制尚在发展和探索的国家和地区而言，儿童的生存状况、儿童自尊、儿童心理的完整和健康状况无法想象，其对儿童的伤害和对儿童的终身影响也是难以预测的。

> 在美国，每年有超过100万份儿童受虐待和忽视的个案报告，且这些报告都是被证实的（Sedlak&Broadhurst, 1996）。还有许多儿童“意外”遭受伤害的报告，这些所谓的伤害可能都是父母或兄弟姐妹虐待的结果，只是报告中没有涉及他们（Peterson&Brown, 1994）。此外，据对10–16岁儿童和青少年所做的电话调查显示，超过1/3的人报告他们在此年龄段曾受过身体或性的袭击，这种袭击不仅来自于家庭成员，而且还来自于他们认识的社区和学校的其他人（Boney-McCoy&Finkelhor, 1995）。毫不奇怪，如此多受虐待的儿童可能面临长期的学校适应问题，面临与同龄人交往的问题，

① 参见［美］艾里克·J. 马施、大卫·A. 沃尔夫：《儿童异常心理学（第二版）》，孟宪璋等译，暨南大学出版社2004年版，第24–27页。

面临未来的人际关系问题（D·A·Wolfe, 1999）。[①]

3. 博爱主义的论证

或许最重要的，是人类道德法则的要求，是天道人性的要求，这就是博爱。古今中外，不论哪个时代、哪种文明类型，都具有朴素的慈幼文化传统，这是来自人类本性的未曾受到现实世界污染的最圣洁、最深厚、最幽远、最无私的爱。这种爱具有超验的价值，任何经验的证明似乎都是多余的，也是苍白无力的。弗里曼（Freeman）在讨论儿童最大利益原则成立的合理性依据时，绕了一个社会功利主义的大圈子，最后还是落在两点上：第一，成年人创生了儿童，赋予儿童生命，将儿童带到这个世界中来，就有责任格外关照儿童的利益。第二，为了孩子的利益而牺牲自己的利益，乃是为父为母之道。[②]

---

① ［美］艾里克·J. 马施、大卫·A. 沃尔夫：《儿童异常心理学（第二版）》，孟宪璋等译，暨南大学出版社 2004 年版，第 27 页。

② Micheal Freeman, *A Commentary on the United Nations Convention on the Rights of the Child: Article 3 The Best Interest of The Child*, Leiden: Martinus Nijhoff, 2007, p.40.

第六章 中国的历程

中国的慈幼文化传统源远流长，近代以来逐渐形成了儿童优先原则，特别是新中国成立以来，在儿童保护方面取得了巨大成就，许多制度已经体现了儿童最大利益原则。但同时要看到，儿童优先原则不能等同于儿童最大利益原则，我们在执行《儿童权利公约》义务方面还存在许多不足。继续推进改革发展，一是要直接使用儿童最大利益概念，这样有利于克服儿童优先原则的局限和不足，有利于充分吸收儿童最大利益原则数百年来积累下来的理论和实践成果，有利于从根本上解决好《儿童权利公约》规定与中国法的衔接调适问题。二是用好《儿童权利公约》报告机制，采取主动姿态，更好地履行国际义务，妥善回应国际关切。三是借鉴发达国家经验，健全制度机制，主要是司法监督机制、儿童事务代理制度、福利报告制度和教育培训制度。

一、从慈幼文化传统到儿童优先原则

中国自古有慈幼恤幼的优良传统，且源远流长。《礼记·月令》记载，夏王朝在仲春之月“安萌芽，养幼少，存诸孤”。《史记·周本纪》说，文王遵从先祖之法，“笃仁、敬老、慈少”。《周礼·地官司徒》记载周王在中央行政官中设地官司徒，以保息六券养万民，其保息六券是：慈幼、养老、赈穷、恤贫、宽疾和安富。《周礼》规定“乡师”“族师”“遂人”等官查察辖内男女户口，颁给职事，命其交纳贡赋、征召徒役，却又要求辨明老幼废疾之人，以予优免。《地官司徒》“乡大夫”中也说到，征发劳役的对象只限于二十岁至六十五岁，说明儿童少年可以免役。[①] 孔子的大同社会理想，除了“天下为公，选贤与能，讲信修睦”外，突出的还有“人不独亲其亲，不独子其子；使老有所终，壮有所用，幼有所长，矜、寡、孤、独、废疾者皆有所养”。[②] 管仲把“慈幼”列为“九惠之教”之二。[③] 这些关于慈幼的理念深深沉淀在中华文化、特别是儒家文化里，成为“仁义礼智信”“礼义廉耻”的重要内容和标准，至今仍然是我们保护儿童利益、促进儿童权利的本土文化基础。

---

① 王卫平：《论中国古代传统社会保障制度的初步形成》，载《江海学刊》2002年第5期，第154页。

② 西汉·戴圣《礼记·礼运篇》。

③ 所谓九惠之教，“一曰老老；二曰慈幼；三曰恤孤；四曰养疾；五曰合独；六曰问病；七曰通穷；八曰振困，九曰接绝”。

历代王朝都讲究“慈幼”，不仅把慈幼作为家长的责任，而且作为君王和国家的责任，采取了一系列政策措施进行必要的“干预”，弥补家庭功能的不足。用现代法律话语来讲，这些思想和制度不仅关注儿童利益，而且把照顾儿童利益作为政治道德的重要原则，其中也包含着可以转化为现代权利要素的文化成分。[①]但是，我们必须看到，中国古代的父权制原则并不逊于古代罗马的家父权原则，“老者本位”和“祖先崇拜”的思想、“父为子纲”的等级观念根深蒂固，慈幼传统与儿童权利观念还有很大的差距。这里不妨以儿童教育为例。自古盛行对儿童的打骂教育，正如胡适在《慈幼的问题》一文中批评道：“受很严厉的责罚，轻的打手心，重的打屁股。有许多小孩子身体不好的，往往有被学堂磨折死的，也有得神经病终身的。”周作人在《知堂回想录（第一卷）》中也说：“现今的小学生从书房里解放了出来，再不必愁因为读书不记得，屁股会被打得稀烂，可以种葱的那样，这实在是很可庆幸的。”

西学东渐以来，随着中国社会和法制变革，儿童权利概念得以出现并得到重视，禁止使用童工、禁止溺婴、实行孕妇及儿童保健与教育等成为社会风向，以义务为本位的慈幼制度开始向以权利为本位的现代儿童保护制度转变。但是，儿童权利不是一句空话，它必须通过具体制度原则体现出来。在我国，从法律上看，儿童权利主要体现在儿童优先原则。

在新中国成立前，就出现了关于儿童优先的法律规定，这主要体现在儿童抚养上。比如，辽宁省规定：“子女未满 5 岁者，归谁抚养，由双方当面解决。遇有争执时，应判归对子女最有益的一方抚养。5 周岁以上者，由子女选择决定。”旅大市规定如双方发生争执“由法院根据环境及孩子的利益（如父母的行为，两方

① 参见夏勇：《中国民权哲学》，生活·读书·新知三联书店 2004 年版。

的物质条件，教育子女的能力及孩子个人的意见），酌情解决”。[①]新中国成立后，1950 年《婚姻法》对婚姻家庭领域的儿童权利保护作了比较详细的规定，第 20 条第 3 款规定：“离婚后，哺乳期内的子女，以随哺乳母亲为原则。哺乳期后的子女，如双方均愿抚养发生争执不能达成协议时，由人民法院根据子女的利益判决。”“子女的利益”在这里被作为是对哺乳期后子女抚养问题进行判决的最主要的依据。

但是，儿童优先原则在法律上的最终确定并非一帆风顺。1979 年 2 月 2 日颁布的《最高人民法院关于贯彻执行民事政策法律的意见》开始出现变化。该意见第 11 条规定“子女由谁抚养主要根据子女的利益来确定”，其中，“主要”二字实际上给儿童优先原则打了很大的折扣，为把其他利益置于儿童权利之上打开了方便之门。1980 年《婚姻法》第 29 条第 3 款开始将法院判决抚养纠纷的依据修改为“子女的权益和双方的具体情况”，从这一措辞可见，法律已将儿童利益与父母利益视为同等重要的因素。[②]1993 年最高人民法院《关于人民法院审理离婚案件处理子女抚养问题的若干具体意见》（以下简称《子女抚养意见》）第 3 条第（1）、（3）项要求对丧失生育能力或无其他子女的父母一方直接抚养子女的要求进行优先考虑，这实际上确立的是亲权优先原则。

大约自我国于 1990 年签署、1992 年批准《儿童权利公约》后，在儿童最大利益原则的影响下，儿童优先原则开始复苏。首先体现的是儿童教育在政府教育事业发展安排上的“优先”。1996 年国务院《中国的儿童状况》白皮书中提出：“中国政府一直把儿童教育置于整个教育事业发展的优先地位。”显然，这里的“优

---

① 张希坡：《中国婚姻立法史》，人民出版社 2004 年版，第 375-378 页。

② 2001 年修订《婚姻法》时被保留，见 2001 年《婚姻法》第 36 条第 3 款。

先”还不是指处理儿童利益相关人之间的纠纷时的儿童利益优先。2001 年 5 月份公布的《中华人民共和国九十年代儿童发展状况报告》宣称：

> 坚持儿童优先的原则，充分保障儿童的生存、发展、受保护和参与权利，是中国政府的一贯政策；在各项工作实践中贯彻儿童优先原则，保护所有儿童的合法权益；坚持儿童优先原则，加大对儿童事业的资金投入；“儿童优先”的原则进一步深入人心；涉及儿童发展的重大活动，中国党和国家领导人都亲自参与，率先体现儿童优先的原则；强化儿童优先的意识；中国的大众传媒始终把“儿童优先”的宣传作为重要内容；国家在制定法律法规和政策时将充分体现儿童优先的原则，有利于儿童的发展。①

这一表述可以说比较完整地宣示了儿童优先原则。《中国儿童发展纲要（2001—2010 年）》以及《中国儿童发展纲要（2011—2020 年）》（以下简称《纲要》）也有类似表述。②2006 年 3 月 14 日第十届全国人民代表大会第四次会议批准的《中华人民共和国国民经济和社会发展第十一个五年规划纲要》第 10 篇第 38 章第 4 节指出：

---

① 2001 年《中华人民共和国九十年代儿童发展状况报告》。

② 《纲要》表述道：“各级政府和有关部门坚持‘儿童优先’的原则……使我国儿童生存、保护和发展取得历史性的进步；坚持‘儿童优先’原则，保障儿童生存、发展、受保护和参与的权利，提高儿童整体素质，促进儿童身心健康发展；国家制定相关法律法规和政策时要体现‘儿童优先’原则，有利于儿童发展。”《纲要（2001-2010）》表述道：“……深入贯彻落实科学发展观，坚持儿童优先原则，保障儿童生存、发展、受保护和参与的权利，缩小儿童发展的城乡区域差距，提升儿童福利水平，提高儿童整体素质，促进儿童健康、全面发展。”

> 坚持儿童优先原则，实施儿童发展纲要，依法保障儿童生存权、发展权、受保护权和参与权。

《国民经济和社会发展第十一个五年规划纲要》（以下简称《纲要（2011-2020年）》也强调了儿童优先原则。《纲要（2011—2020年）》不仅将儿童优先原则作为《纲要》的指导思想和基本原则，**还将儿童最大利益原则**列入基本原则之中。《纲要（2011—2020年）》里有两句颇为关键的表述：

> 在制定法律法规、政策规划和配置公共资源等方面优先考虑儿童的利益和需求。
>
> 从儿童身心发展特点和利益出发处理与儿童相关的具体事务，保障儿童利益最大化。

从这两段话里，可以看到，文件对“优先考虑”与“儿童利益最大化”是作了区分的。对儿童利益优先考虑，无疑是儿童优先原则，但是，儿童利益最大化是否就能和儿童最大利益原则画上等号，还需要审慎。

《纲要（2011—2020年）》在“发展领域、主要目标和策略措施”“组织实施”部分多次强调儿童优先，比如要求保证经济社会发展规划优先安排儿童的教育发展，优先满足留守儿童的住宿需求，优先开展残障儿童的治疗和康复，在经济和社会发展总体规划中体现儿童优先原则，将儿童优先原则的相关内容及相关法律法规和方针政策纳入政府及各有关部门、机构相关人员的培训之中等。相比之下，《纲要（2011—2020年）》对儿童最大利益原则的强调便少了许多，除了在基本原则处定义儿童最大利益外，仅在后文中提到“贯彻落实保护儿童的法律法规，儿童优先和儿童最大利益原则进一步落实。”

由此可见，我国目前的政策依然主要以儿童优先为主，并且儿童优先原则多停留在公共政策的层面上。在政策宣示的同时，立法步伐紧紧跟上。2006年修订的《中华人民共和国未成年人保护法》作为儿童保护专门立法，被认为是国家层面立法对儿童优先原则的首次确认。该法总则第3条为儿童优先原则定下了基调，① 规定：

> “未成年人享有生存权、发展权、受保护权、参与权等权利，国家根据未成年人身心发展特点给予特殊、优先保护，保障未成年人的合法权益不受侵犯。”

这一原则体现在具体制度里。比如，第40条规定：“学校、幼儿园、托儿所和公共场所发生突发事件时，应当优先救护未成年人。” ②

我们要看到，尽管儿童优先原则是根据我国的基本国情、文化特征，从儿童权利保护的实际需要出发制定的，发挥了积极的重要的作用，但是，在儿童优先原则与儿童最大利益原则之间是不能画等号的。对此，我国学界已有关注并作了研究，主要观点是认为这两个原则在价值理念、内涵和对利益选择的指导等方面存在重大区别。③ 下面试作三点法理分析：

第一，从利益关系角度看，儿童最大利益原则要求的是，在整个社会公平正义的框架下，寻求儿童与成人权利主体地位的平等，而不是预设儿童利益与其他人权利和利益的对立，简单地推

---

① 2012年修订的《未成年人保护法》保留了该条款。

② 2012年修订的《未成年人保护法》保留了该条款。

③ 参见王雪梅：《从〈儿童权利公约〉的视角看中国儿童保护立法》，载《当代青年研究》2007年第10期，第7页。王雪梅：《儿童权利保护的“最大利益原则”研究（下）》，载《环球法律评论》2003年春季号，第114–116页。

行儿童中心主义，主张儿童优先。然而，儿童优先原则将儿童权益与其他人的权益置于相互对抗的位置上。比如，《未成年人保护法》第 40 条规定："学校、幼儿园、托儿所和公共场所发生突发事件时，应当优先救护未成年人。"那么，老人、孕妇、残疾人就在儿童之后给予救护吗？这样排序的合理性依据是什么？

第二，从利益内容的角度看，儿童最大利益原则要求的是，在涉及与儿童相关的所有行动中，个人、公私机构、社会团体、政府当局以及国家都有责任或者义务使其行为和决策将儿童的最大利益作为一个主要考虑，要对什么是最大利益作出判断，而不是简单地优先于什么。比如，在少年司法过程和机构设置中，要考虑到如何最大限度地满足那些违法少年最大利益需求。又比如，父母在为孩子选择上数学补习班，还是舞蹈课程时，要根据孩子的特点和具体情况来进行选择。儿童优先原则在上述情况无法发挥指导作用。

第三，从利益保护的角度看，在遇到疑难复杂情况的时候，儿童最大利益原则比优先原则更能够给法官或父母提供可操作的行为指导。比如，就同一个孩子来讲，根据儿童优先原则，法官裁决离婚案件中有关孩子抚养权的归属问题时，是把抚养权判给时间有限但经济条件优厚的父亲呢？还是给有充裕的时间照顾孩子但收入有限的母亲呢？这不再是一个亲本位或者子本位的问题。又比如，在不同的孩子之间，如连体婴儿舍谁，保谁？有限的教育资源应当用于延长学时以提高现有的教学质量，还是应当用于给更多的孩子受教育的机会？这些问题是儿童优先原则难以解答的，但人们可以在儿童最大利益原则的指导下作出判断和选择。

二、儿童最大利益原则与现行立法

尽管现行政策和立法明确宣示的是儿童优先原则，但儿童最大利益原则与中国现行法律体系并非没有关系，实际上，它已经或多或少潜涵在中国现行立法之中。有一种流行的观点认为，儿童优先原则就是儿童最大利益原则在中国的体现。[①]这个观点是值得商榷的。当然，如果我们姑且不论前文所述这两个原则在法律理论上的差别，从法律实践来看，我们也无妨把儿童优先原则看作最大利益原则在现阶段中国的一个体现，或者，看作最终走向最大利益原则的一个阶段性成就。

经过改革开放三十多年来的发展，特别是加入《儿童权利公约》近二十年来的发展，我国初步形成了以宪法为基础，以未成年人保护法为主干，包括婚姻法、继承法、义务教育法、母婴保健法以及有关的行政法规、地方法规在内的一套保护儿童即未成年人的法律体系，这个体系已经成为中国特色社会主义法律体系的重要组成部分。我国除了设立专门保护未成年人权益的单行法律，如《未成年人保护法》《预防未成年人犯罪法》以外，还在《民法通则》《民事诉讼法》《刑法》《刑事诉讼法》《婚姻法》《继承法》《收养法》《劳动法》《教育法》《监狱法》《残疾人保障法》等法律法规及相关司法解释中，规定了对未成年人保护的内容。[②]在这个法律体系里，儿童最大利益原则已经得到不同程度的体现。比如，我国1950年《婚姻法》第23条规定，离婚时的财产分割根据"照顾妇女及子女利益和有利发展生产的原则判决"，1980年《婚姻法》第31条规定，离婚时，对夫妻共同财产的处理应"照顾女方和子女权益的原则判决"，而2001年修正后的新《婚姻法》第39条，则一改以往女方在前子女在后的顺序，

---

① 中华人民共和国外交部：《中华人民共和国关于〈儿童权利公约〉执行情况的第三、四次合并报告》，载中华人民共和国外交部网站：http://www.fmprc.gov.cn/chn/gxh/zlb/tyfg/t738182.htm，访问于2011年12月20日。

② 参见王雪梅：《从〈儿童权利公约〉的视角看中国儿童保护立法》，载《当代青年研究》2007年第10期，第10页。

表述为离婚时的财产分割，应“照顾子女和女方权益的原则判决”。这种顺序的更变生动体现了儿童最大利益原则的法律意识。此外，我国还加入了1985年《联合国少年司法最低限度标准规则》、1990年《联合国保护被剥夺自由少年规则》、1993年《海牙跨国收养方面保护儿童及合作公约》、2000年《儿童权利公约关于儿童卷入武装冲突问题的任择议定书》、2000年《儿童权利公约关于买卖儿童、儿童卖淫和儿童色情制品问题的任择议定书》等与儿童权利保护相关的国际条约，这些国际条约均是以儿童利益最大化为根本原则的。

下面，择拣《儿童权利公约》框架下一些具体权利在我国的相关立法，进行简要介绍。

（一）关于一般性原则

1. 关于生命权

在尊重和保护生命权方面，《未成年人保护法》第3条规定儿童享有生存权和发展权。《母婴保健法》《人口与计划生育法》《计划生育技术服务管理条例》严格禁止非医学需要的胎儿性别鉴定和选择性别的人工终止妊娠行为。我国《刑法》第49条规定了未成年人不适用死刑。我国在保护儿童生命权方面的主要问题在于，选择性堕胎和杀害婴孩事件时有发生。尽管有上述立法明文禁止，但这些问题尚未从根本上得到解决。

2. 关于非歧视

我国立法有保护儿童平等权利的意图和倾向。2006年修订的《未成年人保护法》在第3条第3款增加了非歧视条款。《义务教育法》强调保障女童平等受教育的权利。2003年和2006年国务院先后发布《关于做好农民进城务工就业管理和服务工作的通知》《关于进一步做好进城务工就业农民子女义务教育工作的意见》《关于解决农民工问题的若干意见》，把农民工子女的教育和保健纳入行政部门的管理范围内。2008 年中国共产党十七届三中全会通过《关于推进农村改革发展若干重大问题的决定》，要求逐步实现农民工子女就学的平等待遇。[①]2009 年民政部下发《关于进一步加强受艾滋病影响儿童福利保障工作的意见》，要采取资金保障与服务保障相结合的方式，满足受艾滋病影响儿童的基本生活以及教育、医疗、技能培训等多方面的需求，引入专业社会工作者制度和联系人制度。[②]

3. 关于尊重儿童的意见

目前，我国在尊重儿童意见方面的立法，最主要的是《未成年人保护法》第 52 条的规定：人民法院审理离婚案件，涉及未成年子女抚养问题要听取有表达意愿和能力的未成年子女的意见。此外，修订的《未成年人保护法》在第 3 条首次将“参与权”规定为儿童的基本权利；第 14 条规定，应当听取、尊重未成年人的意见。总体上看，儿童的参与权、意见被尊重的权利的保护在我国尚处于启蒙阶段。在离婚诉讼以外的其他场合，这项权利的要素包括什么，怎样实施，社会民众、家庭和教育机构如何理解和把握，这些问题都需要进行研究。

（二）关于公民权利和自由

1. 关于出生登记

儿童的出生登记，涉及每个人基本公民权利的享有。公安机关依照户口管理法律规定，对新生婴儿进行常住户口登记。但现实中，由于户籍制度和计划生育政策的影响和限制，我国还存在大量的“黑户”儿童。

2. 关于对儿童的暴力侵害

我国是《禁止酷刑以及其他残忍、不人道或有辱人格的待遇

① UN.doc.CRC/C/CHN/3-4,para.30.

② UN.doc.CRC/C/CHN/3-4,para.33.

或处罚国际公约》的缔约国。尽管我国有多项涉及保护儿童在家庭、教育机构、司法机构不受暴力侵害、虐待的规定，但相关问题尚未在法律层面上受到应有的重视，亦未得到有效控制。究其原因：一是法律上缺乏一个对儿童虐待、有辱人格的待遇以及遭受忽视的定义和限定。二是我国社会民众在恰当对待儿童和禁止体罚、虐待儿童方面的意识淡薄，普遍缺乏应有的基本认识。这与社会文化和公民基本教育有关。三是缺少一个切实可行的机制，对私人领域、公立机构对待儿童的行为进行有效监督和管理。对于那些有可能受到侵害的儿童，没有任何形式的预防和保护；对于那些已经受到侵害的儿童，也没有任何治疗、康复、预防的机制和有效措施。多数情况下，只有当受虐儿童死亡，或者在生理上遭到无可挽回的伤害并及时被人发现时，才有可能认定受虐事实。对于那些长期遭受忽视和心理虐待的儿童来讲，他们遭受侵害的事实很难被发现。

（三）关于抚养和照顾

在我国，《宪法》《教育法》《民法通则》《婚姻法》《婚姻登记条例》《刑法》《残疾人保障法》《人口与计划生育法》《民事诉讼法》和相关司法解释中都有关于父母、家庭和社会照料和保护儿童的内容。《未成年人保护法》《婚姻法》《幼儿园管理条例》《收养法》《刑法》《残疾人保障法》还规定了有关处理虐待儿童行为的制裁和程序。《婚姻法》《妇女权益保障法》《收养法》《未成年人保护法》等，以“保护未成年人权益”和“优先保护”这样的表述，体现了对儿童最大利益原则的强调。

1. 离婚情形下的监护权归属

以离婚情形下监护权的归属为例，根据儿童最大利益原则在我国立法中的适用程度，总体上可以分为四种情况：

第一种情况，一些立法实质上已经体现了儿童最大利益原则。

2001年《婚姻法》第36条规定，“离婚后，哺乳期内的子女，以随哺乳的母亲抚养为原则。哺乳期后的子女，如双方因抚养问题发生争执不能达成协议时，由人民法院根据子女的权益和双方的具体情况判决”。在离婚后的探望方面，第38条第3款规定“父或母探望子女，不利于子女身心健康的，由人民法院依法中止探望的权利”。1993年最高人民法院《关于人民法院审理离婚案件处理子女抚养问题的若干意见》(以下简称《子女抚养意见》)第1条规定，两岁以下子女遵循幼年原则由母亲照顾、抚养，在母亲具备抚养条件不尽抚养义务，身患重大疾病、传染病，或因其他原因使得子女不合适与其生活时，在父亲的请求下，可由父亲抚养子女。

第二种情况，立法将儿童的利益与父母，特别是母亲的利益，置于同等重要的地位予以保护。在离婚后的监护方面，《妇女权益保障法》第50条规定，“离婚时，女方因实施绝育手术或者其他原因丧失生育能力的，处理子女抚养问题，应在有利子女权益的条件下，照顾女方的合理要求”。2001年《婚姻法》第39条第1款规定，“离婚时，夫妻的共同财产由双方协议处理；协议不成时，由人民法院根据财产的具体情况，照顾子女和女方权益的原则判决”。

第三种情况，还有一些规定主要考虑到父母的权利，对儿童最大利益不予强调，例如《子女抚养意见》第3条第（1）、（3）项规定，丧失生育能力或无其他子女的一方直接抚养两岁以上子女的要求可予优先考虑。

第四种情况，有些规定表面看似没有问题，但实际上，有失恰当。

在离婚诉讼方面，1993年《最高人民法院关于人民法院审理离婚案件处理子女抚养问题的若干具体意见》中第5条规定，“父母双方对十周岁以上的未成年子女随父或随母生活发生争执的，应考虑该子女的意见”。十周岁的年龄限制缺乏合理依据，不符合儿童最大利益原则的标准。《儿童权利公约》将所有儿童，无论年龄长幼都纳入权利主体的范围内。各国普遍接受的做法是，是否采纳儿童的意愿，应当根据儿童的成熟度、年龄以及各方面综合情况来裁定。简单以年龄界限作为区分，或者将听取儿童意见的前提限定在父母是否达成一致的前提下的做法，在当今的儿童权利理论中，早已落伍。为了照顾到每一个儿童的具体情况，适当赋予法官的自由裁量权，针对不同的儿童案件做出符合每一个孩子最大利益的决定。

在协议离婚方面，我国《婚姻法》第 31 条规定，“婚姻登记机关查明双方确实是自愿并对子女和财产问题已有适当处理时，发给离婚证”。这项规定并没有提及离婚协议中关于子女抚养的解决方案，以及离婚后对子女的安置是否适合儿童成长发展，在实践中也没有任何形式的监督。同时，儿童的意愿也得不到尊重与保护，没有任何可以通过第三方协助的方式确保法院或相关部门获知儿童的生活状况或意愿。相比之下，我国可以借鉴英国的经验，赋予法官或相关部门相应的监督审查权，以确保儿童在协议离婚的情况下得到妥善安置。不可否认，在一些情况下，父母因承受离婚带来的痛苦和后果，无法以符合子女最大利益的方式安置他们。特别在双方争夺抚养权的情形下，离婚的父母很容易将个人恩怨牵涉到离婚后子女的安置问题上。一方为了得到抚养权，或急于完成离婚程序，很可能答应对方有损子女正当权利的要求，比如不支付抚养费、离婚后不探望子女，或者无条件离婚。如果把给予或剥夺子女权利的权力完全交予父母而不设任何监督，儿童的最大利益很可能受到损害。[①]

2. 脱离家庭环境或父母照顾的儿童

有一些儿童不得不脱离原家庭环境或父母的照料，这些情况

---

① 参见景春兰：《离婚时直接抚养子女方确定的现实与对策——以“儿童最大利益”原则为视角》，载《法制与社会》2010 年第 35 期，第 60 页。

包括父母死亡、被依法拘留、移居异地、孩子被非法转移或被拐卖，或者由于父母或抚养人的过错，如父母忽视、虐待、遗弃、性侵犯、在身体上伤害儿童，以及经过正当的法律程序和法院的审查，确定父母或抚养人与儿童分离更加符合儿童的最大利益。对于不得不脱离原家庭环境的儿童，国家有责任协调相关社会机构给予安置，或者通过收养，包括国际收养来安置。但无论如何安排，都要符合儿童的心理和实际需要，确保儿童教育、生活的连续性，考虑到儿童的族裔、宗教、文化和语言背景。通过收养或寄养的方式抚养儿童，是为了给那些脱离原家庭环境或父母的照料的孩子，再次提供一个能让他们健康成长的家庭环境。《儿童权利公约》第 21 条指出儿童最大利益原则应当是收养制度的首要考虑因素，考虑到儿童对成长环境稳定性、一致性的需要，收养多被作为最后采取的措施。

我国有大量无人抚养的孤残儿童，根据我国政府提交给联合国儿童权利委员会的缔约国报告，“截至 2009 年 12 月底共有孤儿 71.2 万人，其中机构供养孤儿 9 万人，社会散居孤儿 62.2 万人”。[①] 我国针对安置这些儿童的相关政策和规定有：2003 年《家庭寄养管理办法》、2009 年民政部发布的《关于制定孤儿最低养育标准的通知》和《关于制定福利机构儿童最低养育标准的指导意见》。我国相关部门也意识到家庭环境对于儿童成长的重要性，在报告中还特别表示积极为孤儿、弃儿选择有意愿、符合收养条件的家庭，在福利机构尝试采取“招聘父母”照料孤儿、弃婴等方式。对于儿童福利机构的制度管理，先后颁布了《社会福利机构管理暂行办法》《儿童社会福利机构基本规范》等行业强制性标准。[②]

在收养保护方面，我国通过《收养法》《外国人在中华人民共

① UN.doc.CRC/C/CHN/3-4,para.99.

② UN.doc.CRC/C/CHN/3-4,para.101,para.103.

和国收养子女登记办法》《中国公民收养子女登记办法》《华侨以及居住在香港、澳门、台湾地区的中国公民办理收养登记的管辖以及所需要出具的证件和证明材料的规定》等进行程序规范。民政部于2008年8月制定《收养登记工作规范》，为上述法律法规规章提供了具体的操作规范。2008年9月，民政部、公安部等部门联合下发《关于解决国内公民私自收养子女有关问题的通知》，对国内公民私自收养子女的问题提出解决办法。[①]

此外，针对我国特有的留守儿童的抚养问题，我国相关部门还在积极探索照护留守儿童的工作模式，包括在我国中西部地区大力投资，实施农村寄宿制学校建设工程。[②]但是，这些措施主要是行政行为，不具有稳定性和普遍性，其科学合理性和有效性也有待考证。

（四）关于健康和卫生服务

在健康和卫生服务方面，《中国儿童发展纲要（2001—2010年）》将儿童健康的主要指标纳入社会经济发展规划。卫生部分别于2004年和2006年发布《新生儿疾病筛查技术规范》《妇幼保健机构管理办法》，加强妇幼保健机构的规范化管理。2004年8月修订的《传染病防治法》、2005年3月国务院颁布的《疫苗流通和预防接种管理条例》改善了我国的计划免疫服务体系。[③]我国提倡母乳喂养，《母乳代用品销售管理办法》《爱婴市（县）标准》《爱婴医院管理监督指南》《婴幼儿喂养策略》等文件要求各地促进和支持母乳喂养。尽管如此，由于地域、经济、家庭状况差异悬殊，来自不同地区和不同家庭的儿童享有的基本保健服务、医疗卫生条件和设施的差异还很大。对于那些残障儿童，相关教育机构、

① UN.doc.CRC/C/CHN/3–4,para.107.

② See UN.doc.CRC/C/CHN/3–4,paras.91–93.

③ UN.doc.CRC/C/CHN/3–4,paras.153–154.

康复机构、福利和服务机构所提供的服务和帮助极为有限。

（五）关于教育

我国有关儿童教育的相关法律、法规和政策性文件十分丰富。《义务教育法》明确了适龄儿童接受义务教育的权利和义务。“国家将实施义务教育所需经费纳入财政保障范围；对特殊群体接受义务教育以及防止学生辍学作出具体规定。”① 为了保证义务教育、降低辍学率，我国相关部门采取了一系列措施，包括建立控制辍学率责任制、设立专项扶贫经费、全面实施免费义务教育、开展课程改革、加强技术和职业教育培训等。我国重视教育质量的提升，《国家中长期教育改革和发展规划纲要（2010—2020）》对学前教育、初等教育、中等教育、高等教育和职业培训作出全面规划，力图全面提升我国的教育质量水平。② 尽管如此，我国的现行教育体制内，还是存在一系列问题。除了长期存在的教育资源、教育质量严重不均衡的问题外，近十几年来，另一些问题和矛盾尤为突出，如择校制引发的中小学生课业负担过重、一些教育机构和幼儿托管机构对儿童的暴力侵害、留守儿童的教育质量和家庭环境问题、流动人员子女的入学和教育机构质量问题等。这些都需要通过强制性的立法手段进行解决和规范。

三、对中国执行《儿童权利公约》情况的评估与一些改进意见

我们还可以从国际法角度来分析研究儿童最大利益原则在中国的实施情况。这里从联合国缔约国报告机制入手。至 2010 年为止，我国作为《儿童权利公约》的缔约国，就该公约条款的实

① UN.doc.CRC/C/CHN/3-4,para.171.

② 相关法律、措施详见第八章、第九章，此不赘述。

施分别于1993年、2003年和2010年提交了报告。在第三、四次（合并）报告中有关《儿童权利公约》第3条内容主要包括儿童优先原则在我国政策、立法中的体现，详见《未成年人保护法》第3条第1款，《婚姻法》第36条，以及《刑法》《刑事诉讼法》和最高人民法院、最高人民检察院的司法解释。此外，民事诉讼领域在机构设置、程序、矫治措施以及宗旨理念等方面都体现了儿童最大利益原则。[①] 委员会也对我国提交的报告进行了审议。

委员会于2013年9月26日至27日举行的第1833至1835次会议[②] 审议了中国2010年7月10日提交的第三次和第四次合并报告，[③] 并于2013年10月4日举行的第1845次会议上通过了结论性意见。根据2013年的结论性意见，我国有关儿童最大利益原则执行方面的一些情况如下。

（一）关于一般性原则

1. 关于生命权

我国制定了禁止选择性堕胎及杀害婴儿的法律政策，但计划生育政策和社会态度仍然对选择性堕胎、溺杀女婴、遗弃女婴及残疾儿童具有严重的负面影响。[④] 对此，委员会建议我国采取必要措施，消除导致杀害、遗弃婴儿的根本原因。如计划生育政策；确保各地区有效适用、一致执行禁止杀害婴儿的法律；改进核实、计算和登记出生婴儿的方法。[⑤]

2. 关于非歧视

我国立法在禁止歧视方面作出了很多努力，但仍存在对女童、

---

① U.N. Doc.CRC/C/CHN/3-4.

② U.N. Doc.CRC/C/SR.1833-1835.

③ U.N. Doc.CRC/C/CHN/3-4.

④ U.N. Doc.CRC/C/CHN/CO/ 3-4.para.27.

⑤ U.N. Doc.CRC/C/CHN/CO/ 3-4.para.34.

感染艾滋病毒 / 艾滋病的儿童、残疾儿童、少数民族和宗教上居少数的民族的儿童、外来务工人员无证子女及其他经济、社会和文化方面弱势儿童的歧视。对此，委员会建议我国采取措施，确保这些儿童平等地获得医疗、卫生、教育以及社会各方面服务，并且保障服务于这些儿童的机构能够获得足够的财政和人力资源。特别是要通过立法、政策和宣传措施，消除歧视女童的文化规范和习俗。[①]

3. 关于尊重儿童的意见

尽管近些年来，我国通过修订《刑事诉讼法》等相关法律，在立法上改善了儿童在司法中的权利地位，但实践中我国管辖的所有地区都缺乏尊重儿童意见并让所有儿童参与决定对其产生影响的决策和事务的有效机制。委员会建议我国广泛建立有效机制，确保儿童的意见得以尊重、儿童能够切实参与对其产生影响的决策和事务，并使得尊重儿童意见的决策、判决得以贯彻落实。[②]

（二）关于公民权利和自由

1. 关于出生登记

由于户籍登记与计划生育政策挂钩，在我国，并非所有儿童出生后都能够正常进行出生登记、上户口，特别是贫困与偏远地区的儿童、流动儿童、女童、被收养儿童、非婚生儿童、出生后超出地方政策允许的儿童，他们的出生登记率很低。这是因为：（1）我国出生登记、户籍登记与计划生育部门的社会抚养费缴纳情况挂钩，或者还与其他形式的处罚挂钩，相关做法严重阻碍监护人或父母为孩子登记。（2）获得出生登记的各种行政要求和登记程序十分烦琐，为出生登记制造了很多障碍。（3）出生登记与

① U.N. Doc.CRC/C/CHN/CO/ 3–4.paras.25–28.

② U.N.Doc.CRC/C/CHN/CO/3–4.paras.37–38.

户籍制度相关联，给外来务工者子女出生登记造成困难。[①] 对此，委员会建议：第一，改革计划生育政策；第二，摒弃户籍制度；第三，精简、便利出生登记程序，改进相关服务；第四，加强关于出生登记的社会宣传，特别是在农村和政府机构，并寻求相关国际组织的技术支持。[②]

2. 关于对儿童的暴力侵害

对儿童的暴力侵害主要指《儿童权利公约》第19条、第37条（a）款和第39条规定中所禁止的酷刑和其他残忍或有辱人格的待遇或惩罚。委员会对儿童强奸、性剥削和性虐待问题尤其关切，指出：外来务工子女，尤其是由父母以外的其他亲属或他人照看的儿童更容易受到性剥削和性虐待，这类侵害儿童的罪行很少受到起诉。我国立法中，遭受性剥削和性虐待的儿童诉诸司法并得到保护、获得医疗服务、心理咨询和赔偿的途径和方法有限。同时，我国儿童也缺乏对性虐待的认识，缺乏应对和报告这类事件的基本常识。[③]

委员会建议：（1）从整体上，首先考虑如何消除暴力侵害儿童的一切行为，制定具有全局性和系统性的战略措施，包括预防措施。（2）采用国家协调框架来处理暴力侵害儿童行为，包括强制报告所有案件和采取后续措施。对涉嫌虐待儿童或儿童遭到酷刑的案件立即开展调查，并公布调查结果。确保与性剥削和性虐待有关的法律得到切实执行，特别是相关立法和措施应保证将犯罪人以及容忍虐童行为或为之提供便利者绳之以法，并依据其罪刑程度惩治。（3）后续措施中要包括补救和赔偿受害儿童，保证其身心康复，并防止这类暴行再次发生。（4）建立接受、监测和调查相关投诉的有效机制和儿童保护程序，包括儿童免费热线。

① U.N.Doc.CRC/C/CHN/CO/3–4.para.39.
② U.N.Doc.CRC/C/CHN/CO/3–4.para.40.
③ U.N.Doc.CRC/C/CHN/CO/3–4.para.45.

（5）全面掌握相关情况，收集相关数据，包括对儿童实施性剥削和性虐待的事实，调查和处罚犯罪人的案件数量，为受害者提供的救济和赔偿等。（6）开展提高儿童自我保护意识的教育活动，鼓励举报学校和社区中的性暴力和性虐待行为。[①]

（三）关于抚养和照顾

1. 关于家庭环境

家庭是抚养儿童最理想的环境，由于限制性的户籍制度，数以千计的外来务工人员的子女成为留守儿童，我国农村地区有至少 5500 万儿童在只有父母任一方或无父母照顾的环境下长大。委员会指出我国应当尽早采取措施，铲除使父母与子女分离的根源，而不应继续实行政策导致儿童被送进收容机构，包括寄宿学校。继而，委员会建议，我国应采取措施，包括：（1）废除户籍制度。（2）向父母或监护人提供援助和支持性的服务来协助他们履行养育责任。（3）进行学校改革，如进行学校合并。优先考虑儿童成长所需要的家庭环境，而不是将儿童送到寄宿学校。[②]

2. 关于被剥夺家庭环境的儿童

由于计划生育政策以及对残障儿童和女童的歧视，我国遗弃儿童的现象比较严重。尽管我国政府非常重视建立儿童收容机构，并鼓励增加从事儿童福利工作的专业人员，但考虑到儿童的成长需要和儿童最大利益，委员会呼吁广泛建立以家庭照顾为模式的替代方式。同时，增加从事儿童工作的专业人员的数量和政府资源。[③]

3. 关于收养

我国为打击儿童非法收养做出了种种努力，但每年有不计其

---

① U.N.Doc.CRC/C/CHN/CO/3–4.para.44, paras.46–47.

② U.N.Doc.CRC/C/CHN/CO/3–4.para.44, paras.48–49.

③ U.N.Doc.CRC/C/CHN/CO/3–4.para.44, paras.52–54.

数的儿童因为非法收养而遭到拐卖。[①] 委员会建议：(1) 在我国所有地区建立透明、有效的评估和审查收养过程的机制。(2) 调查所有拐骗和非法收养儿童的案件，包括从医院和孤儿院中拐骗和收养儿童的案件，并追究犯罪人、包括所涉公职人员的责任。(3) 建立中央数据收集系统，查明以收养等目的被拐骗儿童的数量，包括被解救、重返家庭的儿童数量。(4) 紧急审查所有地区现有的国内和跨国收养机制和程序。确保负责办理收养的专业人员充分具备《关于在跨国收养方面保护儿童和进行合作的海牙公约》规定的必要知识。[②]

（四）关于健康和卫生服务

1. 关于基本卫生服务和卫生质量不均衡

我国疫苗接种率的提高，有效降低了孕产妇和儿童的死亡率。但城乡之间、中西部、不同地区之间卫生存在较大差异，城乡卫生资源分配差距较大，特别是偏远和贫困地区儿童以及外来务工人员子女的卫生保健质量依然存在问题。对此，委员会建议：紧急处理卫生状况和资源分配差距大的问题，确保所有儿童有同等机会获得同等质量的卫生服务，要特别关注弱势儿童，尤其是贫困地区和农村地区的儿童以及外来务工人员的子女。在妇幼卫生方面，增加农村和贫困地区初级卫生设施中产科急诊、新生儿保健和技术熟练的医护人员的配置。[③]

2. 关于疫苗接种和输血

我国不安全的疫苗接种和输血造成儿童的严重疾病、艾滋病毒感染、残疾，甚至死亡。许多家庭和儿童为此遭受痛苦，却没

---

① U.N.Doc.CRC/C/CHN/CO/3-4.para.56.

② U.N.Doc.CRC/C/CHN/CO/3-4.para.57. 尽管我国加入了《跨国收养收养方面保护儿童和进行合作的海牙公约》，但其法律条款在我国仍处于转化过程中。

③ U.N.Doc.CRC/C/CHN/CO/3-4.paras.62-63.

有得到任何救济。艾滋病毒/艾滋病的母婴传播增加，感染艾滋病毒/艾滋病的儿童得不到免费治疗和卫生保健。[①]

3. 关于母乳喂养率下降以及有害的配方奶粉

委员会建议：（1）改革法律，加强执行食品卫生安全条例的力度。为相关商业和生产部门制定法律、条例，明确责任、惩处措施以及补救措施。（2）收集受影响的儿童数据，采取措施确保相关儿童及其家庭获得有效救济，包括免费医疗和赔偿。（3）切实执行我国向委员会报告的救济标准。为感染艾滋病毒的儿童和孤儿提供免费的抗艾滋病毒药物和每月至少600元（95美元）补贴。（4）促进母乳喂养和创建爱婴医院，执行《国际母乳代用品销售守则》，控制人工婴儿配方奶粉的销售。[②]

（五）关于教育

儿童受教育的问题较多。第一，儿童受教育的机会和条件存在巨大差距。特别是女童、少数民族儿童、农村地区和贫困地区的儿童、外来务工人员的子女获得的教育和为之提供的教育环境较差。第二，我国的教育质量差异也很大。教育质量牵涉到学生的在读率和留级情况，在一些南方省份的初中，学生辍学率较高。对全国教育数据的可靠性和质量还存在一些疑问。第三，教育机构的卫生设备不足、卫生条件差，一些学校基础设施和校内儿童人身安全都存在隐患。[③]

对此，委员会建议：（1）为所有地区的各级教育机构提供足够经费，改善学校基础设施，增加教师人数，确保每个儿童获得教学材料和教科书的机会。（2）划拨更多技术、财政和人

---

① U.N.Doc.CRC/C/CHN/CO/3–4.para.64.

② U.N.Doc.CRC/C/CHN/CO/3–4.para.65.

③ U.N.Doc.CRC/C/CHN/CO/3–4.para.75.

力资源，根据国际标准改进数据的质量、分类和分析，并确保教育数据的可获取性、透明性和公开审查，以提高数据质量。（3）有效执行双语政策，使用和促进少数民族语言，确保少数民族儿童和维吾尔族儿童参与地方和地区一级的教育决策。消除妨碍少数民族儿童在学校学习和使用少数民族语言的限制。（4）改进学校建设、安全和卫生，增加在所有学校使用适当卫生设施的可能性。[①]

四、改革发展的对策建议

基于以上对中国有关历史和现实问题的研究，笔者认为，继续推动我们儿童权利保护事业的发展进步，当前要特别注意以下三个方面。

第一，直接使用儿童最大利益概念。2011 年国务院颁布实施的《中国儿童发展纲要（2011—2020 年）》提出了未来十年指导中国儿童发展的五大原则，即：依法保护原则、儿童优先原则、儿童最大利益原则、儿童平等发展原则和儿童参与原则。同时，该纲要为未来中国儿童发展工作指定了五个主要领域，一是“儿童与健康”，二是“儿童与教育”，三是“儿童与法律保护”，四是“儿童与环境”，五是“儿童与福利”。每一领域分别列出了主要目标和为实现目标应采取的措施。尽管儿童最大利益的表述已经开始出现在《中国儿童发展纲要（2011-2020）》中，但作为一项法定原则，这一概念有待于广泛地适用于我国的立法之中。这样做的好处，一是有利于克服前文所分析的儿童优先原则的局限和不足，继续深化我国儿童权利保护制度的改革发展。二是有利于充分吸收本文所展示的儿童最大利益原则数百

---

① U.N.Doc.CRC/C/CHN/CO/3-4.para.76.

年来积累下来的理论和实践成果，提高我国关于儿童权利保护乃至整个人权保护的立法和司法水平。三是有利于从根本上解决好《儿童权利公约》规定的儿童最大利益原则与中国法的衔接调适问题，便于宣传我国取得的成就，并与国际社会在同一平台上对话交流。

第二，用好《儿童权利公约》报告机制，采取主动主导姿态。《儿童权利公约》下的报告机制是一个促进世界人权事业发展的有效途径，委员会以及联合国相关机构的技术支持与援助合作，也为世界各国在立法、技术和实践中取得进步提供了一个良好的发展契机。作为安理会常任理事国和《儿童权利公约》缔约国，我们应该充分运用这一资源，认真看待并在行动上回应委员会的分析和建议，及时总结经验，发现不足，更好地履行国际义务，妥善回应国际关切。比如，从委员会对我国报告可以看出，我们对儿童权利保护情况的了解和把握还缺乏科学、权威的量化分析，特别是缺乏必要的数据收集和信息统计。

第三，借鉴发达国家经验，健全制度机制。英美法国家已形成的制度可以算是我们可借鉴的改革进路。这里有四项制度需要强调。一是司法监督机制。比如，父母在协议离婚时，有司法官员的监督和审查，离婚父母就必须将孩子的安置问题慎重考虑。二是儿童事务代理制度。法院依职权或者根据儿童本人、儿童福利组织或其他人的请求，为儿童指定独立代理律师，使得其能根据掌握的有效证据对儿童的最大利益出具意见，确保相关诉讼中儿童所表达的任何与诉讼有关的意见均能全部向法院传达。[①] 三是福利报告制度。法院以儿童最大利益为依据，加强与其他儿童保护机构的合作，通过社会服务机构、心理专家、儿童事务工作者的协助，努力实现保障儿童福利的目标。四是专门教育培训制

① U.N. Doc.CRC/C/153（2006）, para.304.

度。委员会一再强调我国从事儿童工作的人员缺乏职业训练和专业教育，[①]我国相关部门应当将儿童福利工作的职业培训提上议程，特别是立法机关和行政机关要加强对侵犯儿童权利的预防、处理措施，以及司法补救、身心救治、社会服务等方面教育培训。同时，还要对儿童进行以预防为目的的人权教育，以使他们在侵害发生时知道如何分辨、如何应对。

① 所有从事儿童工作的专业人员都应经过培训，这些专业人员不限于“法官、法律职业者、执法人员、医疗健康专家、教师、社会工作者、在看护儿童机构工作的人员、警察、中央及地区的行政官员”。目前，我国尚未采取足够的措施在成年人中树立《儿童权利公约》条款和原则中所强调的儿童权利的保护意识，并且这种薄弱的《儿童权利公约》意识也体现在儿童本身以及从事儿童工作的专业人员身上。无论对儿童本身，还是对成人来讲，增强儿童生存与发展的机会意识尤为重要，这也是“最大利益”的根本所在。参见 CRC/C/15/Add. 68（1997），para. 27. CRC/C/15/Add. 68（2007），para. 27. Micheal Freeman, *A Commentary on the United Nations Convention on the Rights of the Child: Article 3 The Best Interest of The Child*, Leiden: Martinus Nijhoff 2007, p.59.

第七章
儿童受教育权的基本理论问题

儿童受教育权的理论和实践难题集中在该权利的法理基础、责任主体、权利主体、内容范围，以及救济机制和测评监督机制。受教育是儿童之作为人的基本需求，这个需求必须上升为权利。确定相应的责任主体经历了一个从家庭、教会到国家的发展变化过程，存在国家监护主义和自由主义的分野。体现儿童的权利主体地位取决于对儿童教育目标和教育行为的规制，当代形成的共识，主要是充分发展儿童的个性并加强对人权和基本自由的尊重。儿童受教育权的表述方式主要有目标—责任列举式、权利—义务分析式和集中概括式。为了确定国家和社会的“无限责任”，儿童教育权应当被看作一种复合权利，同属三代人权，同时要求三类国家义务：不干预、不侵犯和积极行动。儿童的教育利益主要“有学上”“上好学”，相应的权利就是教育公平权、教育质量权。强调教育质量权并把它和教育公平权一起作为儿童受教育权的基本内容，有利于更全面、更集中地反映儿童作为受教育者的利益要求，有利于防止对儿童利益的侵害，更好体现权利的本质，也有利于建立更具完整性、科学性的教育权利体系。

人类的生理存活仰赖摄食养分与繁殖，人类的社会生命则仰赖教育而得以延续。[①]迄今为止，没有一件事情像教育那样，与儿童利益的关联如此密切，而且如此广泛而深刻。教育如同温饱，是儿童健康成长的基本条件，并在一定程度上决定着儿童的未来，影响所谓人生起跑线上的输赢。但是，如何评估、维护和满足儿童在教育方面的最大利益，包括如何界定"儿童健康成长"，又是一个绵恒古今的难题。

在人类历史的很长时段里，甚至在当今某些国家和地区，儿童教育仅仅被看作家庭、国家或社会的事情，好像与儿童自身没有多少必然的联系，漠视还是重视儿童教育，儿童能不能上学、上什么样的学，儿童成为什么样的人、怎样成人，这些问题全都是由成人世界说了算。在这样的背景下，儿童教育往往要么包袱化，被愚昧无知的人们视为谋取功利的负担，要么工具化，被所谓文明智慧的人们作为各种精打细算的手段，其结果是，儿童对教育的许多利益和需求不断遭到来自成人世界的侵犯，这些侵犯有时候是极其粗俗、极其残暴的，有时候又披着极其温柔、仁慈的面纱，有时候还是基于温柔、仁慈的动机。随着人类文明的进步和人类教育文化的发展，为了防止和遏制成人世界形形色色的恶行，人权语言被引入儿童教育领域，儿童的教育利益和需求被宣布为儿童权利，出现了儿童受教育权

---

① ［美］约翰·杜威：《民主与教育》，薛绚译，载郝名义：《导读》，译林出版社2012年版。

的理念和制度。

一、儿童受教育权的几个理论难题

研究儿童受教育权，我们首先要面对的，是一系列基础性但挑战性很强的理论和实践问题。这些问题大约可分为四类：

第一类是关于为什么要主张儿童受教育权。让孩子有学上、上好学，通常被看作是成人世界的事情，是国家德政良序的要求，是学校教书育人的责任，是社会公益善举的义务，也是为人父母的恩义所在，怎样就成了那嗷嗷待哺、懵懂无知的孩子们的权利？他们知道什么是权利吗？会提出权利要求吗？如果提出权利要求，这些要求有多少是儿童自己的要求，而不是其父母或监护人的要求？促进儿童教育公平、提高儿童教育质量，即便在法治文化、权利文化盛行的西方发达国家，通常也是主要依靠国家教育机构和教育单位的行政措施来落实，而不是诉诸司法来解决，为什么还要强调把儿童受教育作为权利来宣布、来主张？儿童受教育权的法理基础是什么？

第二类是关于儿童受教育权究竟主张什么。儿童受教育权究竟包含哪些在政策上、法律上可以去要求、去主张、去维护、去救济的内容？在儿童的利益与成人世界的利益相互冲突、儿童的不同权利之间也相互冲突的情况下，如何识别和判定儿童受教育是必须优先考虑的最大利益和优势权利？通常，普及义务教育被看作儿童教育公平的集中体现，那么，义务教育制度中究竟有哪些内容是可以作为权利来要求和救济的？那些连义务教育的门槛都迈不进去的儿童，他们能够提出哪些权利要求？还有，如果说儿童对教育公平享有权利已毋庸置疑，那么，儿童对教育质量是否享有权利？依据是什么？

第三类是关于儿童受教育权如何才能实现，或者怎样才能具有实际意义。从权利依据和保障机制看，儿童受教育权主要是道德意义上的权利，还是实实在在的法律权利？国际法上，国际人权文书宣布了内容丰富、种类多样的儿童受教育权，怎样才能使它们逐步从“软权利”成为“硬权利”？应该有怎样的国际法上的救济机制和监督机制，才能保证其效力？从义务主体及其责任内容看，谁来承担相应的义务，承担什么样的义务？儿童受教育权是积极权利、还是消极权利，或兼而有之？在现实中，国家和政府应当承担、能够承担的相应的责任和义务有哪些？从权利成长看，儿童受教育权包含哪些要素，这些要素在经济社会文化发展的历史过程中怎样才能生长起来？[①]

第四类是关于中国面临的紧迫问题。就国内法而言，在连续、大量通过立法宣示儿童权利和儿童受教育权利的今天，我国儿童的教育公平权搭乘的义务教育列车到底运载了多少旅客、行驶到哪里？贫困家庭子女、打工者子女、隐匿儿童等弱势儿童的公平入学权利需要怎样的政策和制度改革，才能得以实现？现在，教育质量已成为“抓教育”的一大心结，甚至被看作教育管理的核心问题，但是，换个角度，教育质量能否作为权利来要求、来救济？如果说教育质量问责制是解决教育质量问题的关键，那么，建立健全教育质量问责制，除了要有明确的、可检测的质量标准和独立、有效的检测机构之外，是否还要考虑更多地鼓励儿童及其家长等“利益相关者”使用权利语言和法律手段来形成问责合

① 一项权利包含若干要素，一项权利的成立和实现也有赖于该权利中各项要素的发育成长。参见尹力：《儿童受教育权：性质、内容与路径》，教育科学出版社 2011 年版，第 8–12 页。关于权利生长的一般理论，参见夏勇：《中国民权哲学》，生活·读书·新知三联书店 2004 年版，第 164–203 页。

力？[①] 还有，在我国，受教育权怎样才能成为一项可以诉诸司法的权利？

这些问题，是研究儿童在教育领域的权益保护所必须回答的基本问题，也是儿童教育政策与制度发展所必须研究解决的实践难题。回答这些问题，要求我们从儿童学、教育学、法学的一些基本问题入手。

近些年来，国内学界对儿童教育政策与制度做了大量研究，为引领中国教育政策、教育制度和教育法律现代化，推动法治原则和权利原则进入教育法学的核心范畴，起到了重要作用，奠定了良好基础。[②] 同时也要看到，儿童教育的法律理论和实践还处在较为初始的阶段，儿童受教育权的发展也是如此，这与我国教育法学、教育权研究的整体进程是相伴随的。比如，在法学领域，

① 有学者认为，建立健全我国教育问责制，要借鉴国际经验成果，防止把教育问责作为上级政府部门对下级部门的处罚和惩戒的简单化做法。要强调通过问责，使利益相关者共同参与到教育发展与改革的进程中，切实承担起各自的责任，以问责促进教育事业的健康发展。参见辛涛：《我国教育问责制建立的几个关键问题》，载《北京大学教育评论》2013 年第 1 期，第 164–171 页。笔者理解，这里的“利益相关者”，首先应当是受教育权的权利主体，而且，也只有作为权利主体，他们才能具有法律资格，真正作为利益相关者来参与问责活动，发挥问责效果。

② 例如，董奇、辛涛主编：《如何开展中小学校督导评估》，教育科学出版社 2013 年版；劳凯声主编：《变革社会中的教育权与受教育权教育法学基本问题研究》，教育科学出版社 2003 年版；劳凯声主编：《中国教育法制评论》，教育科学出版社 2002 年至今；尹力：《儿童受教育权：性质、内容与路径》，教育科学出版社 2011 年版；杨成铭：《受教育权的促进与保护》，中国法制出版社 2004 年版；龚向和：《受教育权论》，中国人民公安大学出版社 2004 年版；申素平：《试析国际人权法中的受教育权》，载《比较教育研究》2009 年第 9 期。

对于何谓“受教育权”还缺乏一个相对明确的、通行的定义[①]，儿童受教育权究竟由谁主张、向谁主张、主张什么也不甚明了，同时，儿童受教育权的法律理论和实践糅合和承载了过多的一般性政策话语，[②] 这些似乎都需要更多专业层面的基础研究。

本章及后续两章围绕儿童最大利益原则在教育领域里的运

① 劳凯声教授从公民受教育权与国家保障义务相互关系的角度指出，受教育权包含两个基本含义：“一是公民有权按照其能力平等地接受一定阶段、一定形式的教育，提高自身文化素质和职业水平；二是指国家有义务向社会提供必要机会和物质保障，满足公民的教育要求和社会发展的需要，保护公民的平等受教育权利。二者互为依存的条件。”见劳凯声主编：《中国教育法制评论（第十辑）》，教育科学出版社 2012 年版，第 2 页。尹力教授认为，受教育权是“接受教育的权利”。见尹力：《儿童受教育权：性质、内容与路径》，教育科学出版社 2011 年版，第 17 页。杨成铭教授从国际人权法的角度指出，受教育权是“个人或自然人依据国际法所享有的并由国家保障实现的接受教育的权利”，见杨成铭：《受教育权的促进和保护》，中国法制出版社 2004 年版，第 31 页。孙霄兵先生从教育目的和方式的角度指出受教育权“是一种人在现实社会中，以多种方式获得知识和技能，从而促进个性自由发展的基本权利”。见孙霄兵：《受教育权法理学》，教育科学出版社 2003 年版，第 38 页。龚向和教授认为受教育权，“是指公民依法享有的要求国家积极提供均等的受教育条件和机会，通过学习来发展其个性、才智和身心能力，以获得平等的生存和发展机会的基本权利”。温辉教授认为受教育权是“公民依法享有的要求国家积极提供均等的受教育条件和机会，通过学习来发展个性、才智和身心能力，以获得平等的生存和发展机会的基本权利”。见温辉：《受教育权入宪研究》，北京大学出版社 2003 年版，第 15 页。见龚向和：《受教育权论》，中国人民公安大学出版社 2004 年版，第 29 页。申素平教授认为，“公民作为权利主体依照法律、法规的规定，在受教育方面做出或者不做出一定行为的许可和自由，并可要求他人为其受教育做出一定行为或履行一定义务的权利”。见申素平：《我国公民受教育权利的法律保护》，载《中国教育法制评论（第一辑）》2002 年版，第 104 页。受教育权的内涵在不同的国家有不同的侧重点，“接受教育的权利”在我国构成受教育权的核心内容，而在许多欧洲国家，“教育自由”——包括选择教育的自由和建立教育机构的自由，则构成受教育权的实质内容。见申素平：《受教育权的理论内涵与现实边界》，载《中国高教研究》2008 年第 4 期，第 13–16 页。

② 这可能是受到国际人权文书宽泛、重复等表述风格的影响，也可能是受到国内教育政策的中国特色话语的影响。有些话语本来是政策话语，而且是行政色彩浓厚的政策话语，比如，培养“四有新人”“争三好，作标兵”“锻炼身体，保卫祖国”等，原本就不是从权利角度提出来的，也不可能作为权利来主张，但如果非要往人权话语上套，就难免圆凿方枘，缺乏说服力。

用，结合国际国内有关理论和实践，试对上述问题做初步的解答。在研究过程中，本文力图阐明这样一个核心观点：关于儿童教育的基本政策和制度，实质上都可以归结为如何界定和维护儿童的最大利益，其中的关键，一是儿童教育公平问题，一是儿童教育质量问题。同理，促进和维护儿童受教育的权利，实质上也都可以归结为如何界定和维护儿童的最大利益，其中的关键，一是儿童对教育公平的权利，一是儿童对教育质量的权利。

二、儿童受教育权的法理基础

迄今为止关于儿童教育的基础性讨论，实际上是围绕两个方面的问题展开的，一是儿童该不该、能不能受教育，二是儿童应该受什么样的教育。这两个问题，从政治学、行政学的角度看，是儿童教育由谁管、怎样管的问题。从法学的角度看，是由谁来承担儿童教育的责任和义务、承担什么样的教育责任和义务的问题；再转化为权利问题，就是儿童可以向谁提出教育权利要求、可以提出哪些方面的教育权利要求。法理出自事理而又观照事理，让我们从一些基本事实性问题入手，来分析儿童受教育权的法理基础。

（一）关于为什么受教育是儿童的一项权利：需求与权利

这个问题主要包含两个方面，一是儿童为什么要受教育？二是为什么要把儿童受教育的利益和需求宣布为权利？

1. 受教育是儿童作为人的基本需求

儿童受教育往往被看作是成人世界对儿童的某种恩惠，是为了儿童茁壮成长，或者是为了避免儿童走上邪路、“不学好”。其实，这在一定程度上反映了成人世界对儿童的虚伪与偏见。受教育是人之作为人的基本需求，儿童也不例外，只是因为儿童幼弱，缺乏行为能力，而需要成人社会的特别关注和扶助罢了。因此，在这里，我们只需要征引成人世界关于人之作为人对教育的基本需求的论证，就完全可以证明儿童教育需求的正当性。

1990年3月，由联合国教科文组织、儿童基金会、开发计划署和世界银行发起和组织的世界全民教育大会讨论并通过了《世界全民教育宣言》(下文简称《宣言》)，该《宣言》把“基本的学习需要”概括为四个方面：一是满足个人的生存和发展需要，即“人们为能生存下去、充分发展自己的能力、有尊严地生活和工作、充分参与发展、改善自己的生活质量、作出有见识的决策并能继续学习”；二是培养个人承担社会责任的能力和责任感，其社会责任的承担包括文化的、语言的和精神方面的，也包含环境、社会、政治和宗教方面的，其价值取向是人道主义和人权，以及国际和平与团结；三是通过文化和道德价值观的传递，发现和坚持个人以及社会的特性和价值；四是个人终身学习和人类发展的基础。[①] 为此，该《宣言》宣称，教育是为了尊重和满足人的生存和发展的需要，每一个人，包括儿童，“都应能获得旨在满足其基本学习需要的受教育机会”。

2. 儿童受教育的基本需求必须上升为权利

同儿童的其他重大利益一样，儿童在教育方面的利益也处在与成人世界诸多利益的矛盾冲突之中。不论是从《大卫·科波菲尔》等经典作品里，还是从当今世界的现实中，我们不难看到，儿童不论是失学、辍学，还是体罚式、填鸭式教育，实质都反映着成人的利益和意愿，是成人世界优先考虑自己的利益和意愿，而不是优先考虑儿童最大利益的结果。可以说，迄今为止儿童在教育问题上蒙受的诸多苦难和摧残，无不表现了成人世界的自私、贪婪、不公、虚伪和傲慢。

同保护儿童的其他重大利益一样，在教育领域，如果要保

---

① 《世界全民教育宣言》第1条。

证儿童利益得到优先考虑，就必须借助现代权利语言和法律制度，把受教育规定为儿童的一项权利，作为人权来保护，并建立一套相应的保障机制。从这个意义上讲，儿童最大利益原则是儿童受教育权利的核心和基础，而且贯穿了儿童受教育权利从设立到实施的全过程。伸言之，儿童受教育之所以要设立为儿童的一项基本权利或一项人权，不能在一般意义上仅仅凭据儿童之作为人就应当享有的一般权利，而是要从儿童成长的利益和需求的角度，确认受教育是儿童最大利益的要求。更重要的，是要看到，儿童受教育的利益要求时常处在被忽视、被侵犯、被扭曲的危险之中，必须通过权利与责任的制度设计，依靠国家、政府和社会的力量来满足和保障。这是我们讨论问题的出发点。也只有把握了这一点，才能较好地理解最大利益原则在教育领域里的要求和运用，理解教育公平、教育质量、教育选择等方面具体的儿童权利制度。

以上是从反面来看，也就是说，儿童受教育的基本需求常常被漠视或扭曲，需要通过权利化、法定化来保证其实现。从正面来看，儿童受教育权还可以从人之作为人所享有的学习权中推衍出来。儿童的这种学习权利，既立足于儿童受教育的特殊需求，也立足于儿童作为人类社会成员对教育的一般需求，是人之作为人的一项基本权利，是一项基本人权。1985 年 3 月，联合国教科文组织（UNESCO）第四次国际成人教育会议曾特别强调了学习权（learning right），并列举了以下权利内容：阅读和书写的权利；提出问题和思考问题的权利；想象和创造的权利；了解环境和编写历史的权利；接受教育资源的权利；发展个人和集体技能的权利。受教育是实现学习权利、满足学习需要的最重要的途径和方式，在此意义上，学习权是从作为人权的受教育权中衍生出来的一项权利。

需要指出的是，学习权概念本身还需要进一步求证和完善。仅就说明学习对儿童成长的重要性并倡导建立体现这种重要性的制度而言，现有的学习权概念是足够的，但是，作为一个新的权利概念，同许多在“权利膨胀”“权利爆炸”的“权利时代”[①]应运而生且层出不穷的其他权利概念那样，“学习权”在法学上还需要深入论证。国内已有学者对学习权进行研究，取得了一定成果。[②]中华民族是一个崇尚学习的民族，或许，学习权的法理依据，还可以从中国文化中的“德性权利”中去寻找。[③]

（二）关于谁是儿童受教育的责任主体：国家监护主义与自由主义

表述一种需求并把这种需求宣布为权利，是相对容易的，但是，确定与需求相对应的责任、与权利相对应的义务，则较为困难。权利是与义务相对应而存在的，没有义务主体承担相应的责任，权利主体的任何要求都将失去实际的意义。尽管对教育权的权利主体、义务主体及其相互关系还存在一些不同的认识，[④]但不

---

① “权利时代”（the age of rights）是美国法学家路易斯·亨金对当代社会的描述，参见［美］路易斯·亨金（L.Henkin）著：《权利的时代》，信春鹰、吴玉章、李林译，知识出版社 1997 年版。关于对权利时代的评述，参见夏勇、高鸿均、贺卫方、张志铭主编：《走向权利的时代——中国公民权利发展研究》，中国政法大学出版社 2000 年版。夏勇：《中国民权哲学》，生活·读书·新知三联书店 2004 年版。

② 比如，尹力教授结合联合国教科文组织《学习权宣言》，对儿童受教育权与学习权的联系与区别专有论述，参见尹力：《儿童受教育权：性质、内容与路径》，教育科学出版社 2011 年版，第 44–68 页。另参见杨成铭：《受教育权的促进与保护》，中国法制出版社 2004 年版，第 52–55 页。

③ 关于从中国文化角度论证“learning（学习）”为一种权利，参见夏勇：《中国民权哲学》，生活·读书·新知三联书店 2004 年版，第 57–130 页。

④ 我国学界有多种值得讨论的观点，比如，有的认为国家、学校、父母、社会、学生都享有教育权。同时，国家、学校、父母、社会也都承担施教的义务。参见尹力：《儿童受教育权：性质、内容与路径》，教育科学出版社 2011 年版，第 197–198 页。有的认为，受教育既是权利，也是义务，教育权是权利和义务的复合体。这一观点主要根据我国《宪法》第 46 条。有的则认为，从现代国际法的视角来看，教育权是一项纯粹的权利，既不是权利与义务的复合体，更不是一项义务。参见杨成铭：《从国际法角度看受教育权的权利性质》，载《法学研究》2005 年第 5 期，第 127 页。

容否定的是，历史上，儿童教育的责任主体大致经历了一个从家庭、教会到国家的发展变化过程。起初，责任主体并不是作为与权利主体相对应的义务主体而存在的，因为那个时候并不存在儿童教育权利概念。

儿童教育责任主体的变化，既反映着教育思想、教育观念的变化，也反映着教育关系、教育制度的变化。在欧洲启蒙时代之前，儿童的教育主要由父母和教会掌管，现代世俗国家出现以后，教育才被视为具有公共性质的国家事务。18 世纪，多数欧洲国家试图规范儿童、父母、教会以及其他教育机构在教育事务方面的复杂关系，开始实施强制入学和类似的措施。到了 19 世纪，教育才被一些欧洲国家正式确立为国家责任，且独立于教会。①

当时的自由主义思想家并不提倡国家过度介入儿童的教育事务。比如，约翰·米勒主张父母承担教育儿童的主要职责，国家的责任在于监督父母完成对子女的教育义务。② 这样的自由主义教育观，一方面，强调父母承担儿童教育的主要责任。父母享有对子女的教育自由，突出体现在，在法律许可的范围内选择子女受教育的种类。另一方面，国家有责任确保最低限度的儿童受教育权的实现，即通过强制入学、通过法律规范学校课程和管理制度等来确保每个儿童受到足够的教育。③

19 世纪初，在贺拉斯·曼等教育改革者的推动下，美国发起了以实施普及初等国民教育的“公立学校运动”（common school

---

① ［奥］M. 诺瓦克：《受教育权》，载 A. 艾德、C. 克洛斯、A. 罗萨斯主编：《经济、社会和文化权利教程（修订第二版）》，中国人权研究会组织翻译，四川人民出版社 2004 年版，第 200—201 页。

② ［英］约翰·密尔：《论自由》，许宝骙译，商务印书馆 2005 年版。

③ ［奥］M. 诺瓦克：《受教育权》，载 A. 艾德、C. 克洛斯、A. 罗萨斯主编：《经济、社会和文化权利教程（修订第二版）》，中国人权研究会组织翻译，四川人民出版社 2004 年版，第 201—202 页。

movement)，国家在儿童的教育事务上开始发挥前所未有的作用。到 19 世纪 60 年代，美国确立了面向全民的、免费的、世俗性的公立学校体系，此后进一步发展到中学教育。19 世纪到 20 世纪，在一些国家，国家的教育责任有了进一步发展，相较于父母、家庭，国家将承担比以往更重要的教育责任。在立法上，苏联在当时走在了前沿，1936 年《苏联宪法》第 121 条规定了受教育权以及保证其实施相应的国家责任。苏联儿童的受教育权通过享有各级免费义务教育得到保障。[①]

（三）关于如何体现儿童的权利主体地位：教育目标与教育行为

由儿童的年龄、知识、能力的特殊性所决定，儿童权利有一个不同于其他权利的特点，就是权利主体往往缺乏实际的权利能力和行为能力，儿童的受教育权利也不例外。这就提出了一个怎样尊重和体现儿童作为权利主体的应有地位的问题。既然儿童难以靠自己对一些重大问题作出判断和取舍，就应该通过确定合理的教育目标，规范有关教育行为来更多地做到以儿童为本位、体现儿童的主体性。正是在这一点上，体现了成人世界在善待儿童方面的进步，也体现了人类教育文明的进步。

1. 对国家监护主义的反思

尽管在国家监护主义之下，儿童教育利益保护的稳定性、可靠性比起受控于父母、家庭、教会的旧时代得到增强，但国家监护主义也面临一些问题。

首先，国家的教育目的往往掺杂着政治利益以及不同的文化价值观，而这些利益和价值观与儿童个人的利益不尽相同，甚至

---

① ［英］罗素：《罗素论教育》，杨汉麟译，人民教育出版社 2009 年版，第 35 页。

相悖。罗素在《罗素论教育》一书中曾提到，不同文明产生不同的教育，并指出不同国家的教育目的、特点以及弊端。比如，古代中国教育具有顺从怀疑主义的弊端，而现代日本教育又具有截然相反的顺从教条主义的弊端。现代日本以国家强大为教育的最高目的，日本教育的宗旨在于造就公民，一方面，“通过情感培训不惜为国家肝脑涂地”；另一方面，“通过对知识孜孜不倦的追求而成为国之良才”。[①] 为此，日本通过推行国家主义、专制手段、效忠天皇教育等措施，获得了富国强兵的国家利益。也许这样的教育方法对于致力于争取“国家利益”的政治家很受用，但很难得到“传道育人”的教育家的认同。[②]

历史上，国家将儿童教育作为实现政治目的的工具的事例并不少见，如英国公学曾一直保留贵族化教育，这样的教育培养出一批“精力旺盛、不畏艰苦、体格强健、信念坚定、严明正直”，“确信自己在世上承担重要的使命”的社会精英，其目的是为英国本土及其海外属地培养一批执掌权力的高官显贵，令贵族政治得以延续。但面对贵族政治失势的局面，这些引导英国社会发展的社会精英却丧失了应有的理智和同情心，君主被迫实施暴政，而暴政却进一步激起反叛。[③] 这样以国家政治目的为目标的教育随着社会的发展和时代的变迁，最终成为推翻其政治权力的加速剂。再如，美国一度奉行排他式的爱国主义教育，对学生灌输对旧世界优点鄙夷的思想。但实际上，美国公立学校所宣称的旧世界的种种不足，似乎并不十分切合实际。“除西班牙和葡萄牙以外，整个西欧的宗教迷信程度较之美国要低。在欧洲国家，个人

---

① ［英］罗素：《罗素论教育》，杨汉麟译，人民教育出版社2009年版，第31页。

② 罗素“无法大加称颂”日本“对于追求上述教育目标所采取的手段”。［英］罗素：《罗素论教育》，杨汉麟译，人民教育出版社2009年版，第31页。

③ ［英］罗素：《罗素论教育》，杨汉麟译，人民教育出版社2009年版，第33–34页。

受制于群体支配的现象较之美国要少，尽管政治上的自由比较少，肉体上的自由却比较多。”[①] 罗素认为，这是将学生视为达到目的的工具，而不是教育目的的本身。

其次，即便将国家监护主义的因素抛开，**不同文化背景下的教育思想和施教者的价值追求也会对儿童的教育利益产生重要影响。**那些对社会发展和教育实践具有举足轻重意义的思想家，在国家教育方式的推动和改变方面发挥了重大作用。比如上文所讨论的英国公学的贵族化教育就与阿诺德博士所提倡的教育制度关系密切；而孔子的儒家学说成为中国古代的主流意识。按照罗素的观点，阿诺德博士向往“谦卑”（humbleness of mind），亚里士多德则欣赏“豁达之士”（magnanimous man）。很多欧洲民众信仰基督教，但康德[②] 和尼采[③] 的理想是非基督教的。基督欣赏博爱，但康德认为以博爱为动机的行为并非美德。不同人对美好品性的构成要素见仁见智，人们或有注重学识，或有注重勇气，或有注重正直，或有注重仁慈。教育家们有的将个人对国家的义务置于个人情感、家庭之上，如老布鲁图斯；有的则相反，如孔子。[④]

罗素认为，教育应当以学生本身为教育目的，正确的教育方法有两个要素：一是施教者对孩童、年轻人的热爱；二是施教者应当持有正确的教育观念。对于后者，尽管不同的人具备不同的品性，并被不同的社会行业所需要，但“将活力、勇敢、敏感以

---

① ［英］罗素：《罗素论教育》，杨汉麟译，人民教育出版社2009年版，第36页。

② ［德］康德（Immanuel Kant, 1724–1804），德国哲学家，唯意志论者。

③ ［德］尼采（Friedrich Nietasche, 1844–1900），德国哲学家，德国古典唯心主义创始人。

④ ［英］罗素：《罗素论教育》，杨汉麟译，人民教育出版社2009年版，第28页。

及智慧结合便可奠定理想品格的根基”。[①]

可见，国家监护主义虽然为儿童教育利益提供了诸多积极方面的支持和保护，但在政治利益面前，儿童利益也往往受到忽视，儿童教育很容易成为国家实现其政治意图的工具，这就需要通过对教育目标和教育行为的限定，来防止和遏制儿童教育的异化。

2. 对儿童教育目标和教育行为的规制

从林林总总的国际人权文书里，我们几乎随处可以看到人类对教育的若干共识，比如，教育的目标在于“充分发展人的个性并加强对人权和基本自由的尊重”[②]，使“人的尊严的充分发展”、“所有的人能有效地参与自由社会”[③]，“能够获得体面的生活，提高生活水准并成为对社会有用的成员”[④]，此外，教育的目标还包括“促进各国、各种族或各宗教集团间的了解、容忍和友谊，并应促进联合国维护和平的各项活动”[⑤]，促进“意识形态的多样性、正义与和平”[⑥]。国际人权法学者诺瓦克（Manfred Nowak）教授认为，目前人们对受教育权的主要目标存在广泛共识，主要体现在：

（1）使人的个性和尊严自由地发展；

（2）使人能够本着相互容忍和尊重其他文明、文化和宗教的精神，积极地参加自由社会；

---

① ［英］罗素：《罗素论教育》，杨汉麟译，人民教育出版社2009年版，第36-38页。“在教师缺少爱心的地方，无论是品性还是智力都不会得到良好的或自由的发展；而这种爱实质上是将孩子作为目的的‘感觉’（feeling）。”参见第36页。

② 《世界人权宣言》第26条第2款。

③ 《经济、社会和文化权利国际公约》第13条第1款。

④ 《美洲人权利和义务宣言》第12条。

⑤ 《世界人权宣言》第26条第2款。

⑥ 《美洲人权利和义务宣言》第12条。

（3）培养对父母、本国的民族价值观和自然环境的尊重；

（4）培养对人权、基本自由及维护和平的尊重。[①]

对儿童教育目标的全面表述，见于1989年《儿童权利公约》第29条第1款，该款明确规定国家确保儿童受教育的目的在于：

（1）最充分地发展儿童的个性、才智和身心能力；

（2）培养对人权和基本自由以及《联合国宪章》所载各项原则的尊重；

（3）培养对儿童的父母、儿童自身的文化认同、语言和价值观、儿童所居住国家的民族价值观、其原籍国以及不同于其本国的文明的尊重；

（4）培养儿童本着各国人民、族裔、民族和宗教群体以及原为土著居民的人之间谅解、和平、宽容、男女平等和友好的精神，在自由社会里过有责任感的生活；

（5）培养对自然环境的尊重。

综上所述，儿童受教育权利的形成过程中，有三个要素必不可少：一是确认儿童的教育利益需求并以权利语言和制度表述出来，二是国家作为主要的义务主体对儿童教育承担责任，三是儿童教育不仅要加以普及，实现儿童教育机会平等，而且，教育目标和教育行为也要以儿童为中心，严格而又宽泛地限定在对人及其权利尊重的范围内。

---

① ［挪］奥斯本·艾德等主编：《经济、社会和文化权利教程（修订第二版）》，中国人权研究会组织翻译，四川人民出版社2004年版，第204页。

三、儿童受教育权的表述方式

对儿童受教育权的经典表述，首先是人权意义上的一般表述，即《世界人权宣言》第 26 条规定："人人都有受教育的权利。"再就是《儿童权利公约》第 28 条规定："儿童有受教育的权利，在机会均等的基础上逐步实现此项权利。"但是，如何界定和表述儿童受教育权的内容，长期以来却一直众说纷纭。笔者以为，其中遇到的主要问题，是宽泛的政策目标的表述较多，严格的法律义务的表述较少，在很多场合，人们只能从宽泛的政策表述里，推导出相应的政策义务，这种权利推定方式，① 在很大程度上影响了受教育权作为一项硬性的法律权利的实现。

从表述受教育权的方式来看，较为常见、且富有启发的，主要有目标—责任列举式、权利—义务分析式和抽象概括式。

（一）目标—责任列举式

这种表述方式，通常是在宣布"人人都有受教育的权利"的同时，通过阐述教育目标和国家、政府的相应责任、义务来界定受教育权的内容。在国际文书里，多通过列举政策目标和相关责任来表述儿童受教育权的基本内容。比如，《世界人权宣言》第 26 条叙述了三项内容：一是初等教育免费、职业和技术教育普遍设立、高等教育依据成绩平等开放等积极的国家义务；二是教育的基本目的在于"发展人的个性并加强对人权和基本自由的尊

① 关于权利推定，参见郭道晖：《论权利推定》，载《中国社会科学》1991 年第 4 期，第 179-188 页。参见夏勇：《权利的推定与推行——米尔恩人权观点评述》，载《中国法学》1992 年第 1 期，第 26-31 页。

重”；三是尊重父母对子女教育种类的优先选择权。[①] 这样的表述也较多见诸于联合国《经济、社会和文化权利公约》和联合国《儿童权利公约》。

这种表述方式最为流行，广泛用于一些国家的宪法和教育法。我国法律的相关表述，主要见诸于《宪法》第19条、第46条、第49条第2款；《教育法》第9条；《义务教育法》第2条、第4条、第5条、第14条、第27条、第29条。比如，《中华人民共和国宪法》第19条规定：“国家举办各种学校，普及初等义务教育，发展中等教育、职业教育和高等教育，并且发展学前教育。”“国家鼓励集体经济组织、国家企业事业组织和其他社会力量依照法律规定举办各种教育事业。”第46条规定：“中华人民共和国公民有受教育的权利和义务。国家培养青年、少年、儿童在品德、智力、体质等方面全面发展。”第49条还明确规定父母有抚养教育未成年子女的义务。

（二）权利—义务分析式

这种表述方式通过分析受教育权的权利主体与义务主体之间的行为关系，来界定受教育权的内容。这是一种法学意味比较浓厚的表述方式。比如，把受教育权分为积极权利与消极权利。保障积极的受教育权利，就是作为权利相关方的国家、政府必须履行积极作为的义务来促进和保障受教育权的实现；保障消极的受教育权利，就是国家、政府和其他义务主体必须承担某些不作为

---

① 《世界人权宣言》第26条规定：“1. 人人都有受教育的权利，教育应当免费，至少在初级和基本阶段应如此。初级教育应属义务性质。技术和职业教育应普遍设立。高等教育应根据成绩而对一切人平等开放。2. 教育的目的在于充分发展人的个性并加强对人权和基本自由的尊重。教育应促进各国、各种族或各宗教集团的了解、容忍和友谊，并应促进联合国维护和平的各项活动。3. 父母对其子女所应受的教育的种类，有优先选择的权利。”

的义务。与“积极权利”“消极权利”划分理论的流行相适应，这样的研究在国际学界颇为流行。我国有学者研究认为，国家保障受教育权利实现的积极义务主要有四方面的内容：一是在教育理念和原则方面明确教育机会均等；二是国家应当明确制定教育目的，即鼓励人的个性和尊严的充分发展，加强对人权和基本自由的尊重等；三是完善相关教育制度，如学校教育制度、奖学金制度、改善教员的物质条件、规定学校及其他教育机构的最低限度标准等；四是保障受教育者的权利，如保障儿童获得教育和职业方面的指导信息、采取措施鼓励学生按时出勤、降低辍学率、确保学校执行纪律的方式符合儿童的人格尊严等。① 相应地，国家对受教育权需要履行的消极不作为义务主要体现在三个方面：承认和尊重人受教育的权利、父母的教育选择自由权、社会的办学自由权。②

（三）抽象概括式

这种表述方式试图对受教育权的内容（基本特征）进行某种集中的抽象表述，较为典型的，是把联合国《经济、社会和文化权利国际公约》第 13 条第 2 款规定的受教育权的基本特征要求概括为“4 个 A”，即可提供性（Availability）、可获取性（Access）、可接受性（Acceptability）和可调适性（Adaptability）。③ 这一表述方式大概是在通行的教育权定义尚且缺乏的情况下的一种有些无奈、但又不失明智而有益的探索。其优点，一是更贴近实际，即贴近受教育者的实际行为和感受，二是较为全面，揭示了受教育权必须包含的几项关键内容。

---

① 尹力:《儿童受教育权：性质、内容与路径》，教育科学出版社 2011 年，第 29 页。

② 尹力:《儿童受教育权：性质、内容与路径》，教育科学出版社 2011 年，第 30 页。

③ 联合国经济、社会和文化权利委员会，《经济、社会和文化权利国际公约》第十三号评论，E/C.12/1999/10，第 6 段。

四、儿童受教育权的复合特征

以上我们简述了儿童受教育权的法理基础，并通过对几种表述方式的概括分析，从不同的侧面展示了儿童受教育权的内容。那么，儿童受教育权究竟是一种什么意义上的权利？究竟属于哪一类权利？究竟包含哪些基本内容？

回答这类问题时，我们要多一份小心谨慎，因为对权利的归类和界定，直接涉及相应的义务主体和义务内容的设定。如果权利设定的面不够宽或过于窄小，相应的义务内容也会受到挤压，义务主体的面也会“收窄”。从儿童最大利益角度看，儿童教育权应当被看作一种涉及面很宽泛、包含多种权利类别、具有综合性、概括性的权利，因为只有这样，国家、政府和社会才能切实担负起保护儿童的“无限责任”。可以说，儿童受教育权是一种具有复合性质的权利。

（一）同属三代人权

实际上，最近一些年来，在国际人权法领域，我们在讨论某项权利时，已经不再提倡将其严格地归为某一类，如“公民、政治权利”或是“经济、社会和文化权利”，①在讨论相应的国家义务时，也不再简单地严格划分消极国家义务或积极国家义务。就儿童受教育权来讲，它同时具有公民、政治权利，经济、社会、文化权利和发展权这三代人权的权利属性。比如，教育平等、尊重个人尊严、严禁各种形式的体罚、有辱人格的待遇等属于第一代人权范畴；初等教育的义务性及免费、普遍设立中等级教育、

① 这在一定程度上，也是为了逃出第二代人权的困境。参见何海岚：《〈经济、社会和文化权利国际公约〉实施问题研究》，载《政法论坛》2012 年第 1 期。

高等教育平等开放等属于第二代人权范畴；教育的目的本身是为了实现人的发展权，相关表述在各类国际文书所宣示和规定的"教育目的"或"教育目标"里，显然属于第三代人权范畴。

儿童受教育权的这个复合特点，与教育权本身所具有的复合性是一脉相承的。[①] 既然儿童受教育权的内容是多维度、开放的。我们应当从不同的维度或方面来展示和分析儿童受教育权，[②] 在探讨某项权利所包含的内容以及国家所应承担的义务时，采取开放列举的方式，从而避免以偏概全，特别是避免因我们对某些权利自我设限，而妨碍国家和社会承担应尽的义务。当然，权利的复合性和与之往往伴随的权利与义务的复合性，有时候会冲淡或软化权利作为一项诉求、一项主张的刚性，这种刚性主要是权利可以诉诸法院（resort to court），获得有效的司法救济。[③]

（二）同具三类义务

权利与义务是相辅相成的。既然我们把儿童受教育权看作一项横跨三代人权的综合性权利，采用多维度、开放式的方法来列举和界定，那么，我们对相应义务的列举和界定，也不必囿于传统的义务类别。为了更好地保护儿童最大利益，我们不

---

① 诺瓦克（Manfred Nowak）曾推断受教育权可能是同时归属三代人权的权利。M. 诺瓦克：《受教育权》，载 A. 艾德、C. 克洛斯、A. 罗萨斯主编：《经济、社会和文化权利教程（修订第二版）》，四川人民出版社 2004 年版，第 205 页。联合国经济、社会和文化权利委员会在 1999 年 5 月 10 日发布的第十一号一般性评论，第 2 段，强调"受教育权象征着一切人权不可分割性和相互依赖性"。UN.doc.E/C.12/1999/5（1999）, para.2.

② 杨成铭：《受教育权的促进和保护》，中国法制出版社 2004 年版，第 55 页。

③ 有西方学者认为，强调权利与责任的普遍统一性是社会主义宪法特有的特征，这种强调权利与义务的复合或互为条件的观念与自由主义人权价值相悖，因而被那些倡导自由主义人权的国家的法律制度所拒绝。A. 艾德、C. 克洛斯、A. 罗萨斯主编：《经济、社会和文化权利教程（修订第二版）》，四川人民出版社 2004 年版，第 206 页。

妨将相应的国家义务分为以下三个维度或层次：不干预、不侵犯和积极行动。[①]

“不干预”是指国家、政府不干预受教育权范畴内的相关自由权利，如父母的教育选择自由权利、学术自由权和机构自主权等，不干预的义务主体主要指国家、政府机构。

“不侵犯”是指国家、政府机构以及任何第三方团体或个人不得以任何形式侵犯儿童受教育权范畴下的任何权利，比如不侵犯教育范畴下的平等权利，包括性别、区域、宗教信仰、种族、社会地位、经济状况等维度的教育平等权利，再比如不侵犯儿童的个人尊严、[②]身心完整和健康，包括禁止体罚、“身心摧残、伤害或凌辱，忽视或照料不周，虐待或剥削，包括性侵犯”。[③]“不侵犯”的义务主体主要是国家、政府机构，国家、政府机构除了确保立法、执法、行政措施不侵犯相关权利外，还要采取一切适当的立法、行政、社会和教育措施确保任何第三方团体或个人不侵犯儿童的受教育权。如果发生了侵权行为，国家、政府机构必须要采取矫正和救济措施，来确保相应权利得到实现。

“积极行动”包括制定承认相关权利的法律法规、实施行政措施、制定目标计划和改革方案、设立设施设备、合理调配资源、开展国际合作、寻求国际援助等。其义务实施主体依然是国家和政府机构。这样的划分不建立在资源耗费与否的前提上，与国家的经济水平无关，而是直观地依照国家履行保护人权的责任义务的主观能动程度。同时，国家履行人权保护义务的积极属性也逐渐增强，采取的积极主动的措施也随着不干预、不侵犯和积极行动这三个层次递增。

① 有关国家义务的分类，参见孙世彦：《论国际人权法下国家的义务》，载《法学评论》2001 年第 2 期，第 91—96 页。

② UN.doc.E/C.12/1999/10（1999）, para.41. 另见 U.N. Doc.CRC/C/153（2006）.

③ 《儿童权利公约》第 19 条第 1 款。

五、儿童受教育权的基本内容

（一）“有学上”与“上好学”

那么，对儿童来讲，享有受教育权究竟意味着什么？笔者主张，可以从教育公平和教育质量这两个方面来具体界定和表述儿童的受教育权利。伸言之，儿童在教育方面的利益，主要有两点，一是“有学上”，二是“上好学”。

“有学上”即接受基本的教育，是儿童最基本的利益，需要优先考虑。“上好学”即接受有一定质量的教育，也是很重要的利益，需要同等考虑。不然的话，“上了不如不上”，不仅耽误了宝贵时光，甚至还可能蒙受身心伤害。“有学上”和“上好学”这两个方面，简单讲，就是上学的权利，它们体现了儿童在教育方面的最大利益，需要通过权利制度来加以维护和保障。可以说，作为一项基本权利，儿童享有的受教育权主要包括两个方面，一是接受基本教育的权利，即儿童按照平等、均衡原则接受教育的权利，二是接受良好教育的权利，即儿童按照有利于身心自由、全面发展原则接受教育的权利。这两类权利，前者主要涉及教育公平问题，后者主要涉及教育质量问题，因此，这两类权利也可以直接表述为：儿童的教育公平权与儿童的教育质量权。

（二）公平权与质量权

对于把公平作为儿童教育权的基本内容，大概没有什么异议，但是，明确把质量作为儿童教育权的一项内容，并且至少与公平权放在同等重要的位置上，这样的界定和表述，似还需要作进一步的论证。

第一，从儿童教育利益要求的全面性、历史性来看，把质量权和公平权一起作为儿童受教育权的两个基本内容，能够更全面、更集中地反映儿童作为受教育者的利益要求。随着工业化、城镇化、信息化的发展，教育普及已经不能全面反映儿童的教育利益，教育质量已经发展成为儿童教育利益的不可或缺且日愈关键的部分，事关儿童的身心健康和全面发展。这就像在迈向小康社会的过程中，人人温饱已经不能全面反映人们的利益要求，而至少必须把食品安全和健康放到与人人温饱相同重要的位置上。

第二，从防止对儿童利益侵害的紧迫性和针对性来看，把质量权和公平权一起作为儿童受教育权的两个基本内容，更能体现权利的本质。回顾人类权利发展史，凡借助人权语言来表达的人类利益和愿望，皆受到损害、侵害最为严重而又最无助。[①] 从我国目前的教育状况看，公平和质量至少是两个等量齐观的问题。由于质量问题具有隐蔽性、内在性、持久性，对儿童的伤害甚至比公平问题更为严重。可以说，教育质量对儿童的伤害，一如食品质量对人们的伤害，已经超出预料、超出想象，这种伤害，不仅对儿童而且对中华民族的整体文明发展都是长久的、持续的、难以短期治愈的。但是，迄今为止，教育质量在很大程度上仍然被当作教育行政机构和教书育人者的道德责任和行政责任，而且履行这些责任带有很强的行政自由裁量的性质，缺乏必要的法律上的强度。设定权利，是奔着义务走的，教育质量权利的义务主体无疑是教育行政机构和学校。明确而坚定地把教育质量宣布为一项儿童权利，有利于增加和强化教育行政机构和学校的质量义务，遏制和防止低劣的教育质量对广大儿童的伤害，也有利于儿童及其家庭等作为教育质量权利主体来共同参与教育质量管理，从而推动教育质量管理的民主化、权利化、法制化。

---

① 从人权产生发展的历史看，人权不仅是道德权利（moral rights）、普遍权利（universal rights），而且是反抗权利（antagonistic rights）。参见夏勇：《人权概念起源——权利的历史哲学》，中国政法大学出版社 2001 年修订版，第 170 页。

第三，从法学和人权学的一般逻辑要求来看，把质量权和公平权一起作为受教育权的两个基本内容，有利于建立更具有完整性、科学性的教育权利体系。或许是因为受教育权是多维度的，涵盖三代人权（如前文所述），许多学者通常把受教育权划分为自由权、福利权和发展权，或者福利权、自由权，或者福利权、自由权和平等权等。[①] 这些划分都是合适的，但在逻辑上，这样的权利分类缺乏具有同一性的逻辑依据，我们很难讲清所谓自由权、福利权、平等权或发展权之间的逻辑关系，很难讲清哪一种权利更为根本，权利之间有怎样的推定关系，也很难讲清在遇到权利冲突的情况下，如何确定哪种权利应当优先考虑。教育公平权和教育质量权，是就儿童教育的基本方面而言的，既在内容上具有对等的基本性，又具有相同的"母权利"地位。教育公平权可以作为迄今为止大多数涉及自由、福利、发展的教育权利的"母权利"，能够与之在内容、地位和功能上对等的，只有教育质量权。教育质量权包括涉及教学设施质量、教学内容质量、管理制度质量和学生全面发展质量等方面的丰富内容，既可以作为某些教育福利权的根据，也可以作为某些教育自由权的根据。比如，根据质量权，儿童有不受体罚的权利，1989 年联合国《儿童权利公约》第 28 条第 2 款就专门强调，"缔约国应采取一切适当措施，确保学校执行纪律的方式符合儿童的人格尊严及本公约的规定"；根据质量权利，儿童还有更多的教育自由权，不仅有权利根据教育质量的优劣而选择不同学校，而且有权利为了更好地因材施教、更好地保护儿童身心健康发展而选择"自教"，这无疑为在符合某

① 有学者认为，目前，虽然学术界对受教育权的概念和内涵存在不同的理解和解释，但一般都认为，受教育权的内容在性质上包括两个方面，一方面是受教育的福利权，另一方面则是受教育的自由权。除以上两个方面外，根据宪法及教育法所确立的原则，公民还应享有平等的受教育权。参见申素平：《从受教育权保护的视角看新的〈中华人民共和国义务教育法〉》，载《中小学管理》2007 年第 3 期，第 27–28 页。

种国家标准的前提下的自办教育提供了教育自由的法理依据。

可见，把质量权作为受教育权的基本内容加以突出，符合儿童教育发展的客观规律，也符合中国的实际，符合儿童权利保护的基本精神。

当然，正如公平问题和质量问题密切相关那样，儿童教育公平权和教育质量权的区分也不是绝对的，它们既有区别，又有联系。比如，“择校权”等对不同教育质量的选择权，如果在现实中往往是“以权择校”“以钱择校”，就应该在很大程度上归属于教育公平问题[①]。又比如，在美国反对中小学种族隔离的法律发展过程中，白人学校的教学质量往往高出一筹，对黑人儿童的平等对待，就既涉及教育公平权，又涉及教育质量权。

① 参见尹力《儿童受教育权：性质、内容与路径》，教育科学出版社2011年版，第92-95页。

第八章
儿童的教育公平权

确立和保护儿童教育公平权代表了教育政策和制度发展的进步方向。儿童教育公平的重心在于机会平等，机会平等则要求入学公平，入学公平则要求免费教育和禁止歧视。在国际法上，教育机会平等已经成为一项最低限度的、核心的、即刻可行的国家义务。从世界历史看，免费教育和禁止歧视作为儿童权利，是通过长期斗争得来的，其中立法保护和司法支持尤为重要。我国宪法、教育法强调教育平等，2006年修订的义务教育法较多引入权利语言，并相应增加了具体义务和责任的规定，开启了儿童受教育权从“软权利”开始向“硬权利”的转变。但是，从价值观念水平、制度均衡水平、司法保护水平三方面看，其离儿童最大利益原则还有差距。对我国隐匿儿童入学问题的案例分析表明，儿童教育公平问题远非教育政策与教育制度设计问题，它与户籍制度、计生制度、收养制度、社会救助制度等密切相关。

亚里士多德说，“所谓‘公正’，它的真实意义，主要在于‘平等’”[①]，平等就是“类似的事物应该得到类似的对待，不同的事物应该按照它们的不同给予不同的对待”[②]。但是，这种“类似的对待”、“不同的对待”也有复杂的含义，比如，法律上讲的权利平等主要是形式上的平等，这种形式上的平等是用来维护、遮掩事实上的不平等，还是用来改变、消除事实上的不平等？或者，干脆不讲形式上的平等，赤裸裸地用法律维护事实上的不平等，实行差别对待，如古人所云“惟齐非齐、有伦有要”[③]，在制度上规定不同阶层、不同肤色、不同智力的儿童接受不同的教育、上不同的学校？

公平的确是一个具有复杂性、主观性的概念。既有法律上的公平，也有事实上的公平，还有感觉上的公平；既包括对平等者以平等待之，如教育面前人人平等、法律面前人人平等，也包括对不平等者以不平等待之，以促使其平等，如采取某些优惠的、倾斜的政策措施。不过，我们不能却步于复杂性、主观性。要看到，不论公平问题如何复杂、如何主观，追求、促进和保障平等权利无疑代表了人类社会的进步方向，确立和保护儿童的教育公平权无疑代表了教育政策和制度发展的进步方向。我

① 亚里士多德：《政治学》，吴寿彭译，商务印书馆1965年版，第153页。

② Christopher Berry Gray (ed), *The Philosophy of Law: An Encyclopedia*, New York and London: Garland Publishing, 1999, p.263.

③ 《尚书·吕刑》：“刑罚世轻世重，惟齐非齐，有伦有要。”庄子似乎看得很明白，他说，“以不平平，其平也不平”。(《庄子·列御寇》)

们应当做的，是拨开公平理论的枝蔓和迷雾，深入探索儿童教育公平的客观规律和内在法则，从本国的实际出发，寻找教育公平的现实落点和途径，从而有力地向一切损害儿童利益的不公平、非正义宣战。

一、儿童教育公平权的含义与重心

（一）何谓教育公平

1. 教育公平原则

教育公平问题常常触动社会道德的敏感神经，涉及政策和法律制度设计的深层问题。对于何谓公平，往往受到主观性价值观的影响，关键是要把握好具体的公平原则。我国学者针对实际问题，对教育公平原则作了许多探讨，富于启发。[①]如有的学者认为，在儿童的义务教育阶段，教育公平权意味着教育需要符合两条原则：一是形式原则；二是现实原则。[②]

形式原则，一是"基于公民资格标准"，即只要具备公民资格，就有权获得与其他社会成员同等的公共教育资源。二是"基于需求标准"，即如果公共教育资源的配置能够满足个体的教育需求，那么这就符合教育公平的标准。

---

① 如褚宏启：《关于教育公平的几个基本理论问题》，载《中国教育学刊》2006年第12期，第1–4页。褚宏启、杨海燕：《教育公平的原则及其政策含义》，载《教育研究》2008年第2期，第10–16页。杨东平：《从权利平等到机会均等——新中国教育公平的轨迹》，载《北京大学教育评论》2006年第2期，第2–11页，第189页。杨东平：《教育公平的理想与现实》，北京大学出版社2006年版。周洪宇：《教育公平——维系社会公平正义的基石》，中国人民大学出版社2014年版。鲍传友：《教育公平与政府责任》，北京师范大学出版社2011年版。熊丙奇：《教育公平：让教育回归本质》，华东师范大学出版社2014年版。相关优秀论著、论文不胜枚举，此不一一赘述。

② 该观点及下文有关形式原则和现实原则的论述摘引自尹力：《儿童受教育权：性质、内容与路径》，教育科学出版社2011年版，第83–86页。

现实原则包含三个方面：一是机会平等原则：包括入学机会平等和竞争过程中的机会平等；二是弱势补偿原则，即通过区别对待，来确保处于社会不利地位的儿童最低限度的起点公平；三是可选择性原则，是为了使得每一个儿童获得最大限度的发展，确保儿童接受可选择性的教育。笔者尤为赞同现实原则，因为它不仅体现了受教育权中的自由权利属性，而且还体现了这样一种意向，即受教育权并不囿于经济、社会和文化权利的范畴，它要求国家从多层次同时履行义务。

2. 教育公平的重心在机会公平

儿童教育公平的重心，应当放在机会平等。从国际人权文书来看，通常多在机会公平的意义上来界定儿童的受教育权。比如，《儿童权利公约》第 28 条第 1 款规定："缔约国确认儿童有受教育的权利，为在机会均等的基础上逐步实现此项权利。"2011 年，教育权特别报告员基肖尔·辛格先生（Kishore Singh）特别就"促进教育机会平等"的问题，向联合国人权委员会提交了报告。他认为，尽管保护教育权要求各缔约国履行多种国际法律义务，但是，促进教育机会平等对于各国实现教育权具有普遍的重要性。无论是面临着社会、经济不平等挑战的发展中国家，还是在试图确保每个人教育机会平等的发达国家，都需要解决这个共同的问题。①

3. 机会平等的重心在入学公平

从儿童实现最大利益的角度看，入学公平是最大的公平，应当把教育公平权的重心放在入学机会的平等上，简言之，就是入学公平权。儿童的入学公平权，主要包含两个方面的意思。一方面，作为一项积极权利，儿童的入学公平权主要就是接受免费教

---

① Kishore Singh, "Report of the Special Rapporteur on the Right to Education: The Promotion of Equality of Opportunity in Education", A/HRC/17/29, p.1., p.5.

育的权利；另一方面，作为一项消极权利，儿童的入学公平权主要就是免予歧视的权利。

（二）国际人权法上的教育公平

在国际人权领域，国际社会已经通过大量的人权文书和解释，试图帮助缔约国正确理解教育公平的标准，以便缔约国能够采取措施确保教育公平权。

联合国《经济、社会和文化权利国际公约》通过第 13 条规定了受教育权的基本内容。联合国经社文权利委员会在其第十三号一般性评论中所强调的教育的可获取性，首先提到的就是禁止歧视。[①] 禁止歧视和平等待遇是缔约国必须遵守的最低限度的核心标准，“禁止歧视并不受到逐步实现或获得资源的限制；它应该充分、立即地适用于教育的所有方面。它的范围包括在国际上禁止受到歧视的理由。”[②] 这些理由包括《取缔教育歧视公约》条款中所列举的内容。

《儿童权利公约》第 28 条第 1 款的规定更为明确，它规定“缔约国确认儿童有受教育的权利，为在机会均等的基础上逐步实现此项权利……”。《儿童权利公约》第 28 条的核心宗旨在于确认儿童享有受教育的权利，更重要的，是确定“缔约国在建立教育体系和确保教育准入方面的义务”。[③] 在联合国儿童权利委员会第一号一般性意见中，委员会强调“无论是公开歧视或是隐蔽的歧视，都是有悖于儿童的作为人的尊严，可能破坏甚至摧毁儿童从教育机会中获益的能力。剥夺儿童的受教育机会主要是《儿童权利公约》第 28 条涉及的问题，但还有不符合第 29 条第 1 款所载

① 联合国经济、社会和文化权利委员会：《经济、社会和文化权利国际公约》第十三号评论，第 6 段，E/C.12/1999/10。

② UN.doc.E/C.12/1999/10, para.10.

③ UN.doc.CRC/C/GC/1, para.9.

各项原则的许多其他方式，会产生类似的结果”。[①] 那些教育歧视的现象，包括但不限于：

1. 基于性别的歧视。如限制女童获益于教学机会的某些安排、不利于女童入学的政策或环境、对女童不安全或不友好的环境；

2. 对残障儿童的歧视。在正规的教育系统和非正规的教育环境中，包括家庭，广泛存在对残障儿童的歧视；

3. 受艾滋病毒感染的儿童也在上述环境中遭到歧视。[②]

4. 基于种族的歧视。如由于多种原因，“比起非土著儿童，土著儿童入学的可能性较低，而且辍学率和文盲率仍较高……土著儿童在学校环境经常遭遇歧视和种族主义。”[③]

此外，还有一些国际人权文书从不同的角度强调教育机会平等和禁止教育歧视，兹概述如下：

1. 1965 年联合国《消除一切形式种族歧视国际公约》（*International Convention on the Elimination of All Forms of Racial Discrimination, ICERD*, 1965）第 5 条规定了不分种族、肤色、人种在法律上平等地享有受教育和训练的权利。消除种族歧视委员会在第二十七号一般性建议中，特别强调通过保证入学机会、降低罗姆儿童的辍学率、提高教育质量来改善罗姆儿童不利的教育状况。[④]

2. 1979 年联合国《消除对妇女一切形式歧视公约》（*The Convention on the Elimination of All Forms of Discrimination against Women*，*CEDAW*，1979）第 10 条详细列出了关于两性教育机会平等相关的条款，以确保女性和男性平等地享有受教育的权利。在《消除对妇女一切形式歧视公约》涉及暂行特别措施的第 4 条第 1 款的一般性建议中，联合国消除对妇女歧视委员会强调缔约

---

① UN.doc.CRC/C/GC/1, para.10.

② UN.doc.CRC/C/GC/1, para.10.

③ UN.doc.CRC/C/GC/11, para.59.

④ UN.doc.INT/CERD/GEC/7499（2000）, paras.27–35.

国根据第 4 条第 1 款采取的措施应旨在加速妇女在各个领域的平等参与。[①] 只有获得平等的机会，才有可能实现平等的结果。消除对妇女歧视委员会指出，“在获得基础教育、贩运人口、虐待、剥削和暴力等方面，女童更易遭受歧视。……如果受害者是青少年（儿童），所有这些歧视的情况都更为严重”。同时，委员会敦促缔约国促进女童的平等权利，这也包括在教育领域，特别是在基础教育领域，[②] 确保性别意义上的教育机会平等是缔约国在《消除对妇女一切形式歧视公约》第 2 条之下的核心义务。

3. 2007 年联合国《残疾人权利公约》（*Convention on the Rights of Persons with Disabilities*，2007）通过第 24 条确认了残疾人的受教育权，并强调了残疾人，包括残疾儿童在不受歧视和机会均等的前提下实现这一权利的重要性。

4. 1990 年联合国《保护所有移徙工人及其家庭成员权利国际公约》（*International Convention on the Protection of the Rights of All Migrant Workers and Members of Their Families*，1990）第 30 条规定了移徙工人的子女与有关国家国民同等待遇的教育平等权。缔约国“不得以其父亲或母亲在就业国的逗留或就业方面有任何不正常情况为由或因为其本人的逗留属不正常的情况，而拒绝或限制其进入公立幼儿园或学校”。第 43 条和第 45 条规定了移徙工人及其家庭成员在就业国内，在享用教育设施和服务、职业和训练服务以及文化生活方面与该国国民享有平等权。为确保移徙工人子女的教育利益最大化，缔约国还应当“实施一项旨在促进移徙工人的子女进入当地学校系统就读的政策，特别是在有关教学当地语文方面”（第 45 条第 2 款）。

---

① 联合国消除对妇女歧视委员会，《消除对妇女一切形式歧视公约》第二十五号一般性建议，第 18 段。

② UN.doc.CEDAW/C/GC/28（2010），para.21.

可见，教育公平原则已经在多部核心人权公约作出规定，教育机会平等已经作为一项最低限度的、核心的、即刻可行的国家义务为国际社会所承认和强调。下面，我们着重讨论免费教育和教育歧视。

（三）接受免费教育的权利

早在 1948 年《世界人权宣言》起草时，起草委员会对教育权最初提出了“免费”和“义务”这两项标准，最终只采用了“免费”初级和基本教育这一表述。可见，初等教育免费是各国应当确保的最低限度的教育权利。①

《经济、社会和文化权利国际公约》在第 13 条中规定了“初等教育应属义务性质并一律免费；……中等教育，包括中等技术和职业教育，应以一切适当方法，普遍设立，并对一切人开放，特别要逐渐做到免费；……高等教育应根据成绩，以一切适当方法，对一切人平等开放，特别要逐渐做到免费；……”在第 14 条还规定了国家保障免费义务性教育的最低标准：“本公约任何缔约国在参加本公约时尚未能在其宗主领土或其他在其管辖下的领土实施免费的、义务性的初等教育者，承担在两年之内制定和采取一个逐步实行的详细的行动计划，其中规定在合理的年限内实现一切人均得受免费的义务性教育的原则。”

《儿童权利公约》第 28 条第 1 款的规定针对保护儿童受教育权的需要，更为明确、具体：“缔约国确认儿童有受教育的权利，为在机会均等的基础上逐步实现此项权利，缔约国尤应：（A）实现全面的免费义务小学教育；（B）鼓励发展不同形式的中学教育，包

---

① 杨成铭教授认为，《世界人权宣言》没有将初等教育和基本教育规定为“义务性”的，是因为在《世界人权宣言》起草之时，国际社会将注意力集中在对初等教育的保护上，不具备“将发展基本教育作为各国的义务”的条件。杨成铭：《受教育权的促进和保护》，中国法制出版社 2004 年版，第 106 页。

括普通和职业教育，使所有儿童均能享有和接受这种教育，并采取适当措施，诸如实行免费教育和对有需要的人提供津贴；……”

2007 年联合国《残疾人权利公约》第 24 条第 2 条第 2 款规定：缔约国应当确保“……残疾人可以在自己生活的社区内，在与其他人平等的基础上，获得包容性的优质免费的初等教育和中等教育”，其适用范围也包括残障儿童。

人类历史上，儿童免费教育很早就有了。免费教育源于“赞助教育”（sponsored education）这一概念，特别是在文艺复兴时期，达官显贵资助某些年轻人受教育颇为常见。18 世纪末，被誉为“美国革命之父”的托马斯·潘恩（Thomas Paine）是最早普及公立免费教育的倡导者之一，潘恩的观点在当时被认为是荒谬的想法。19 世纪末，美国义务教育开始作为一种免费教育或者普及教育，到 20 世纪 20 年代，美国已经全面实现普及且免费义务教育。如今，义务教育经费多来自于国家税收或者慈善捐助。在美国，义务教育经费主要来自于税收，情势严重的辍学将被提起公诉。在世界范围内，随着免费教育普及的范围逐渐扩大，很多地区已经达到了《经济、社会和文化权利国际公约》第 13 条所规定的，逐渐实现中等教育和高等教育免费的标准。[①] 特别是在一些北欧国家，免费教育已经普及到高等教育阶段。在挪威和芬兰，免费高等教育也适用于外国学生。[②] 在瑞典，欧盟国家的学生就学均可免费。2013 年，爱沙尼亚也达到了高等教育免费的目标。此外，在其他地区，比如阿根廷和希腊也实现了各级教育均免费的目标。

（四）免予歧视的权利

人类生活中，各种显性的、隐性的歧视无所不在，我们先要

① 免费的范围不包括书本费用，以及大学的行政管理费或杂费。

② 挪威和芬兰的外国学生不符合领取每月学习津贴和申请助学贷款的条件。

弄清教育歧视之所指。联合国教育、科学及文化组织大会于1960年12月14日通过的《取缔教育歧视公约》第1条和第2条专门针对“教育歧视”作出定义：

> “教育”一语指一切种类和一切级别的教育，并包括受教育的机会、教育的标准和素质，以及教育的条件在内。
>
> （《取缔教育歧视公约》第2条）

> “歧视”一语指基于种族、肤色、性别、语言、宗教、政治或其他见解、国籍或社会出身、经济条件或出生的任何区别、排斥、限制或特惠，其目的或效果为取消或损害教育上的待遇平等，特别是：
>
> （甲）禁止任何人或任何一群人接受任何种类或任何级别的教育；
>
> （乙）限制任何人或任何一群人只能接受低标准的教育；
>
> （丙）对某些人或某群人设立或维持分开的教育制度或学校，但本公约第2条的规定不在此限；
>
> （丁）对任何人或任何一群人加以违反人类尊严的条件。
>
> （《取缔教育歧视公约》第1条）

一些国家的法律实践中，儿童教育公平是衡量司法进步水平的一个标志性问题。在美国，黑人和白人学生的种族隔离由来已久，以反对歧视为主题的教育平等权运动在儿童受教育权的发展历史上写下了光辉篇章。[①]

1954年布朗诉托皮卡教育局案（Oliver Brown et al. v. Board

① 杨成铭:《受教育权的促进和保护》，中国法制出版社2004年版，第84页。

of Education of Topeka et al.，以下简称布朗案）[①]，是美国历史上具有里程碑意义的诉讼。布朗案中，美国最高法院将美国宪法第 14 修正案中的平等保护条款（Equal Protection Clause）适用于对教育歧视的禁止。该案的判决彻底推翻了之前由普莱西诉弗格森案（Plessy v. Ferguson）[②] 所确立的“隔离但平等”（Separate but equal）法律原则，从法律上终止了美国由来已久的黑人和白人学生必须分隔就读于不同公立学校的教育领域的歧视现象。更重要的是，最高法院的判决宣示一项基本原则：

> 教育是良好公民身份的真正基础，是唤醒孩童的文化价值，为他以后的职业训练做准备，以及帮助他正常适应环境的主要工具。今天，如果被剥夺了接受教育的机会，我们很难合理地期望一个孩子可以在他的人生中取得成功。根据平等条款，是每个人都有机会享有的一种权利。[③]

此后，司法审判不断为儿童教育公平权的进展增添助力。1971 年，涉及校车接送问题的斯沃恩诉夏洛特－梅克伦堡教育委员会案（Swann v. Charlotte-Mecklenburg Board of Education）是一个重要标志，在该案中，法院判定，采取具体措施反对种族隔离，是学校当局和地方的职责。[④]

---

① *Brown v. Board of Education of Topeka*, 347 U.S. 483（1954）.

② *Plessy v. Ferguson*, 163 U.S. 537（1896）.

③ *Brown v. Board of Education of Topeka*, 347 U.S. 483（1954）。译文引自［美］保罗·布莱斯特、桑福·列文森、杰克·巴尔金、阿基尔·阿玛（编著）:《宪法决策的过程：案例与材料（第四版）（下册）》，张千帆、范亚峰、孙雯译，中国政法大学出版社 2002 年版，第 1510 页。

④ 参见 S. 亚历山大里帕（S.Alexander Rippa）《自由社会中的教育：美国历程》（第 8 版），陈瑶等译：安徽教育出版社 2010 年版，第 257–263 页。

二、我国儿童教育公平权的立法保护

从理论上讲，中国实行的社会主义制度为儿童教育公平提供了根本保障。根据宪法的原则性规定，教育法强调了教育平等。《教育法》第 9 条规定："中华人民共和国公民有受教育的权利和义务。公民不分民族、种族、性别、职业、财产状况、宗教信仰等，依法享有平等的受教育机会。"从社会现实来看，教育公平落实到不同地区、不同阶层、不同处境的儿童身上，却是一部艰难困苦、无比辛酸的历史。这里，我们重点关注儿童的义务教育问题，因为它是反映教育公平问题的一面镜子。

（一）义务教育法对教育公平的保护

《义务教育法》是直接保障儿童受教育权的专门法，于 1986 年制定，早于教育基本法出台，并于 2006 年和 2015 年两次修订。与 1986 年《义务教育法》相比，2006 年修订的《义务教育法》增添和修正的内容较多，其最大特色，是较多地引入权利语言，并相应地增加了具体的义务和责任的规定，从而开启了儿童受教育权从"软权利"开始向"硬权利"的转变，尽管最终完成这一转变还需要相当长的历史过程。

新修订的 2015 年《义务教育法》与 2006 年《义务教育法》相比，教育平等方面的主要规定基本没有变化。首先，《义务教育法》第 2 条把义务教育明确表述为由国家负责的公益事业：

> "义务教育是国家统一实施的所有适龄儿童、少年必须接受的教育，是国家必须予以保障的公益性事业。"（第 2 条）

这表明义务教育应当是免费的，是人人都能分享的。

其次,《义务教育法》第4条把义务教育宣布为一项平等权利:

"凡具有中华人民共和国国籍的适龄儿童、少年，不分性别、民族、种族、家庭财产状况、宗教信仰等，依法享有平等接受义务教育的权利，并履行接受义务教育的义务。"（第4条）

最后，规定了政府、法定监护人、社会等主体的法律责任，并针对某些侵犯儿童受教育权的行为，规定了佣工、自教、开除、歧视、体罚等情形，从而进一步具体宣示了儿童享有的相应权利。比如：

"各级人民政府及其有关部门应当履行本法规定的各项职责，保障适龄儿童、少年接受义务教育的权利。适龄儿童、少年的父母或者其他法定监护人应当依法保证其按时入学接受并完成义务教育。依法实施义务教育的学校应当按照规定标准完成教育教学任务，保证教育教学质量。社会组织和个人应当为适龄儿童、少年接受义务教育创造良好的环境。"（第5条）

"禁止用人单位招用应当接受义务教育的适龄儿童、少年。根据国家有关规定经批准招收适龄儿童、少年进行文艺、体育等专业训练的社会组织，应当保证所招收的适龄儿童、少年接受义务教育；自行实施义务教育的，应当经县级人民政府教育行政部门批准。"（第14条）

"对违反学校管理制度的学生，学校应当予以批评教育，不得开除。"（第27条）

"教师在教育教学中应当平等对待学生，关注学生的个体差异，因材施教，促进学生的充分发展。教师应当尊重学生的人格，不得歧视学生，不得对学生实施体罚、变相体罚或者其他侮辱人格尊严的行为，不得侵犯学生合法权益。"（第29条）

（二）义务教育法的“权利”比重

毋庸置疑，《义务教育法》取得的进步，特别是对儿童受教育权的强调，是历史性的进步。除上文列举的之外，该法开宗明义，明确规定“为了保障适龄儿童、少年接受义务教育的权利，保证义务教育的实施，提高全民族素质，根据《宪法》和《教育法》，制定本法”。比之1986年《义务教育法》第1条“为了发展基础教育，促进社会主义物质文明和精神文明建设，根据《宪法》和我国实际情况，制定本法”，对照明显。紧接着，在第二章规定“学生”，体现了对受教育者的重视，然后根据“保障适龄儿童、少年接受义务教育的权利”的需要，逐章建立制度，界定国家、政府、学校、家庭、社会等方面的相应义务和责任。这在一定程度上体现了先权利、后义务的理念。[①]

如何评价这部法律，构成了学术界一道独特的风景线，学者们纷繁不一的评价意见耐人寻味。[②]就儿童受教育权保障而言，能

① 关于这个问题，尹力教授在《教育人权及其保障——新〈义务教育法〉何以落实和完善》一文中作了全面研究。参见尹力：《教育人权及其保障——新〈义务教育法〉何以落实和完善》，载《教育研究》2007年第8期，第40页。

② 参见劳凯声主编：《变革中的教育权与受教育权法学基本问题研究》，教育科学出版社2003年版，第206–213页。尹力：《儿童受教育权：性质、内容与路径》，教育科学出版社2011年版，第95–99页。杨成铭：《新义务教育法五论》，载《法学杂志》2007年第1期，第90–93页。劳凯声教授认为，“最彻底地保障儿童受教育权利”的是义务教育法制。我国的1986年《义务教育法》的颁布早于教育基本法，这体现了对儿童受教育权的重视，也反映了教育立国的思想价值观。20世纪80年代以来，“教育先行”和“科教兴国战略”的确立，使得教育立国主义思想加强，但同时，教育立国主义和教育立身主义也在很大程度上阻碍了教育人权主义的确立。有的学者表示了谨慎的乐观，如尹力教授认为，义务教育的均衡发展是实现教育公平的重要前提。与旧《义务教育法》相比，新《义务教育法》从保障每个适龄儿童受教育权利的角度，从法律上明确了“均衡”这一具有实现可能性的价值追求。这一变化会影响公共教育政策的策略选择和制度安排。还有的表示了相当的保留，如杨成铭教授认为虽然新《义务教育法》具有较强的操作性，其法律责任也具有刚性，但它并没有建立一个强有力的义务教育督导制度。

否下结论说，该法“标志着教育的人权地位在我国义务教育领域的真正确立”“标志着义务教育立法已由工具本位上升为权利本位，由国家利益本位转变为公民权利本位”，[①] 我觉得还应当更为审慎。

其实，1986 年义务教育法也使用了教育权利概念，只是强调得不如修订后的法律。我们不能直观地认为一部法律使用了儿童受教育权概念并在内容上有所充实，就意味着确立了儿童最大利益原则，就确立了儿童权利本位。权利的生成和发展，是一个历史过程，儿童权利的成长也是这样，既不是片面的、单向度的，又不是一蹴而就、一劳永逸的。在广泛使用人权和公民权利术语的现代立法中，一部法律对权利的保护程度，其实只是权利在思想观念和制度安排上所占的“多少”问题或“比重”问题，而不是“有无”问题，正是这个“比重”，体现了权利保护水平。衡量一个国家法律体系中儿童受教育权的“比重”，关键要看能不能够、在多大范围和程度上能够解决一个国家儿童教育面临的实际问题，特别是儿童教育面临的实际难题。具体讲，衡量权利“比重”，主要有这样三个水平指标：

第一是价值观念水平。儿童受教育是国家利益之所在，还是儿童利益之所在？抑或兼而有之？义务教育是服务于教育立国、教育立身的政治义务，还是服务于自我发展、自我保护的个体权利？抑或兼而有之？如果国家利益一旦要求儿童以义务劳动代替义务教育，或者像“文革”时期那样“开门办学”，是不是应该放弃儿童教育，或者把儿童教育放到次要的地位？如果儿童的身心健康和全面自由发展的需要与某种国家利益的需要发生冲突，应该谁服从谁？只有处于优位的权利，才能体现优位的利益，维护儿童最大利益。

第二是制度均衡水平。教育资源总是有限的，教育机会也是

---

① 参见尹力：《儿童受教育权：性质、内容与路径》，教育科学出版社 2011 年版，第 95–99 页。

有限的，任何利益或权利都是相对的概念，只有在与相关利益或权利的比较、冲突中，才能确立自己的实际地位，兑现实际价值。比如，在现实中，城镇打工人员子女受教育的利益与现行的城市教育秩序利益或城里人子女的利益存在冲突，违反计划生育政策、“不该出生的子女”受教育的利益与维护计划生育秩序和户籍管理秩序的利益存在冲突，撤村并校、推行儿童校车或住读的利益与儿童就地就近入学的利益存在冲突，哪一种利益可以压倒其他利益而具有优先考虑的地位？[①]这些正是儿童最大利益原则所要研究的。一部法律对权利的保护水平，应该看其制度设计上对不同利益需求、不同权利主张的协调水平，对有关资源安排以及保障机制发展上的均衡水平。[②]只有在各种均衡中切实找到政策和法律支点的权利，才能成为现实的权利。

第三是司法保护水平。不管教育行政机构在法律上拥有怎样的自由裁量权，也不管学校在法律上拥有怎样的自主权，当儿童受教育的利益和权利受到损害，而行政的、经济的、社会的救济措施难以奏效或难以获得时，应当能够把司法作为最后的诉求渠道（last resorting）。做到这一点，必须使儿童受教育权在法律上具有可诉性。只有可诉的权利，才是“硬权利”。

从以上三个指标来看，很难说我国教育法确立了儿童权利本位，体现了儿童最大利益原则。

---

① 关于权利冲突以及“王牌权利”，参见夏勇：《中国民权哲学》，生活·读书·新知三联书店 2004 年版，第 307-364 页。

② 根据“均衡”的价值理念，尹力教授对义务教育的相关制度设计提出如下建议：一是建立义务教育均衡发展的指标体系和教育资源均衡配置的质素；二是完善公共财政体制；三是实行教师定期流动制；四是建立和完善义务教育质量监测评估制度；五是建立和完善义务教育招生考试制度；六是健全义务教育均衡发展督导评估制度。尹力：《儿童受教育权：性质、内容与路径》，教育科学出版社 2011 年版，第 97-99 页。

三、典型案例分析：隐匿儿童入学问题

衡量教育公平的程度，衡量受教育权是硬权利还是软权利，弱势儿童受教育状况是一个具有关键意义的指标。近些年来，国家和社会对进城务工人员子女教育问题、农村女童教育问题给予了许多关注，但隐匿儿童的教育问题似乎还是一个讳莫如深的盲区。与进城务工人员子女、农村女童不同，隐匿儿童面临的不是入学的平等条件问题、性别平等问题，而是根本没有入学资格的问题。其中涉及的一些问题，如计生制度、户籍制度问题，或许已经超出了教育制度本身，但也正好从一个侧面说明了儿童受教育权问题，是一个具有历史厚度的综合性社会问题，需要我们从儿童最大利益的角度进行多维度的研究。

被隐匿的儿童，从受教育的角度看，就是从未在校入籍注册的儿童，国家统计的入学率、升学率、辍学率往往无法包括这些儿童的状况，相关部门也无法对这些儿童的教育状况进行评估和监督。这些被抛弃在教育体制之外的儿童，包括孤儿、被非法收养的儿童、[①]事实上的失依儿童，[②]他们的生存状况暧昧不明，教育

① 据民政部发布的2013年社会服务发展统计公报，截至2013年底，全国共有孤儿54.9万人，其中集中供养孤儿9.4万人，社会散居孤儿45.5万人。2013年全国办理家庭收养登记仅有24460件。但同时，我国的社会救助服务还远不能解决这些孤儿的安置问题。截至2013年底，全国共有儿童收养救助服务机构803个，拥有床位9.8万张，年末收养各类人员5.6万人。其中儿童福利机构529个，床位8.7万张；未成年人救助保护中心274个，床位1.1万张，全年救助生活无着流浪乞讨未成年人18.4万人次。由上可知，我国现经统计的孤儿数量与合法收养的孤儿数量及通过社会救助机构安置的孤儿数量差距悬殊，大量的孤儿无人照管，其生存状况令人担忧。以上数据均源于民政部发布的2013年社会服务发展统计公报。

② 社会福利机构并不是抚养无依儿童理想的地方，我国法律对收养儿童的规定过于严苛。现实中存在大量事实上无依的孤儿，无人照管。这些孩子食不果腹，更无从提受教育的权利了。参见刘作翔：《权利冲突：案例、理论与解决机制》，社会科学文献出版社2014年版，第35—41页。

状况更是暧昧不明。[①] 最典型的，莫过于那些没有身份登记的儿童，也就是通常所谓的“黑户儿童”。本书清样稿校改之际，我看到一则关于当下“黑户儿童”的官方数字：1300 多万。[②] 其中有些已经捱过成年人的门槛。这个或许严重低估的数字，已经超过欧洲一个中等规模以上国家的人口。他们的出生违反了计划生育政策（或因为是非婚生，或因为是超生），其监护人因无法上缴社会抚养费，而无法给新生儿上户口。在法律上和实际生活中，这些无法上户口的儿童除了可以免费注射疫苗外，不享有医疗福利和教育权利。尽管没有任何法律规定非婚生或者超生的新生儿上户口必须要缴纳社会抚养费，但是，在实践中，很多地区的户籍管理部门和计生部门一直严格执行“不缴纳社会抚养费，就不能上户口”的潜规则，使得户籍与社会抚养费挂钩。孩子上学的前提是要有户口，孩子上户口的前提是先缴纳社会抚养费，这样一来，那些缴不上社会抚养费的儿童就上不了学。

父母无法缴纳社会抚养费的原因有多种。以北京为例，非婚生儿童和超生儿童在当地户籍管理部门办理户籍和身份证明需要提供当地的计划生育管理部门开具的缴纳社会抚养费的收据证明。而缴纳社会抚养费的前提是要求非婚生儿童或超生儿童的生理父母双方提交与其子女的 DNA 医学证明、生理父母双方所在

---

① 2013 年 1 月 4 日，河南省兰考县一家私人收养场所发生的火灾，造成 7 名孤儿死亡，由于该事件，人们才知道，一位名为袁厉害的妇女在 27 年间收养了上百名弃婴。袁厉害收养的弃婴无一是法律上认定的孤儿，袁厉害也不具备我国法律规定的收养条件。事发之后，袁厉害收养残疾弃婴的事件引起了社会、媒体的广泛关注，有的人赞赏袁厉害作为一名普通公民承担了政府对残疾弃儿的责任担当，也有人质疑袁厉害通过收养弃儿牟利。但无论是哪种情形存在，兰考火灾至少表明了两个事实：一是当地政府机构没有收养这些弃儿，二是对于收养情况，即这些弃儿的生存、教育状况，当地政府没有任何监管。

② 参见《中国黑户人口超 1300 万　公安部高层开会商议对策》，新华网：http://news.xinhuanet.com/politics/2015-11/24/c_128460317.htm，访问于 2015 年 11 月 24 日。

工作单位开具的婚育情况证明以及工资收入证明。上述证明必须齐全，才准许缴纳社会抚养费。

（一）失业的恐惧

第一种情况是，父母任一方属国家公职人员，超生或者非婚生育就意味着面临失业。这对于一些家庭，特别是那些单职工家庭，这无疑丧失了唯一稳定的经济来源，更不用说缴纳金额不菲的社会抚养费了。

案例一：杨某诉北京市海淀区人口和计划生育委员会

2009 年 12 月 21 日，杨某的第二个孩子诞生了。2010 年 9 月，他们接到了海淀区人口和计划生育委员会（下称海淀区计生委）开具的社会抚养费征收决定书，认定杨某夫妇“违法生育第二个子女”。按照 2009 年北京市城镇居民人均可支配收入 26738 元的标准，海淀区计生委以 9 倍的居民人均年可支配收入，向他们征收“社会抚养费”，共计 240642 元。杨某认为，我国计划生育相关法律法规中都没有“违法生育”这个词，海淀区计生委的这份决定书显失公平，请求法院依法撤销。

一审法院认为，根据有关法规，区县计划生育行政部门负责本辖区内计划生育以及与之相关的工作，并负责社会抚养费的具体征收，海淀区计生委负有这些法定职责。该单位根据《北京市人口与计划生育条例》作出社会抚养费的征收决定，认定事实清楚，而且经过立案、调查、审批、决定、送达等程序，符合法律规定，征收额度也无不当。因此判定杨某的诉讼请求缺乏事实和法律依据。法院不予支持。①

杨某原是中国青年政治学院的副教授，因超生二胎失去工作。

① 参见《京华时报》，2011 年 4 月 6 日，第 008 版。

停薪后，杨某每月所得不足百元，其妻陈某也无工作，以这样的收入水平负担 24 万元的社会抚养费，还要抚养两个年幼的孩子，即便计生办提出了分三期付款的建议，要维持一家人的生计还是很困难的。如果不缴纳社会抚养费，出生的孩子就没有户口，更是无法入托、上学、享有医疗福利。被停职在家的杨某，撰写大量批判计划生育和分析人口问题的文章，甚至不惜以“卖身交罚款”“杨某要饭”等行为进行抗议。通过“要饭”，他一共得到了校外捐助 11 万多元。该活动集中进行了一周后，杨某宣布所得款项已能满足他的生活需要，不再接受捐款。杨某策划的一系列抗争事件引发了社会关注。

对一审判决结果，杨某提出了上诉，2011 年 6 月 16 日北京市第一中级人民法院作出的二审判决，维持原判，并通过法院强制执行，冻结杨某妻子陈某的银行账户，自动划款以缴纳社会抚养费。2012 年 5 月，划款完成后，法院把相关证明送到杨某家中，计生委也把办户口需要的《告知书》亲自送上门。至此，杨某 2 岁半的女儿终于可以上户口了。与此同时，杨某原工作单位通知他可以重新回学院上班，与以前不同的是，杨某不再担任教学岗位，为其设立科研岗，还附加了一个限制条件：不准申报有关计划生育方面的研究课题。[①]

我们不得不说，杨某的女儿是幸运的。在父亲的抗争中，在社会的关注下，她在入托、入学的年纪终于上了户口。那些父母无力抗争的孩子们，却仍然当“黑户”，游离在教育体制和各种社会保障制度之外。

---

① 参见新浪网国内新闻：http://news.sina.com.cn/c/sd/2012-06-18/145524612581.shtml，访问于 2015 年 4 月 1 日。

（二）证明的无奈

第二种情况是，单亲母亲无法提供父亲DNA证明，她们与孩子生父的关系缺乏稳定性，无法找到生父，无法出具生父的DNA医学证明。对此，有媒体专门进行采访并作出报道：[①]

案例二：

生活在北京的单亲母亲于某是位教师，她和女儿住在位于“黄金学区”的海淀实验小学附近。按道理，女儿按照就近入学的原则，上实验小学是顺理成章的。但是因为没有户口，女儿上学的事情变得遥遥无期。为了孩子能上学，这位单亲母亲为女儿的户口奔波了4年，没有任何结果。因为依据规定，于某要先缴纳社会抚养费才能给女儿上户口，但是缴纳社会抚养费的前提是必须提供孩子生父的身份信息和亲子鉴定证明。

女儿的生父和于某没有婚姻关系，在女儿出生前，他就宣布与于某母女脱离关系，从此销声匿迹。为了女儿上学、上户口，于某曾咨询计生部门，被告知婚外生育是违法的，给孩子上户口要先缴几万元罚款，并且前提是要提供生父信息及亲子鉴定证明。于是，她开始寻找孩子的生父。她先通过居委会、街道、派出所协调了若干次，没有结果；又联系孩子生父户籍所在地的吉林警方，登报寻人，但警方说报失踪必须是直系亲属并且提供相应证明。最后，她花钱请了吉林当地一位律师，起诉孩子生父。律师多次跟法院沟通，法院审查相关材料后，认为此事缺乏立案依据，因为“法院不能强制公民进行亲子鉴定。”

---

① 参见《未婚妈妈：道德、权利和隐忧》，新京报网：http://www.bjnews.com.cn/opinion/2013/07/13/273109.html，访问于2015年4月1日。另参见《未婚妈妈调查：被遗忘的相依为命》，载《中国新闻周刊》网站：http://politics.inewsweek.cn/20130708/detail-64701-2.html，访问于2015年4月1日。

海淀区计生委的工作人员就此事表示无奈和理解。但就孩子上户口就学的问题，他们必须遵守规定，并透露其所在社区因此事连续几年失去了评优的资格。

案例三：

乔某，贵州人，来北京工作期间与孩子的生父交往，多年后分开。作为未婚母亲，她独自经历孕期、生产、母乳喂养、抚育，在没有任何亲友协助的情况下，先是失去工作，几年的积蓄也很快消耗殆尽。没有经济来源就无法养育孩子。万般无奈下，乔某把年幼的儿子寄养在通州一户农家，每月 1500 元。她自己找了份包吃包住的工作，月薪也是 1500 元。每月发工资的那天，就是乔某和儿子见面的日子。一年后，乔某才有能力把孩子接回自己身边抚养。

作为非婚生子，上户口总是困难重重。由于孩子的父亲是北京户口，乔某曾经一度想在北京给孩子上户口。几年过去，户口一直办不下来，北京计生部门告知，非婚生育的情况下，孩子想取得北京户口是没有可能的。乔某回户籍所在地贵州办理，也遭到当地计生部门的回绝："你都不在贵州，我们知道孩子是哪儿来的？"一句话把乔某噎了回来。

从社会接纳程度以及儿童成长环境和教育等方面来看，非婚生育不应当被提倡。但无论是道德评价，还是人口控制政策都不应该凌驾在儿童利益之上。尽管法律规定，婚生和非婚生子女享有同等权利，但现实中，对于非婚生儿童和他们的单亲母亲来讲，除了承受着道德、情感、经济上的种种压力外，社会制度也令他们的基本生存举步维艰。对于这样一个迫切需要国家和社会协助的妇女、儿童群体，相关政府部门并没有给予应有的重视和帮助。

在北京地区，某区计生委人员在接受采访时透露，官方目前并没有专门对这一群体的统计，只是笼统地将她们列为超生人员。就该区而言，未婚妈妈占到总超生人口的5%到8%，每年有10到20个人的规模。对于如何认定未婚生育行为？如何从保障妇女、儿童权益的角度来保障这个群体特困者的利益，有关媒体多次联系国家卫计委等多个部门，未得到回应。多个部门相关人士称，受制于统计手段和传统观念，关于未婚生育的数目，目前并无官方统计。①

（三）贫困的重压

第三种情况是贫困下的超生儿童。②有很多超生或非婚生儿童直接因为家庭贫困无法上户口，从而失去受教育的机会。

案例四：苏州拾荒者的孩子们③

刘某以拾荒为生，与妻子生养了10个孩子，一家人蜗居在园区车坊镇上一处田头草棚内。刘某一家租的房子本是原先居民自建的贮藏室，约20平方米，每月租金500元。室内除了一张床、一盏电灯和一台已经无法使用的煤气灶外，再无他物。草棚内昏

① 参见《未婚妈妈调查：被遗忘的相依为命》，载《中国新闻周刊》网站：http://politics.inewsweek.cn/20130708/detail-64701-2.html，访问于2015年4月1日。

② 根据2002年《社会抚养费征收管理办法》，社会抚养费以当地人均可支配收入作为基数，再乘以N倍系数来征收。这个标准在各地被赋予较大的地方裁量权，征收情况不透明，因而，这个N倍系数从1到10皆为可能。根据《新京报》的报道，北京地区对于社会抚养费执行"基数3至10倍的不同标准。据了解：中心城区征收标准一般较高，像朝阳、海淀计生部门一般按照基数的10倍征收；东西城按照8倍左右征收；一些远郊区县征收倍数有的仅为5–6倍"。参见《社会抚养费新规征求意见"天价超生费"将消失》，载央广网：http://china.cnr.cn/xwwgf/201411/t20141123_516843303.shtml，访问于2015年4月1日。

③ 载新华网：http://www.fj.xinhuanet.com/news/2014-05/29/c_1110919360.htm，访问于2015年4月1日。

暗潮湿，有两张床，对角摆放。刘某与妻子不懂避孕知识，当生完第八个孩子时，他觉得生活负担太重，不想再生了，于是妻子采取了节育措施。可是节育措施没有做好，妻子又生下了一对双胞胎。“拾荒一个月能挣1800元左右，全家日常开支勉强维持。”刘某说，由于没有多余的钱供孩子上学，老二、老三和老四小学还没毕业就辍学了。在这样艰难的情况下，夫妻二人也考虑过将孩子送给他人抚养，可看看哪个孩子都舍不得。老四刘笑某说，其实她很想上学，可不想给父母增加负担，所以就辍学在家照顾弟妹。在刘某的十个孩子中，目前只有老大有户口。老二说，因为没有户口，找工作很困难，再加上尚未成年，很多用人单位都不敢聘用她。万般无奈，还是在熟人的介绍下，到车坊镇上一家工厂做了学徒。

谈到孩子们的未来，刘某呜咽了很久也没说出一句话来。据苏州当地计生部门工作人员介绍，刘某夫妻属于超生，根据2002年《江苏省人口与计划生育条例》规定，“超生”，以孩子出生前一年城镇居民年人均可支配收入的4倍征收社会抚养费。二孩以上的，应缴纳5至8倍的社会抚养费。以刘某夫妻年收入2万元计算，刘某将面临约50万元的罚款。即便刘某家生活困难，有资格到户籍所在地的民政部门申请特困补助金，也还是需要缴纳完社会抚养费，才可申请。

案例五：河北村民因超生罚款自杀而带来的入学权

2012年12月4日上午，在河北龚堡村村支书艾连某家中，45岁的村民艾广某喝下甲拌磷农药，经抢救无效死亡。艾广某家破旧的寒屋内，留下5个孩子，最小的儿子年仅4岁。

因为超生，艾广某家多年来一直被村干部“追讨”社会抚养费。由于生活拮据，社会抚养费一直缴不上。邱县人口和计划生育局副局长武某称，根据《河北省人口与计划生育条例》相关条例，艾广某家有3个孩子属于超生，即使按照父母单方收入，社会抚养费至少也在10万以上。《河北省人口与计划生育条例》中规定，对于农村居民违规生育第2个子女的，按不低于本乡、民族乡、镇农村居民上年度人均纯收入2.5倍的金额征收社会抚养。违规生育第3个子女的，按生育第2个子女的征收金额加100%征收；违规生育第4个以上子女的，征收金额以此递进累加。

这样的数额，对于艾广某一家来说是无论如何也支付不起的。村民们都知道艾广某家的经济状况最困难，村里，不少村民都盖起两层小楼，贴着白瓷砖，但艾广某家，还是四间年久失修的旧砖房，连块体面的门板也没有。家中的床单被褥已经分辨不出颜色，边缘磨出几个大窟窿。

事发前一天，艾广某刚卖掉了7000多斤玉米，这是一家人大半年的收入来源。艾广某大女儿提到，先前村支书等人到家里来催缴社会抚养费时，当面做出过许诺，把卖玉米的钱折抵社会抚养费，这次缴完后超生的费用就"全清了"，村里还可以帮艾家申请4个低保名额。如果村支书没有做出这样的承诺，她的父亲是绝不可能同意卖玉米的。因为一家人，就靠这点卖粮的收入糊口了。

艾广某用死，给家里带来一些变化：一是县政府承诺帮其家人申请5个低保名额；二是县政府帮助艾家争取到了农村危房改造资金；三是4个未成年子女解决了上学问题，政府承诺会一直扶助完成九年制义务教育。孩子们终于穿上了新棉服，有了新书包。县政府为老二、老三联系了乡镇寄宿学校，免费吃住。

刘某一家同艾广某一家面临着相同的困境，孩子们都是因为贫困无力缴纳社会抚养费而失去受教育的机会，他们在未来要改变自己的生活境遇也是举步维艰。尽管没有人希望孩子们接受基本教育是以永远失去父亲为代价，但是艾广某能为孩子们做的也仅有如此了。

上述这些事例表明，教育公平问题并非仅仅是教育政策与教育制度设计问题，在中国，它与户籍制度、计生制度、收养制度、社会救助制度等密切相关，多数涉及儿童事务的领域都有可能衍生到教育公平的问题上来。每项制度中的缺陷，都从一方面反映了立法对儿童利益和权利的漠视，说明这些制度的设计与儿童最大利益原则的距离还很远，其实际执行的结果也往往与儿童最大利益原则相悖。要真正解决教育公平问题，就先要解决这些有关制度中存在的问题。

第九章
儿童的教育质量权

低劣的教育质量是成人世界对儿童身心的公然伤害，防止质量伤害必须识别质量利益、明确质量责任，并使之转化为质量权利。儿童教育质量权利大致有一个从条件质量到结果质量、从应试质量到素质质量或综合质量的发展过程，国际人权法律文书中的儿童教育质量要求主要体现在教育目标和标准上，其不仅需要掌握基本的知识和技能，而且包括智力、精神和情感等各方面能力的发展。国外的历史经验主要是：立法先行，建立标准明确、权威有效的教育质量法律体系；权利平衡，重视涉教儿童权利保护；司法干预，但尊重教育教学机构的自主权；鼓励社会参与，共同展开教育质量管理。我国没有关于基础教育质量的专门立法，各有关立法对基础教育质量提出要求，初步建立了以课程标准为重心的标准体系，形成了以督导和监测为支柱的质量监督制度。当前，基础教育质量监测和研究工作正在蓬勃发展，但质量监测管理的法制建设滞后状况还较为严重，应通过专门立法，建立健全体现以人为本、以学生为主体的质量管理法律制度，完善质量测评机制、质量问责机制和质量诉求机制。要针对现实问题，在体罚、不人道和有辱人格的待遇方面，着力解决禁而不止的问题；在过重的课业负担方面，着力解决制度失灵问题；在社会参与及政府责任方面，着力解决释放、激发质量建设的活力问题。

从有学上到上好学、从重数量到重质量、从应试为本的片面质量要求到素质为本的全面质量要求，昭示着中国基础教育发展必须完成的历史性跨越。作为一个发展中的社会主义大国，中国在解决好基础教育公平问题的同时，更面临着严峻的基础教育质量问题。目前，我国法律中还没有明确的儿童教育质量权概念，但问题的关键，还不在于是否有这个概念，而是在于对教育质量的法律保护是否到位，是否有健全的质量标准和质量法制。

提升质量，重在管理；加强管理，重在标准；执行标准，重在法治。基础教育质量要求不同于义务教育的强制性要求，属于基础教育的“内在性”问题。如果说质量是教育的基础和核心，那么，质量法制就是教育法制的基础和核心，而建立健全质量法制，必须重视质量权利的保护。这需要我们首先厘清儿童教育质量权利的一些基本问题。

一、为什么教育质量应当成为一项儿童权利？

在本书第七章里，我们把质量权和公平权一起作为儿童受教育权的两个基本内容，并从一般意义上对儿童教育质量权的理论依据、现实依据和逻辑依据作了初步的论证，其中特别强调了防止低劣的教育质量对儿童的侵害。这里，有必要进一步展开论述。

古今中外无数事实表明，对教育质量的忽视、误导以及不当、不善乃至恶意的教育行为，在不同程度上构成了对儿童身心的伤害，这种伤害的程度并不亚于教育不公平。防止、减少和消除这种伤害，有赖于儿童教育观念的进步和儿童教育质量管理的提升，同时，还有赖于把教育质量确认为儿童的一项权利。也只有这样，才能把进步的教育观念和先进的教育质量标准，用法律形式和权利语言确定下来，从而把儿童教育质量管理纳入法治化轨道，使教育质量在法律上可要求、可主张、可救济、可维护。

（一）低劣的教育质量是成人世界对儿童的伤害

儿童“有学上”并不必然意味着儿童在教育方面的最大利益得到保障，还要看教育的质量、教育的方式，是否真正符合儿童利益。儿童天真可爱，同时又是脆弱、幼稚而被动的，这个特点意味着，如果教育质量不好，儿童接受教育可能会比不接受教育受到的伤害更大，这些伤害来自成人世界，来自成年人。在儿童受教育的过程中，有些伤害来自成年人的恶意，如体罚儿童、玩忽职守，有些伤害却更多地来自成年人的无意，甚至善意。这样无意、善意的伤害，主要表现为无视儿童的特殊需求和最大利益，无视儿童健康、全面成长的实际需要，把成人的意愿和需求强加给儿童，其结果严重危害儿童的身心健康和全面发展。正因此，质量应当是儿童教育的核心。

最近一些年来，质量是教育核心的观念已经成为国际社会及多数国家的共识。[①]2000 年 4 月，联合国教科文组织世界教育论坛在塞内加尔首都达喀尔召开，大会通过了《达喀尔纲领》。《达喀尔纲领》明确指出“质量是教育的核心”[②]。不少国家把提高教育质量作为教育体制改革的首要任务。英国 1988 年《教育改革法》曾将“公平和质量”作为这一时期英国教育改革的核心。

在我国，儿童教育质量问题除了在一般意义上对涉教儿童构

① 2000 年联合国教科文组织:《达喀尔纲领》附件第 42 条、第 65 条。

② 《达喀尔纲领》附件第 42 条。

成伤害外，还在一定程度上影响教育的普及，直接影响“有学上”，造成“有学不上”。比如，东北师范大学农村教育研究所 2001 年至 2003 年对全国 17 所农村初中的调查显示，农村初中最高辍学率高达 74.3%，平均辍学率为 43%，其中，因教学质量低下而辍学的学生占半数以上（56.3%）。2006 年世界银行一项报告也印证了这一点，该报告指出，基础教育的质量对于家庭教育投资决策的影响是非常关键的，教育质量直接影响家庭对孩子是否辍学的选择。[①] 因此，我国儿童的教育“质量利益”“质量责任”和相关的“质量权利”，应当受到更为深切的关注。

（二）防止“质量伤害”应识别“质量利益”和“质量责任”

既然对儿童最大的伤害，来自某些成年人的“好心”“善意”，而且这些“好心”“善意”往往表现为对儿童特殊需求的轻视、漠视甚至肆意解释，那么，从逻辑上讲，对儿童教育质量方面最大利益的界定，就显得尤为重要了。识别儿童教育的“质量利益”，必须以识别儿童的“特殊需求”为基础。其中，首先要做的，恐怕是对儿童与成人的差异性有一个充分、客观的认识。

求得充分、客观的认识，我觉得，我们既要充分看到儿童的“特殊优势”，又要看到儿童的“特殊弱势”。一方面，要破除偏见，不能把儿童与成人差异设定为儿童与成人相比，儿童如何低劣，如何不及成人。相反，用杜威的话说，就是先要充分认识儿童身上的“某种优美自然、未成熟的、至关重要的东西”，而且要确信“儿童天生的和未受损坏的态度，它体现为强烈的好奇心、丰富的想象力和对试验探究的热爱，与科学的态度是相似、非常相似的”，只有这样，才能使“学生成为太阳，教育的设施围绕着

① 参见余雅风：《义务教育质量有效保障的法律分析》，载劳凯声主编：《中国教育法制评论（第九辑）》，教育科学出版社 2011 年版，第 115-116 页。

他们运转”。[①] 只有这样，我们才能真正做到重视儿童的身心自由和全面发展，以学生为本。另一方面，要把握儿童特有的脆弱性、被动性以及由这些特性所导致的儿童的“弱势”。上个世纪七十年代至九十年代，美国心理学、法学和儿童学领域的学者们发起一项联合研究，对探讨儿童成长的最大利益与需要作了富有启发性的探讨。据此，儿童的“特殊需求”“特殊弱势”可以概括为五个方面：[②]

一是需求阶段的特殊性。儿童处于持续变化的状态，不断地从成长的一个阶段过渡到另一个阶段。这些变化体现在他们对事物的理解，他们对挫折的承受，以及他们对父母的支持、鼓励、教导、限制和照料的需求。这些需求随着他们的逐渐成熟及其独立性的增强而逐渐减少，直到他们不再有稳定的需要。因而，某一阶段对某个儿童有益的事情，在其另一发展阶段中也许是有害的。

二是情感和能力的有限性。儿童对时间和日程的感知建立在他们自己本能和情感的需要及其认识能力的限制之上，这使得儿童对满足感的推迟以及分离的时间感到难以忍受。

三是经历和感受的被动性。儿童的经历和感受很少出自他们本人的安排。比如，他们可能因为父母家庭失和，而被迫接受同父异母或同母异父的弟 / 妹的到来；或者因为父母患病、父母主观上的成见而遭到（父母的）拒绝；再或者可能因为父母去世或非自愿的失踪而被跨国收养。

四是行为反应的幼稚和非理性。儿童必须应对更多思想中非

---

① 参见［美］S. 亚历山大 · 里帕（S. Alexander Rippa）：《自由社会中的教育：美国历程（第八版）》，陈瑶注，张斌贤注，於荣译，安徽教育出版社 2010 年版，第 190 页。

② 下列五点参见 Joseph Goldstein, Anna Freud, Albert Solnit, *Best Interests of the Child: The Least Detrimental Alternative*, New York: The Free Press, 1998, p.9.

理性的因素，比如幼稚、懵懂的意愿和一时冲动。他们对威胁自己情感安全的反应并不能帮助他们解决问题，却往往将自己置于一种令人心生怜悯的境地。

五是认知的不稳定性。在儿童成熟之前，在心理上，他们对血缘关系没有概念。他们无法体会父母从孕育到迎接他们到来，努力使他们感到亲近、为他们肩负重任的种种努力和关切。他们认为与他们相关的是谁日复一日地照料他们，谁在与他们的互动中倾注了力量，谁令他们更加依恋。

这些研究提示我们，在认知儿童的教育“质量利益”方面，要根据儿童的心理、生理、智力等特点，全面、真实地了解和识别儿童的利益需求，特别是要看到儿童利益需求的复杂性、多样性、多变性。成人的价值取向、思维方式以及对事物的理解与儿童不同，以成人的眼光来看待儿童的行为，不免会产生误解，使我们无法正确获悉孩子的需求。因此，首先要通过正确的方法真正了解儿童，比如，通过心理学来了解儿童，为儿童的成长和教育需求制定出相对普遍的标准。认识儿童利益问题，也就是我们经常讲的“转变观念”问题，这个问题在世界上不同的文明文化形态里，在社会的不同阶层群体里，都不同程度地存在，只是表现形式有所不同。

保护儿童的教育“质量利益”，应当根据对儿童利益需求的正确认识，建立符合儿童成长利益需求的教育制度，其中关键的是责任体系，主要有“3 个明确”：第一，要明确这是成人的责任。儿童的经历和感受多源自于成人的安排，因此我们有责任为儿童提供一个健康的成长环境和条件，一个有效且积极的教育体制。第二，要明确在成人的责任中，这不仅是父母的责任，而且是政府和社会的责任。第三，要明确在政府和社会的责任中，对教育质量的责任至关重要。儿童成长的过程与儿童受教育的过程具有同步性，儿童的成长利益主要存在于、表现于儿童受教育的过程中，并在很大程度上受到教育制度、教育方式、教育措施和与之相适应的教育质量的影响，政府和社会必须对儿童教育质量担负起道义上和法律上的责任。

（三）“质量利益”和“质量责任”应转化为“质量权利”

上述逻辑告诉我们，要想让政府和社会切实有效地履行对儿童教育质量的责任，不仅需要政策和法律上对教育目标、教育原则进行宣示，唤起全社会的重视，不仅需要对教育措施、教育标准以及教育机构、教育工作者等加强管理，不断提高水平，而且还需要在制度上，把对教育质量的要求宣布为儿童享有的一项权利，从而能够为儿童及其监护人对政府及教育机构、教育工作者履行教育质量责任提出合理诉求提供有力支持，这也是建立健全教育质量问责制的一种不可或缺的“共同参与”。[①]

当然，儿童对教育质量的权利要求，首先还是道义上的权利（moral rights），这一权利在法律上特别是司法上得到合法化、制度化，从而成为一项可主张、可诉讼的合格的法律权利（legal rights），还要经历一个漫长而艰难的过程。但是，把儿童权利概念引入儿童教育质量领域，无疑是把儿童教育质量管理纳入法治化轨道，提高制度化、规范化、有效化水平的必然要求。

二、儿童教育质量权的内容与标准

保证儿童教育质量，必须建立科学有效的质量评价标准和制度，只有教育质量在标准和制度上是可评估、可测量的，质量责

① 参见辛涛:《我国教育问责制建立的几个关键问题》，载《北京大学教育评论》2013 年第 1 期，第 64–171 页。

任才会是可追究的，质量权利才能是可享有、可主张、可救济的。[①]

（一）条件质量与结果质量

早期人们对教育质量评估注重考察办学条件和投入，随着社会的发展，一些学者认为应当把知识、态度和参与水平等教育结果指标作为考量教育质量的标准。在这样的背景下，1967 年国际教育成就评价协会（International Association for the Evaluation of Education Achievement，IEA）成立。时至今日，在国际教育成就评价协会的推动下，数学与科学学习国际比较研究（The Trends in International Mathematics and Science Study，TIMSS）在国际范围内颇具影响地发展着教育质量评估方面的研究。同时，1969 年美国还建立了一个全国性的学生成绩评估体系，即著名的美国国家教育进展评估（National Assessment of Education Progress，NAEP）。经过多年的技术发展，美国全国性的教育评价体系日趋完善。以 NAEP 和经合组织的国际学生评估项目（Programme for International Student Assessment，P1SA）为代表，当今的教育评估技术能够从不同层面和角度分析学业成就差异的原因，并在国际上正式展开。[②] 这样注重稳定性因素和教育结果质量的评估技术为教育政策制定者提供了重要的决策依据。

（二）应试质量与素质质量或综合质量

人们越来越多地认识到，在质量结果的评估中，不应仅限于

---

① 辛涛教授认为，全面、明确、可操作的问责标准才能促进教育问责有效地发挥作用，这样的标准必须满足三个条件：一是能够反映教育的目标和理念，而且是教育系统各个部门通过努力可以达到的具体可操作的目标；二是应该以教育的结果为主，即学生的学业成就和全面发展，但也要涉及教育的投入与过程；三是应该客观、可量化、容易进行测量和评估。参见辛涛：《我国教育问责制建立的几个关键问题》，载《北京大学教育评论》2013 年第 1 期，第 169 页。

② 参见辛涛、李峰、李凌艳：《基础教育质量监测的国际比较》，载《北京师范大学学报（社会科学版）》2007 年第 6 期，第 6 页。

单纯地掌握学科知识，更重要的是培养儿童的素养及能力，高质量的基础教育应当着眼于充分开掘和培育儿童的全部潜力。比如，由经济合作与发展组织（Organization for Economic Co-operation and Development，OECD）统筹的国际学生评估项目（Programme for International Student Assessment，PISA），主要针对儿童全面参与社会的知识和技能进行测试，对儿童阅读、数学和科学能力的考察已经不限于书本知识，还包括成人生活中不同情境下需要的技能。

在此背景下，基础教育质量监测评估蓬勃发展，方兴未艾，并需要从教育学、心理学、社会学、法学等多个角度加以研究。在美国心理学学者劳拉·E. 伯克（Laura E.Berk）的研究中曾引用过这样的图表：[①]

表 9–1　小学高质量教学的特征（Bredekamp&Copple, 1997.）

班级特征	教学质量
班级规模	最适宜的班级规模是不超过 18 名学生
物理环境	空间被划分为设备丰富的活动中心，可以阅读、写作，玩数学或语言游戏，探索科学，构建工程，使用计算机，从事其他学习活动。空间应当灵活地适用于个人、小组及全班活动
课程	课程既能使学生达到学习标准，又能使学习有意义。科目是相互交叉的，便于学生把一个领域的知识运用到另一领域。课程要借助符合儿童兴趣、想法和日常生活（包括其文化背景）的活动来进行
日常活动	教师提出有一定难度的活动，然后展开小组活动和单独学习。如果分组，小组人数和人员构成要根据活动内容和学生需要而变化。教师鼓励合作学习并指导学生怎样做
师生互动	教师鼓励每个学生取得进步，并采用各种方法调动学生潜力积极参与教学，如提问，提出启发思考的问题，讨论观点和增加任务的复杂性。教师要根据每个学生的学习需要进行演示

① ［美］劳拉·E. 伯克著：《伯克毕生发展心理学——从 0 岁到青少年（第 4 版）》，陈会昌译，中国人民大学出版社 2013 年版，第 340 页。

续表

班级特征	教学质量
对进展的评价	教师一般通过作业和学习作品来评价学生的进步，进行个别化教学。教师要帮助儿童反思学习情况并想出促进学习进步的办法。教师从家长那里寻求有关学生学习情况的信息和想法，以及家长对评价的方法①
对家长的关系	教师与家长形成伙伴关系。召开阶段性会议并鼓励家长不定期来到课堂观察教学和志愿服务

所谓“高质量”，也就是真正聚焦儿童的特点和需要，着眼于儿童的人格养成和全面发展。高质量的课堂有某些固定的特征，比如：第一，在班级的规模上，要能够使群体学习的儿童集中精力，能够让教师把更多的时间用到每个学生身上，而不是维持秩序。第二，在思维方式上，提倡构建主义式教学。从儿童长远利益看，相对于传统课堂式的教学，构建主义式的教学，在培养儿童的批判性思维、社会性、道德以及对学校教育积极态度等方面更胜一筹。因为构建主义式的教学为儿童营造一种与教师和同伴平等交流的学习环境，提高儿童参与学习和交流思想的积极性。一方面，师生和学生之间互为学习伙伴，把社会通行的思维方式传递给儿童，接受这种相互教学的小学生和初中生在主题阅读理解方面的能力明显比接受其他教学方法的学生强。另一方面，通过与别人合作，儿童形成了高水平思维的群体期望，掌握了在学习和日常生活中获得成功所需要的技能。第三，在师生关系的体验上，注重教学方式、交流方式对儿童的心理及学习能力的影响。通常情况下，教师会以不同的方式对待不同的学生，鼓励和表扬品学兼优的学生，批评不守规矩的学生。品学兼优的学生往往与教师的交流和互动频繁些，得到的帮助也多些。儿童，特别是小

① ［美］劳拉·E.伯克著，《伯克毕生发展心理学——从0岁到青少年（第4版）》，陈会昌译，中国人民大学出版社2013年版，第341-342页。

学生认为好老师是乐于助人，善于激励并充满关爱的。这样一来，品学兼优的学生遇到“好老师”的几率就比那些容易与老师发生冲突的学生高。并且老师对学生的态度一旦形成，就很容易走向极端，而且很难再被学生的行为纠正。儿童接受教师对自己的积极观点或是消极观点，将其转化为对自己的自我认知，这种意识会逐渐成为现实。特别是在公开竞争或者把学生公开比较的情况下，“教育预言的自我应验”（educational self-fulfilling prophecies）现象会愈发明显。结果，那些被消极对待的儿童产生焦虑反应，学习动机也被大大削弱。①

（三）国际人权法上的儿童教育质量权概念

国际人权法律文书中的“儿童教育”，讲得最多的是“教什么”“怎么教”，也就是教育质量问题，这主要体现在关于教育目标和标准的规定中。本文第一部分列举的国际人权文书对儿童教育权内容的界定，其中大多数，实际上都可以转换为儿童教育质量的责任话语，进而转换为儿童教育质量的权利话语。这里的“质量”，不仅指掌握基本的知识和技能，而且包括智力、精神和情感等各方面能力的发展。体会和把握其中的权利意蕴，需要对有关文件进行逐条逐款的分析。

国际人权文书关于儿童教育质量的内容，集中体现在《儿童权利公约》第28条、第29条和《经济、社会和文化权利国际公约》

---

① 传统课堂（traditional classroom）中，教师是传授知识、制定规则、做出决策的唯一权威。学生是被动的客体，被动地接受知识、回答问题、完成作业。构建主义课堂（constructivist classroom）中，学生被视为主动的主体，学生反思、协调自己的想法，并且自己解决问题十分重要。教师的角色主要是引导、指导和支持。构建主义课堂中，设备充足的学习中心是不可或缺的元素，小组学习是常用的工作方式。此外，社会构建主义课堂以维果茨基的社会文化理论为基础。参见［美］劳拉·E. 伯克著：《伯克毕生发展心理学——从0岁到青少年（第4版）》，陈会昌译，中国人民大学出版社2013年版，第340—342页。

第 13 条、第 14 条。

我国于 1990 年 8 月 29 日签署，1992 年 3 月 2 日加入《儿童权利公约》，[①] 这意味着我国对《儿童权利公约》所规定的内容在国内的保障和实施负有国际法律义务，其中当然包括前文引述的第 28 条和第 29 条第 1 款。

根据儿童权利委员会的解释，第 28 条强调的是"缔约国在建立教育体系和确保教育准入方面的义务"，第 29 条第 1 款则强调了儿童在教育质量方面享有的个人和主体权利。[②] 这样的规定以儿童主体权利为中心，体现了儿童最大利益原则。

《儿童权利公约》第 29 条第 1 款的意义重大而深远。其中所列经所有缔约国商定的教育的目的，在于支持和保护公约的核心价值：每个儿童固有的人的尊严及其平等和不可剥夺的权利。第 29 条第 1 款分五项列出的这些目标，全部与实现儿童的人的尊严和权利直接相联，同时考虑到了儿童的特殊发展需要和不同的发展能力。具体如下：充分发展儿童的全部潜力（第 29 条第 1 款（a）项）；包括培养对人权的尊重（第 29 条第 1 款（b）项）；增强对特性和属性的意识（第 29 条第 1 款（c）项）；儿童的社会化和与他人的交往（第 29 条第 1 款（d）项）及对环境的尊重（第 29 条第 1 款（e）项）。

2001 年，儿童权利委员会针对上述条款，就儿童教育的目标作出了解释。儿童权利委员会强调教育的目标在于扶助儿童，维护

---

① 目前，我国政府对《儿童权利公约》的保留和声明主要体现在两方面。一是关于《公约》第 6 条关于生命权的规定，我国在不违反《宪法》第 25 条有关计划生育的规定以及《未成年人保护法》第 2 条有关未成年人的定义（将未成年人的年龄界限为出生后至 18 周岁）下履行该条款规定的国家义务。二是 1997 年 6 月 10 日向联合国秘书长提交来文，声明我国对《公约》条款做出的保留，同样适用于香港特别行政区。参见联合国网站：https://treaties.un.org/Pages/ViewDetails.aspx?src=TREATY&mtdsg_no=IV−11&chapter=4&lang=en#5，访问于 2014 年 10 月 10 日。

② UN Doc.CRC/GC/2001/1（2001）, para.9.

其个性和尊严，培养其自信、兴趣和能力，帮助其增长智慧和知识，使得他们能够以个人和集体的方式发展自己，在社会中全面和满意的生活。[①]这种“教育”远远超过了多数正规学校的教育范畴，学习过程和生活体验也被纳入了“教育”之中。因此，联合国儿童权利委员会认为最基本的教学目标应当满足每个儿童的个性、兴趣、能力以及学习的发展需要，确保每个孩子在离开学校的时候具备独立应对生活挑战的能力，掌握应对其生活的基本技能。

通过教育使得儿童掌握的基本技能的定义，不仅限于识字和算数等基础学科知识，它还包括“生活技能，例如有能力作出妥善的决定，以非暴力方式解决冲突，培养健康的生活方式，良好的社会关系和责任，辨别是非，创造才能及使儿童掌握追求生活目标的工具的其他能力”。[②]在这样的前提下，国家评价某个教育部门教育质量的水平，就要将上述因素纳入考量。教学大纲就应当参考儿童的社会、文化、经济以及环境来制定；兼顾不同儿童的需要，将儿童当前的需要和未来的需要结合起来；相应地，教学方法和内容也要充分考虑到不同儿童的个性和发展能力。[③]

此外，《经济、社会和文化权利国际公约》第13条和第14条规定了受教育的权利。第13条文字最多，是国际人权法中对受教育的权利规定得最为广泛和全面的条文。[④]此不赘述。

联合国儿童基金会教育项目工作组于2000年撰写了名为《定义教育质量》(《*Defining Quality of Education*》）的工作报告。[⑤]这篇报告参考当时最新的研究成果，总结了联合国相关的工作经验，对教

---

① UN Doc.CRC/GC/2001/1（2001）, para.2.

② UN Doc.CRC/GC/2001/1（2001）, para.9.

③ UN Doc.CRC/GC/2001/1（2001）, para.9.

④ UN.doc.E/C.12/1999/10（1999）, para.2.

⑤ The Report of UNICEF,“Defining Quality of Education”, http://www.unicef.org/education/files/QualityEducation.PDF，访问于2015年8月28日.

育质量的定义进行了系统的梳理和定义。它在开篇强调，儿童享有教育权，包括教育质量权。在这样的前提下，将教育质量定义为五个方面，分别是学习者的质量、教育环境的质量、教育内容的质量、教育过程的质量以及教育成果的质量。这五个方面在整个复杂的教育体系中，相互依存、相互作用。具体而言，它们是被这样界定的：

表 9–2 教育质量的定义 ①

内　容	对内容的解释	具体要素
高质量的学习者	健康、营养状况良好，已经做好参加学习的准备，并且其学习行为受到所在家庭和社区组织的支持	1. 良好的营养和健康状况； 2. 早期儿童心理发展的经历； 3. 规律地出勤； 4. 家庭对学习的支持
高质量的学习环境	健康、安全、受到保护、性别（意识）敏感，具备足够的资源和设施	A. 客观因素： 1. 学校设备的质量； 2. 学校基础设施与其他质量要素的相互作用； 3. 班级规模； B. 社会心理因素： 1.（特别对女孩来讲）平静、安全的环境； 2. 影响安全性的教师行为； 3. 有效的学校纪律政策； 4. 包容的环境； 5. 非暴力； C. 服务的提供：医疗卫生服务的提供

① The Report of UNICEF, "Defining Quality of Education", http://www.unicef.org/education/files/QualityEducation.PDF，访问于 2015 年 8 月 28 日 .

续表

内　容	对内容的解释	具体要素
高质量的内容	相关的课程和材料能够体现确保学生对基本技能的掌握，特别是对语文、数学、生活技能领域，以及对性别、健康、营养、预防 HIV/AIDS 及和平方面知识和价值的理解	1. 以学生为中心的、非歧视的、标准化的课程结构； 2. 地方与国家课程内容的独特性； 3. 语文； 4. 数学； 5. 生活技能； 6. 和平教育； 7. 能够满足大量儿童学习需要的高质量内容的挑战
高质量的过程	经过专业训练的教师以学生为中心的教学方式，在管理良好的教室、学校，通过技能测评来促进学习，并减少差别悬殊	A. 教师方面： 1. 教师特定的职业化学习； 2. 教师能力和学校效率； 3. 持续的专业发展； 4. 以学生为中心的，对学习的连续支持； 5. 充满活力的、标准化的参与方法； 6. 教师反馈机制； 7. 教师确信所有学生有能力学习； 8. 教师的工作条件； B. 监督和支持方面： 1. 行政支持与领导； 2. 学生在学校接触的语言； 3. 运用技术来增加，而不是减少悬殊差距； 4. 程序和设施的差异性
高质量的结果	由知识、技能以及态度构成，与国家教育目标相关并和社会的积极参与相关联	1. 语文和数学成绩； 2. 运用规范的评估来改进成绩结果； 3. 父母寻求的结果； 4. 涉及社区参与、学习者自信和终身学习的结果； 5. 以经验的方式来达到预期结果； 6. 健康结果； 7. 生活技能和结果

三、国外儿童教育质量管理法制建设的历史经验

现代教育质量管理法律制度起源于欧洲，已有两百多年的历史，既包括立法，也包括司法。欧美国家的教育行政管理体制和相应的教育督导管理体制虽不尽相同，但也有一些共同特点，比如，机构独立、范围全面、队伍专业等。[①] 从儿童教育质量权保护的角度看，其特点主要是：

（一）立法先行，建立标准明确、权威有效的教育质量法律体系

主要是，强调全面素质和自由发展，建立健全相关的教育教学标准体系，推进监测机制和标准法定化。

以荷兰为例。荷兰在科技、文化、法律、艺术等多个领域曾

① 一份关于欧洲五国教育督导制度考察的专题报告，描述了以下特点：一是教育督导机构相对独立，确保督导机构独立行使对教育工作的监督、评估职能。英国国家教育督导机构——国家教育标准局是独立于教育行政部门的机构。其他各国虽然教育督导机构隶属于教育行政部门，但这些国家都通过建立必要的法律、法规和机制，使督导机构能够独立行政其职能。二是教育督导的范围是各级各类教育。其中俄罗斯、荷兰、西班牙教育督导的范围从小学一直到大学。法国教育行政总督学督导的范围涵盖了从学前教育到高等教育的所有学校，而教育总督学主要侧重于对基础教育的督导。英国教育督导标准局督导的主要范围是中等及以下教育，高等教育由其他机构负责评估。目前，各国教育督导工作主要致力于对学校和教育质量进行督导评估，以促进学校的进步和教育质量的提高。三是督学队伍专业化水平高。各国都制定了较高的督学任职资格标准，特别强调督学的专业化水平，并严格按照督学资格标准和程序选聘督学，确保督学队伍的质量。各国督学队伍基本上是由资深教育专家、行政管理专家和学科专家组成。为不断提高督学专业化水平和督导工作质量，各国都加强对督学的培训工作，各国地区督学被正式任命之前必须进行一段时间的培训和见习，英国独立督学每年还要接受为期五天的培训。高素质的督学队伍，决定了督导工作的高质量和高水平。参见《教育督导制度与教育质量监测考察团赴西班牙、德国、荷兰考察报告》，自教育部网站：http://www.moe.edu.cn/publicfiles/business/htmlfiles/moe/moe_626/201012/113449.html，访问于 2014 年 12 月 1 日。

经走在世界的前沿，与其优质的教育质量管理和教育评估制度是分不开的。荷兰的儿童教育质量督导管理制度独具特色，也富有争议。[①]荷兰的教育督导制度可以追溯至1801年，此后半个世纪里，荷兰教育督导制度主要致力于帮助地方政府和教师为所有儿童提供受教育的机会。后来，伴随着学校法律制度的健全和1919年的和解运动（the Pacification of 1917），它主要的工作是帮助公立学校和私立学校获得平等的财政支持。20世纪20年代到20世纪70年代，又通过建议和激励的方式，努力确保学校的运行和管理与国家制度保持一致。20世纪70年代，随着政府对教育评价范围的不断扩大，使得其对教育的目标、方法和内容变得逐渐不明确，于是政府又通过立法和政策革新推动了诸多国家级评估项目的实施。[②]

最近十来年，荷兰教育督导的重点是教育质量保障体系标准的提升。2002年9月1日正式实施《教育督导法》（*The Education Inspection Act*）。根据该法，督导人员的职责包括：①评估教学质量是否符合法定标准；②评估教育、教学、教育机构的运行和管理是否符合国家各项法律；③推动教育质量的提升；④报告相关教育机构的教育进展、执行法律规定和其他任务的情况。《教育督导法》对教育质量监督评价体系、教育督

---

① 荷兰的情况主要参考以下资料，下文不再赘述。（1）International Bureau of Education, UNESCO, "World Data on Education—the Netherlands, VII Ed.2010/11"，联合国教育、科学和文化组织网站：http://www.ibe.unesco.org/fileadmin/user_upload/Publications/WDE/2010/pdf-versions/Netherlands.pdf，访问于2014年12月8日。（2）教育部：《教育督导制度与教育质量监测考察团赴西班牙、德国、荷兰考察报告》，自教育部网站：http://www.moe.edu.cn/publicfiles/business/htmlfiles/moe/moe_626/201012/113449.html，访问于2014年12月1日。（3）教育部：《欧洲五国教育督导制度的比较》，自教育部网站：http://www.moe.edu.cn/publicfiles/business/htmlfiles/moe/moe_626/201212/145133.html，访问于2014年12月1日。

② 姜美玲：《当前荷兰基础教育督导体系及其启示》，载《全球教育展望》2002年第9期，第73页。

导的范围和目标、督导人员的工作职能等作出了明确的规定，以确保教育督导制度在保持应有的专业性和独立性的基础上运行。教育督导局虽然隶属教育文化科学部，但实际上是半独立性质的政府部门。教育督导局设一名总督学，四名主任督学，其中一位主要负责对基础教育进行督导。除了乌特勒支总部，各地区还设有12个督导办公室。督导范围涉及各类教育，包括小学和特殊教育，中等教育，成人、职业教育和高等教育。在教育督导的一般制度方面，荷兰与英国①、法国②相差无几，但荷兰的教育质量管理有几点值得我们特别注意：

一是注重自由与质量的平衡，确立教育督导的法律地位。宏观意义上，荷兰的法治理念是以权利保护为中心的。作为荷兰的根本大法，荷兰宪法行文朴素、简明，避开法律和政治学说，主要以权利法案的形式规定一系列公民权利。荷兰的法律制度极其重视教育，教育自由作为一项宪法权利，被规定在第23条中，也被称为教育权条款。与中国的情况相似，荷兰也不设立宪法法院。宪法禁止司法机关对违反宪法的法律和条约进行检测，因为这被认为是一项立法机关的特别职责和权力。在倡导教育自由这样的法律文化价值的背景下，办学自由、（教育选择方面的）信

---

① 英国的教育督导制度始于1839年，1840年的《督学条例》奠定了教育督导制度的基本模式，出现了专门的“督学”。根据1992年的《教育改革法》，英国成立国家教育标准局，作为独立于教育与就业部，是直接对教育大臣及议会负责的政府部门，负责制定与教育督导有关的政策、标准、计划，评价并对教育质量进行督导。参见王璐：《中英两国教育督导制度比较—动因、意义与职能》，载《比较教育研究》2008年第10期，第63-64页。

② 法国建立教育督导制度始于1802年。上世纪70年代开始，法国对学生学业质量的关注进入一个新阶段，从80年代开始颁布和修订了一系列有关教育监督督导的法规。1989年颁布《国民教学总督学特别章程》、1988年修订《国家教育行政总督学章程》，1990年颁布的《学区——地区督学和国民教育督学特别章程》等。参见吴声远：《简析法国督导制度的主要特点》，载《外国中小学教育》2004年第8期，第24-25页。

仰自由、教学组织自由受到宪法的保护。为了确保教育质量，荷兰宪法第 23 条同时强调教育自由自治必须符合相关的法律、政策，并接受督导。无论公立、私立的教育机构都需要达到国家各项教育法规中所规定的标准，这些标准涉及课程科目、预期目标、考试大纲、国家考试内容、年课时数等。这些都是具有**强制性**的法定标准。**考察各个教育机构的实施行为是否达到法定标准、是否合法，是荷兰教育督导评估的首要内容。**

二是建立健全教育质量标准。荷兰的教育立法（包括与教育质量相关的法规）明确、详尽，与教育督导制度共同控制和监督教育质量。特别是近年来，荷兰政府通过新的立法进一步明确了相关领域的教育质量标准，加强了对相应领域教育质量的控制。下面主要列举几部与教育质量管理密切相关的、独具特色的立法。

① 2010 年《善教和善治法》(*The Good Education and Good Governance Act*)。该法对所有学校规定了最低必须达到的质量要求。对于长期提供劣质教育的初级和中级教育机构，政府有权为了学生的利益停止对其提供财政支持。

② 2010 年《语言和数学课程标准法》(*The Benchmarks, Language and Numeracy Act*)。该法规定了学生在校学习各个阶段所应当达到的（语言和数学）知识和技能的标准。它为初等教育、中等教育、中等职业教育和特殊教育的课程组织与管理提供了一个基本的框架。自 2013 年以来，荷兰所有的 8 年级学生都将通过有关他们数学和语言技能的测试。预期目标（attainment targets）描述了学生在小学毕业时应当达到的基本要求，语言和数学的各级标准详细列述了每一学年所应达到的程度。

③ 2006 年《教育职业法》(*The Education Profession Act*)。该法规定了初等教育、中等教育、成人和职业教育机构的教师和其他工作人员所应具备的能力标准。任一教师任职须获得高等专业

教育机构的资格认证，或者经由大学证明其能力达到《教育职业法》所规定的标准。此外，该法还鼓励学校通过政策来保持和发展教师和员工的工作能力。《教育职业法》与其他部门法相结合一同作为教育督导制度的法律依据。

除此之外，针对中等教育，还可参照《预期目标法令》（*Attainment Targets Decree*）和《中等教育法令》（*the Secondary Education Organization of Teaching Decree*），这些法令规定了不同类型学校的教学组织和管理及其招生要求。《考试法令》（*the Leaving Examinations Decree*）规定了考试科目的选择，并且详细规定如何决定考试结果。

三是建立权威的教育督导监测机制。荷兰教育督导制度有以下三方面的特色：

①监测的重点在于考察学校是否具有稳定的教育质量保证，并采取差别对待的方式，根据被评估学校教育质量的状况不同，增加或减少督导的频率。对于教育质量状况良好的学校，减少督导的频率；相应的，对于那些教育质量状况欠佳的学校，增强督导力度、增加督导频率，旨在预防。对于所有的小学和初中，包括教育优质的学校，至少确保每四年进行一次监测、督导。

②荷兰教育督导的目的在于帮助学校提升教育质量，主要采用激励评价法作为对教育机构监测和评价的方式，以学校的现实情况为基础，提出改进建议，并给予技术支持。举例而言，荷兰课程发展研究中心（Netherlands Institute for Curriculum Development）作为一个非政府性质的独立机构，其主要职责是负责协同学校和大学共同开发课程与教材，并专门对课程、教材进行评估，为学校和相关人员提供有关教学资料方面的信息。

③采用问责机制。根据荷兰《初等教育法》（*Primary Education Act*）、《中等教育法》（*the Secondary Education Act*），学校董事会

对保证教学质量负有责任，作为独立法人，学校董事会有义务与督导人员保持联系。

④评估结果以及督导建议公开化。与其他国家相同，督导人员将对学校的测评结果作出分析和评价，并通过报告的形式提出建议。其内容涉及广泛，限于对课程的开发、教学的改进，也包括资源和人事等各方面问题。督导报告要予以公开出版。

（二）权利平衡，重视涉教儿童权利的全面保护

首先是父母与子女、教育者与受教者的权利平衡，这个平衡实际上涉及教育质量的"话语权"，也就是应该由谁来决定教什么、怎么教为好。在本书第二章，我们讨论过德国法律在教育问题上对父母权利与子女权利的厘定。按照德国《基本法》，父母应最大限度地实现子女的道德完整和身心发展，父母有权利根据自己的判断，运用自己认为恰当的方式来实现子女的最大利益。只有在父母的目的和方式脱离社会的基本共识，严重损害子女的最大利益时，国家才能根据《基本法》依法行使监督职责。在教育原则上，父母的任何决定都须考虑到子女不断增长的能力，通过与子女的商讨来培养子女的独立性和责任感，尤其要考虑子女的才能和爱好，存在疑问时，要听取教师或有关专业人员的建议。在教育方式上，法律禁止父母对子女施加任何形式的暴力，包括体罚或心灵上的伤害、侮辱性的教育措施。这提示我们，不仅要尊重涉教儿童对教育质量的话语权，而且，要把对涉教儿童各项权利的保护状况作为教育质量评估的一项重要内容。

从欧美国家的法律制度看，涉教儿童权利的保护，有法律的明确规定，也有较为严密的行政制度。在这方面，美国也是立法先行。以体罚为例，自 1974 年以来，美国先是陆续通过了《儿童虐待预防和处理法》《收养暨儿童福利法》《儿童虐待和疏

忽报告法》《儿童虐待预防及执行法》等一系列法案，明确界定了儿童保护工作的对象、任务，并赋予相关机构介入家庭实施干预的权力。到了20世纪90年代初，其又通过立法、设置各级行政管理机构，将儿童保护工作纳入政府工作职能范围。美国的儿童保护机构自上而下，包括联邦、州、县、市的相关机构，以及非营利、公、私营社会服务机构。儿童保护工作的最高行政机关是隶属于美国卫生和公共服务部的联邦政府儿童与家庭局，儿童与家庭局负责指导、规划、协调、管理、资助、监督和评估各州相关机构的工作。处于第二层的是设在州政府的行政管理机构，[①]主要负责执行和监管联邦儿童保护项目，并对本州的儿童保护项目制订计划、筹资、管理和监督。处于第三层的是县级政府的人力资源服务部，主要负责执行联邦和州的儿童保护项目。最基层是非营利、公、私营社会服务机构，如儿童看护中心、儿童保护中心、儿童中心、儿童保护委员会、学校、社区等，这些机构在美国具体执行儿童保护的服务项目。**与此同时**，美国设立专线处理儿童忽视和虐待的举报，儿童福利局负责处理相关报告，并负责稳妥安置被侵害的儿童。美国各州、哥伦比亚地区、附属群岛等都有法律规定，与儿童相关的职业人员包括：保育人员、中小学教员 / 工作人员、心理咨询师、医生、执法人员、社会工作者等，如发现或怀疑孩子存在被忽视或被虐待的可能性，必须马上举报，知情不报会被指控为犯罪。儿童福利局如发现儿童被忽视或不当对待时，即便尚未形成严重后果，也有权代表儿童利益向法院提起诉讼。[②]在这样的儿童保护体系下，儿童基本的人身权利可以通过法律制度受到保护，

---

① 由于美国各州行政相对独立，所设机构名称和工作范围不尽相同。

② 《美国的儿童保护机制》，载《法治周末》网站：http://www.legalweekly.cn/index.php/Index/article/id/1335，访问于2015年6月5日。

尽管这不是我们所习惯的教育领域的管理事项，但是在权利保护的法律范畴内，在学校和其他教育机构内发生的体罚儿童、虐待儿童事件就会被有效地管控和禁止。

（三）司法干预，但尊重教育教学机构的自主权

按照现代法律理论，权利的实现必须依靠司法，能否具有司法可诉性，是衡量一项权利是软权利还是硬权利的根本标志。我们在前文讨论儿童受教育权利的实现时，也把司法作为一个重要指标。以采用“美国国家教育进展评估，NAEP”的美国为例。尽管美国宪法并没有明确规定教育权，但是依据各州宪法，州政府有义务为该州公民提供免费的公立教育，同时，宪法和法律赋予公民相应的诉权来保障其利益。美国法院受理的有关入学和教学方面的诉讼范围广泛且细致入微，在公立学校的教育内容中，几乎没有不受司法审查约束的地方。比如，对于学生居住地的要求，杂费和交通费的收取，教科书、课程和学习资料的选取，学校课程的设置，教学资料的审查，学生学业能力的测试，教育不当及教育疏忽，学生的隐私权和家庭的教育自由选择权等，都曾诉诸司法，并被法院受理。[①]

但是，值得注意的是，从欧美国家的儿童教育质量督导管理的总体情况看，立法内容较多，司法内容却相对贫乏，其中的原因值得玩味。

从权利类别的角度来讲，教育权范畴内的一些权利，包括教育的核心内容——教育质量都属于经济、社会和文化权利。按照欧美多数国家以往的法律传统，这一类权利往往被视为与国家经

① 参见［美］内尔达·H. 坎布朗－麦凯布、马莎·M. 麦卡锡、斯蒂芬·B. 托马斯：《教育法学——教师与学生的权利（第五版）》，江雪梅、茅锐、王晓玲译，中国人民大学出版社 2010 年版，第 68–92 页。

济水平相关的、需要循序渐进实施的，或者是不可诉的权利。教育质量涉及政府的财政拨款、经费资源等问题，因而，与资源和经费相关的教育质量的诉讼很少。

从教育行业的专业性来讲，不少法院赋予教育行政机构充分的自由裁量权来决定教学和课程相关的事务。以美国为例，即便学生的家长对学校教育质量和管理方面的问题提出诉讼，包括教学资料的审查、课程内容的设置、学生学业能力的测试、教育不当或教学疏忽等，法院也多不干涉州和地方教育机构的教学决策。这是因为，多数法院会从专业差异性的角度看待教育质量和管理方面的诉讼，认为司法机构缺乏教育专业知识，除非涉及侵害公民宪法权利的诉讼，一般情况下，法院多会对州和地方教育机构的教学与课程决策给予支持。

（四）社会参与，共同开展教育质量管理

儿童的学前教育在很大程度上有赖于家庭和社会的直接参与。比如，荷兰的教育法律制度最令人印象深刻之处在于能够“想人所想”，将教育质量的管理拓展到学前儿童的教育领域，并通过具有强制性的法律形式实施。2005 年《儿童保育法》（*The Childcare Act*）使得学前儿童教育有了自己的法律框架。该法经过修订后，更名为《儿童保育及游乐场所质量标准法》。修订后的《儿童保育及游乐场所质量标准法》将儿童游乐场所的质量标准纳入法律规定，其中包括儿童游乐场所工作人员的资格要求、语言交流、健康和安全评估、父母参与等。2010 年《通过质量和教育寻求发展机会法》（*The Opportunities for Development through Quality and Education Act, OKE*）进一步将儿童游乐场所和学前日托机构规范起来。该法旨在为所有儿童提供平等相近的发展机会，要求地方政府通过“当地教育议程”（Local Education Agenda，LEA）与相关的儿童早期教育机构，包括儿童游乐场所、学前日

托机构以及学校达成协议。协议内容包括定义目标群体，招聘方以及早教机构的招生方式、确保教育的持续性和教学目标的完成。

四、我国儿童教育质量权的法律保护

我国没有关于基础教育质量的专门立法，有关制度散见于教育立法中关于质量的一般规定和对基础教育质量的某些特定要求。经过多年努力，我国初步建立了以课程标准为重心的标准体系，形成了以督导和监测为支柱的质量监督制度。我国当前面临的主要问题是，法律上关于基础教育质量的要求还比较宽泛，刚性不够，特别是有些政策性语言还有一定的模糊性，甚至相互矛盾，不易在质量监督测评中具体把握。由于质量标准不完善，法制化程度不高，督导制度也就无所附丽，难以专门化、专业化、实效化。当务之急，是确立科学合理、可监测的质量标准，并通过权威机构客观公正的监测评估，来有效实施标准。在这个过程中，我们不仅要充分掌握和运用行政手段、经济手段和技术手段，而且要重视掌握和运用法律手段。这是贯彻依法治国方略和依法治教方针的必然要求，也是解决当前基础教育质量管理突出问题的客观需要。

（一）关于质量要求：责任与权利

我国有关教育的若干立法都强调要提高教育质量。例如，2015年《中华人民共和国教育法》第 11 条规定："国家……推进教育改革，推动各级各类教育协调发展，建立和完善终身教育体系……促进教育质量提高。"2012 年国务院发布的《教育督导条例》以"提高教育质量，促进教育公平"为宗旨（第 1 条），将教育质量、义务教育的普及状况等作为教育督导工作的主要内容（第 11 条）。2013 年修订的《中华人民共和国民办教育促进法》第 4 条强调民办教育要保证教育质量。近年来，还有一些规范性文件对教育质量提出一些相对具体的要求。比如，《中华人民共和国国民经济和社会发展第十二个五年规划纲要》提出了“九年义务教育质量显著提高，九年义务教育巩固率达到93%”的目标。为贯彻落实《国家中长期教育改革和发展规划纲要（2010–2020年）》，2012年教育部还发布了《教育部关于全面提高高等教育质量的若干意见》。[①]

就儿童教育质量而言，2015年《义务教育法》的规定主要体现在四个方面：

一是规定教育教学的内容和目标、教育教学的质量要求，并对教育教学行为进行规范。如：第34条，第5条第3款，第35条第2、3款。

二是规定教师素质要求。如，第30条第1款明确规定了教师入职资格，即“教师应当取得国家规定的教师资格”，第2款规定“国家建立统一的义务教育教师职务制度”，以利于培养造就高素质、高层次的教师人才。第32条规定，县级以上人民政府对提高教师教育教学能力承担责任。

三是规定教育经费与条件。主要是确立经费投入体制，要求政府对投入负总责，教育经费由各级政府共同承担，并由省级政府统筹落实。（第42条至第50条）

四是规定督导和问责。主要是检举控告和行政责任。任何社会组织或者个人有权对违反义务教育法的行为向有关国家机关提出检举或控告。发生违反本法的重大事件，负有领导责任的人民政府或者人民政府的教育行政部门负责人应当引咎辞职。（第51条至第60条）。

《义务教育法》虽然没有直接使用质量权的概念，但实际上已经包含了某些质量权要求。比如，依据该法，在学习条件方面，儿童不仅有权入学接受义务教育，还有权要求国家为其接受教育

---

① 教高〔2012〕4号。

提供基本的、相对均衡的教育设施条件。这些条件既包括校舍、场地、设施设备及图书资料等物质条件，也包括合格的师资、科学规划设置的课程以及良好的学校制度环境和校园文化等条件。在学习内容方面，教育教学工作应当符合教育规律和学生身心发展特点，面向全体学生，重视培养学生的创新精神和实践能力，促进学生全面发展（第 34 条）。学校应当保证学生的课外活动时间，组织开展文化娱乐等课外活动（第 37 条）。

（二）关于质量标准：课程标准探索

现行教育方面的法律尚未涉及明确、具体的教育质量标准。《义务教育法》第 35 条规定："学校和教师按照确定的教育教学内容和课程设置开展教育教学活动，保证达到国家规定的基本质量要求。"关键是，"国家规定的基本质量要求"具体体现在哪些标准，如何检测评估？

2001 年《基础教育课程改革纲要（试行）》规定"国家课程标准是教材编写、教学、评估和考试命题的依据，是国家管理和评价课程的基础"。由国家课程标准"规定各门课程的性质、目标、内容框架，提出教学和评价建议"。这意味着，我国的教育教学须以国家课程标准为依据，同时，课程标准是必须具备高质量的专业品质，经过反复探讨和深入研究，并得到广泛认同的权威性标准。2001 年，国家启动了新世纪基础教育课程改革。经过十年的探索和实践，于 2011 年颁布了修订的义务教育学科课程标准。新的义务教育学科课程标准积极回应社会各界对教育问题的关切，着力从课程难易程度的把握、儿童的理解力和情感接受度、学段的衔接等方面进行了改革，取得了很大的进展。但同时我们也应当看到，我国义务教育学科课程标准的系统修订尚属首次，充分了解和反映利益相关方以及相关执行方的感受和意见，满足他们的需求，还需要一个较长的过程。同时，新的义务教育学科课程标准有待进一步增强可操作性，具体标准有待进一步细化。举例而言，目前我国对小学四年级的学生进行教育质量测评，新的义务教育学科课程标准以三年学段的形式进行规定，在对四年级小学生进行测评时就很难把握被测学生的学业进度，从而影响对其学业质量评价的准确性。①

（三）关于质量监督：督导与监测

我国早期的教育督导制度始于 20 世纪初，20 世纪 50 年代中期后，曾一度中断，在很长时间内不再设专门的教育督导评估部门，更无专职的教育督导评估人员。1984 年，教育部增设视导司，由视导员检查和指导全国的教育普及工作。同年 6 月，第六届全国人大四次会议通过的国务院关于第七个五年计划报告提出要“逐步建立系统的教育评价和监督制度”。1986 年 9 月教育部视导司更名为国家教委督导司，标志着我国当代教育督导制度的恢复重建。自重建以来，我国的教育督导和评估工作随着国家的方针、政策的变化而发展。1991 年随着《教育督导暂行规定》的颁布，形成了中央、省、市、县的各级督导机构。1997 年还颁布了《普通中小学评估工作指导纲要（修订稿）》。《国家中长期教育改革和发展规划纲要（2010–2020 年）》提出要“把提高质量作为教育改革发展的核心任务”，要“制定教育质量国家标准，建立教育质量保障体系”。为贯彻落实纲要的要求，健全我国教育督导体制，2012 年国务院决定成立国务院教育督导委员会，② 并颁布了 2012 年《教育督导条例》。

现行督导制度存在一些值得注意的问题，比如，重督政、轻督学。与以往的教育督导条例相似，2012 年《教育督导条例》作

---

① 参见各相关学科课程标准。

② 《国务院办公厅关于成立国务院教育督导委员会的通知》（国办发〔2012〕45 号）。

为一项教育督导评估的专门行政法规，对督政起到了相当重要的作用，但教学质量标准、督导评估的内容、标准等问题还没有得到足够的重视。

当前，我国基础教育质量管理和监测工作正在拓展推进。与其他国家相同，我国相关部门对教育质量的监测集中在学业成就这一领域，在拟定教育质量监测标准和研究开发教育质量监测工具这两方面做了大量工作。2007 年 11 月教育部基础教育质量监测中心在北京师范大学成立，具有里程碑的意义。监测中心的主要职责：一是拟定基础教育质量监测标准；二是研究开发基础教育质量监测工具；三是具体实施全国基础教育质量监测工作；四是为各地开展基础教育质量监测工作提供技术支持和业务指导。根据我国当前基础教育的实际状况，现阶段，中心主要对我国基础教育阶段学生的以下几个方面进行监测：（1）思想品德和公民素养；（2）身心健康水平；（3）艺术素养；（4）实践能力和创新意识；（5）学业水平和学习素养；（6）影响学生发展的教育环境和社会环境。① 以中国基础教育质量监测中心为依托，2012 年 7 月中国基础教育质量监测协同创新中心成立。协同创新中心面向国家教育规划和改革的需要，致力于建立国际一流的学术交流平台。该中心由北京师范大学协同国内外多家单位，对基础教育质量监测数据进行分析研究，并对教育质量相关的问题进行合作研究，对建立、健全我国基础教育质量评价体系、提高我国基础教育质量发挥着重要作用。

2015 年 4 月 15 日，国务院教育督导委员会办公室印发了《国家义务教育质量监测方案》，标志着我国义务教育质量监测制度的建立。从 2015 年起义务教育质量监测工作在国内全面展开。义务教育质量监测将以四年级和八年级的学生为监测对象，对语

---

① 参见教育部基础教育质量监测中心网站：http://www.eachina.org.cn/eac/zxjj.htm，访问于 2015 年 5 月 24 日。

文、数学、科学、体育、艺术、德育这六门课程进行监测。每三年为一监测周期，每年监测两门课程。义务教育质量监测将根据课程标准和学生的测评结果，将学生在相关学科的表现划分为四个水平等级，以此来反映学生对课程标准和相关课程要求的掌握情况，并形成基础数据报告、分省监测报告和国家监测报告。其中，呈现全国学生在相关学科的总体表现及影响因素的国家监测报告将向社会公开。目前，对于我国的义务教育质量监测的目标已经形成共识，即服务于教育决策、促进教育教学改进、引导社会形成正确的教育质量观、促进教育质量和素质教育有效实施。

与此同时，近年来，我国基础教育质量管理法制建设得到教育界、法律界和社会的广泛关注，相关的研究成果也蔚为大观。比如，2013 年出版的《如何开展中小学校督导评估》（教育部基础教育质量监测中心编著）第五章从教育督导评估指标体系的角度，对我国基础教育质量监测法制问题作了开创性研究。该项研究不仅论述了建构法律法规体系的原则，梳理了现有指标体系的法律依据，而且指出了法制方面存在的五个问题，提出了四条对策建议。[①] 国内其他研究也取得了一些进展，有的介绍研究国外有关法制进程；[②] 有的研究我国基础教育改革等问题时，提出有关

① 该研究指出的五个问题是：第一，针对督导评估制定的专门法律法规较少；第二，教育督导评估政策的规定比较笼统，对实践工作的指导具有局限性；第三，教育督导评估的法律效力不够强；第四，教育发展的区域性差异与学校发展自主性等问题缺乏回应；第五，督导评估相关的法制建设的速度有待提高。对此，该研究提出了四条建议：一是将指令性要求与指导性要求结合起来；二是尽快制定与实施学校督导评估相关的法律与政策；三是进一步提高学校督导评估依据的法律效力；四是指标的分类与称谓应该与法律法规的规定相一致。董奇、辛涛主编，教育部基础教育质量监测中心编著：《如何开展中小学校督导评估》，教育科学出版社 2013 年版，第 203-206 页。

② 如，杨涛、辛涛、董奇：《法国基础教育质量测评体系探析》，载《比较教育研究》2013 年 04 期，第 60-65 页。王璐：《英国教育督导与评价：制度、理念与发展》，高等教育出版社 2010 年版。

法律问题；有的从教育法学的角度研究教育质量的法律要求时，涉及基础教育质量的法律要求。[①]这些研究为探索推进我国基础教育质量法制建设做出了贡献，同时，一些基本问题的研究还需要更专门、更系统、更深入。[②]

总的看，尽管我国的基础教育质量监测和研究工作正在蓬勃发展，但是，质量监测管理的法制建设滞后的状况还较为严重。

一是基础教育质量监测缺乏必要的法律支持，标准不硬，手段不硬，效力不硬，直接影响了监测标准的效力和监测机构的权威。比如，监测的质量标准既要符合教育自身的特点，也要可评估、可测量。《义务教育法》规定，学校和教师要按照确定的教育教学内容和课程设置开展教育教学活动，保证达到国家规定的基本质量要求。但这个基本质量要求是什么，尚未形成一个明确的标准。[③]无论我们的教育部门如何三令五申，如何将教育质量、素质教育纳入工作的重中之重，民众和学校的教育质量都不及升学率来的实际。那些所谓“重点学校”和“名校”之所以备受追捧的原因，就是因为升学率。

二是质量监测与评估的程序机制还需要健全并获得法律保障。比如，上述机制还缺乏法律上独立的第三方参与，也缺乏配套的法定问责机制和应诉机制。2013 年《教育部关于推进中小学

---

① 如劳凯声：《中国教育改革 30 年：政策与法律卷》，北京师范大学出版社 2009 年版。尹力：《儿童受教育权：性质、内容与路径》，教育科学出版社 2011 年版。

② 以《如何开展中小学校督导评估》一书第五章的有关法制研究为例，该项研究的主要不足之处，是专门立法的指向性和法学研究的专业性还不够强。比如，指标体系的政策依据与法律依据之间的界限较为模糊，同时，一些重大问题还需要进一步研究，如把“学生表现”作为一级指标的第一项，而不是把对学生的支持因素放在衡量教育质量的首要位置。董奇、辛涛主编、教育部基础教育质量监测中心编著：《如何开展中小学校督导评估》，教育科学出版社 2013 年版，第 164—202 页。

③ 祁靖一、牟艳娜：《“减负”，到底应该从哪下手——专访北京师范大学中国基础教育质量评价与提升协同创新中心首席专家刘坚教授》，载《中小学信息技术教育》2013 年第 7 期。

教育质量综合评价改革的意见》，[1] 对建立健全中小学教育质量综合评价体系的内容、方式方法、测评结果的应用等作了初步规定，但该文件只是部门的规范性文件，缺乏法律约束力，既不能作为法定义务来履行，也不能作为法定权利来要求，对伤害教育质量的行为难以采取有效的法律手段进行应对。

三是应对法律问题的能力不强。随着人们的法律知识增长、权利意识增强，以及基础教育的改革开放，围绕基础教育质量的纠纷、投诉愈来愈多，而且往往诉诸少年儿童的教育权，有的还引用国际人权公约关于对合格教育质量要求的规定。

鉴此，需要更多地使用法律语言、通过法律渠道解决问题，把基础教育质量管理纳入法治轨道，充分发挥法治的引领、规范和保障作用，提高质量监测的制度化、规范化、法制化水平。只有充分运用法律手段，建立明确的法律标准，获得明确的法律授权，才能厘清质量监测各方复杂的权利与义务关系、职权与职责关系，从而依法建立健全标准化、规范化、权威化的质量监测体系，建立健全独立化、专业化的监测机构，建立健全更有作为、更具实质性、体现督政和督学相结合的督导评估体制。

（四）关于专门立法的必要性与基本思路

加快推进我国基础教育质量法制建设，当务之急是制定一部专门法，这是依法治教的需要，也是维护儿童利益的需要。我国的教育单行法已经不少了，近期国务院提请全国人大一揽子修订教育法，就包括了四部教育单行法，[2] 为什么不能有一部专门的规

---

① 教基二〔2013〕2 号。

② 提请修订的四部教育法分别是：《教育法》《高等教育法》《民办教育促进法》《教师法》。参见《教育法律一揽子修订草案（征求意见稿）——条文对照表》，国务院法制办公室草案征集公告，网站：http://www.chinalaw.gov.cn/article/cazjgg/201309/20130900390958.shtml，访问于 2015 年 6 月 28 日。

范教育质量的立法？通过制定专门法，把一些基本问题以国家意志的形式确定下来，一方面，能够使基础教育质量管理具有必要的法律地位、法律手段和法律机制，并担负相应的法律责任，另一方面，能够使质量问题成为法律问题和权利问题，而不仅仅是行政管理问题，或者仅仅归结为工作思路、工作方法、工作作风等政治层面的问题。这样一来，既有利于儿童、家长和社会拿起法律武器来维护在教育质量方面的权利，也有利于专业的基础教育质量检测机构拿起法律武器来维护应有的职业标准和权威。

专门立法的基本思路，应当是针对当前我国基础教育质量管理的突出问题，在认真总结、广泛吸收国内外理论和实践成果的基础上，拿出合理有效的解决实际问题的路径和办法。我认为，最重要的，是解决好“一二三”的问题，即“一项原则”“两类标准”“三个机制”。

“一项原则”就是儿童最大利益原则。它要求按照儿童权益优先的法律原则，把儿童权利保护的理念引入基础教育质量标准体系，建立健全真正体现以人为本、以学生为主体的质量管理法律制度。

“两类标准”，是指在法律上建立统一的基础教育质量标准。一是指导性质量标准；二是强制性质量标准。

“三个机制”，一是质量测评机制，明确测评的主体、程序等，解决谁来测评、怎样测评的问题。二是质量问责机制。三是质量诉求机制。

这“一二三”只是一个逻辑轮廓。法律是一门实践的艺术，良好的立法必须针对实际问题，拿出切实的解决方案，而不仅仅做到逻辑的周延。不然的话，立法再多再新，也都是一纸具文。在我国，如果一些现实问题不研究解决好，立法是难以取得成效的。比如，由于学校的行政化，对学校制度的评估实际上对一级教育行政管理机构工作绩效的评估，如何防止混淆运动员与裁判员的角色，避免任意性、主观性，保证客观、公正、规范就显得尤为重要。

（五）需要研究的基本理论问题

更为实质的问题是，从质量评估内容和标准看，怎样做到体现以学生为中心、以人为本、更好地尊重学生自身的需求、尊严和自由发展？是主要评估学校的教育制度，还是主要评估学生的“表现”？到底怎样评估老师、评估学校？

我们监测教育质量，应当是主要评价什么是一个合格的课堂、什么是一位合格的教师、什么是一所合格的学校。一般说来，优质的教育机构能够确保学生以合理的学习时间来达到规定的学业标准；确保儿童有合理的休息和玩耍的时间，即便有学习压力，也应控制在合理的范围内；确保学生的学习兴趣、自信心，以及安全稳定的学习环境。我国学生在国际学业测试中取得优异成绩，并不代表我们的教育制度优于其他国家。与其他国家相比，我们的教育体制有着鲜明的特点，大力提倡素质教育似乎是应试教育过度的反应。学生会考试，并不代表能力强，也不代表心理健康、社会责任感强；相反，不少在某方面能力强，道德和社会责任感强的儿童，不一定会考试。针对这种现象，应该在总结我国有关经验教训的基础上，借鉴国际标准和其他国家的经验，逐步拓宽监测工作所关注的领域和标准。比如，课业负担过重、体罚、不人道以及有辱人格的待遇、学校和家庭对学生能力的发展以及学业结果的影响等。

这提醒我们，在推动立法的过程中，我们有必要对一些基本问题作一个系统深入的研究。其中较为重要的：

一是如何界定和阐述基础教育质量法制的特色内容和特殊规律。主要包括：基础教育质量法制在整个教育法制体系、教育法学体系中的功能定位；基础教育质量法制不同于一般教育质量法制和高等教育质量法制的特殊要求；基础教育质量管理监测制度与国家其他重要方面（如工业产品）质量管理监测制度的异同。

二是如何从中国国情出发，借鉴国外基础教育质量法制的有益经验，按照中国基础教育发展的内在逻辑，逐步解决质量管理监测中的实际问题。重点研究有关法例、案例，聚焦质量概念、质量标准、督导体制、监测机制，回应“减负”“体罚”“赔偿”“自教”等问题。

三是如何设计基础教育质量立法的基本框架、指导原则和基本条款。这需要研究与现行教育督导条例等相关法律法规的关系；与改革完善现行督导体制机制的关系；监测机构、监测标准和监测程序的合法性、权威性、有效性；质量法规标准的依据与构成；符合法治要求的质量测评机制、质量问责机制、质量诉求机制。

四是如何把法律知识、权利话语运用到基础教育质量管理监测体系。重点打通学生主体与儿童权利的关系，借助儿童权利概念和原则，强调以学生权利为本位，把质量管理监测的重心从注重学生的表现或成绩，转变到更加注重教育制度和学校能力，从而体现学生是主体，而不是被测量的工具、被制造的产品，促进学生的全面发展，为学生自身的需求、尊严和自由发展赢得更多空间。

下面选择实际案例试做分析。

五、儿童教育质量管理的几个实例分析

（一）关于体罚、不人道和有辱人格的待遇：为什么禁而不止？

欧洲国家自 20 世纪 70 年代开始在法律上禁止对儿童的体罚以及有辱人格的待遇，最早的诉讼也是从学校开始的。可以说，到 20 世纪末，多数发达国家已经在法律上全面禁止来自于家庭成员（监护人）、学校（教育机构）或任何机构、组织及个人的对儿童的体罚、不人道和有辱人格的待遇。儿童在教育机构一旦受到体罚、不人道以及有辱人格的待遇，马上可以进入司法程序。

我国现行法律对禁止体罚、不人道以及有辱人格的待遇提出明确要求。如《未成年人保护法》规定：

> “学校、幼儿园、托儿所的教职员工应当尊重未成年人的人格尊严，不得对未成年人实施体罚、变相体罚或者其他侮辱人格尊严的行为。”（第 21 条）
>
> “学校、幼儿园、托儿所的教职员工对未成年人实施体罚、变相体罚或者其他侮辱人格行为的，由其所在单位或上级机关责令改正；情节严重的，依法给予处分。”（第 63 条）

《中华人民共和国刑法》规定：

> “故意伤害他人身体的，处三年以下有期徒刑、拘役或者管制。犯前款罪，致人重伤的，处三年以上十年以下有期徒刑；致人死亡或者以特别残忍手段致人重伤造成严重残疾的，处十年以上有期徒刑、无期徒刑或者死刑。本法另有规定的，依照规定。”（第 234 条）
>
> “过失伤害他人致人重伤的，处三年以下有期徒刑或者拘役，本法另有规定的，依照规定。”（第 235 条）

《中华人民共和国教师法》规定：

> “教师有下列情形之一的，由所在学校，其他教育机构或者教育行政部门给予行政处分或者解聘：（一）故意不完成教育教学任务给教学工作造成损失的；（二）体罚学生，经教育不改的；（三）品行不良侮辱学生，影响恶劣的。教师有前款第（二）项，第（三）项所列情形之一，情节严重，构成犯罪的，依法追究刑事责任。”（第 37 条）

从法律实践看，我国儿童教育中，体罚、不人道以及有辱人格的待遇还是时有发生。去年西安、吉林、湖北幼儿园连续发生的“喂药门”事件、内蒙古鄂尔多斯伊旗二幼教师脚踢幼童事件即为明证。究其原因：

一是禁止体罚儿童的法律制度不够健全。尽管我国《未成年人保护法》《教师法》《教育法》等都明确规定禁止体罚，但遗憾的是，对体罚是什么还缺乏清晰的界定，法律上的处罚和救济措施也不够严格有效。[①] 对于前者，只有当儿童受到十分严重的人身伤害，甚至导致残疾或者死亡时，才有进入司法程序的可能，而刑事司法中受到严重人身伤害的证据非常重要，却不易获取。对于那些通过言语、态度和变相的软措施来忽视、侮辱、威胁、虐待儿童的行为，法律还缺乏应有的约束力和威慑力。对于后者，儿童人身和心理受到侵害后，多是通过行政措施进行处罚。对被侵害儿童的司法救济、心理和生理的修复往往被忽视。

二是尊重儿童人格尊严和人身权利的意识尚且薄弱。除了一般意义上的公民权利意识需要增强外，对于实际上与成年人存在人身依附关系的儿童来讲，尊重儿童人格尊严和人身权利的意识就更为淡薄，加之打骂教育的传统恶习由来已久，儿童在学校受到心理和生理上的伤害几乎是难以避免。[②]

---

① 儿童权利委员会对“体罚”进行了定义，详见本书第四章“国家介入家庭的具体情形和理由”的有关内容。委员会认为，体罚的程度虽有不同，但总是有辱人格。此外，还有其他一些也是残忍和有辱人格的非对人体进行的惩罚，因而是违反《公约》的行为。这些惩罚包括例如：贬低、侮辱、毁誉、替罪、威胁、恐吓或者嘲讽儿童。” U.N. Doc. CRC/C/GC/8（2006）, para.11. 欧洲人权委员会的一系列决定和欧洲人权法院的一系列判决表明了法律和司法制度对儿童体罚的坚决制止，早期比较著名的案例有：Tyrer v. the United Kingdom（application No. 5856/72，1978）; Campbell and Cosans v. United Kingdom（Application no. 7511/76; 7743/76, 1982）; Costello-Roberts v. the United Kingdom（Application no. 13134/87, 1993）等。

② 有关中国儿童的生存状况以及遭受忽视、虐待、有辱人格待遇的实证分析，参见尚晓援：《建立有效的中国儿童保护制度》，社会科学文献出版社 2008 年版。

三是日常监管监测有待加强。基础教育以及学前教育质量的监测管理应当针对我国现状，将儿童基本的人身权利的保护纳入到教育机构的监管和评估中去。同时，或许更为重要的是，对儿童的体罚、不人道以及有辱人格的待遇和行为间接反映了施暴者的心理问题，因而，对教育工作者和儿童家庭成员的心理健康、社会和生活状态的测评也应当纳入教育质量的监测标准中来。

（二）关于过重的课业负担：为什么制度失灵？

我们知道，过重的课业负担全面影响教育的“结果质量”，不仅有害儿童身心健康，也影响其学业质量。学生的学业成绩与学习兴趣是正相关的，并且学业成绩并不随着学习时间的延长而提高，在睡眠不足、学业压力以及超负荷作业的背后，是孩子们的厌学，甚至辍学情况多发。

中小学生课业负担过重的现象近几十年来一直存在，尽管教育部门三令五申，强调减负，但中小学生的课业负担从未真正减轻过。早在 1982 年教育部、卫生部、国家体育运动委员会、文化部、共青团中央、全国妇女联合会就联合发文规定：“保证学生睡眠时间，每日小学生不少于 10 小时，中学生不少于 9 小时，大学生不少于 8 小时。”①1994 年 10 月，国家教育督导团在北京、上海、天津、河北、辽宁等五省、市、所辖城区（河北、辽宁均为省会城区）针对减轻义务教育阶段学生过重的课业负担情况进行了督导检查，报告显示，“义务教育阶段学生课业负担过重问题尚未从根本上得到解决。从总的情况看，初中重于小学，毕业年级重于其他年级”。②。2006 年《教育部、国家体育总局关于进一步加强学

① 详见《保护学生视力工作实施办法（试行）〔失效〕》（〔82〕教体字 001 号），第 7 条。

② 国家教育委员会（已更名）：1995《国家教委办公厅关于五省市对减轻义务教育阶段学生过重课业负担情况进行督导检查的综合报告》，1995 年 3 月 17 日发布。

校体育工作，切实提高学生健康素质的意见》再次强调“要依法保障学生睡眠和体育锻炼的权利，确保小学生每天睡眠时间不少于 10 小时，中学生不少于 9 小时，学生体育活动时间不少于 1 小时。学校要制定科学的作息时间表，加以公示后，坚决保证实行”。但现在，在小学、初中阶段，我国学生睡眠能保证 9~10 小时的只有 1/4，甚至 1/5。多数孩子无法拥有能够满足正常生理需求的睡眠。全国中学阶段作业平均每天两个小时以下的也才不到 30%。①

这里以课外补习为例。课外补习班是中小学生课业负担过重、睡眠严重不足的一大源头，也是耗费教育质量投入的一大渠道。在欧美一些国家，课外补习班多是针对培养学生的某种法定教育标准以及考试内容以外的素养，比如艺术类、音乐类、生活技巧类、文化类的兴趣爱好班，或者是为了帮助班内成绩有待大幅度提高的学生而开设。但在我国不少地方的小学，一个班中，无论课业成绩如何，大部分学生都在课外参加多个补习班。这种情形下，基础教育和义务教育的正常秩序全然被打乱。根据中央教育科学研究院的调查结果（2012 年），以北京为例，北京是中小学学生参加课外补习班比率最高的地区，参加课外补习班的学生占中小学生总数的 80% 以上，针对中小学的各类补习机构也达到了 1 万多家。②校外补习产业化不仅给中小学生带来沉重的压力和负担，也给数以千计的家庭带来负担。根据中国青少年研究中心家庭教育研究所发布的数据，通过对北京、广州、南京、哈尔滨、石家庄、西安、成都、银川 8 个城市对近 5000 名学生家长进行的问卷调查获悉，2012 年，我国人均年收入不到 1.6 万多元人民币。“在

① 祁靖一、牟艳娜：《“减负”，到底应该从哪下手—专访北京师范大学中国基础教育质量评价与提升协同创新中心首席专家刘坚教授》，载《中小学信息技术教育》2013 年第 7 期，第 10、13 页。

② 《天价补习班：越补越“虚”！》，央视网：http://news.cntv.cn/program/xinwen1jia1/20120517/116289.shtml，访问于 2014 年 12 月 1 日。

8773.9 元的家庭年平均教育总支出中，6031.4 元用于学校教育之外的教育支出，主要是补课费、各种培训班费用等。”[①] 由此可知，尽管在义务教育阶段，中小学生的教育费用还是占据了很多家庭收入的相当一部分，其中的绝大部分都用在了校外的补习班中。

课外补习班之所以屡禁不止，就是因为它与升学率、与名校择生挂钩，这个挂钩暴露出我国教育政策法律的内在矛盾和混乱。我国法律、行政规章、部门规章一再强调义务教育严禁考试入学，[②]“严禁公办中小学举办或与校外机构合作举办有偿补习班，严禁公办中小学教职工组织或参与有偿补课”。[③] 可以说，教育行政管理机构，对于类似的规定基本年年做，但是名校考试择生与补习班产业化等问题从未得到解决，甚至变本加厉。这并不是无法可依，而是有法不依，违法不究。从学校来讲，多数公立学校都是按照国家规定的教学大纲授课，但是小学升初中，初中升高中过程中的所谓名校、“重点”学校多要通过考试择生。为了选拔出优秀的学生，拉大学生成绩的差距，其设定的考试内容远远超过国家规定的教学内容和范围。比如，不少名校招生考试中的数学多是奥数，学生们在学校之内多是学不到的。不参加补习班

① 《天价补习班：越补越“虚”！》，央视网：http://news.cntv.cn/program/xinwen1jia1/20120517/116289.shtml，访问于 2014 年 12 月 1 日。

② 如《义务教育法》。

③ 教育部《关于治理义务教育阶段择校乱收费问题的指导意见》（教基一〔2010〕6 号）。此外，还有一些规章作出了类似规定，如：国务院办公厅转发国家教委等部门《关于 1996 年在全国开展治理中小学乱收费工作实施意见的通知》（国办发〔1996〕18 号）；教育部、国务院纠风办等七部委《关于 2010 年治理教育乱收费规范教育收费工作的实施意见》（教财〔2010〕2 号）；教育部、国务院纠风办、监察部、国家发展改革委、财政部、审计署、新闻出版总署《关于 2011 年治理教育乱收费规范教育收费工作的实施意见》（教监〔2011〕8 号）；教育部等七部门《关于 2012 年治理教育乱收费规范教育收费工作的实施意见》（教办〔2012〕4 号）；教育部、国家发展改革委、财政部、审计署、国家新闻出版广电总局等五部门《关于 2014 年规范教育收费治理教育乱收费工作的实施意见》（教办〔2014〕6 号）。

就学不到名校入学考查的知识。从家长来讲，根据经验和常理，能够进入好学校的学生，成年后进入主流社会的机会比较大，带孩子去上补习班也就理所当然。从社会来讲，有需求就有市场，巨大利益的驱使，使得各地补习班应运而生，并且日益蓬勃。尽管国家多次强调公立学校教师不得在校外以盈利为目的授课，但是那些培训机构的特级教师和一级教师多是来自于公立学校的一线教师。[①] 这样一来，教育行政部门下达的禁补令与给予学校的升学率相互矛盾，招生学校、出题教师与补课机构共同牟利。面临巨大的升学和竞争压力，广大少年儿童就不得不违背自然天性放弃玩耍的时间，[②] 往返于学校和各种补习班之间，不得不牺牲睡眠和健康来完成学校体制内和学校体制外的各种课业。

可见，课业负担过重现象背后的，是教育督导失灵、质量监测缺位、法律规定失效。我国基础教育质量监测工作应当把相关因素和问题纳入到对学校、教师、学生的考察和测评中去，与立法部门、相关行政部门相协调，共同制定更为切实有效的教育督导监督制度。

（三）关于社会参与与政府责任：怎样释放、激发质量建设的活力？

教育涉及千家万户，卓有成效的教育改革必须与社会变革相配合，并成为广泛社会变革的一部分。从欧美国家儿童教育质量管理的实践看，不是关起门来抓质量，而是有赖于社会的广泛参与和多方推动，社会参与一直在教育改革中发挥重要作用。比较突出的，一是前文论及的教学质量管理的参与，二是办学投入建

---

① 《天价补习班：越补越“虚”！》，央视网：http://news.cntv.cn/program/xinwen1jia1/20120517/116289.shtml，访问于 2014 年 12 月 1 日。

② 儿童享有玩耍和休息的权利，详见联合国《儿童权利公约》第 31 条。

设的参与。

教育质量问题往往与教育资源失衡和匮乏直接相关。在前文分析教育质量管理理念时，我们描述了一个从“条件质量”到“结果质量”的发展过程。其实，教育的资源条件、基础条件好坏，在任何情况下，都是与教育的“结果质量”直接相关的。我国是人口大国，城乡之间、区域之间、阶层之间，教育资源条件的差异巨大。每年国家用于教育领域的预算相对稳定，但现已投入的资源已不足以满足当前所有的社会需求，为了保障每一个儿童的受教育权，需要更多的资源投入。解决问题之道，除了加大国家投入外，还必须改革现行教育投入体制，注重鼓励和利用社会力量的广泛参与。做到这一点，必须通过立法鼓励民间办学、民间投学、民间助学。

目前，这方面的法律制度还不够健全。以民办教育为例，我国于 2002 年颁布了《中华人民共和国民办教育促进法》(2013 年修订)，民办教育获得了基本的法律地位，但还面临许多难题。2013 年新一届国务院领导班子成立后推行行政审批制度改革，实行简政放权，取消了一些针对民办教育的不合理审批。[①] 最近，全国人大审议通过了一揽子修订教育法律的议案，其中包括增加了有利于教育资源均衡化、有利于社会各方参与的规定。[②] 但是，总的看，还需要法律上进一步明确和强化民办教育的平等地位，包括招生资格、学位学历授予资格等，鼓励其自治。这样做，一方面可以广泛汲取政府以外的社会资源用于教育，让更多的儿童不致因为教育资源匮乏，包括学校数量和教育资源质量上的匮乏

① 国务院网站：http://www.gov.cn/guowuyuan/2015-01/07/content_2801882.htm，访问于 2015 年 5 月 24 日。另见《教育法律一揽子修订草案（征求意见稿）》中《民办教育促进法》第 51 条和第 66 条删除建议。

② 详见《教育法律一揽子修订草案（征求意见稿）》中《教育法》第 66 条、第 67 条修订意见。

而失学，或为劣质教育所累。[①] 另一方面可以减轻政府的财政和行政压力。鼓励社会办学并不是就意味着政府用于教育的开支可以减少，也不意味着在教育方面的行政管理工作可以减少。相反，政府应当花费更多的精力来合理、有效地调配社会资源，管理和规范民间办学的教育质量。

与社会投入相配套，必须实行更广泛的平等待遇。除了政府对民办教育机构和国立教育机构通过相应的立法和实施机制给予平等的财政支持和政策支持外，还要通过教育督导机制，来评估、管理和监督学校的办学质量，实行无差别待遇。无论民办还是国立教育机构，在不符合教育质量规定的情况下，都要进行大规模改革。不论公立、私立学校，不合格的都要根据测评结果，采取必要措施，甚至予以关闭。[②]

鼓励社会投入，实行平等待遇，对政府来讲，可以节省大量资源，把更多物力、人力、精力投入到确保教育质量的工作中，最大限度地发挥政府的管理、监督职能。对学校来讲，有利于教育资源和种类多样化，增强学校经营和管理的积极性和活力，促

---

① 在儿童入学、升学方面，由于我国人口基数大，适龄就学儿童数量众多，学校数量相对需求来讲依然处于供不应求的状态，因而儿童在初等教育和中等教育阶段的入学、升学过程中，面临着激烈的竞争和压力。“小升初”严重的择校压力就是一个很好的例证。特别是在一些重视教育的大城市，这些竞争和压力超出了儿童及其家庭应该承受的范围，严重影响着孩子们身心健康。尽管孩子们非常努力地学习，放弃一切玩耍时间上校外补习班，因为升学的课业压力而长期睡眠不足，但他们还是非常可能无法顺利升入自己理想的学校，甚至无法正常升学。这些都源于现有的教育资源严重供不应求，以及优质的教育资源严重供不应求。参见祁靖一、牟艳娜：《“减负”，到底应该从哪下手—专访北京师范大学中国基础教育质量评价与提升协同创新中心首席专家刘坚教授》，载《中小学信息技术教育》2013 年第 7 期。另参见《天价补习班：越补越“虚”！》，央视网：http://news.cntv.cn/program/xinwen1jia1/20120517/116289.shtml，访问于 2014 年 12 月 1 日。

② 英国政府对公立和私立学校教育质量的管理就是通过教育督导制度来实现，通过对教育机构的评估结果来评定教育机构的教育质量信用。详见王璐：《英国教育督导与评价制度、理念与发展》，高等教育出版社 2010 年版。

进学校建立自己的文化传统，并形成和提升自己的质量文化。对儿童来讲，更多教育资源的投入可以改善学习条件，并缓解儿童就学、升学压力，在一些地方还可以促进教育公平，直接解决孩子失学、辍学问题。

第十章 儿童的哺乳权

在国际社会和一些国家，母乳喂养被视为儿童和妇女享有的一项人权，但如何从法理上论证这项权利，还存在一些难题。母乳喂养权首先是一种典型的自然权利，在国际人权法中，其正当性还可以通过援引健康权和享有适足食物权，并辅以母乳喂养与婴幼儿死亡相关性的实证分析来论证。把母亲和婴儿视为母乳喂养权的联合主体，有利于保护婴孩的最大利益，但有时候母婴之间又存在利益冲突，涉及妇女喂养婴儿的选择权。因此，儿童的哺乳权实际上只有通过保护妇女的哺乳权才能得以实现。国际人权法上通过健康权、生育保护和禁止歧视原则来保护妇女的哺乳权。在国家实践中，由于母乳喂养对妇女健康的影响程度和具体标准难以把握，人们很难通过健康权主张哺乳权。通过生育保护法来保护在职女性的哺乳权是最为普遍的方式。在工作场所以外的领域，西方国家的维权活动格外活跃。在英国、美国、法国、加拿大等西方国家，妇女们对母乳喂养的维权活动主要聚焦在公共场所进行母乳喂养。我国的有关政策法规具有保护妇女哺乳权的明显意向，但权利范围、内容和司法保障还不明确。相对地，我国妇女所面临的与母乳喂养相关的焦点问题，更多地关乎工作与生存的需要，即摆脱为了保证基本生活和工作而不得不放弃母乳喂养的困境。

母乳喂养[1]是一种自然行为，几乎所有的哺乳动物都天然自发地借此哺育后代，但母乳喂养是不是一项权利？是一项什么意义上的权利？近年来，这些问题在国际人权领域屡屡被提起。之所以提出这样的问题，乃是因为母乳喂养与婴孩的健康乃至生死息息相关。那些嗷嗷待哺、对食物和营养有着特殊需要的婴孩，作为无可选择的被动接受的弱者，却往往受到成人世界不恰当的对待，甚至成为成人社会有关政策、制度和行为的牺牲品。为此，母乳喂养被作为一项儿童应当享有并加以保护的权利提了出来。紧接着，妇女的哺乳权也作为一项妇女人权被提了出来。

从国际上看，不论是儿童哺乳权，还是妇女哺乳权，在作为基本人权的正当性论证方面，都取得了一些进展，但同时，现实制度实践中又艰阻重重，呼唤着进一步的法理论证和制度改革。从国内看，按照中国现行政策和法律规定，哺乳期的工作女性可以享有每日两次半小时哺乳的休息时间，并且禁止被解雇和从事有损健康的工作，2008 年北京市还发生了首例母亲索要哺乳权的诉讼。[2]最近，中国营养学会发布了最新版《0–6 个月婴儿喂养指南》(2015 年版)，该指南重点强调为 6 个月龄以内的婴儿提供纯母乳喂养，并推荐坚持让婴儿直接吸吮母乳，尽可能不使用奶瓶喂人工挤出来的母乳。[3]但总的看，在我国，哺乳权是不是一项权利、需要哪些政策和立法

① 本文的哺乳主要指母乳喂养，不包括使用奶瓶的人工喂养。另，文中的哺乳权等同于（被）母乳喂养的权利。

② 2008 年北京市怀柔区人民法院审理李某诉刘某案。

③ 参见《健康时报》2015 年第 56 期，第 23 版。

措施、能不能通过司法来保护等问题，还有很大的讨论空间。本章拟针对现实的种种困惑，结合国际领域的最新探讨，重点分析儿童哺乳权的制度原理问题。

一、哺乳权作为儿童权利的正当性

哺乳权首先是一种典型的自然权利。之所以说是一项自然权利，是因为母乳喂养与生俱来，并为母婴的天性所喜爱。研究发现，所有哺乳类生灵，包括人类和动物，生来都具有被其母亲哺乳的器官和激素、生理结构和心理需要，也因此，母乳喂养作为一项独特的婴儿护理，对于婴幼儿的生理健康和精神发育都极为重要。[①] 在国际人权领域，哺乳婴幼儿的正当性通常还通过援引健康权和享有适足食物权，并辅以母乳喂养与婴幼儿死亡相关性的实证分析来论证。

（一）来自婴幼儿健康权的论证

据美国儿科学会（American Academy of Pediatrics, AAP）的评估，人工喂养婴孩在新生儿后期的死亡率比母乳喂养婴孩的死亡率高约 21%。研究证实，母乳喂养的益处主要有以下几点：第一，这种喂养方式可以在很大程度上帮助婴孩降低感染多种肠胃疾病的风险，如坏死性小肠结肠炎、α-1 抗胰蛋白酶匮乏、克罗恩病、乳糜泻、泌尿道感染、传染性疾病感染。在一些婴幼儿腹泻高发的发展中国家，母乳喂养有时会是救命良药。第二，伴随着母乳喂养，婴幼儿呼吸系统疾病和被感染的风险也会大大降低，比如假膜性喉炎、哮喘、流行性感冒、呼吸道合胞病毒感染、流感嗜

① Michael C. Latham, "Breastfeeding-A Human Rights Issue?" , *The International Journal of Children's Rights*, Vol.5, Iss.4, 1997.pp397–417, at p.401.

血杆菌 B 型血清类型感染、鼻病毒、中耳炎等疾病，在母乳喂养婴孩身上发生的几率要远低于以其他人工方式喂养的婴孩。第三，母乳喂养也有助于婴孩抵御由基因或其他不明原因引发的疾病，如婴儿猝死综合症、糖尿病、童年癌症、先天性过敏症。第四，母乳喂养有益于婴孩的智力发育。婴儿时期母乳喂养的孩子和以配方奶喂养的孩子相比，智商的差异多达 5%~10%。获得 7 到 9 个月母乳喂养的儿童要比仅获得 4 到 6 个月母乳喂养的儿童的智商平均高 4%，比母乳喂养不到 1 个月的儿童的智商要高 6%。[①]天然存在于母乳中的不饱和脂肪酸二十二碳六烯酸（DHA）和花生四烯酸（AA）以及它们在婴儿大脑的发育过程中所起到的作用是造成上述智力差异的主要因素。[②]

可见，母乳为人类婴孩提供的质量理想的、比例平衡的营养，是母乳代用品无法代替的。同时，初乳和母乳所富含的免疫成分，也有助于婴幼儿保持应有的免疫力，来抵抗疾病。一篇题为《母乳喂养——一个人权问题？》[③]的文章以呼吸新鲜空气和仪器吸氧来比拟母乳喂养和人工喂养。母乳喂养的优越性无需讨论，就像无需讨论呼吸新鲜空气优于仪器吸氧一般。人们应当明白其他喂养方式如同从仪器中吸氧一般，仅适用于无法获得母乳的特殊情况。

母乳喂养对儿童健康的益处不仅是生理上的，也是心理上的。母乳喂养是母婴联系的重要纽带，它所带来的安全感是婴儿所必需的；在婴幼儿患病或不适时，母乳喂养能起到缓解紧张和病痛的效果。一些国际人权机构在早期便申明了健康的概念。1978，世界卫

① 联合国儿童基金会网站：http://www.unicef.cn/cn/index.php?m=content&c=index&a=show&catid=53&id=19518，访问于 2015 年 8 月 28 日。

② “母乳喂养的重要性”，国际母乳会网站：http://www.muruhui.org/mrxx_detail.asp?id=418，访问于 2011 年 9 月 5 日。

③ Michael C. Latham, “Breastfeeding-A Human Rights Issue?”, *The International Journal of Children's Rights*, Vol.5, Iss.4, 1997.pp397–417, at p.397.

生组织（WHO）和联合国儿童基金会（UNICEF）在阿拉木图（Alma Ata）召开了以基本医疗为主题的研讨会，并制定了《阿拉木图宣言》（*Declaration of Alma-Ata*）。该宣言指出健康是一项人权，并将健康定义为“不仅是疾病与体虚的匿迹，而是身心健康社会幸福的总体状态”。[①] 母乳喂养作为一项权利源于人类的自然本性，倘若任意剥夺这项权利，对孩子的心理和生理健康都是一种暴力侵害。

基于上述讨论，可以认为，母乳喂养直接决定婴孩的健康状况，甚至很大程度上影响新生儿的生命。国际人权公约通过健康权中享有最高身心健康标准、[②] 减少婴儿死亡率并保证儿童健康发展[③] 的保护，提供了对婴孩哺乳的支持。1966 年《经济、社会和文化权利国际公约》第 12 条第 1 款将健康权表述为“人人有权享有能达到的最高的体质和心理健康的标准”；同时在第 12 条第 2 款（甲）中要求缔约国努力达到“减低死胎率和婴儿死亡率，和使儿童得到健康的发育”的目标。比《经济、社会和文化权利国际公约》第 12 条更为详尽的，是 1989 年《儿童权利公约》第 24 条第 1 款，它不仅强调了“儿童有权享有可达到的最高标准的健康”，要求缔约国采取适当的措施“降低幼儿死亡率”[④]，而且要求缔约国致力于“消除疾病和营养不良现象，包括在初级保健范围内利用现有可得的技术和提供充足的营养食品…”。为了确保婴幼儿的健康权利得以实现，《儿童权利公约》还强调了对母亲的保护，要求缔约国“确保母亲得到适当的产前和产后保健”[⑤]，特别提倡母乳喂养，“确保向社会各阶层、特别是向父母

---

① Declaration of Alma-Ata, International Conference on Primary Health Care, Alma-Ata, USSR, 6–12 September 1978，art.I.

② 1966 年《经济、社会和文化权利国际公约》第 12 条第 1 款。

③ 1966 年《经济、社会和文化权利国际公约》第 12 条第 2 款（甲）。

④ 1989 年《儿童权利公约》第 24 条第（2）（a）款。

⑤ 1989 年《儿童权利公约》，第 24 条第（2）（d）款。

和儿童介绍有关儿童卫生保健和营养、母乳喂养的益处”[①]。

（二）来自婴幼儿死亡率的实证分析

婴幼儿死亡率与母乳喂养紧密相关。联合国人权事务委员早就意识到营养和饮食对婴幼儿生命的重要性。早在 1982 年，人权事务委员会第十六届会议通过的第六号一般性意见就强调，“对生命权的解释，常常十分狭隘……缔约国须采取一切可能性措施，减少婴儿死亡率和提高预估寿命，特别是采取措施，消灭营养不良和流行疾病”。[②]

2000 年 9 月联合国千年宣言签署，联合国成员国依据该宣言，商定争取到 2015 年实现的八项目标，即千年发展目标。根据 1990 年的水平监测进展情况，每项千年发展目标为 2015 年规定了具体目标和指标。其中第四项目标为降低儿童死亡率，即在 1990 至 2015 年期间，将五岁以下儿童的死亡率降低三分之二。2014 年 9 月 16 日，联合国在纽约发布的数据显示：

> 五岁以下儿童的死亡率从 1990 至 2013 年期间已经下降了 49%。年均下降速度虽然在加快，有些国家甚至下降了 3 倍之多，但全球总体进展仍然没有实现在 1990 至 2015 年期间将五岁以下儿童死亡率降低 2/3 的目标。
>
> 根据 2014 年《儿童死亡率水平和趋势》报告中的新估算，2013 年全球有 630 万名五岁以下儿童死于大多可预防的原因，比 2012 年减少了约 20 万人，但仍旧相当于平均每天有近 1.7 万名儿童夭折。
>
> 2013 年，全世界有 280 万名婴儿在出生不到一个月内夭折，

① 1989 年《儿童权利公约》，第 24 条第（2）(e）款。

② Report of the Human rights Committee, UN doc.A/37/40, pp.93–94 以及附件 3。

占五岁以下儿童死亡人数的44%。虽然新生儿死亡人数有所下降，但低于五岁以下儿童总体死亡率的下降速度前所未有。

联合国儿童基金会①

实行母乳喂养与否对婴幼儿死亡率的影响是不可忽视的。世界卫生组织报道：

早期儿童死亡一半以上是由一些通过负担得起的简单干预措施可以预防或治疗的病症所导致……

从新生期结束到五岁这个过程中，主要死亡原因是肺炎、腹泻和疟疾。营养不良使儿童较易罹患严重疾病，它是导致约45%儿童死亡的根本因素。

世界卫生组织②

而婴儿新生期所面临的风险最高，据统计：

每年约有300万婴儿在生命的第一个月中死亡，死产婴儿数量与此类似。在这第一个月中，高达二分之一的死亡发生在出生后最初24小时内，75%发生在第一周内。出生后最初48小时对于新生儿的存活最为关键，在此期间应为母婴提供后续护理以预防和治疗疾病。

世界卫生组织③

① 联合国儿童基金会："新数据显示儿童死亡率的下降速度前所未有"，http://www.unicef.org/chinese/media/media_75890.html，访问于2015年8月28日。

② 联合国世界卫生组织："儿童：降低死亡率" http://www.who.int/mediacentre/factsheets/fs178/zh/，访问于2015年8月28日。

③ 联合国世界卫生组织：http://www.who.int/mediacentre/factsheets/fs178/zh/，访问于2015年8月28日。

新生儿出生后，对其最基本的护理方式之一是立即进行母乳喂养。[①]新生后期婴儿死亡的主要原因有两个：一是肺炎或其他急性呼吸道感染；二是儿童期腹泻。造成这两种原因的风险因素[②]都包括非母乳喂养，而预防措施也都包含纯母乳喂养。[③]可见，母乳喂养在降低婴幼儿死亡率上起到关键作用。对此，联合国儿童基金会也得出相似的结论：

> 纯母乳喂养的儿童在头六个月内的存活率是非母乳喂养儿童的14倍。出生后一天内开始母乳喂养可以降低45%的新生儿死亡风险。持续母乳喂养到两岁既可以降低孩子的患病几率，还能让孩子获得更好的营养，并提高他们的整体健康状况和机体免疫力，从而为孩子提供最好的人生开端。[④]

尽管母乳喂养的益处良多，但现实中的母乳喂养率极为低下。在全球小于六月龄的9200万儿童中，有66%的儿童接受的是人

---

① 其他几项新生儿基本护理包括：确认新生儿有呼吸；为新生儿保暖；触摸新生儿前洗手。这些同母乳喂养一并作为新生儿生存的最基本的护理需要。

② 引致新生儿后期肺炎或其他急性呼吸道感染的风险因素包括：出生体重低、营养不良、非母乳喂养、过分拥挤的环境。其相应的预防措施包括：疫苗接种、营养充足、纯母乳喂养、减少室内空气污染。引致新生儿后期腹泻的风险因素包括：非母乳喂养、不安全的饮用水和食品、个人不良卫生习惯、营养不良。其相应的预防措施包括：纯母乳喂养、安全的水和食品、适当的卫生设施和个人卫生、营养充足、疫苗接种。联合国世界卫生组织：http://www.who.int/mediacentre/factsheets/fs178/zh/，访问于2015年8月28日。

③ 联合国世界卫生组织：http://www.who.int/mediacentre/factsheets/fs178/zh/，访问于2015年8月28日。

④ 联合国儿童基金会："世界母乳喂养周：联合国儿童基金会呼吁公众支持母乳喂养"，http://www.unicef.cn/cn/index.php?m=content&c=index&a=show&catid=53&id=19518，访问于2015年8月28日。

工喂养或者是混合喂养。[①]2007 年—2014 年间，全球小于六月龄婴儿的纯母乳喂养率仅为 36%。[②]很多国家的母乳喂养率出现下滑趋势。联合国世界卫生组织对各国 6 个月以下婴儿的纯母乳喂养率进行了统计：

表 10-1 六月龄以下婴儿纯母乳喂养率[③]

年份	国别	纯母乳喂养率	年份	国别	纯母乳喂养率
2012	朝鲜	69%	2003	瑞士	14%
2010–2011	古巴	49%	2011	瑞典	14%
2005–2007	印度	46%	2012	墨西哥	14%
2011–2012	西班牙	29%	2005–2006	奥地利	10%
2008	中国	28%	2010	荷兰	10%
2003–2006	德国	22%	2003	南非	8%
2002	日本	21%	1999	意大利	5%
2011	美国	19%	2013	波兰	4%
2012	丹麦	17%	2009	希腊	1%
2006	爱尔兰	15%	2010	英国（大不列颠和北爱尔兰）	1%

实践当中，造成母乳喂养率过低的原因有多种。其中，母乳

① 联合国儿童基金会：http://www.unicef.cn/cn/index.php?m=content&c=index&a=show&catid=53&id=19518，访问于 2015 年 8 月 28 日。

② 联合国世界卫生组织："Exclusive breastfeeding under 6 months Data by World Bank Data Group"，http://apps.who.int/gho/data/view.main.NUT1720?lang=en，访问于 2015 年 8 月 25 日。

③ 联合国世界卫生组织："Exclusive breastfeeding under 6 months Data by country"，http://apps.who.int/gho/data/view.main.NUT1730?lang=en，访问于 2015 年 8 月 28 日。

代用品的市场推广是一个最为直接的因素。世界银行对不同收入水平家庭六月龄以下婴儿纯母乳喂养率进行了统计，数据显示：2007 年至 2014 年间低收入家庭六月龄以下婴儿纯母乳喂养率最高，为 47%；中等收入家庭六月龄以下婴儿纯母乳喂养率为 33%；高收入家庭六月龄以下婴儿纯母乳喂养率最低，仅为 29%。[①] 收入高的家庭，纯母乳喂养率低下；收入低的家庭，纯母乳喂养率相对高。这一结果与根据国别统计的纯母乳喂养率具有一定的相似度。在上文按照国别统计的六月龄以下婴儿纯母乳喂养率表显示，整体而言，经济发达的国家六月龄以下婴儿纯母乳喂养率较低，而经济尚在发展的国家，其六月龄以下婴儿纯母乳喂养率较高。

早期最为著名的母乳代用品的危害性事件发生在 20 世纪 70 年代中期，也被称为“弑婴丑闻”（baby killer scandal）。这一事件曾一度引起国际上强烈反对母乳代用品推广的热潮，其中包括国际上反对损害婴儿健康的总动员运动。作为一个重要成果，1981 年世界卫生组织（WHO）制定了《国际母乳代用品销售守则》，该守则最初是作为一项规则被提出的，这样它就可与世界卫生大会麾下所有的成员国发生关联。[②] 遗憾的是，该守则最终仅以一项建议而被通过，[③] 以致它既不能有效遏制以母乳喂养代用品代替母乳的鼓噪，也不能创生成员国禁止此种行为的相关规范。

---

① 联合国世界卫生组织：“Exclusive breastfeeding under 6 months Data by World Bank Data Group”，http://apps.who.int/gho/data/view.main.NUT1720?lang=en，访问于 2015 年 8 月 25 日。

② “In-depth Review and Evaluation of National Action taken to Give Effect of International Code of Marketing of Breast-milk Substitutes: Recommendation of A Technical Meeting（1）”，*A Common Review and Evaluation Framework: International Code of Marketing of Breast-milk Substitutes*, WHA34/1981/REC/1, Annex 3.WHO, 1997, pp.53–58.

③ “Introductory statement by the representative of the Exclusive Board to the Thirty-fourth World Health Assembly on the subject of the Draft International Code of Marketing of Breast-milk Substitute”，in: *International Code of Marketing of Breast-milk Substitutes*, WHO, 1981, p.35.

最终，婴孩健康哺食的权利，还是通过《儿童权利公约》清晰明白地予以确认。通过《儿童权利公约》，反对母乳代用品取代母乳的举措得到了全球范围的认同。[①]《儿童权利公约》第24条第2款（e）规定：

> 确保向社会各阶层、特别是向父母和儿童介绍有关儿童卫生保健和营养、母乳喂养的益处、个人卫生和环境卫生及防止意外事故的基本知识，使他们得到这方面的教育并帮助他们应用这种基本知识。

公约还规定了对食物适足、安全的要求。其保护领域既包括公共领域，也涉及私人领域，阻止一切损害和侵犯婴幼儿母乳喂养权利的不当方式和手段，譬如提倡鼓励母乳代用品代替母乳或者不恰当的喂养方法等。

（三）来自婴幼儿适足食物权的论证

保护婴幼儿的哺乳权也不难从健康权以外的国际人权文书中找到，如享有适足食物的权利。在母乳喂养的问题上，健康权的解释范围要广于哺乳权，而哺乳权的解释范围要广于食物权。健康权为母婴双方提供了保护的平台，《经济、社会和文化权利国际公约》第12条以及相关的规定并没有仅仅把眼光放在生理健康的层面上，还关照到缔约国应当在公共卫生和医疗方面采取的步骤方法。以“享有适足食物权”这一相对狭义的说法，显然不足以涵括国际人权法为婴儿哺乳权所展示的范围广阔的措施。

---

① Thomas Hammarberg, “Children” , Asbjørn Eide, Catarina Krause, Allan Rosas, *Economic, Social and Cultural Rights: A Text Book*, the Netherlands, Martinus Nijhoff Publishers, 1995，pp.291−292.

当今的国际人权文件阐明了所有人，包括儿童享有适足食物的权利和健康的权利，却未说明是怎样标准的食物和怎样水平的健康。婴儿作为未成年的人类在无法摄取其特需的食物时，便会承受营养不良和亚健康的风险。母乳喂养显然满足婴幼儿特别的食物需要，并能消除不安全和不恰当食物带来的风险，因此可以被解读为婴儿最大利益的选择。[①]《世界人权宣言》和《经济、社会和文化权利国际公约》为人们享有适足食物的权利奠定了法律基础。《世界人权宣言》表明“人人有权享受为维持他本人及家属的健康和福利所需的生活水准，包括食物……”，[②]《经济、社会和文化权利国际公约》第 11 条规定了人人享有适足食物的权利。经济、社会和文化权利委员会在其第十二号一般性意见中指出食物的可获取性是指“人人必须能够取得食物，包括身体易受伤害者，如婴儿、青少年……”[③]。委员会还要求有关联合国方面的机构“协助起草框架立法和审查部门立法”[④]，其中特别提到“联合国儿童基金会在关于婴儿和幼儿通过母婴保护取得足够粮食的权利的立法——包括鼓励母乳喂养的立法并在关于销售母乳代用品的规章方面具有相当的专业知识”。[⑤] 这两项国际文书所申明的人人何时何地都享有适足食物的权利，如今已被大多数国家所接受。任何国家对食物不足的安于现状都会引致营养不良和疫疾——非健康的状态，不仅会违反公约规定下“享有适足食物的基本权利”，也会违反“健康权”。因此，国际人权法为人类，同样也包括婴幼儿、儿童享有适足食物的权利提供了依据。即使母乳

① Michael C. Latham, “Breastfeeding-A Human Rights Issue?” , *The International Journal of Children's Rights*, Vol.5, Iss.4, 1997, pp397–417, at p.400.

② 1948 年《世界人权宣言》第 25 条第 1 款。

③ UN.doc.E/C.12/1999/5（1999）, para.13.

④ UN.doc.E/C.12/1999/5（1999）, para.30.

⑤ UN.doc.E/C.12/1999/5（1999）, para.30.

喂养作为一项人权没有直接地在人权文书中被列举，那它也必然包含在业已确立的健康权、食物权，甚至生命权[①]里。并通过《儿童权利公约》规定在缔约国“采取适当措施以降低婴幼儿死亡率”[②]，以及“消除疾病和营养不良现象，包括在初级保健范围内利用现有可得的技术和提供充足的营养食品……”的要求之中。[③]

1989年《儿童权利公约》与享有适足食物权利和健康权的规定相结合，便不难理解在国际人权法律文书中母乳喂养权作为一项人权的正当性。

二、谁的权利？谁的义务？

可以想象，拥护、倡导哺乳权的人比比皆是，但是，也有一个棘手的问题要面对：是否婴孩应当享有绝对的哺乳权？一些哺乳权的拥护者也许会认为，婴孩应当享有这项权利，为此，母亲除极为特殊的状况外[④]，不应有其他任何选择。那么，哺乳权究竟是谁的权利？如何看待母婴之间的权利关系？谁又对该项权利负有责任？

（一）婴孩与母亲

就儿童权利保护原理而言，母乳喂养应当被视为婴幼儿的最

① UN.doc.INT/CCPR/GEC/6630（1982）, para.5.

② 1989年《儿童权利公约》第24条，第2（a）款。

③ 1989年《儿童权利公约》第24条，第2（c）款。

④ “困难情况指的是特别脆弱人群所面临的境况，例如：（1）感染艾滋病毒的母亲和她们的婴儿；（2）遭遇紧急事件的人们，包括自然或人为灾害，譬如洪水、干旱、地震、战争、内乱和严峻的政治经济生活状况；（3）低出生体重或早产婴儿；（4）营养不良的婴幼儿；（5）未成年母亲和她们的婴儿；（6）在特殊环境下生活的儿童，譬如寄养，或母亲患有身体或精神残疾，或儿童的母亲在狱中或受药物或酒精滥用的影响。”世界卫生组织网站：《极端困难情况下的喂养》，http://www.who.int/maternal_child_adolescent/topics/newborn/nutrition/fiedc/zh/，访问于2015年8月29日。

大利益并因此成为一项权利，与婴幼儿母乳喂养关联的义务主体原则上是母亲，母亲应当在其能力范围内为其子女提供最良好的喂养。可见，母亲扮演着至关重要的角色，她既有责任，也有权利哺育其幼儿。国家和其他相关方为了婴幼儿哺乳权利的实现，应当尊重、保护和协助母亲们实现母乳喂养的权利。在此意义上，哺乳权应当被看作母亲和婴幼儿的权利。经济、社会和文化权利委员会的第十二号一般性意见（“享有达到最高健康标准权利”）将母婴健康视为一体，为保证婴幼儿的健康提供了广阔平台。它指出：

> “降低死胎率和婴儿死亡率，[①] 并使儿童得到健康的发育”（第 12 条第 2 款（a）），可理解为采取措施，改善儿童和母亲的健康、性和生育卫生服务，包括实行计划生育、产前和产后保健、[②] 紧急产科服务和获得信息，以及根据获得的信息采取行动所需的资源。[③]

在儿童权利和妇女权利的文书中，有关健康的条款往往会考虑母婴彼此的关联性。比如，在《儿童权利公约》第 24 条第 2 款

---

① “根据世界卫生组织的做法，死胎率已很少使用，而采取了婴儿和 5 岁以下儿童死亡率作为衡量标准。”联合国经济、社会和文化权利委员会第十四号一般性意见（第 12 条，最高健康标准的权利），UN.doc.E/C.12/2000/4（2000），note.10.

② “产前，指出生前或出生时；围产期，指出生前后的一小段时间（在医学统计学上，这段时间从怀孕 28 周起，结束的时间有不同规定，可从出生后一周到四周）；新生儿期，则指出生后的头四个星期；而出生后，即指出生之后。”参见 UN.doc.E/C.12/2000/4（2000），note.11.

③ UN.doc.E/C.12/2000/4（2000），para.14. “生育卫生，指男女有权自由决定是否和何时生育，以及有权了解情况和得到安全、有效、能够支付得起和可以接受的、由他们自己选择的计划生育方法，有权得到适当的卫生保健服务，例如如何使妇女安全地度过孕期和生产。”UN.doc.E/C.12/2000/4（2000），note.12.

中要“确保母亲得到适当的产前和产后保健”；[①] 而《消除对妇女一切形式歧视公约》第16条第1款也在婚姻与家庭关系的规定中说明要保证儿童的最大利益。[②] 母婴权利多数情况都紧密相连，在极少数情况下才会产生冲突。在母乳喂养问题上，婴幼儿应当在出生的最初6个月尽可能享有纯乳喂养，并且在此后辅以辅食，使得母乳喂养延至幼儿2岁以后。[③] 相应地，母亲也应有权依其意愿决定母乳喂养时间的长短[④]。

事实上，无论母婴的利益是否一致，婴孩并不会自知自己为母亲带来的不便，而母亲也许会考虑自身的健康和舒适。毕竟，坚持母乳喂养会在不同程度上对工作、社会交往、家庭生活和正常休息造成影响。在此情况下，母婴彼此的利益便会出现冲突。母婴之间的利益冲突所涉及的核心问题，不仅仅是婴儿享有被喂养的权利，而是婴儿被母乳喂养的权利，这直接涉及妇女是否享有对怎样喂养婴儿的选择权。[⑤]

按照国际人权法原则，将儿童最大利益作为优先考虑，是毫无疑问的，[⑥] 但同时，也要看到，这只是一个原则性的灵活表述[⑦]，并不能表明母乳喂养必须强制规定在人权法中。人权法不是对可

---

① 1989年《儿童权利公约》第24条第2（d）款。

② 1979年《消除对妇女一切形式歧视公约》第16条第1款。

③ 参见世界卫生组织网站：“Exclusive Breastfeeding”，http://www.who.int/nutrition/topics/exclusive_breastfeeding/en/index.html，访问于2010年11月9日。

④ Michael C. Latham, “Breastfeeding-A Human Rights Issue?”, *The International Journal of Children's Rights*, Vol.5, Iss.4, 1997.pp397–417, at p.399.

⑤ George Kent, *Freedom from Want: The Human Right To Adequate Food*, United States: Georgetown University Press, 2005, p.164.

⑥ 《儿童权利公约》第3条第1款，结合母乳喂养优于其他任何喂养方式的事实，不难理解母乳喂养婴幼儿也是对儿童最大利益原则的遵从和体现。

⑦ 参见［美］凯利·D. 阿斯金，多罗安·M. 科尼格编：《妇女与国际人权法：第一卷妇女权利的国际和区域视角》，黄列、朱晓青译，生活·读书·新知三联书店2009年版，第276页。

选择的行为作出指示，而是制定规则，告诉人们不应逾越某种界限。比如，尽管人们知道吸烟、喝酒以及非健康的食物不是最优的选择，但他们仍然被允许拥有这些选择权。[①]

不过，话说回来，尽管强迫那些情愿或不情愿的妇女一律母乳喂养的方案是不恰当的，但是，在把母亲和婴孩作为一个整体保护起来，使他们免受外部相冲突利益的侵害，这样的方案又是合理的。婴孩的最大利益受到威胁，但可用来保护婴孩最大利益的资源却很少。考虑到婴孩无能为力，还是有必要通过法律来帮助他们，以确保儿童最大利益得以实现。从这样的人权视角来看，婴孩和母亲可以视为一个整体，或视为一个权利主体，即分享婴孩康健利益的母乳喂养权的主体。这里主要应当关注的是，母婴作为一个整体，如何免受外界干预。母亲应当如其所愿，自由喂养她们的婴孩，外界不得做任何干预母亲自主选择的事情。

把母亲和婴孩作为共同面对外界的一个整体，并不意味着母亲在法律上有义务母乳喂养婴孩。在此情形下，政府不该去介入母婴关系。正如一篇有关母乳喂养与人权的文章指出，“母亲没有义务用母乳喂养婴孩，但是政府有义务去教育那些母亲，支持她们学以致用，并确保她们的行为符合儿童的最大利益。政府有责任去告知，以便父母得以在充分知情的情况下为他们的孩子做出选择”。[②]

（二）母婴与第三方

事实上，母乳喂养从来不是母婴之间的“私事”。在公民社会中，相互矛盾的权利往往处在多种利益和欲望的漩涡中，并受

① George Kent, “Child feeding and Human Rights” , *International Breastfeeding Journal*, Dec.2006, pp.1–27, at p.8.

② Bar-Yam, Naomi Bromberg, “Breastfeeding and Human Rights: Is There a Right to Breastfeeding? Is There a Right to Be Breastfed?” *Journal of Human Lactation*, Vol.19, No.4, 2003, pp.357–361, at p.359,

到各种主观因素的影响。上世纪 70 年代的美国，一月龄新生儿的纯母乳喂养率不到 25%，医院中，新生儿的纯乳喂养率更低，短短的 20 年内，这一比率从 38%（1946 年）跌至 21%（1956 年），再到 18%（1966 年）。[①] 在母乳代用品广泛普及之前，如此低的母乳喂养率已经在很多国家屡见不鲜。[②] 导致母乳喂养率过低的原因，不单是母亲的选择，还有很多外界因素。美国学者克洛夫斯基（Karen M. Kedrowski）和利普斯康（Michael E. Lipscomb）在《美国的哺乳权》一书中，对影响美国婴儿母乳喂养的因素进行了分析研究，并从科学研究和医学健康建议、公众态度、工作、商业、媒体、家庭、母亲的教育程度等几方面考察了近年来美国社会对婴幼儿母乳喂养的影响。[③]

1. 科学研究和医学健康建议

科学家和医学家的意见和建议对是否进行母乳喂养、母乳喂养的时间、方式起到了主导作用。但是，这些所谓经过反复论证的科学建议，也不具有绝对的权威性和稳定性。举例来讲，17 世纪，美国的内科医生们认为初乳对新生儿有害，甚至是致命的。所以，那时美国的母亲们被告诫，在生产后的一周内不要进行母乳喂养。时至今日，我们都知道初乳所蕴含的无可代替的营养和抗敏成分，会保护新生儿远离感染和疾病。因而，医学界普遍建议纯母乳喂养应当在新生儿出生后立即进行，直至出生后六个月。六个月后可以为

---

① Jan Riordan and Karen Wambach, *Breastfeeding and Human Lactation*, The Forth Edition, Massachusetts: Jones and Bartlett Publishers, 2010, p.60.

② 根据美国的经验，上世纪 70 年代母乳喂养率的骤降主要由于经济发展，大量农村劳工涌入城市。类似的现象也同样发生在其他国家。参见 Jan Riordan and Karen Wambach, *Breastfeeding and Human Lactation*, The Forth Edition, Massachusetts: Jones and Bartlett Publishers, 2010, p.60.

③ 下文有关科学研究和医学建议、公众态度、工作、商业、媒体、家庭、母亲的教育程度等几方面因素分析经整理、编写，参见 Karen M. Kedrowski and Michael E. Lipscomb, *Breastfeeding Rights in The United States*, United States: Praeger Publisher, 2008.

婴儿添加辅食，并且将母乳喂养持续到幼儿两岁以后，此为最佳的婴儿喂养方式。尽管我们很难获悉，17 世纪社会民众以怎样的程度采纳美国内科医生们的建议，但是，那些所谓的科学建议很有可能否定当时——在现在看来是再正常、再理想不过的喂养方式。因为无论是 17 世纪的医学建议，还是当代的医学建议，都是建立在对母婴健康有益的科学依据之上。这种社会确信极有可能否定一位母亲在母乳喂养问题上的自主权，进而削减母亲和婴儿的利益。①

2. 公众态度

尽管母乳喂养对婴幼儿的益处和重要性早已成为公认的事实，那些嗷嗷待哺的孩子对食物和母亲的急迫需要也令人理解，但美国社会民众对随时随地进行哺乳喂养的做法却不能够宽容处之。不少人因见到妇女哺乳时裸露胸部而感到反感，多数人也会认为在公共场所哺乳是不得体的行为举止。美国的《儿语》(*Baby Talk*)杂志因为在杂志封面采用了婴儿哺乳的图片，便收到了多达 700 封表达反感的来信。美国犹他州的汉堡王餐厅，餐厅经理收到其他顾客投诉，要求正在母乳喂养的母婴，遮蔽身体或移步到盥洗室哺乳。如果一位母亲拒绝在哺乳时将胸部和婴儿遮盖起来，就可能遭到被强制离机的待遇。② 在这样的"高压"下，哺乳母亲们也会倍感尴尬，她们意识到在公共场所哺乳令人生厌，而索性放弃。③

上述种种公众对妇女哺乳的反应，反映了美国社会对母乳喂养本质的忽视或者不理解。在家庭以外的场所进行哺乳，对母婴来讲是无法避免的。一个新生儿每天需要哺乳 8 至 12 次，对于

① Karen M. Kedrowski and Michael E. Lipscomb, *Breastfeeding Rights in The United States*, United States: Praeger Publisher, 2008, p.25.

② See Karen M. Kedrowski and Michael E. Lipscomb, *Breastfeeding Rights in The United States*, United States: Praeger Publisher, 2008, pp.36–37.

③ "Congress to Consider Privacy Issue", China Daily, http://www.chinadaily.com.cn/china/2007–01/27/content_794272.htm; "Breastfeeding in Public", China Daily, http://www.chinadaily.com.cn/opinion/2007–01/29/content_795228.htm，访问于 2011 年 9 月 5 日。

一位拥有正常社会生活的母亲来讲，母乳喂养不可能完全在家中进行。很多母亲在照管孩子的同时，也需要料理家务或者会面亲友，哺乳可能必须在家以外的公共场所或半公共场所进行。特别对于那些产后三个月必须工作的妇女，每隔两三个小时便必须哺乳。倘若不允许她们在工作场所哺乳，她们便只能放弃母乳喂养。

一些人认为禁止妇女在公众场所哺乳并不等于不允许她们哺乳。在公共场所或半公共场所哺乳并不是唯一选择，可以通过谨慎地遮蔽、在盥洗室哺乳，或者用奶瓶喂母乳等方式。这些建议，一方面反映了妇女在公众场所进行母乳喂养的艰难，另一方面表明人们将母乳喂养看作是妇女理所应当的自我牺牲，而不是一项权利。而这些得体的行为真正实施起来并不那么便利。比如，要求避讳地遮盖身体，但在实际中很难行得通。婴儿并不乐于在憋闷的空间中吃力进食，也并不会理解并配合母亲将胸部遮蔽。在哺乳结束时，母亲必须将婴孩从裸露的胸前移开。这些环节必须经历曝露胸部的动作。再如，要求用奶瓶哺乳是难以确保婴儿饮食安全的建议。在没有冰箱存储的条件下，乳汁容易变质腐坏。而那些要求妇女和婴孩躲闪到盥洗室哺乳的人们，是否意识到这样的建议是剥夺了无罪之人的自由和权利？从道德和公平的角度来讲，为了确保自己心灵惬意而置他人于困境和险境中，本身就不道德和不公平。所以，要求母婴避讳公众哺乳本身就缺乏合理性。

3. 工作

在人们意识到母乳喂养重要性的同时，越来越多的母亲投入到了社会工作中去。[①] 任何人要将家庭职责、母亲的角色和工作职责、社会角色兼顾完好，都不是件容易的事情。

---

① 以美国为例，1976 年，美国约有 31% 的初生婴儿的母亲处于雇佣关系中，而到了 2002 年这个比率增至 55%。Karen M. Kedrowski and Michael E. Lipscomb, *Breastfeeding Rights in The United States*, United States: Praeger Publisher, 2008, p.16.

母乳喂养需要坚持不懈，对于工作的母亲来说意味着含辛茹苦，还要克服一些困难。幸运的情况是，母亲的工作场所提供照管婴幼儿服务，母婴可以一同在工作场所进行哺乳。否则就必须频繁地回家。一些母亲可以利用工作时间频繁且规律地哺乳，或者提前挤出乳汁存放在冰箱中；还有些母亲不得不放弃一切休息机会，同时还要毫无遗漏地完成所有工作任务。

尽管职业妇女在孕产期、哺乳期的保护备受国际组织、国家法律的重视，[①] 但在现实中，母亲往往在尽力履行工作职责与哺育子女的重任之间面临艰难的抉择。她们必须哺乳，也不能放弃工作。母乳喂养这个所谓的可选择的育儿方式，很容易让母亲们被贴上“不能尽职尽责”的标签。虽然有些国家的法律制度为职业妇女创造了相对轻松的育儿环境，鼓励母乳喂养并要求雇主在工作场所提供专门的哺乳设施，但这毕竟是少数，而非普遍存在。此外，不同的家庭处境也影响着母亲们对是否工作的选择。据统计，有配偶妇女的在职比率（55%）比那些单身、离异、分居的妇女（63%）要低一些。稳定的婚姻和感情关系可以使一些母亲无须考虑工作养家，在相对宽松的环境下母乳喂养。但对另一些母亲来讲，工作是使自己和孩子获得维系生活的经济来源的唯一出路。当哺乳与工作发生冲突时，她们和孩子的生活将雪上加霜。[②]

4. 商业

工业社会的进程对多数国家的家庭产生影响，配方奶粉取代

---

① 1999 年 6 月国际劳工大会（the International Labour Conference）成立了生育保护委员会（the Committee on Maternity Protection）；2000 年国际劳工组织（the International Labour Organization）完成了对《生育保护公约》（the Maternal Protection Convention）的修订。国际劳工组织网站：http://www.ilo.org/public/english/standards/relm/ilc/ilc87/com-mat.htm.

② Karen M.Kedrouski and Michael E.Lipscomb, *Breastfeeding Rights in The United States*, United States: Praeger Publisher, 2008.

母乳就是变化之一。配方奶粉多从牛乳或其他动物的乳汁中汲取，这种人工的化合物被称作“母乳代用品”，通常被“人性化”，但绝不能认定为相当于人类母乳。配方奶粉的发明本是为了帮助育婴堂、孤儿院中没有母亲哺乳的孩子活下来，但在市场全球化的诱惑下，它却促使农场主们开拓更为广阔的市场。1905年，瑞典雀巢公司出产了婴儿奶粉，随后便把这种奶粉推广到了全世界。到了20世纪60年代，商家深入医疗机构极力推广和宣传他们的产品，美国和英国的医护人员会用雀巢奶粉喂养医院的新生婴儿，新妈妈们也多会收到一些免费试用装。这些成功的市场推广以全世界数以千计的婴儿失去母乳为代价，随之而来的是巨大的商业利润。在征服了工业化国家后，婴儿配方奶粉战略又向第三世界国家侵袭。这一巨大的国际市场带来的可观利润，可以以家庭幸福的牺牲和婴儿的死亡来衡量。劣质的原料加上污染的水源，每年都杀死不计其数的婴儿，直到今天也是如此。①

5. 媒体

媒体是综合衡量社会对母乳喂养真实态度的“显示器”。尽管目前尚未有相关的专门研究，但有人曾对美国媒体有关母乳喂养的报道作了一个样本分析。分析的结论大致如下：

1990至2004年间，美国媒体有关母乳喂养报道的数量呈显著上升趋势。其主题涉及的方面十分广泛，按照数量和比例依次递减，主要包括：哺乳母亲的经验战略、母乳喂养对婴儿的益处、

---

① “La Leche League国际母乳会亚洲（Asia）对7000多因食用被三聚氰胺污染的配方奶而致病的婴儿表示深切的悲痛。数家中国企业生产的配方奶，和其他乳制品如，牛奶，酸奶，和冰激凌中都检测出含有三聚氰胺。食用污染配方奶已导致至少4名婴儿死亡，150多名婴儿因肾脏衰竭而住院，数千个婴儿因而致病。三聚氰胺常被使用作为一种化学结合剂，也作为一种添加剂用于化肥。因为其高含氮量，人为地将其添加在牛奶中可以增加蛋白质含量检测指标，但会导致肾脏疾病。”参见《母乳喂养保护家庭，免遭污染配方奶的危害》，国际母乳会网站：http://www.muruhui.org/mrxx_detail.asp?id=412，访问于2011年9月6日。

母乳喂养率和实践、母乳喂养与婴儿喂养风险或弊端、（积极意义上的）在公众场所母乳喂养、母乳喂养与工作、母乳喂养对妇女的益处、哺乳妇女在职场面临的歧视、婴儿配方奶粉的消极方面、吸奶设备、公众对母乳喂养的看法、婴儿通过母乳喂养被治愈。有关母乳喂养的文章多见于报纸，其次是电视节目、妇女杂志。因母乳喂养或配方奶粉喂养导致婴幼儿死亡的报道，多见于报刊，电视节目也有少量报道。而妇女杂志多刊载母乳喂养率和实践以及哺乳母亲的经验战略。而电视则很少涉及哺乳母亲经验战略的节目，甚至没有任何关于母乳喂养率和实践的报道或介绍。①

有关母乳喂养知识的资料，按照数量和比例依次递减，主要源于：医师和科学家、政府官员、母亲、医学期刊、其他母乳喂养的倡导者、母乳会（La Leche League）、美国儿科学会（American Academy of Pediatrics, AAP）、警官、检察官、儿童、父亲。其中，电视节目制作者是引用医生或科学家建议最多的媒体，其次是报刊。相应地，官方观点被报刊引用的比率最高，被电视节目援用比率其次。妇女杂志援用专家和官员建议的比率最低，却更擅长运用来自母亲、其他母乳喂养的倡导者以及母乳会（La Leche League）代表等资源。②

尽管媒体对母乳喂养有所关注，但其起到的支持性作用极为有限。不难理解，媒体更加擅长将母乳喂养这一问题作为一种传媒“产品”。他们往往会忽略传媒“产品”的构成，或者说这一产品是怎样得到供应的。也就是说，媒体在对母乳喂养的科学性进行宣传时，哺乳母亲所面临的现实问题却很少同时受到关注。医学家、科学家和哺乳母亲是媒体取材频率最高的对象，但这三

---

① Karen M. Kedrowski and Michael E. Lipscomb, *Breastfeeding Rights in The United States*, United States: Praeger Publisher, 2008, pp.49–57.

② Karen M. Kedrowski and Michael E. Lipscomb, *Breastfeeding Rights in The United States*, United States: Praeger Publisher, 2008, pp.56–57.

类主体却很少出现在同一篇报道中。报刊和电视节目多关注母乳喂养的益处、男性和官员对母乳喂养的看法，几乎很少报道哺乳母亲在工作场所哺乳所遇到的困难，而这些却是决定在职妇女是否能坚持母乳喂养的关键因素。从另一面来看，妇女出现在报道中的情况主要涉及以下几类问题：（1）母乳喂养率和实践；（2）在公众场所哺乳；（3）公众对母乳喂养的看法；（4）如何调配工作与哺乳时间；（5）哺乳妇女在职场遭受的歧视性待遇等。这些报道多见于妇女杂志，它们的主要读者是妇女。很少受到妇女以外的人，如男性、官员、专家等其他主体的关注。[①] 这样一来，在媒体宣传中，母乳喂养的科学性与社会现实被隔离开来。

总体来讲，媒体对母乳喂养既没有形成统一的抵制，也没有形成统一的支持。媒体对母乳喂养的报道和宣传所产生的影响，既有积极的，也有消极的。一方面，一些报道将妇女哺乳权被侵犯的经历披露后，促使政府改革立法，比如美国俄亥俄州沃尔玛超市要求哺乳妇女离开的消息经媒体报道后，俄亥俄州很快便颁布了哺乳法；另一方面，配方奶粉的市场化除了得益于营销人员的大力推广外，与媒体和广告宣传的作用是分不开的。从 19 世纪 50 年代至 19 世纪 60 年代起，母乳代用品广告大量地刊登在报纸、杂志上，随后也不乏出现在广播、电视节目中。正是有感于当时母乳喂养率的急剧下降，1956 年，国际母乳会在美国伊利诺伊州成立，很快它发展成一个由女性志愿者组成的国际组织，专门为那些选择母乳喂养的家庭提供帮助。[①]

6. 家庭

家庭对母乳喂养的影响也不可忽视。首先，最易于想到的是母乳喂养会影响夫妇间亲近彼此，这也是 11 世纪到文艺复兴时期

---

① Karen M. Kedrowski and Michael E. Lipscomb, *Breastfeeding Rights in The United States*, United States: Praeger Publisher, 2008, p.61.

之前这段时间，欧洲多数贵族妇女把新生婴儿交给乳母的原因。没有了哺乳期，可以让丈夫亲近，从而使妻子很快再生育，以保证有更多潜在的继承人。从另一个角度来讲，母乳喂养为母亲带来不便，如伤害母亲的乳头，影响母亲夜间正常的作息等，这些不便在丈夫的角度看来是“痛苦”的经历和责任。哺乳代用品的便捷加上恻隐之心，父亲们很难将母亲的权利与母乳喂养联系在一起。其次，由于女人的乳房在不少人的观念中与性相关，所以，作为丈夫并不希望妻子的胸部曝露在公众之中，即便是为了哺乳孩子。1992 年发表在美国《儿科》期刊的研究披露：在母乳喂养的家庭中，有 71% 的父亲无法接受在公共场所母乳喂养；在以配方奶粉喂养的家庭中，有 78% 的父亲持有相同的观点。而父亲的观念对母亲的影响是不容忽视的，一项研究表明，选择奶瓶喂养的母亲中有 36% 是因为父亲采取不支持的态度。同时，有另一项研究表明，母亲做出母乳喂养的决定很大程度上与持支持态度的父亲相关。①

7. 母亲的教育程度

除了母婴之外的客观和主观因素外，母亲的主观意识对母乳喂养起到关键作用。要战胜无数错综复杂的社会矛盾、家庭内部的利益冲突，需要母亲在客观掌握所有信息和情况的前提下，理智地做出决定，并克服困难坚持下去。

温斯洛普大学社会与行为研究研究室曾在美国南卡罗莱纳州洛克希尔市做过一项调查研究，研究的结果表明，母乳喂养率与母亲的教育程度相关。在参加这项调查的 461 人中，有 76.6% 的人曾经生育，其中 47.2% 的人曾哺乳过其子女。在这项调查中，母乳喂养率为曾经母乳喂养过婴孩的比率，无论哺乳时间长短、适时与否。调查结果显示，获得研究生学历的女

---

① Karen M. Kedrowski and Michael E. Lipscomb, *Breastfeeding Rights in The United States*, United States: Praeger Publisher, 2008, pp.36–37.

性的母乳喂养率为 65.3%，获得本科学位的女性的母乳喂养率为 71.2%，两年职业教育毕业的女性的母乳喂养率是 43.4%，接受高等（专科）教育的女性的母乳喂养率为 50.7%，获得高中毕业文凭的女性的母乳喂养率为 29.3%，在高中以下教育水平的女性的母乳喂养率为 26.6%。总体看来，受教育程度与母乳喂养率呈正比。其中比率最高的母乳喂养率出现在本科教育程度的女性群体中。

表 10-2　母乳喂养率与母亲受教育程度的关联性①

您的孩子曾被母乳喂养吗？	是的	没有
学位		
高中以下	26.6%	73.9%
高中	29.3%	70.7%
高等（专科）学校	50.7%	49.3%
两年职业学院	43.4%	56.6%
四年大学本科	71.2%	28.8%
研究生	65.3%	34.7%

此外，女性就业的比率与其受教育的程度相关。这一调查还显示，63.5% 的获得学士学位的母亲在孩子出生一年内返回工作岗位，这个比率显然比具有高中教育水平（55%）和高中以下教育水平（39%）的母亲要高出很多。由此看来，具有本科学位的职业女性，很可能会选择母乳喂养，也同样坚持工作。

尽管这一调查研究的样本数量不足以做出一个非常确定的结论，但我们可以推测，母亲的教育程度很可能影响婴儿哺乳的方

① "Table 3.1, Respondents' Breastfeeding Behaviors", Karen M. Kedrowski and Michael E. Lipscomb, *Breastfeeding Rights in The United States*, United States: Praeger Publisher, 2008, p.41.

式。受教育程度相对高的女性，有可能更加懂得母乳喂养的常识和重要性。在工作中，她们身居高职的可能性也更大，这在条件和设施上有助于她们获得哺乳的空间和时间，从而减少因在工作时间和场所哺乳而被贴上“不称职”标签的几率。而那些不能在工作时间休息的母亲，她们在短促的产假结束后，继续哺乳的可能性便很小。

总之，在现实中，影响母亲是否母乳喂养的因素不限于上述几方面。任何一方，包括母亲，都可通过教育、说服、财物或其他更直接的行动来影响其他各方，而婴孩却不能。母亲是否坚持母乳喂养的决定，是各种社会力量相碰撞、交汇的结果。作为上述各方利益争端最直接的承受者，婴孩是最为弱小的，仅有的一丝力量完全系于有能力代表他 / 她的人。因此，母乳喂养绝不是婴儿或母亲任一单方面的事，因而在分析相关问题时，我们应当将母婴作为一个整体来考虑。换言之，儿童的哺乳权实际上只有通过保护妇女的哺乳权才能得以实现。进而，就要首先明确什么是妇女的哺乳权，以及怎样保护这项权利。

三、如何从法律上保护女性的哺乳权

1792 年，英国著名女权主义者玛莉・渥斯顿克雷福特在其发表的现代女权主义的奠基之作《女权的辩护》中提到，女人哺乳，不是生物学意义上决定的，也不是为了公民的美德，而是因为女人有权利这么做。[①] 哺乳权的根本目的和道德基础是为了确保儿童的基本权利和最大利益，但作为一项儿童权利的同时，它也是一项妇女权利。迄今尚未有任何一项国际人权条款明确地规定母

① ［英］玛丽・沃斯通克拉夫特:《女权的辩护》，王瑛译，中央编译出版社 2006 年版。

乳喂养权是一项妇女人权，但是，很多条款已经间接地为妇女哺乳的正当性提供了支持，奠定了基础。

（一）通过健康权

母乳喂养的益处并不仅仅体现在婴幼儿的利益方面，也包括哺乳母亲的利益，特别是她们的健康权益：

首先，母乳喂养有益于孕后和产后恢复。母乳喂养可以促进子宫收缩，从而降低产后出血和感染的几率，并且帮助产后妇女的体重恢复到产前水平。有研究表明，母乳喂养一年以上的妇女，其减少的体重是仅母乳喂养 3 个月以内妇女的两倍。在婴孩初生的第一年内，母乳喂养的时间越长，母亲减少的体重越多。[①]

其次，从长远角度来看，母乳喂养降低了母亲患病的风险。母乳喂养可以帮助妇女降低患上骨质疏松症、绝经期前乳癌、卵巢癌的风险。以美国的一系列研究结果为例。（1）在降低骨质疏松患病率方面：在美国约有 6% 的女性患有骨质疏松症。如果能够坚持 8 个月以上的母乳喂养，她们骨密度将会大大提高。（2）在降低绝经期乳癌患病率方面：尽管绝经期前患乳癌的女性比绝经期患乳癌女性的总数少很多，但是绝经期乳癌的严重程度更深，死亡率更高。坚持母乳喂养可以将乳癌患病率降低约 20%。（3）在降低卵巢癌患病率方面：在美国，卵巢癌不是高发疾病，每年有 3% 的女性被诊断出患有卵巢癌。但是，如能坚持 2 个月的母乳喂养，便能将妇女患上卵巢癌的几率降低 20% 到 25%。[②]

---

① Karen M. Kedrowski and Michael E. Lipscomb, *Breastfeeding Rights in The United States*, United States: Praeger Publisher, 2008, p.13.

② Karen M. Kedrowski and Michael E. Lipscomb, *Breastfeeding Rights in The United States*, United States: Praeger Publisher, 2008, pp.13–14.

最后，母乳喂养可作为一个短期的节育方式。母乳喂养会使排乳激素水平上升，黄体激素下降，从而抑制排卵。多数采取母乳喂养的妇女在纯母乳喂养的前 6 个月并不会排卵，尽管不能完全依赖这种方式节育，但是妇女产后初期一种更为自然、有效的节育方式。通常，哺乳期妇女只有开始采用其他辅食喂养，或者结束 6 个月纯乳喂养后才开始排卵。①

对于上述种种母乳喂养对女性的益处，国际社会也通过人权条款作出了回应。《消除对妇女一切形式歧视公约》第 12 条第 2 款规定："缔约各国应保证为妇女提供有关怀孕、分娩和产后期间的适当服务……并保证在怀孕和哺乳期间得到充分营养。"一些经济、社会因素对妇女健康的影响可以说是普遍的。男女在家庭和工作场所的不平等地位在一定程度上消极地影响妇女的营养和健康状况。②来自于雇主的压力，譬如由于哺乳或休产假而招致以其他借口为由的解雇、升职阻碍，甚至是"降职"都会随时影响母亲哺乳的决定。使用人工喂养显然会帮助母亲在工作上减轻负担，但是，它相较于母乳喂养更容易引致母亲的健康问题，③而且不利于母婴关系。有鉴于此，国家应当在《经济、社会和文化权利国际公约》的规定下承担起保证妇女哺乳健康的法律义务。

在现实中，作为一项经济、社会权利，健康权的标准和尺度难以把握，在国际和国内层面也缺乏相应的监督机制。因而无论在立法、司法上，还是在生活实践中，以健康权来主张妇女的哺乳权的事例都相对少见。在各国，妇女的哺乳权多是通过性别平等和生育保护来主张的。

---

① Karen M. Kedrowski and Michael E. Lipscomb, *Breastfeeding Rights in The United States*, United States: Praeger Publisher, 2008, p.13.

② UN.doc.A/54/38（1999）, para.12.

③ Jan Riordan, *Breastfeeding And Human Lactation*, The Third Edition, London: Jones and Bartlett Publishers,2005, p.16.

（二）通过生育保护

现代社会，成千上万的女性同男性一样工作，但怀孕、生产和哺乳这些女性专有的事务会令她们在职场中困难重重。在国际上以及多数国家都制定了保护产孕和哺乳妇女相关权利的法规和政策。由于怀孕、生产和哺乳是一个完整的生育过程，在国际和国内层面，与在职女性相关的法律、政策多将哺乳权包含在生育保护的范畴中。产假期间的一系列权利保护也包含着对哺乳权的保护。

国际上，世界劳工组织首部《第 3 号生育保护公约》（1919）（Maternity Protection Convention No.3）[①] 承认了对在职女性产前和产后进行保护的必要性。生育保护是世界劳工组织主要的目标之一，1919 年《生育保护公约》为当时转型于工业化和商业化社会中的在职女性提供了生产前后的权利保护的标准，其内容既包括产假，也包括哺乳期保护，即：（1）不少于产前六个星期以及产后六个星期的产假；（2）公共保险基金支付的津贴；（3）禁止解雇；（4）保护母乳喂养以及保证每日一小时的哺乳时间。[②] 这些标准直至 1952 年《第 103 号生育保护公约》通过后才有所改变。《第 103 号生育保护公约》列举了生育保护的诸项权利。包括至少 12 个星期的产假、产假期间不少于正常工作期收入 2/3 的津贴、禁止产假期间的解雇。

后来，联合国营养常设委员会（The Standing Committee on Nutrition of United Nations）在其第 25 届会议的报告中特别建

---

① 我国的一些译著也将 *Maternity* Protection *Convention* 翻译为《孕妇保护公约》，如［美］凯利·D. 阿斯金，多罗安·M. 科尼格主编：《妇女与国际人权法：第一卷妇女权利的国际和区域视角》，黄列、朱晓青译，生活·读书·新知三联书店 2009 年版，第 383、388 页。笔者更倾向于译为《生育保护公约》。

② 1919 年《第 3 号生育保护公约》，第 3 条。

议：为保护在职女性的哺乳权，联合国儿童基金会和世界健康组织联同国际劳工组织及其他机构，包括国内机构，应重新修订《第 103 号生育保护公约》（1952 年修订）（Maternity Protection Convention No.103）。1998 年 3 月 28 日，一场关于“母乳喂养与辅食”的工作小组会议在挪威奥斯陆召开，世界劳工组织的安·赫伯特（Ann Herbert）对产假保护作了综合性的评述，强调生育保护包括产假权利、津贴福利和医疗福利。①

在这样的背景下，2000 年《第 183 号生育保护公约》（Maternity Protection Convention No.183）应运而生。比起前公约，新公约为在职妇女与生育相关的权利提供了更高的保护标准，比如，健康保护、产假、与怀孕相关的病假或与生育相关的休假、津贴、就业保护、非歧视保护、哺乳权利等方面。比起前公约，新公约增加了一些新的权利标准，包括：①公约在原则上适用于所有在职妇女；②产假的最低标准从 12 周延长至 14 周；③将产假期间经济保障的范围扩大，经济保障不仅限于之前 103 号公约所规定的最为基本的社会保障津贴，还将医疗津贴纳入其中；④禁止解雇的时间范围也有所宽延，新公约将孕期、产假、产假后与怀孕相关的病假或与生育相关的休假，以及根据国内法规定产假结束、恢复工作后的一段时期都囊括在生育保护的范围内。

尽管如此，我们不得不承认《生育保护公约》主要致力于确保劳动关系中的性别平等，以促进全球经济增长、减少贫困。现行《生育保护公约》中，在职妇女产假和哺乳的保护标准，与世界卫生组织所提倡的坚持为新生儿提供 6 个月的纯母乳喂养，并坚持母乳喂养到婴幼儿 2 岁以后的标准，在制度衔接、标准和操

---

① United Nations System, Standing Committee on Nutrition, http://www.unsystem.org/SCN/Publications/AnnualMeeting/SCN25/breastfeeding.html，访问于 2008 年 6 月 30 日。

作的一致性上还存在问题。由于各国立法对产假时间的规定长短不一。对于那些产假时间过短的在职母亲来讲，坚持母乳喂养无疑是困难重重，这使得母亲恢复工作成为婴幼儿失去母乳的主要原因。

由于在职女性所处的具体环境不同，新公约更加强调依靠国内法律和实践，建议“经出示医疗证明或国家法律和惯例确定的其他适宜证明，应根据具体需要调整哺乳时间的次数和长短”。[①]《生育保护第191号建议》（关于修订1952年生育保护公约建议书）第7条指出：“凡可行时，并经雇主和有关妇女的同意，应可以将一日中用于哺乳的休息时间加在一起，以便能在工作日的开始或结束时扣除工时。”[②]这一改变为雇主和在职女性就母乳喂养问题提供了一个相对灵活的空间。一方面，通过就业双方协商在可行的安排下满足哺乳的需求，有助于在职女性平衡处理工作和在工作环境下的哺乳；另一方面，这样的解决办法同样考虑到工作的效率性，这也是雇主更为关心的方面。这一折中的方式有助于减少就业双方在哺乳事项上的利益冲突。

在各国实践中，通过生育保护的立法来确保在职女性的哺乳权是比较普遍的做法。2010年3月，美国总统奥巴马签署的《联邦医疗改革法案》（2010 *Patient Protection and Affordable Care Act, H.R. 3590 of U.S.*），第4207节[③]修订了1938年的《美国公平劳动标准法》[*Fair Labor Standards Act of* 1938（*29 U.S.Code 207*）]，为女雇员的哺乳权提供了更加详尽的保障。比如，该法要求雇主提供盥洗室以外的专门场所用以女雇员抽取母乳，倘若这项要求

① 国际劳工组织网站：“R191-Maternity Protection Recommendation, 2000（No.190）” http://www.ilo.org/ilolex/cgi-lex/convde.pl?R191，访问于2008年7月31日。

② 国际劳工组织网站：http://www.ilo.org/ilolex/cgi-lex/convde.pl?R191，访问于2008年7月31日。

③ Patient Protection and Affordable Care Act（ACA）（PL111−148）Section 4207.

对一些雇主造成了过于沉重的负担，在所雇佣人员少于 50 人的情况下可不适用此规定。在任何一部州级法律对妇女哺乳权的保护优于该项标准法的情况下，应优先适用州法。再如，母乳喂养和婴儿喂养问题在德国非常受重视。德国《产假和工作保护法》（*Maternity Leave and Job Protection / Mutterschutz*）为孕产期和哺乳期女性提供了详尽的法律保护。针对孕产期和哺乳期女职工保护，该法对雇主 / 用人单位作出如下要求：（1）提供安全、健康的工作环境；（2）提供适足的休息室，内设供孕期和哺乳期女职工休息的可躺卧座椅；（3）尽管电脑监视器在工作场所的管理使用非常普遍，但考虑到孕期和哺乳期女职工因此而承担的健康风险，要求雇主不通过此措施监管孕期和哺乳期女职工的工作，以便减少她们在孕期和哺乳期的压力感。单位 / 公司医务人员应为孕期和哺乳期女职工提供专业服务；（4）孕期女职工不应承担（重）体力工作，不得从事（或处于）与材料、物资、气体或任何具有危险的相关工作（或环境中）；（5）不得使孕期和哺乳期女职工处于压缩空气，或具有辐射物质、化学和生物污染等有害的环境中。在休息和工作时间方面，德国法规定如下：（1）禁止孕期和哺乳期女职工在晚 20 时至次日 6 时时段工作；（2）禁止孕期和哺乳期女职工在法定节假日和周日工作；（3）禁止孕期和哺乳期女职工加班；（4）孕期和哺乳期女职工每日工作不得超过 8.5 小时，两周累计不得超过 90 小时；（5）未满 18 周岁的孕期和哺乳期女职工每日工作不得超过 8 小时，两周累计不得超过 80 小时。

（三）通过禁止歧视和性别平等原则保护

禁止歧视是为了寻求实质和结果上的平等和自由。不得不承认，在婴儿哺乳的事项上，通过形式平等来寻求相似性和可比性是行不通的。作为男性，终其一生也不会怀孕、生产、哺乳，这一女性独特的需要恰是任何男性都不需要的。即便同样是女性，在不同时期、不同年龄、不同境况下，对怀孕、生产、哺乳的理解和需求也是不同的。我们不能把一般的生存和需求标准强加在处于这些特殊时期的女性之上。如果以普遍性的一般标准来要求孕期、产期、哺乳期女性，便会产生法律上的漏洞，造成实质上的不平等。

在母乳喂养的问题上，法律的疏漏在于将那些客观存在的、没有可比性的不利因素盲目排除，进而造成了对孕期、产期、哺乳期女性的实质上的不平等对待。对此，经济、社会和文化权利委员会在第二十号一般性建议中特别强调了对孕期妇女的歧视问题。它指出为了保证《经济、社会和文化权利国际公约》下的权利得以真正实现，必须消除形式上（formal）和实质上（substantive）的歧视。任何直接（direct）和间接（indirect）形式的区别对待都应被视为歧视。“直接歧视，即处于同样情况下的一个人因为一种禁止的理由所受待遇不如另一个人……包括在没有可比较的类似情况下，出于禁止的理由所采取的有害行为或不行为（例如，在妇女怀孕的情况下）。”① 这种对孕期妇女直接的，实质上的歧视，同样也施加于哺乳期妇女。

此外，《消除对妇女一切形式歧视公约》第 11 条第 2 款为哺乳女性免受歧视提供了国际法律依据，它规定：

> 缔约各国为使妇女不致因结婚或生育而受歧视，又为保障其有效的工作权利起见，应采取适当措施：（a）禁止以怀孕或产假为理由予以解雇，以及以婚姻状况为理由予以解雇的歧视，违反规定者得受处分；（b）实施带薪产假或具有同等社会福利的产假，不丧失原有工作、年资或社会津贴；（c）鼓励提供必要的辅助性社会服务，特别是通过促进

① UN.doc.E/C.12/GC/20（2009）, para.10.

> 建立和发展托儿设施系统，使父母得以兼顾家庭义务和工作责任并参与公共生活；（d）对于怀孕期间从事确实有害于健康的工作的妇女，给予特别保护。

在西方国家，因禁止在公共场合母乳喂养经常引发以性别歧视为由的控诉或抗议。例如，2006年，美国的一位哺乳母亲，吉莱特（Emily Gillette）在乘坐达美航空公司（Delta Air Lines）的航班时，因拒绝用机用盖毯遮蔽哺乳婴儿头部而被迫中途离机。后来吉莱特向佛蒙特州人权委员会投诉，达美航空公司以及另外两家承运公司（Freedom and Mesa Air）都为此付出了高额的经济赔偿。[①] 但另一位在密歇根州的哺乳母亲却在法庭上遭到了非公正的待遇。2011年赫耶迪斯（Natalie Hegedus）因被指称在未完成水安全课程的情况下驾驶船只而等候庭审。她在法庭背面，为5个月大患病的儿子哺乳，因此被法官传唤到庭上。法官质问她是否感到其公开哺乳的行为不得体？赫耶迪斯回答，她并不认为不得体，而且这并不违反法律。于是，法官将赫耶迪斯逐出法庭。当时，这一事件在美国引起了热议。时至今日，不少西方国家的哺乳母亲们仍在为她们的哺乳权而抗争。

目前，不少国家和地区都通过立法来确保哺乳妇女免受歧视对待。在美国，母乳喂养作为一项普遍的、受法律关注的权利始于佛罗里达州的立法。[②]1993年佛罗里达州提出一项针对哺乳的单项法案，把哺乳作为一种重要、基本的自然行为，在妇幼保健的领域中大力提倡，同时规定了妇女在任何场合都可以行使哺乳的权利。这项立法作为一种哺乳权利的保护模式，在美国各州被

① Gillette v. Delta Air Lines，2006.

② 1993 Fla. Laws ch. 4, Fla. HB 231. Originally codified at Fla. Stat. § 383.015, §§ 800.02to 800.04, § 847.001.

广泛应用。[①] 英国的情况与美国相似，人们普遍地关注禁止性别歧视和在公共场合进行哺乳[②]。1975 年的《性别歧视法案》(*Sex Discrimination Act*）为妇女们提供了健康、设施和服务三方面的保障，其中包括母乳育婴免受任何意义、任何方式，且无论任何场合的歧视。与美国不同，英国目前尚未有母乳喂养法，但是英国的妇女们已经意识到该项权利的重要性并呼吁政府专门立法以保障此项权利。[③] 在加拿大，每个省和区域都有一部《人权法典》(*Human Rights Code*)，这些法典都有妇女免受性别歧视的规定。但迄今为止，仅有安大略省和不列颠哥伦比亚省详细地规定了母亲的哺乳权。[④]

从我国看，我国的一系列政策法规已然表明妇女的哺乳权应当受到保护。例如，1995 年《劳动法》、2012 年修订的《劳动合同法》、2012 年修订的《刑事诉讼法》、2011 年修订的《职业病防治法》、2006 年《公务员法》、2001 年修订的《婚姻法》、2009 年修订的《母婴保健法》、1992 年《妇女权益保障法》等都体现了对哺乳期婴幼儿和妇女的支持和保护立场。但目前的数据显示，中国的母乳喂养率远低于国际平均水平，农村母乳喂养率为 30.3%，城市母乳喂养率仅为 15.8%。[⑤] 法院在审理一些关于哺乳权的诉讼案件时也屡屡遇到麻烦。虽然按照人们的习惯和意识，

---

① 参见 Douglas Reid Weimer:《美国国会研究服务报告—州母乳喂养法及相关问题》，第 3 页。http://maloney.house.gov/documents/olddocs/breastfeeding/050505CRSReport.pdf，访问于 2010 年 8 月 19 日。

② 参见 BBC 新闻:"End public breastfeed prejudice"，http://news.bbc.co.uk/2/hi/uk_news/politics/4418370.stm；参见 BBC 新闻："Law stops mum from breast feeding"，http://news.bbc.co.uk/2/hi/uk_news/england/norfolk/4457490.stm，访问于 2010 年 8 月 19 日。

③ 参见 BBC 新闻:"Mothers demand breastfeeding law"，http://news.bbc.co.uk/2/hi/health/4764899.stm，访问于 2010 年 8 月 19 日。

④ 参见加拿大安大略省人权委员会:《怀孕与母乳喂养》: http://www.ohrc.on.ca/english/guides/pregnancy-breastfeeding.shtml，访问于 2010 年 8 月 19 日。

⑤《健康时报》2015 年第 56 期，第 23 版。

母婴的哺乳权是毋庸置疑的，但在我国的《民法通则》《婚姻法》《妇女权益保障法》《母婴保健法》以及《未成年人保护法》等法律条文和司法解释中都没有明确哺乳的法律地位。没有法律的明文规定，更没有这方面可以借鉴的判例，母乳喂养作为一项权利是否得到法律保护在实际操作中便很难把握，这需要在以后的立法中加以完善。

纵观人权发展史，任何一项权利的主张都必然经过曲折的探究与奋斗才能得到认可和实现，母乳喂养权也不例外。尽管现在母乳喂养权作为一项法定人权尚未被普遍承认，但是，它作为一项人权的正当性的论证是雄辩有力的，它作为一项人权而获得国际法和国内法的保护，也是大势所趋。同时，我们也要看到，由于各国的社会文化及法治文明发展的差异性，为母乳喂养权而斗争，也呈现出不同的样式。在英国、美国、法国、加拿大等西方国家，妇女们对哺乳的维权活动主要集中在公共场所进行母乳喂养。相对地，我国妇女所面临的母乳喂养的焦点问题，似乎更多地关乎工作与生存的需要。由于社会保障和福利制度很难为儿童和家庭提供足够的支持和保障，中国哺乳母亲的呼声更多地集中在能够在确保工作权的前提下，真正依法享受哺乳权，从而摆脱为了保证基本生活和工作而不得不放弃母乳喂养的困境。

第十一章 对违法儿童的特别保护

怎样对待违法儿童，这是衡量文明发展水平的一把尺子。少年司法在法理上以儿童最大利益原则为基础，由四个派生原则构成：目标功能上的救助与教育特别优先原则；责任归属上的国家和社会特别责任原则；司法过程中的特别对待原则；保护方式上的儿童人权原则。这些原则构成了少年司法的基本制度原理，并体现在少年司法的机构设置、管辖范围、程序设计、处分措施等方面制度机制中。联合国文件明确了违法儿童在司法过程中的多项权利。我国自古有恤幼的司法传统，近年来更是不断加强对违法儿童的保护，2012 年《刑事诉讼法》的修订取得里程碑式的进展，主要体现在提倡司法分流、非刑事化程序，强调隐私保护，设立社会调查制度、设条件不起诉、慎用逮捕措施、辩护权保障、法定代理人在场、犯罪记录封存制度、司法人员专业化等。进一步的改革应着眼于：扩大少年法庭年龄管辖范围；制定和实施针对未成年人嫌疑人、证人、被害人的询问和讯问方式和规则；尽量减少监禁刑，积极提倡社区矫正、缓刑等取代监禁刑；改善少年犯的安置和服刑条件，重视少年犯的学业和教育质量；加强司法工作人员在儿童心理、教育等方面的专业培训。

怎样对待违法儿童，是儿童最大利益原则面临的一个极具挑战性的考验。与病残儿童、失学儿童、隐匿儿童等弱势儿童群体不同，违法儿童的情况更为特殊。他们不是一般的淘气犯错，而是违法犯罪，侵害他人的生命、身体和财产，已经对社会造成现实的危害，被视为“坏孩子”，并因此陷入一个特殊危险的境地。对违法儿童的利益该不该给予优先考虑？宽待、优待而非严惩违法儿童，是否会有违公平正义？是否会“遗患无穷”？是否会给那些循规蹈矩的守法儿童树立坏榜样，而不能“以儆效尤”？这些问题是现实存在、不容回避的。可以说，怎样对待违法儿童，在很大程度上是衡量文明发展水平的一把尺子，既检验一个国家的儿童文化和道德文化，也检验一个国家的法治文化和人权文化。

一、少年司法的历史由来

历史上，不同文明形态的国家对待违法犯罪的未成年人，都有不同程度、不同样式的特别处置措施。到了近代，在儿童生存状况总体恶化和人权观念日趋普及的双重作用下，才出现一种特殊的司法制度，通称“少年司法”或“未成年人司法”（juvenile justice）。

（一）违法儿童的险境

19 世纪，随着资本主义经济和工业化、城市化发展，一些国家儿童的生存状况出现整体性恶化。一些贫困家庭正在上学的孩童不得不退学，到工厂做工维持生计。一些无人照管、失依的孩童流浪街头，或在街头充当廉价劳力勉强过活。还有些孤儿和无人照管的孩童被救济院安置在臭名昭著且危险性极强的工厂做学徒，为家庭、救济院或为生存赚取微薄的收入。在诸如此类恶劣环境下成长起来的孩童们，有的最终成为小乞丐、流浪者、罪犯、行为不端或者所谓道德败坏者，一旦违法犯罪，无论多么年幼，都要同成人一样受到控告、起诉、审判，被判定为罪犯。也就是说，他们还没搞清楚什么是犯罪，就被贴上罪犯的标签。

这些需要受教的孩童从此被社会抛弃，雪上加霜的是，他们往往被安置在罪犯聚集的环境中成长，加上丧失名誉、失学、受刑等一系列令人感到耻辱且失去尊严的经历，导致他们对自己犯罪角色的自我认同，迅速成长为职业犯罪人。对于违法儿童而言，警署的拘留室就是监狱的摇篮，监狱就是罪犯的学校，我们熟知的狄更斯小说《雾都孤儿》、印度电影《流浪者》等作品里违法儿童的遭遇就是这样。据芝加哥律师协会一个特别委员会的一项调查，1889 年 11 月 1 日前 20 个月内，有 575 名年龄在 10 岁到 16 岁的孩子被关押在拘留所，1983 名男孩被关押在监狱中。[①]这些被囚禁的儿童同成人一样受到严格纪律的管束，受鞭刑、戴刑具、被强制劳动。在当时，如果说芝加哥监狱中年幼的囚犯年仅八岁并不足以为奇。更糟糕的是，与成年囚犯混合关押，一些年幼的孩子在成年监狱中不幸死亡。也因此，这样的儿童刑事司法制度，后来被法官和学者们斥为“对儿童的暴行”。[②]

---

① 姚建龙:《美国少年法院的运动展开》，载《法学评论》2008 年第 1 期，第 134 页。另参见 Frank Sullivan Jr，“Indiana as a Forerunner in the Juvenile Court Movement”，in *Indiana Law Review*, Vol.33, 1997, pp.279−303, at p.279.

② 参见迈克尔·格罗斯伯格:《美国儿童福利观念的变化（1820−1935）》，载［美］富兰克林·E. 齐姆林:《美国少年司法》，高维俭译，中国人民公安大学出版社 2010 年版，第 46 页。

（二）芝加哥少年法院的创设

当时的芝加哥被看作“犯罪之都”，看守所和监狱人满为患。1899 年 4 月，伊利诺伊州通过了《规范无人抚养、被忽视和罪错儿童的处遇与控制法案》（*Act to Regulate The Treatment and Control of Dependent, Neglected and Delinquent Children*），又称“少年法院法”，于同年 7 月 1 日生效。该法是 19 世纪以来美国少年司法领域探索成果的集大成，也是后来影响广泛的少年司法“福利模式”“康复模式”或者“矫治模式”的法律源头。根据该法，1899 年 7 月 3 日，芝加哥少年法院在库克郡成立，这是世界上第一个少年法院。

初创时期，芝加哥少年法院并非完美，其庭审公开，案卷公开，无控告制度，而且由于资金紧缺，芝加哥少年法院无以维持为少年犯专设的拘留所，也无以支付缓刑官的薪酬，但是，少年法院的构建者们坚信，将儿童从严酷的刑事司法制度中隔离出来，是改善儿童状况、造福儿童也是造福社会的必要举措。为此，第一代管理者们做出了艰苦卓绝的努力。比如，初期的芝加哥少年法院庭审公开，观众和新闻工作者均可到庭旁听。为了避免罪错少年遭受公众、舆论的干扰和侵犯，包括主审法官在内的少年法院的相关工作者们通过发表公共演讲、发表文章等方式，让公众了解违法儿童的困难处境，宣传少年法院承担的旨在促进违法儿童康复的使命及其对社会的益处，这些举措为少年法院这一新生机构的合法性、正当性赢得了更多的公众认同。还比如，由于没有公共基金的支持，当时少年法院委员会会长鲍恩夫人（Loiuse de Koven Bowen）设法另辟蹊径，通过投资、组织文化活动等方式筹措资金，用以支付缓刑官的薪水，购买运送儿童参加每周两次庭审的马匹和马车，以及租借马厩等。[①]

---

① 参见戴维·S. 坦嫩豪斯：《20 世纪初少年法院的演化——超越完美建构的神话》，载［美］玛格丽特·K. 罗森海姆、富兰克林·E. 齐姆林、戴维·S. 坦嫩豪斯、伯纳德·多恩编：《少年司法的一个世纪》，徐昱明主编，高维俭译，商务印书馆 2008 年版，第 59–60 页。

（三）少年司法的推广普及

继芝加哥少年法院之后，美国其他各州也开始建立少年法院，少年司法制度逐步形成，但这个过程也非一蹴而就。美国实行联邦制，各州制度差异较大，少年法院在美国的建立向来依靠立法，州议会对相关法令拥有变更权，这使得少年司法制度的构建颇费时日，不公开审理、案件保密、控告制度、少年犯拘留、缓刑官等制度是逐渐建立和完善起来的。举例来讲，芝加哥少年法院采用非正式审理的模式，而纽约少年法院直至20世纪30年代还保留着绝大部分刑事司法程序特征。总的看，20世纪初期，少年司法制度在美国的发展是蓬勃且迅速的。到1925年，除了缅因州和怀俄明州外，几乎所有州都有类似于《少年法院法》的立法，并且几乎所有的城市都设有少年法院。[①]

这时，一些国家也纷纷尝试建立处理儿童问题的司法机制。这些努力和尝试在今天看来是富有历史价值的。后来，愈来愈多的国家设立少年法院（法庭），几乎所有设立于欧洲、日本、英联邦成员国的少年法院在目标、语言、程序上都以美国少年法院的模式为蓝本，少年法院的属性也从最初的社会福利机构逐渐转化为准司法性质的法院。这意味着少年司法作为一项法律制度在世界范围内广泛适用。

美国的少年司法制度并非一枝独秀。20世纪初，少年司法被认为是社会进步与现代化的标志。瑞典、英格兰和威尔士、葡萄牙、比利时、德国、意大利、巴西、澳大利亚等一些国家也纷纷制定专门适用于儿童的法律。其中，葡萄牙、巴西、意大利、英

---

① 戴维·S. 坦嫩豪斯：《20世纪初少年法院的演化——超越完美建构的神话》，载［美］玛格丽特·K. 罗森海姆、富兰克林·E. 齐姆林、戴维·S. 坦嫩豪斯、伯纳德·多恩编：《少年司法的一个世纪》，徐显明主编，高维俭译，商务印书馆2008年版，第53页。

格兰和威尔士是继美国之后较早设立专门少年法院的国家。在一些国家，通过社会管理的方式来处理与未成年人犯罪的相关问题。在瑞典和苏格兰，政府设立专门处理未成年人问题的委员会，委员会成员由那些对儿童问题感兴趣的教师、牧师、医生等组成。这种非诉讼的模式，不涉及少年刑法及其特殊管辖。在另一些国家，将未成年人的违法行为与犯罪的处理体系不做区分。在巴西、波兰、卢森堡、葡萄牙，未成年人司法也处理一些保护和帮助类型的问题。还有一些国家建立起“双向模式”，将刑事管辖事项与保护工作区分开来。涉及刑事问题的案件，权限属于少年刑事法院；涉及儿童保护的事项，则由特别法官以及行政委员为来处理。[①]

经过百余年的发展，尽管各国的具体模式有所不同，但从世界上少年司法制度发展的总体情况看，与普通刑事司法相比，少年司法一般都有以下特征：第一，管辖对象是未成年人，尽管有的国家也将年轻成年人的案件归划为少年法庭案件审理的范围内；第二，审判过程中，重点是考虑相关儿童的精神、心理状况和违法行为的原因，而不是重点考虑犯罪行为本身，并依据证据和诉讼来判定该未成年人犯罪与否；第三，强调矫正性质和康复效果，未成年人对其行为过失承担从轻的责任，而不是强调公正、效率和扬善抑恶；第四，法官的自由裁量权较大，其主导作用较为明显，而普通刑事司法则更强调正当程序。

二、少年司法的法理分析

作为针对违法儿童险境而出现的一种新型司法制度，少年司

---

① Willie Mc Carney, eds., *Juvenile Delinquents and Young People in Danger in an Open Environment: Utopian or Reality? Legal Frameworks and New Practices; Comparative Approach*, Winchester: Waterside Press, 1996, pp.30-36.

法在制度原理上由一个基本原则和四个派生原则构成。基本原则就是儿童最大利益原则；派生原则，一是目标功能上的救助与教育特别优先原则，二是责任归属上的国家和社会特别责任原则，三是司法过程中的特别对待原则，四是保护方式上的儿童人权原则。这五项原则构成了少年司法的基本制度原理，也是支撑少年司法的法理基础。

（一）儿童最大利益原则

1923 年，美国少年法院的规范标准完成之际，联邦儿童局的负责人阿博特就少年法院委员会提交的报告撰写序言，并总结出法院处理儿童案件的四项原则：

> （1）处理儿童案件的法院必须本着宽大为怀的司法理念，囊括所有需要国家观护儿童的案件，而不论这种诉讼是以儿童的名义还是以对儿童未尽义务的成年人的名义作出的。
>
> （2）法院应当对每一个儿童都有一个系统、准确的认识；
>
> （3）治疗方案应当适合每一个个体的需要；
>
> （4）应该优先考虑将儿童安置于家庭或社区中，除非当时有足够的调查结果表明这样并不符合儿童的最大利益。
>
> 联邦儿童局，1923 年[①]

可见，早在《儿童权利公约》之前，美国早期的少年司法实践已将儿童的最大利益作为处理儿童案件的核心宗旨。1989 年《儿童权利公约》第 3 条第 1 款规定，“关于儿童的一切行动，不

---

① 戴维·S. 坦嫩豪斯：《20 世纪初少年法院的演化——超越完美建构的神话》，载［美］玛格丽特·K. 罗森海姆、富兰克林·E. 齐姆林、戴维·S. 坦嫩豪斯、伯纳德·多恩编：《少年司法的一个世纪》，徐昰明主编，高维俭译，商务印书馆 2008 年版，第 79 页。

论是由公私社会福利机构、法院、行政当局或立法机构执行，均应以儿童的最大利益为一种首要考虑”，从国际层面确认和强调了儿童最大利益原则的普适性，这项原则不仅是国家在制定法律、政策，处理涉及儿童的事务过程中所应遵守的准则，也是司法中涉及儿童问题时应当首要遵循的核心原则。

（二）救助与教育特别优先原则

在前面的章节里，我们已经在一般意义上论述了儿童最大利益之所在，以及为什么要保护儿童最大利益，那么，违法儿童的最大利益是什么？怎样优先考虑违法儿童的利益需求？说到底，违法儿童的最大利益之所在，就是如何脱离前文所述的险境，获得救助和教育，以便重返社会、参与社会，成为社会的正常成员。

从这个意义上讲，少年司法之不同于普通刑事司法，首先在于司法的目标既不是一般意义上预防和控制犯罪，也不是施以刑罚惩罚，而是救助与教育。当然，从刑法法学原理上讲，普通刑事司法对成年罪犯也具有救助与教育功能，[①] 但是，少年司法的救助与教育功能是具有特殊意义的。比如，它往往与儿童的义务教育制度相配合，与中小学学校和教育机构密切协作。

比如，在美国，学校一直是少年法院移送案件的重要渠道，少年法院在强化义务教育的法律约束力上发挥特别的作用。在芝加哥少年法院创设之前，19 世纪的旨在改进儿童救助与教育的改良运动中有两项重要的进步：一是以 19 世纪 20 年代中期建立的纽约庇护所（House of Refuge）为标志的教育改革运动，二是南北战争时期，马萨诸塞州少年缓刑制度的发展。法律改革者们提出的革新建议被制度化，写进了法律，并被用以促进少年法院的建

---

① 参见赵秉志：《当代中国刑罚制度改革论纲》，载《中国法学》2008 年第 3 期，第 184–185 页。

立。[①] 在20世纪，少年法院的管辖范围通过学校迅速扩张，除了确保学生出勤率以外，女童的行为规范、身份犯、校园犯罪和暴力、学校及家庭范围内的儿童忽视和虐待等案件都被纳入少年法院的管辖范围。[②] 少年法院通过学校扮演起维持学校教育、教学秩序的角色，还通过教职人员义务举报的方式识别家庭中的儿童虐待、忽视案件。儿童期本应该用来接受教育，通过少年法院有效地确保儿童在学校的出勤率，有助于避免儿童远离堕落生活方式的诱惑和侵害，比如街头娱乐消遣、赌博或者充当街头劳力。

（三）国家和社会特别责任原则

谁来承担对违法儿童的特别救助与教育的责任？从国家司法原理看，法院代表国家行使审判权，在刑事司法中，则体现为行使刑事裁判权和刑罚权，如果要对违法儿童给予特别的优待，就要在理论上确定国家对违法儿童的特别责任。如果没有这样的特别责任，对违法儿童的宽待优待就可能遇到阻力。比如，难以满足违法儿童犯罪的受害者及其家属报复与复仇的愿望，或者难以满足一些社会成员对底层家庭及其违法子女的歧视与厌恶心理。

在前文章节，我们讨论了国家监护主义的由来与意义，[③] 可以说，国家监护主义是实施儿童最大利益原则的重要法理基础，也是对违法儿童施与特别保护的基础性原则，但是，也要看到，让国家对违法儿童承担起救助与教育的特别责任的，除了一般意义

---

① 参见戴维·S. 坦嫩豪斯：《20世纪初少年法院的演化——超越完美建构的神话》，载［美］玛格丽特·K. 罗森海姆、富兰克林·E. 齐姆林、戴维·S. 坦嫩豪斯、伯纳德·多恩编：《少年司法的一个世纪》，徐显明主编，高维俭译，商务印书馆2008年版，第55页。

② 伯纳丁·多恩：《学校、儿童和法院》，载［美］玛格丽特·K. 罗森海姆、富兰克林·E. 齐姆林、戴维·S. 坦嫩豪斯、伯纳德·多恩编：《少年司法的一个世纪》，徐显明主编，高维俭译，商务印书馆2008年版，第298页。

③ 参见本书第一章第二节第一部分。

上的国家监护主义外，还需要寻求更有针对性的法理基础，这就是国家与社会对违法儿童“失责”与“补救”理论。简单来说，就是国家和社会对违法儿童走上违法犯罪道路的情形负有失职的责任，并因此应该承担特别补救的义务。

从来没有天生的罪犯。儿童的成长环境，特别是家庭与未成年人犯罪直接相关。对此，相关的学术研究已有至少一百多年的历史。自1912年《犯罪儿童与家庭》（*The Delinquent Child and the Home*，1912）出版后，[①] 儿童犯罪与家庭的关系方面的研究就不曾中断。随着社会控制理论、依恋理论、社会学习理论和问题行为理论的逐步提出，学者们也逐步将家庭结构（包括家庭完整性、经济状况等）、家庭功能（如家庭气氛、亲子依恋性和亲子沟通程度等）和家庭成员行为（如教养方式、父母监管方式和力度等）等因素与未成年人犯罪研究关联起来。[②]

如果对那些少年司法案件略作分析，不难发现，几乎每一个错罪儿童、失范儿童的成长环境都不尽如人意。经济社会地位不平等、贫困、家庭分裂、主要照顾者的忽视或虐待等各种消极因素，往往导致这些脆弱儿童长期缺乏爱和照顾，缺乏有责任的父母的监护，或者直接受到各种伤害和侵犯，这是儿童心理扭曲、行为失范的重要原因。有时候，儿童的学习成绩和表现不佳，学校的管理方式不当，也会成为儿童违法犯罪的诱因。有研究表明，与非惯犯相比，少年惯犯开始犯罪的年龄段一般较早，而且多具有以下特征：来自于底层的社会背景；经历诸多家庭变故；智商较低；更少完成学业等。值得注意的是，观察儿童成长的客观条件、环境方面的消极因素相对容易，儿童心理需求、心理问题和心理

---

① Sophonisba P.Breckinridge and Edith Abbott, *The Delinquent Child and the Home*, New York: Russell Sage Foundation Charities Publication Committee, 1912.

② 参见蒋索、何姗姗、邹泓：《家庭因素与青少年犯罪的关系研究的述评》，载《心理科学进展》2006年第3期，第394–400页。

伤害则难以把握，需要更加细致入微的观察。[①]

既然国家和社会对儿童失范、罪错以及被侵害等一系列不利于儿童成长的影响和结果负有失职的责任，那么，为了避免对相关儿童的伤害和负面影响的延续，国家、社会和家庭就同样负有责任和义务来修正那些对儿童造成伤害的环境和结果，尽可能给予违法儿童健康成长所需要的正确的引导、教育、帮助和保护。正如少年法院建立初期，朱利安·马克（Julian Mack）所写道：

> 为什么我们不能像对待疏于管教的孩子一样，像一位明智、仁慈的父亲对待自己的孩子一样，公正恰当地对待少年犯？不应仅仅询问男孩或女孩是否犯有特定罪刑，而是要查明他／她是怎样的人，他们在生理、心理和道德上的具体状况如何。如果获知他正走向犯罪的深渊，就应管束他。难道改造还不如惩罚吗？难道这不应当是国家的职责吗？误入歧途的孩子、屡教不改的孩子、触犯法律的孩子都应当受到国家的监管——不是作为敌人，而是孩子们最终的监护人。
>
> 朱利安·马克，《少年法院》，1909[②]

（四）司法过程特别对待原则

救助、教育特别优先和国家、社会承担特别责任，落实到司法

---

① 约翰·劳布：《少年罪错研究及少年罪错理论的一个世纪》，载［美］玛格丽特·K. 罗森海姆、富兰克林·E. 齐姆林、戴维·S. 坦嫩豪斯、伯纳德·多恩编：《少年司法的一个世纪》，徐显明主编，高维俭译，商务印书馆2008年版，第202－204页。

② 李·泰特尔鲍姆：《身份罪与身份犯》，载［美］玛格丽特·K. 罗森海姆、富兰克林·E. 齐姆林、戴维·S. 坦嫩豪斯、伯纳德·多恩编：《少年司法的一个世纪》，徐显明主编，高维俭译，商务印书馆2008年版，第175页。

过程中，就是对违法儿童给予特别的对待，这些特别对待主要体现在对违法儿童的一系列特别保护措施。儿童之所以在司法中需要得到特别保护，主要是因为儿童心理、智力和能力等方面尚未成熟。一方面，在教育和成长上，儿童需要正确的引导和帮助，给予他们什么，就会收获什么；另一方面，儿童是脆弱的，他们的成长依赖成人，不仅是日常生活中的恰当关照，还包括心灵上的呵护。正是由于儿童独特的需要，特别保护原则在少年司法中显得尤为重要。

从少年司法的制度原理看，正是这些特别保护措施，使少年司法与普通刑事司法区别开来，更多具有“非刑事化”的色彩。笔者试作如下概括：

一是程序特别，主要体现在非正式程序与正当程序的平衡。我们知道，正当程序原则是普通刑事司法的基本原则，旨在保证审判的公平公正。对进入司法程序的违法儿童来讲，正当程序原则也是其得到最低限度公正对待的一个保证，但是，要体现对违法儿童的特别救助和教育，司法程序毕竟还是需要某种“非正式”的特征，比如审前调查、非刑事化诉讼、审判非公开、审判简明迅速等，以避免违法儿童为了满足正当程序原则的要求，而在法庭上经受过多的不利于其康复和矫正的负面影响。早期比较典型的讨论集中在著名的 In re Gault 案件中。[①] 该案判决中的多数观点赞成适用正当程序原则，即确保犯罪嫌疑人免于自证其罪的权利、确保其与证人对质的权利以及交叉询问的权利。然而，持相反观点的法官约翰·哈伦（John Harlan）先生认为，法院用以证明无罪推定的证据并不能起决定作用，其他能获取的证据证明其指控事实很可能成立。与证人对质、交叉询问等程序会在根本上改变少年法院审判的性质，从本质上制造出普通刑事审判的氛围。还有人认为，少年法院的救治意图与正当程序并不存在严重的冲突矛盾。亚伯·福塔斯法官（Abe

① *In re Gault*, 387 U.S. 1（1967）。

Fortas）主张，在富有争议的案件中引入抗辩制度的某些元素并不影响法官营造和蔼可亲的氛围，程序性的保护也不会将少年法院转变为袖珍型的刑事法庭。这种观点在实质上还是赞同在少年法院引入正当保护程序。从这里我们也可以看到，当时美国联邦最高法院提倡的少年法院的模式以及通过少年法院对儿童提供保护的方式，主要指避免儿童被投入监狱和看守所，而不是司法程序问题（尽管In re Gault案件中的多数意见将传统的正当程序原则置于一个高于少年法院独特的非诉讼原则之上，但在此案之后，美国的少年司法和不少发达国家通过司法转处让儿童的最大利益与传统的正当保护程序原则达到了平衡）。[①]

二是裁量特别，主要体现在通过赋予法官和相关司法人员更多的自由裁量权来保护儿童的最大利益。由于儿童期在特定的阶段都要经历不同程度的反叛期，本着儿童利益最大化的原则，法官拥有相当大的自由裁量权来依据不同的情况进行裁决：

> "孩子很可能一会儿残酷，一会儿只具有轻微破坏性；一会儿难以捉摸，一会儿又工于心计；也有可能一会儿是反社会的，一会儿是出于误解或被误导。主要以年龄为依据的审判规程无法回避因把具有这一系列矛盾特征的儿童归入少年司法体系而呈现的紧张局势。"[②]

不仅在法庭上，少年司法需要将康复性目的作为最为重要的考虑之一，预设儿童有改过自新的可能，这种价值观也体现到警

---

① ［美］富兰克林·E. 齐姆林：《美国少年司法》，高维俭译，中国人民公安大学出版社2010年版，第52—53页。

② 玛格丽特·K. 罗森海姆：《现代美国少年法院》，载［美］玛格丽特·K. 罗森海姆、富兰克林·E. 齐姆林、戴维·S. 坦嫩豪斯、伯纳德·多恩编：《少年司法的一个世纪》，徐显明主编，高维俭译，商务印书馆2008年版，第393页。

察和矫治机构的工作环节，更多的自由裁量权也渗透于执法环节中。齐姆林认为，少年法院曾通过转处措施使违法少年获益，“这些益处的大小和分配随着社会时期、少年犯的年龄段和犯罪类型的不同而发生变化”。[①]

三是刑事责任特别，主要体现在为违法儿童减免刑事责任。刑罚是刑事司法的重要构成要件，实施刑罚的基础在于道德上的“罪有应得”。“某种刑法体系的合理性有赖于对罪刑均衡的道德义务的认同，以及为符合之所做的努力”。[②] 无论是刑事司法还是少年司法，都要遵守罪刑均衡的道德准则。年幼的儿童不具备刑罚正当化所要求的起码的行为能力，也不具备应受谴责性（blameworthiness）。因为儿童的身心不够成熟，不具备刑事行为能力，这如同精神缺陷，可以成为决定公正刑罚的免责事由和减轻事由。但如何把握不同行为能力的界限，却是个复杂的问题，它的判定与道德推理和最低限度的社会知识、经验相关。比较常见的一种衡量标准是年龄。举例而言，在美国，通常 7 岁以下的儿童被认定不适用于刑罚，因为他们不具备刑事行为能力。但 7 岁—14 岁的儿童可以以身心不成熟为事由，减轻刑罚责任。

值得一提的是，对于青春期不同阶段儿童的行为能力的查究一直是一个令人费解的问题。在美国，青春期被划分为为 11 岁至 21 岁这个年龄阶段。这是一个半自治状态的时期，儿童逐步获得成人的自由权利，同时这个年龄阶段也是一个与高比率的严重犯罪相关的儿童期区间。[③] 青春期的儿童和青少年尚未形成完全充分的认知

---

① ［美］富兰克林·E. 齐姆林：《美国少年司法》，高维俭译，中国人民公安大学出版社 2010 年版，第 59 页。

② ［美］富兰克林·E. 齐姆林：《美国少年司法》，高维俭译，中国人民公安大学出版社 2010 年版，第 64 页。

③ ［美］富兰克林·E. 齐姆林：《美国少年司法》，高维俭译，中国人民公安大学出版社 2010 年版，第 83 页。

能力来理解法律的道德内涵，并难以将法律和道德规则应用于实践。这也构成对绝对刑事责任能力抗辩的理由。此外，青春期少年的自我控制能力，包括在挫折情形下和在诱惑场景下对心理冲动的控制能力也因年龄、成熟度和个体发展的不同而不同。这种心理上的冲动控制是儿童从年幼时期就应当开始学习，并通过时间发展而形成的行为习惯。青春期的青少年也因此得以减轻责任。

在这样的罪刑均衡的理论下，依据儿童的成熟度、行为能力的具体情况来减轻责任成为少年司法的重要原则。这一原则既体现司法的公正公平，也兼顾对儿童的特殊保护，可以说，是二者的巧妙融合。

（五）保护方式的儿童人权原则

少年司法不是成人世界对违法儿童的“恩赐”“恩惠”，而是一项富有人权精神的制度，它不仅把儿童从父母的附属品转变为国家保护的独立群体，更重要的，它与儿童权利运动结合起来，尊重违法儿童作为权利主体的资格，赋予违法儿童对特别保护措施的要求权、主张权，从而维护其作为人的尊严和价值，防止任何人把儿童作为手段或工具的功利主义的或结果主义的考虑。[①]从本章关于国际人权中的少年司法的论述中，我们可以看到，少年司法的基本原则和制度，已经通过若干国际人权文书转化为权利语言，成为可要求、可主张的基本权利。据此，违法儿童拥有作为权利主体的法理地位，而不是消极被动的“被拯救者”，不是成人世界施仁行义、恩泽孺子的客体或对象。

---

① 参见夏勇：《人权概念起源——权利的历史哲学》，中国社会科学出版社 2007 年版，第 146 页。

三、少年司法的制度框架

少年司法是一套“程序”，也是一个“系统”，是一种区别于普通刑事司法的法学方法，也是一项司法制度。少年司法制度大致由三个方面构成。一是与未成年人保护、救助、矫正相关的法律和政策；二是相关机构与人员，包括少年法院、少年拘留所、对少年负有管制和矫正职责的辅助和服务机构、相关司法专业人员和服务人员等；三是从调查开始到审判以及矫正、管制等一系列相关的环节、程序和措施。这三方面相辅相成，共同构成所为“少年司法”。①

（一）机构设置

从世界范围看，处理少年案件的机构设置大致有以下几种类型：（1）设置专门法院：少年法院（美国）或家庭法院（日本）。通常少年法院不对少年作出刑事处分，性质相当于民事法院。（2）在普通法院中设置少年法庭：由独任法官或专任法官审理少年案件（德国和我国台湾地区）；有的国家（德国）还设立了少年参审法庭，由少年审判长和少年参审员组成。法庭可以对少年施以保护处分和刑罚处分。（3）由福利机构来处理少年案件，如瑞典，由儿童福利委员会对未成年人作出保护处分。

---

① “少年司法是一种通称性的专业术语，它既指一种处理不法少年的新颖的法学方法，也指少年法院——制度性改革的关键，以及一系列对少年负有管制和矫正职责的附属机构，其中包括警察、少年法院以及其辅助工作人员、检察官和辩护律师、少年拘留所和少年矫正机构。”玛格丽特·K. 罗森海姆：《现代美国少年法院》，载［美］玛格丽特·K. 罗森海姆、富兰克林·E. 齐姆林、戴维·S. 坦嫩豪斯、伯纳德·多恩编：《少年司法的一个世纪》，徐显明主编，高维俭译，商务印书馆 2008 年版，第 378 页。

（二）管辖范围

在理论和实践中，各国少年司法管辖范围不尽相同。从理论上讲，少年司法管辖范围的划分可以从两个方面来看：一是看是否局限于刑事司法领域；二是看管辖对象的年龄区间。

对于第一类管辖范围的划分，一些国家将少年司法的范围限制在少年犯罪之内，即少年刑事司法，这是一种狭义的少年司法管辖；还有一些国家的少年司法除管辖少年犯罪案件以外，还将罪错行为、失范行为等也纳入其管辖之内，这是一种广义的少年司法。少年司法管辖范围采用广义范围，还是狭义范围，一直存在争议。在人权备受重视的今天，许多国家的少年司法管辖采取广义范围，因为人们认识到，广义上的管辖范围并不是将儿童的违法行为或者失范行为当作犯罪来处理，而是从帮助儿童发展和维护儿童权利的角度出发，对他们给予最大的帮助、教育、矫正和救治。[①] 以美国为例，美国各州少年法院管辖包括儿童案件和与儿童有关的成年人案件。儿童案件针对的对象包括：（1）罪错少年（delinquent child）；（2）被忽视的儿童和失依儿童（neglected and dependent child）。美国少年法院受理有关身份罪的案件主要涉及以下三种情况：一是针对某年龄阶段青少年对禁止性法律规定的违反，如法律对某些特定年龄以下的青年人的禁酒令；二是不听从父母或监护人对其有益的管教，如不顾父母的劝诫习惯性逃学离家；三是违反身份法令中其他限制性规定，如经常出入不正当场所、肆意妄为等。[②] 与儿童有关的成年人案件，依照多数州的立法，凡父母或其他地位相近的人，因过失或不法行为导致儿童违法、失

① 参见冯锐：《关于少年犯罪与完善少年司法制度的思考》，载于《江苏社会科学》2005 年第 3 期，第 206-207 页。

② ［美］富兰克林 · E. 齐姆林：《美国少年司法》，高维俭译，中国人民公安大学出版社 2010 年版，第 176 页。

依或被遗弃，都属于少年法院管辖。这反映了美国少年司法的宗旨：一是保护儿童权利免受父母、监护人或他人侵犯；二是设法消除诱使儿童违法的因素，预防和努力控制违法行为的发生。

从第二个角度看少年司法的管辖范围，少年司法与普通刑事司法之间的差异有很多，其中最显著的区别之一在于，法律通过界定年龄来区分适用于少年司法管辖的对象。只有在法律规定的一定年龄范围内，案件才能依据少年司法的程序和实体内容来处理。受不同文化习俗和法律传统的影响，各国法律对适用于少年法庭/法院管辖的对象的年龄划分尚未达成共识，并且各国在少年司法中对"儿童""少年""青少年""青年人""处于青春期的成年人"以及"未成年人"的区分，也可谓"门类繁多"。①

表11-1 部分国家和地区未成年人法院管辖的最低年龄和最高年龄②

国家	加拿大	荷兰	以色列	德国	英格兰	苏格兰	瑞典	丹麦	新西兰	日本	中国台湾地区
最低年龄	12	12	12	14	10	8	15	15	14	14	12
最高年龄	17	17	17	17	17	17			16	19	17

① 以德国为例，德国法将人口依据年龄分为四类：分别是14岁以下的"儿童"；14岁至18岁的"少年"；18岁至21岁"处于青春期的成年人"；以及21岁以上的"成年人"。

② 表中的17岁是指到18岁生日那一天止，与18岁以下的意思一致。美国的情况比较特殊，各州对未成年人法院的管辖年龄的划分差别很大。美国多数地区将未成年人法院管辖的最低年龄下为10岁，最高年龄定为17岁。但也有一些州作了不同的规定，如北卡罗纳州规定刑事责任最低为6岁，马萨诸塞州、马里兰州和纽约州规定这一年龄为7岁。未成年人法院管辖的最大年龄也由15岁至17岁不等，如康涅狄格州、纽约州和北卡罗来纳州将少年法院管辖的年龄上限规定至15岁。威斯康星州和新罕不什尔州则于1976年将少年法院管辖的年龄上限从17岁降至16岁。徐美君：《未成年人刑事诉讼特别程序研究——基于实证和比较的分析》，法律出版社2007年版，第8页。

参照世界上多数国家的划分，国际标准通常将18岁作为未成年与成年的年龄界限。联合国《儿童权利公约》第1条规定："为本公约之目的，儿童系指18岁以下的任何人，除非对其适用之法律规定成年年龄低于18岁。"这里的"儿童"是指未成年人，公约在司法方面所规定的是儿童/未成年人的权利。而1985年《北京规则》，则是针对各国和地区对责任年龄划分差异性的考虑，旨在规定少年司法的管辖范围。《北京规则》规则2第2款a项规定："少年系指按照各国法律制度，对其违法行为可以以不同于成年人的方式进行处理的儿童或少年。"这意味着《北京规则》所界定的少年司法的管辖范围将取决于各国本身的法律制度，一些国家少年司法所管辖的对象有可能依据该国法律已经成年。因而，即使在一国或同一地区范围内，针对一般意义上未成年人权利保护的法律和针对未成年人司法适用的法律，其所界定的"未成年人"的年龄也有所不同。在实践中，这样的情况屡见不鲜。尽管美国多数州都界定21岁为成年，但将18岁规定为少年法院管辖的年龄上限。类似的，在我国香港和台湾地区，调整不同社会关系和内容的法律，对未成年人年龄划分的规定也不尽相同。如我国香港的《保护儿童及少年条例》规定年满14岁且未满18岁的人为"少年"；其《少年犯条例》规定年满14岁且未满16岁的人为"少年人"。我国台湾地区《少年事件处理法》第2条规定，年满12岁且未满18岁者为少年；其《民法典》第12条规定年满20周岁为成年。

总的来讲，各国立法，依据年龄，将适用于少年司法的对象分为三类。一是儿童，他们被认为是完全不具备刑事责任能力，因而不承担任何刑事责任。儿童因无责任而不得处以刑罚，只接受保护、教育和帮助。二是法律中规定的未成年人（少年），依据有关处理未成年人违法或犯罪的法律和程序，受到从轻的刑事责任处罚或者非经诉讼方式的帮助和教育。三是法律规定，其违法或犯罪行为依然适用于未成年人司法管辖的年轻成年人。比如，依据德国的法律，少年司法适用的范围包括14岁以下的儿童、14岁至18岁的未成年人和18岁至21岁的年轻成年人。德国未成年人法规定，根据其所犯罪行的性质以及犯罪对象的成熟程度，18岁至21岁的违法年轻成年人，可适用于少年人司法管辖，也可适用于普通刑事司法管辖。除法律规定的特定案件，这些年轻成年人的案件通常被少年法院受理。荷兰也有与德国类似的立法，但是荷兰的实践证明，少年司法很少被适用于这些年轻成年人的案件。

我国保护儿童权利、涉及少年司法的专门法律，主要是《未成年人保护法》和《预防未成年人犯罪法》，未成年人的年龄限定与国际标准一致，《未成年人保护法》第2条规定，未成年人是指未满18岁的公民。因而，任何未满18周岁的未成年人，在我国司法的程序和制度中，都应享有有别于成年人的待遇，依照未成年人权利保护的标准被对待。值得注意的是，我国对于一些表示未成年人的用语，如“儿童”“少年”“青少年”，在法律中并没有统一的界定。比如，《未成年人保护法》第44条中使用了“儿童”这一表述。依据我国《刑法》第17条的规定，在司法实践中将未成年人分为三类：一是14岁以下的儿童，完全不具有刑事责任能力；二是14岁至16岁的少年，只有在涉及危害性极为严重的犯罪时，才负有刑事责任；三是16岁至18岁的未成年人，负完全刑事责任。再如，所谓“青少年犯罪”中的“青少年”，这一表述在我国的少年司法中如何界定？我国的法律并没有类似于德国法的规定，即18岁至21岁的青年也可适用于少年司法程序。严格讲，“青少年司法制度”在我国尚未形成。但我国少年法庭已有将审判管辖扩大到22岁以下的青少年犯罪案件的实践。随着我国政府对人权保护意识的逐步增强，司法机关和执法部门也有将年轻成年人的案件依照未成年人案件处理的趋势。

(三)程序设计

少年司法的审前和审判程序不同于普通刑事司法程序,归结起来,可见于以下几方面:

1. 强调审前调查,即除了审查案情或调查事实外,少年法庭的法官对未成年人错罪行为发生前后的生活和教育背景、品性、心理状态、犯罪动机和意图等进行全面的调查,法官根据调查结果作出最有利于该错罪儿童的个别化处理。许多国家将审前的社会调查作为少年案件审理的必经程序。在美国,审前调查主要由缓刑官(probation officer)来负责。为帮助法官正确处理案件,缓刑官要查访少年的生活环境,了解其经历,会见其父母,走访逮捕官、学校老师、邻里及其伙伴,并撰写调查报告。调查报告所记录的信息包括:少年被告人的逮捕纪录、最新的犯罪事实、少年被告人的心理评估、社会机构所提供的信息等。在欧洲,审前调查多由缓刑局(The Probation Service)来负责。在日本,审前调查由家庭法院的调查官和特别设立的少年鉴别所来负责。

2. 诉讼程序非刑事化,即少年法庭的作用不是力图以法律程序、规则证明少年有罪与否,而是注重营造平和的氛围,通过教育和正确引导等方式,感化和帮助儿童。司法工作者所采取的措施应根据对象儿童的具体情况和个性来制定和实施,以确保儿童的最大利益。以美国为例,在国家监护理论的影响下,与普通刑事审判中法官不偏不倚、保持中立的角色不同,少年法院中法官要充当“事实发现者”(fact finder),以及“睿智父母”(wise parents)的角色。[①] 再比如,考虑到儿童的心理需要和理解能力,普通刑事司法与少年司法在术语的应用上有显著差别,以下表为例,可以看到美国的少年司法与普通刑事司法术语的区别:

① 张鸿巍:《少年司法通论》,人民出版社2008年版,第88-89页。

表 11-2 少年司法与普通刑事司法术语甄别①

少年司法 juvenile justice	刑事司法 criminal justice
违法 delinquency	犯罪 crime
拘捕 take into custody	逮捕 arrest
传票 summon	令状 warrant
呈请 petition	起诉 compliant/indictment/prosecution
应诉人 respondent	被告人 defendant
裁判听证 adjudication hearing	审判 trail
违法行为确认 found delinquent/involved	有罪 convicted/found guilty
安置 disposition	量刑 sentencing
承诺 commitment	监禁 incarceration
习艺所 Training school	监狱 prison
善后辅导 aftercare	假释 parole
入住人 resident	服刑人 inmate

这里,"Take into custody"也可译为"暂时拘留",在少年司法早期的发展阶段,立法者和法官比较强调避免使用"逮捕"这一用语,"逮捕"可能会对儿童的名誉和心理产生负面影响,取而代之的是语意中性的"拘捕"或"暂时拘留"。对于裁判听证(adjudication hearing)是指采用民事、准民事、非正式的程序进行。

3. 不公开审理,即根据未成年人的心理需要,为维护未成年

---

① 参见张鸿巍:《少年司法通论》,人民出版社 2008 年版,第 88 页。少年司法与刑事司法术语甄别表中的原文是将"delinquent"与"crime"相对应,并将"delinquent"译为"偏差"。本文认为张鸿巍先生的本意也许是要将"delinquency"与名词性质的"crime"相对照,因为根据语境,当"delinquent"作为名词时,其语义为未成年违法者。同时,由于我国常有"青少年犯罪"这一表述,英文以"juvenile delinquency"来表述。为了便于理解,且遵从汉语习惯,本文认为应将"delinquent",译为"违法"或"触法"。因而,在这张表中,本文相较于张鸿巍先生所著的原文有所更改。参见宋雷主编:《英汉法律用语大辞典》,法律出版社 2004 年版,第 277 页。

人的名誉，尽量减少因案件审理对其自尊心和日后生活造成的消极影响，将少年案件的信息以对隐私特别保护的方式处理，使得少年案件的审理不公开。各国少年司法程序中通常都有不公开审理的制度。以德国为例，德国《少年法院法》第48条规定："法院的审理以及判决的宣布，均不公开。"少年案件的信息和裁判结果作为不公开处理的方式，包括：（1）对公众不公开；（2）对新闻媒体不公开；（3）宣判不公开；（4）犯罪档案不公开。

4. 审理简明迅速。（1）在审理少年案件的过程中遵循简明的原则，目的在于避免司法干预对少年造成心理伤害。简明原则在各国的少年司法中各有特色。例如，美国各州多规定了简易审理的程序原则，少年案件由法官独任审理，不设陪审团，审理过程不拘形式，不必进行法庭审讯，法官、法警不穿制服。又如日本，少年案件开庭的地点不限于家庭法院之内，其他任何地点，如办公室等均可。（2）在审理少年案件的过程中遵循迅速的原则，意在争取最大限度地为少年创造救治和矫正的条件。贝卡利亚《论犯罪与刑罚》写道："刑罚的及时性是比较有益的，是因为犯罪与刑罚之间的时间隔得越短，在人们心中，犯罪与刑罚这两个概念的联系就越突出，越持续，因而，人们就很自然地把犯罪看作起因，把刑罚看作不可缺少的必然结果。"① 根据这一理论，犯罪行为与法院对犯罪行为的否定评价之间的时间相隔越短，刑罚的教育功能就越强。

（四）保护处分

现代刑法除了惩罚以外，也强调了教育和保护。近年来，非刑罚化、非监禁的方法和理念逐渐被人们接受。特别是在少年司

① ［意］贝卡利亚：《论犯罪与刑罚》，黄风译，中国大百科全书出版社2003年版，第56—57页。

法领域，以教育、救助和矫正代替刑罚，即“以教代罚”可谓少年司法的基本理念。因而很多国家多采用保护处分优先于刑罚适用的原则来处理未成年人案件。举例来讲，多数日本少年案件都以保护观察、送交少年法院、保护处分等措施处理。根据1988年的统计来看，28243名新服刑者中，仅有81人未满20岁。1988年末，日本少年服刑者在监狱人数为39人。我国台湾地区也存在类似情况，1989–1998年间，移送检察官提起公诉的少年人数（9099人）占少年案件总人数的3.54%。这表明绝大多数少年案件是以保护处分方式处理的。①

各国少年刑法所规定的保护处分有多种。我国按照处罚措施的不同类型，可分为：（1）收容教育、强制戒毒；（2）特殊教育、工读教育；（3）依据我国《刑法》第37条规定的非刑罚处理措施：训诫、责令具诘悔过、赔礼道歉、赔偿损失、行政处罚或者行政处分。综合其他国家的实践经验，按照是否适用监禁刑，也可分为拘禁性保护处分和社区保护处分。拘禁性保护处分以剥夺或限制人身自由为主要形式，在封闭或半封闭机构中执行监禁或半监禁刑。社区保护处分不具有自由刑的主要特征，不以剥夺或限制人身自由为形式，而是在社区通过教育和管束措施进行，如保护管束、训诫、生活辅导等。在美国多是通过庇护之家、青少年辅导和咨询中心、家庭治疗方案等机构和方式实施。对于一些有严重不良行为的少年和犯罪少年，通过社区保护难以达到教育、管束的效果，通过拘禁性保护处分又过于严苛的情况下，一些国家还设立介于上述两种形式之间的保护处分措施，作为一种中间过渡性质的保护处分。②实施这种保

① 赵秉志主编：《未成年人犯罪刑事实体法问题研究》，北京师范大学出版社2014年版，第308页。

② 如我国台湾地区1997年修订的“少年事件处理法”增添了安置辅导这种具有中间性质的保护处分措施。

护安置措施的机构多属于福利性质，如儿童福利院、流浪儿童救助机构、志愿家庭等。[①] 此外，按照主要执行机构主体划分，还可称为机构性保护处分和非机构性保护处分。[②]

在其适用对象方面，不同国家采以不同方式：一是仅适用于犯罪少年，如德国；二是适用于犯罪少年、触法少年、虞犯少年，如日本；三是适用于犯罪少年、虞犯少年、行为失范少年，如美国。

值得注意的是，以保护处分最大程度上代替刑罚是各国少年司法发展的主要趋势。与之相近的制度还有美国刑事司法领域所常见的程序分流，[③] 它原本是一种处理轻微犯罪行为的理念和方法，旨在最大限度减少或避免刑事程序对轻微违法者的消极影响。由于程序分流与少年司法的理念相一致，也被广泛适用于少年司法程序中，并在近些年产生相互融合的趋势。笔者认为，从程序上看，保护处分与美国刑事司法中的程序分流十分相似，它们都是主张通过诉讼程序非刑事化的方法，在审判前、审判中、审判后通过以下方式处理少年案件。审判前、审判中、审判后各个司法环节：（1）对于法定应进入司法程序的，酌情不予进入。（2）对于已进入司法程序的，酌情予以暂停或中止。（3）通过减少对服刑者监督控制的程度，将犯罪者安置到非司法机构进行管理教育和矫治，或者中止对常规监督对象的监督。[④] 但从决定实施的机构上看，程序分流与保护处分还是有所区别：程序分流的

① 赵秉志主编：《未成年人犯罪刑事实体法问题研究》，北京师范大学出版社 2014 年版，第 299、311 页。

② 赵秉志主编：《未成年人犯罪刑事实体法问题研究》，北京师范大学出版社 2014 年版，第 299 页。

③ Diversion，也被译为“司法分流”“司法转处”“诉讼程序非刑事化”等。

④ ［美］富兰克林·E. 齐姆林：《美国少年司法》，高维俭译，中国人民公安大学出版社 2010 年版，第 158 页。

决定可以由警察、检察官或法官任一单独作出。警察或检察官作出司法转处决定无需事先得到法院的批准，其案件也不必提交法院。而交付观护决定必须由法院作出。

四、国际人权法中儿童的司法权利

（一）儿童司法权利的国际规约

国际上有关儿童司法权利保护的内容十分丰富。20 世纪 60 年代以来，联合国除在一些纲领性文件中规定了处理青少年事物的原则外，还制定一些保护儿童权利的文件和条款。如 1966 年《公民权利和政治权利国际公约》第 24 条、1989 年《儿童权利公约》、1997 年联合国儿童权利委员会关于“少年司法中儿童权利”的第十号一般性意见、1985 年《联合国少年司法最低限度标准规则》（又称《北京规则》）、1990 年《联合国预防少年犯罪准则》（又称《利雅得准则》）、1990 年《联合国保护被剥夺自由少年规则》（又称《东京规则》）、1997 年《少年司法——维也纳纲要》等。

联合国预防犯罪和罪犯待遇大会制定的三个文件，分别从少年犯罪的预防、处罚及监禁待遇三方面对少年司法进行了规定：《利雅得准则》主要针对如何预防和减少未成年人犯罪；《北京规则》规定了未成年人违法后如何进行处理，以及司法过程中未成年人的权利；《东京规则》则侧重于被实行监禁处置的违法少年的权利及其保护。这三部文件结合起来，形成了一个比较完整的少年司法标准。

《公民权利和政治权利国际公约》的多项条款涉及少年司法的权利保障。第 6 条第 5 款规定，禁止对 18 岁以下的未成年人适用死刑。第 10 条第 2 款规定被控告的少年应与成年人分隔开，并应速予判决；第 3 款规定违法少年应与成年人隔离服刑，并应给予适合其年龄及法律地位的待遇。在法庭审判方面，第14条第1款规定少年庭审可作为公开审判原则的例外；在少年案件处理的程序方面，第14条第4款规定应当将审判对象的年龄以及他们重返社会的需要纳入到主要考虑中。尽管在具体程序法的规定和实践中如何达到第14条第4款的要求，《公民权利和政治权利国际公约》并没有更加详尽的解释，人权事务委员会在其第十三号一般性意见（第16段）指出在无明确执行标准的情况下，要保障未成年人享有不低于成人案件程序所规定的权利保护标准。

《儿童权利公约》所载明的内容，体现了当代儿童权利保护的基本内容。更有多项条款涉及少年司法，特别是2007年联合国儿童权利委员会在第44届会议中通过的第十号一般性意见（“少年司法中的儿童权利”），[①] 为世界各国少年司法中的儿童权利保护，提供了更进一步的指导。委员会建议，少年司法尤其应考虑到儿童成长和恢复的需要，通过采纳转化法学和恢复性司法这些代替措施，为缔约国提供更益于相关儿童利益的违法儿童安置措施。这不仅考虑到儿童的最佳利益，而且兼顾到社会的长、短期利益。对此，各缔约国应当制定和实施一项少年司法综合政策，并在国家和少年司法综合政策中融入国际标准，尤其是《北京规则》《哈瓦那规则》和《利雅得准则》。[②]

（二）少年司法中的儿童权利

根据《北京规则》规则七，在诉讼的各个阶段，应保证基本程序正当、规范，以确保儿童的基本权利，包括假定无罪指控罪状通知本人的权利、保持沉默的权利、请律师的权利、要求父亲/母亲或其他监护人在场的权利、与证人对质的权利和向上级机

① U.N. Doc. CRC/C/GC/10（2007）.

② U.N. Doc. CRC/C/GC/10（2007）, para.3, para.4.

关上诉的权利。这些问题是进行公平合理审判的基本内容，并已在多项国际人权条款中得到确认。[①] 此外，《北京规则》规则八还特别强调了保护违法少年隐私权的重要性。对此，儿童权利委员会根据《儿童权利公约》的内容，通过第十号一般性建议对少年司法中的儿童权利保护作了更为详尽的解释。

1. 公正审判

《儿童权利公约》第 40 条第 2 款所载明的一些权利和保障规定，旨在确保每个被指称或被指控触犯刑法的儿童在诉讼过程中都能够受到平等对待，并被公正地审判。在《公民权利和政治权利国际公约》第 14 条对公正审判有为更详尽的规定。少年司法中的公正审判强调，在任何情形下，司法工作人员都应当以与儿童尊严和价值相一致的方式行事。这种方式有助于增强儿童对其本身和他人的权利及基本自由的尊重，有助于他们重新融入社会并在社会中发挥积极作用（《儿童权利公约》第 40 条第 1 款）。因此，对专业人员，如法官、检察官、警察、儿童的法定代理人或其他代理人、监护人、有关社会工作人员的相关培训至关重要。这种培训应当是系统且有步骤地进行，相关司法人员有责任通过科学、合理的方法来获悉相关儿童的身心状况和生活环境。处理儿童案件的专业人员应当熟悉女童、残障儿童、失依儿童、流浪儿童、寻求庇护的难民儿童，以及在种族、宗教、语言等方面属于少数群体的儿童的特殊情况、需求和困难。第 40 条第 2 款所列的所有保障规定（将在下文引述）都属于少年司法中公正审判的最低标准。[②]

2. 不追溯既往

作为最基本的司法权利之一，不追溯既往在《儿童权利公约》

---

① 如《世界人权宣言》第 11 条和《公民权利和政治权利国际公约》第 14 条。

② U.N. Doc. CRC/C/GC/10（2007）, para.40.

第 40 条第 2 款（a）项以及《公民权利和政治权利国际公约》第 15 条均有规定。《儿童权利公约》第 40 条第 2 款（a）项指明不追溯既往同样适用于儿童。

在刑罚方面，《公民权利和政治权利国际公约》第 15 条规定，处以的刑罚不得重于犯罪时适用的刑罚的规则，根据《儿童权利公约》第 41 条的规定，上述规定适用于《公民权利和政治权利国际公约》缔约国境内的儿童。据此，任何儿童被处以的刑罚都不得重于违反刑法之时所适用的刑罚。但若犯罪行为发生之后，有关法律经修改规定了较轻的刑罚，相关儿童应当适用于后法的规定。[①]

3. 无罪推定和禁止被迫自证其罪或提供证词

《儿童权利公约》第 40 条第 2 款（b）项第（1）项强调了无罪推定。儿童权利委员会从两方面对这项权利的执行进行了解释：一是有关举证责任，对儿童提出指控的举证责任在公诉方。二是有关儿童待遇，被指称或被指控触犯刑法的儿童在相关指控证据确凿之前被假定无罪。有关的政府主管机构、其他机构和人员有义务在犯罪证据不确凿的情况下推定该儿童无罪，并确保给予其与此推定相一致的待遇。[②]值得注意的是，由于畏惧或对司法程序缺乏了解，相关儿童的行为可能引人怀疑，需要有关机构和工作人员勿以主观推测妄下论断或作出行为。

与无罪推定密切相关的是禁止被迫自证其罪或提供证词。依照《公民权利和政治权利国际公约》第 14 条第 3 款（g）项的规定，为使人供认或认罪而实施酷刑及其他残忍、不人道或有辱人格的行为，构成对儿童权利的严重侵犯［《儿童权利公约》第 37 条（a）款］。任何此种供认或认罪都不得作为证据（《禁止酷刑和其他残忍、不人道或有辱人格的待遇或处罚公约》第 15 条）。一些因

① U.N. Doc. CRC/C/GC/10（2007）, para.41.

② U.N. Doc. CRC/C/GC/10（2007）, para.41.

素，如儿童的身心发育情况、审问持续的时间、儿童的判断能力缺乏、担心某种后果或在被暗示可能遭受监禁之后感到惧怕等，都可能使儿童作出不符合真实情况的供认。[①]

此外，受到讯问的儿童必须能够同法律代理人或其他合适的代理人接触，并能够在讯问过程中请求其父母到场。为确保证据是自愿提供的，而不是在遭受胁迫后作出的，需要对讯问方法进行独立审查。法院或其他司法机关在研究儿童供认或认罪的自愿性或可靠性之时，也必须将儿童的年龄，拘留和讯问持续的时间，以及儿童的律师或其他援助人员、父母或独立代理人是否在场等因素考虑在内。[②]

4. 迅速、直接知悉指控

被指称或被指控的儿童有权迅速、直接地被告知对其提出的指控。无论相关案件最终是否以非刑事的程序进行处理，“迅速”和“直接”是指从审前调查阶段开始对公诉人和法官的要求。[③]

在《儿童权利公约》第 40 条第 2 款（b）项的规定下，一方面，主管机关应当用儿童能够理解的语言和方式向其告知指控。这包括但不限于对不同语种的翻译、将成人语言 / 法律语言转化为儿童可理解的语言、将正式文件内容转化为口头解释等。另一方面，该条款也强调此项职责应由主管机构（警方、公诉人、法官）直接执行，不应由儿童的父母或监护人代其履行该项职责。[④]

5. 陈述意见和参与诉讼

陈述意见的权利和参与诉讼的权利是不可分割的。提出儿童负有刑事责任的指称或指控本身意味着承认该儿童已经具备了一定能力。这一能力包括能够切实参与对其本身进行裁决的过程。

---

① U.N. Doc. CRC/C/GC/10（2007）, paras.56–57.

② U.N. Doc. CRC/C/GC/10（2007）, para.58.

③ U.N. Doc. CRC/C/GC/10（2007）, para. 47.

④ U.N. Doc. CRC/C/GC/10（2007）, paras.47–48.

有研究表明，让儿童积极参与司法过程，在多数情况下都有助于取得积极结果。[①] 因为要获悉什么是儿童的最大利益，什么是他们真正需要的，他们是什么样的人，他们是如何走到法庭审判这一步，最好的方式就是聆听他们，让他们发表自己的观点。把儿童当作一个被动对象的做法，意味着否认他们的正当权利。

公正的审判要求保证被指称或被控的儿童能够切实参与审判过程。为此，儿童应当了解所受指控以及可能产生的后果和惩罚，并据此向法定代理人提出请求，对证人提出质疑，叙述事件经过，并就证据、证词和将会强制执行的措施陈述意见，并作出恰当决定。[②] 这一权利在《儿童权利公约》第 40 条第 2 款（b）项第（4）项被明确规定。

首先，参与诉讼的权利意味着儿童在整个少年司法程序中的知情权。为了切实有效地参与诉讼，相关儿童需要知悉以下三方面内容：（1）知悉对其提出的指控；（2）知悉相关司法程序的各环节内容；（3）知悉可能采取裁定的措施。[③]

其次，在参与诉讼的过程中，包含着陈述意见的权利。即儿童有权在影响到其利益的任何诉讼中，以符合国内法诉讼规则的方式，直接或通过代理人 / 机构陈述意见。这项权利在《儿童权利公约》第 12 条第 2 款被规定。

从司法环节上看，陈述意见的权利适用于少年司法程序的各个环节。从审前阶段开始，相关儿童有权保持沉默，也有权向警方、公诉人和预审法官陈述意见。这项权利也适用于审理的各阶段以及裁定采取的措施的执行阶段。[④] 儿童必须有机会在诉讼的各个阶段自由表达看法，包括就可能裁定的措施发表看法。儿童

---

① U.N. Doc. CRC/C/GC/10（2007）, para. 45.

② U.N. Doc. CRC/C/GC/10（2007）, para. 46.

③ U.N. Doc. CRC/C/GC/10（2007）, para.45.

④ U.N. Doc. CRC/C/GC/10（2007）, para.43, para.44.

相关的具体愿望或要求应当依据客观情况、其成熟度和真实性纳入到法官审判的考虑之中。[①] 从方式上看，儿童有权直接陈述意见，也可以通过代理人或适当机构陈述意见。这取决于何种方式符合该儿童的最大利益。

6. 迅速审判并在父母在场的情况下作出裁决

就违法儿童的最大利益的角度讲，从违法行为发生到对该违法行为采取最后应对措施的时间，应当尽可能短暂。这段时间越长，对儿童心理的压力和困扰的时间就越长，此后矫正和再教育的效果就越差。从犯罪行为发生到主管司法机构进行最终裁决这段时间的规定和适用期限应当比成年人规定的期限短得多。如果不具备有条件释放的可能，涉案未成年人就应当依据所受的指控受到正式起诉，并在审判前 30 天内由法院或其他合格的、独立的、公正的主管当局或司法机构进行审判。由于各国实践中，法院审理往往有多次暂停的惯例，委员会特别促请缔约国颁布必要的法律条款，保证法院、少年案件法官或其他主管机构在受理起诉之后，在 6 个月之内对起诉作出最后裁决。对由行政决定（例如检察院和其他主管当局采取的措施）剥夺自由的案件，涉案儿童不仅拥有上诉权，而且拥有诉诸法庭、其他公正的司法机构或主管当局的权利。针对其质疑的裁决也应当迅速作出，如不超过两周。[②]

1966 年联合国《政治权利和公民权利国际公约》第 9 条第 3 款以及第 14 条第 3 款（丙）项规定了迅速审判的权利。这些权利标准同样适用于儿童权利保护，该公约第 10 条第 2 款（乙）项特别强调了未成年人被迅速审判的权利。由此可知，上述若干条款中的“审判”一词，不仅指普通刑事司法中的刑事审判，还

① U.N. Doc. CRC/C/GC/10（2007）, para.44.

② U.N. Doc. CRC/C/GC/10（2007）, para.83.

包括处理少年案件的非司法机关作出的决定。

《儿童权利公约》第 40 条第 2 款（b）项第（2）项特别规定了儿童的此项权利。但同时，在不拖延的情况下所作出的裁决，应当是相关儿童的人权得到充分尊重的法律程序的结果。这要求，法律援助人员或其他恰当援助人员必须在场。这些法律援助人员的在场应从警方审前调查程序开始，包括少年司法程序的各个环节。[①]

此外，父母或法定监护人应当到场参加诉讼。这是因为他们能够向相关儿童提供某些心理和情感上的支持。但是，在考虑到儿童的最大利益，在一些不符合相关儿童利益的情况下，经儿童、法律援助人员或其他恰当援助人员请求，法官或主管机构可决定限制或不允许父母参加诉讼。父母或法定监护人的参加，并不代表他们能够为子女辩护或者参与作出裁决。这一要求的提出主要基于对儿童心理需要的考虑，应被理解为在总体上有助于对相关儿童的救助。为了确保父母参加诉讼，尽快向其告知其子女被捕的事实也是相关机构应尽的职责。[②]

7. 法律援助、其他恰当援助以及口译员的免费协助

《儿童权利公约》第 40 条第 2 款（b）项第（2）项要求向相关儿童因地制宜地提供援助，包括但不限于在法律上的援助。缔约国可以酌情决定提供援助的方式方法，但援助应当是免费的。儿童权利委员会建议缔约国尽可能提供恰当的专业人员，如专业律师或律师专职助手，他们应当充分熟悉和了解少年司法程序所涉及的不同法律问题，而且必须在处理违法儿童的问题方面受过专门训练。[③]

---

① U.N. Doc. CRC/C/GC/10（2007）, paras.51–52.

② U.N. Doc. CRC/C/GC/10（2007）, paras.53–54.

③ U.N. Doc. CRC/C/GC/10（2007）, para.49.

《儿童权利公约》第40条第2款（b）项第（6）项要求缔约国为违法儿童提供口译员的免费协助。这一权利关系到儿童参与审判的权利以及审判的公正性。得到口译员的免费协助包括以下三种情况：（1）儿童在理解或表达司法语言出现困难时；（2）相关程序所用语言非儿童使用的语言时，如外籍儿童或少数民族儿童；（3）有语言障碍或其他残障的儿童。在口译员的资质方面，结合《儿童权利公约》第23条所规定，儿童权利委员会建议缔约国确保有语言障碍或其他残障的儿童得到经过专业训练的工作人员充分、有效的协助。这些协助不仅免费，并且不限于庭审阶段，包括少年司法程序的所有阶段。值得注意的是，由于儿童在理解和语言方面的特殊需要，口译员应当经过专业培训，熟悉儿童语言、表达和理解方面的特点和需要。①

8. 上诉权

《儿童权利公约》第40条第2款（b）项第（5）项规定儿童有权对判定其犯有指控所犯罪行的裁决，并对因这项有罪裁决而宣布采取的措施提出上诉。这项上诉权并非仅限于最严重的犯罪。②

9. 隐私权

《儿童权利公约》第16条为儿童有权要求其隐私在诉讼的所有阶段都得到充分尊重提供了依据。“诉讼的所有阶段”，是指从与执法人员初次接触直到作出最终裁决，或解除监督、结束拘留获释或被剥夺自由等各个阶段。任何可能会使人知道少年犯罪者身份的信息都不得透露，因为此种信息的泄露会使相关儿童受到社会歧视，对其日后入学、就业、获得社会发展造成消极影响。主管机构在发布与儿童违法或受到侵害相关的新闻、公文等方面须设法确保他人及社会公众无法通过这些新闻

① U.N. Doc. CRC/C/GC/10（2007）, paras.62–63.

② U.N. Doc. CRC/C/GC/10（2007）, para.60.

或公文获悉相关儿童的身份。侵犯儿童的隐私权的新闻记者应当受到严格的纪律处分，如一再侵犯相关儿童的隐私应受到刑法制裁。[①]

为了保护儿童的隐私，多数国家通常都以非公开方式审理儿童案件，专家或其他专门人员经法庭特别准许可以到庭。少年司法中的公开审讯只有在一些明确规定的情形中并经法庭书面裁决方可进行，并且相关儿童可对此种裁决提出上诉。此外，隐私权还意味着，应当对少年犯档案实行严格保密，除直接参与案件调查、审判和裁决的人员外，此种档案不得向第三方透露。为了避免歧视或未经审讯作出判决，少年犯档案不得在其成年后涉及的诉讼中被使用，该档案也不得作为增加其量刑的依据。[②]对于此，儿童权利委员会还建议，对于曾经犯罪的儿童，在年满 18 岁之后，应当自动将其姓名从犯罪记录中删除；对于某些特别的、严重的犯罪，经相关儿童请求可以删除其姓名，但在必要时可附加某些限制条件（例如在上次判罪之后的两年内未再犯等）。[③]

五、我国少年司法的发展状况

（一）立法进展

我国自古有恤幼的司法传统，历代法律都有关于保护少年的相关规定。20 世纪初，受西方少年司法运动兴起的影响，我国少年司法的理念和制度也开始萌芽。1922 年 2 月，国民党政府颁行《感化学校暂行章程》；同年秋，北平的香山慈幼会[④]创设香山感化

① U.N. Doc. CRC/C/GC/10（2007）, para.64.

② 《北京规则》规则 21.1 和 21.2。

③ U.N. Doc. CRC/C/GC/10（2007）, paras.65−67.

④ 1917 年由熊希龄创办。

院，第二年又与司法部合组北京感化院。1933年，济南设立少年监狱；1934年，武昌设立少年监狱。1935年，国民政府颁布新刑法，该法规定在对少年犯的处置上，除了规定不罚、减轻处罚（第18条）、不适用死刑或无期徒刑外（第63条），还须以感化教育及保护管束等保护处分取代或补充刑罚的不足（第86条、第92条）。[①] 这些举措表明我国开始接受现代少年司法的理念，并逐步付诸行动。

新中国成立后的40多年里，我国并未制定专门的儿童法。随着1990年8月29日我国批准联合国《儿童权利公约》，一系列有益于未成年人保护的立法和措施陆续出台。1991年9月，《中华人民共和国未成年人保护法》的颁布，标志着我国第一部少年法的诞生。该法于2006年和2012年进行过修订，现行的2012年《未成年人保护法》依循前法的框架，从家庭、学校、社会、司法和法律责任等方面，规定对未成年人的保护。与最初的1991年《未成年人保护法》相比，经过两次修订的现行法在内容上更加充实，确立了一些原则和制度，对扭转社会上忽视儿童基本权利的状况具有重要的指导意义。比如，从儿童最大利益原则的角度明确儿童的一些基本权利，包括生存权、发展权、参与权等。再如，在司法保护方面，作出了更为全面的规定，包括司法援助、在离婚案件中尊重子女意见、从儿童利益的角度出发对父母的监护权进行撤销或转移、指定法定代理人等。这些修订内容体现了我国立法机构在儿童权利保护观念上的进步，但同时我们也要看到，《未成年人保护法》作为一部专门的儿童法，最重要的问题就是缺乏可操作性、责任追究困难。这些缺陷使得《未成年人保护法》成为名副其实的软法，或者说它实际上仅能起到一个政策导向作用。

---

① 朱胜群：《少年事件处理法新论》，台湾三民书局1976年版，第46-47页。

与《未成年人保护法》存在相同问题的还有《预防未成年人犯罪法》。[①]该法除了缺乏司法适用性以外，因其强调事前预防，进入司法程序的措施多采用成人标准。在对未成年人严重不良行为矫治方面，学校和收容教养等方面的规定尚不能体现儿童的特殊需要，其也没有任何形式的监督，在执行上基本由行政机关做出决定。

可见，目前我国两部专门针对儿童的立法，并不能在保护儿童和再教育方面起到实际作用。由于缺乏责任条款，看起来似乎有法可依，实际上有法不依也无计可施。

在法律依据方面，我国未成年人案件主要依据《刑法》和《刑事诉讼法》。近年来，我国刑事立法积极地借鉴国际上和外国少年司法制度的经验和标准，愈发强调对儿童权利的保护。2011 年第十一届全国人大常委会第十九次会议通过了《刑法修正案（八）》。在有关未成年人案件方面，《刑法修正案（八）》分别对第 65 条、第 72 条、第 100 条进行了修订，在缓刑、免除刑事处罚报告义务、累犯处罚等方面放宽对未成年人的刑罚。2012 年 3 月 14 日第十一届全国人大第五次会议通过了修订的《刑事诉讼法》，有关未成年人在刑事诉讼中的权利保护方面的规定，较之以前有了许多改进。2012 年《刑事诉讼法》在第五编特别程序第一章专门规定了未成年人刑事诉讼程序，使得少年司法程序在立法体例上自成一体，内容更加全面，是儿童最大利益原则在立法方面的体现，同时也反映了我国立法机构对儿童权利保护的关注。新法在儿童权利保护方面有以下几方面规定：

第一，强调司法人员专业化。第 266 条第 2 款强调公安机关、检察院、法院的执法人员应当熟悉未成年人的身心特点，具备处

① 1999 年颁布，2012 年修订。

理儿童事务的专业素养和知识背景。这与《儿童权利公约》第 40 条第 1 款以及《联合国少年司法最低限度标准规则》第 22 条的规定相一致。

第二，强制保障辩护权。在第 267 条的保障下，享有辩护权的法律援助从侦查阶段开始直至审判阶段。公安机关、检察院、法院均有义务确保未成年人在诉讼各阶段享有此项权利。

第三，设立社会调查制度。社会调查是许多国家处理未成年人案件的重要步骤。经调查后撰写的调查报告是侦查机关采取取保候审，检察机关进行逮捕、起诉，法院定罪量刑和教育矫正的重要参考依据。[①]2012 年《刑事诉讼法》第 268 条也规定了这一制度，并要求执法人员根据未成年犯罪嫌疑人、被告人的成长经历、犯罪原因、监护教育等情况进行调查。

第四，慎用逮捕措施，分流处理。2012 年《刑事诉讼法》第 269 条规定严格限制适用逮捕措施。这意味着检察机关在审查批准逮捕，人民法院再决定逮捕时，应当将未成年人嫌疑犯、被告人以及辩护律师的意见考虑在内，尽量不采取逮捕措施。根据《儿童权利公约》第 37 条以及《联合国少年司法最低限度标准规则》第 13 条，在不得不采取逮捕措施的情况下，被拘捕和受刑的未成年人必须与成年人分别关押、分别管理、分别教育。这一规定贯穿于诉讼程序的始终，不限于拘留、逮捕程序。

第五，强制法定代理人在场制度。2012 年《刑事诉讼法》第 270 条将授权性的法定代理人在场制度规定为强制性制度，对未成年犯罪嫌疑人、被告人的相关权利作出保护。此外，第 270 条第 5 款还特别强调未成年被害人、证人受到询问时，法定代理人须到场。

第六，设立附条件不起诉制度。2012 年《刑事诉讼法》第

① 另参见《联合国少年司法最低限度标准规则》第 16 条。

271条对未成年人涉嫌《刑法》分则第四章、第五章、第六章规定的犯罪，即涉嫌侵犯公民人身权利、民主权利、财产权以及妨害社会管理秩序的犯罪，可能判处一年有期徒刑以下刑罚，符合起诉条件，但有悔罪表现的，人民检察院在听取公安机关、被害人的意见后，可以作出附条件不起诉的决定。如公安机关和被害人对附条件不起诉的决定提出异议，公安机关可要求复议、提请复核或者由被害人提出申诉，适用2012年《刑事诉讼法》第175条、第176条的规定。同时，适用附条件不起诉的决定不应引起未成年人犯罪嫌疑人及其法定代理人的异议或起诉。这一制度与2012年《刑事诉讼法》第173条第2款规定的酌定不起诉不同。人民法院作出酌定不起诉，被起诉人如果持有异议，可向人民检察院提出申诉。

第七，制定犯罪记录封存记录。2012年《刑事诉讼法》第275条规定，犯罪时未满18周岁，被判处5年有期徒刑以下者，其犯罪记录应当予以封存。除司法机关办案所需或有关单位根据法律法规进行查询的情况外，被封存的犯罪记录不得向任何单位和个人提供。依法进行查询的单位应当对被封存的犯罪记录进行保密。

2012年《刑事诉讼法》所规定的对未成年人的特别保护程序尽管还存在一些有待完善之处，但总体上它在我国少年司法制度的立法完善方面迈出了具有里程碑意义的一步。同时，为了弥补立法不足，相关部门根据新修订的《刑事诉讼法》迅速颁布了配套的司法解释。

2012年11月5日通过的《最高人民法院关于适用〈中华人民共和国刑事诉讼法〉的解释》在第20章（共36项条款），特别对未成年人刑事案件诉讼程序作了详尽的规定，从审判原则、审判组织、管辖权、隐私保护、法定代理等一般性规定，到开庭准备、审判和执行各个环节都作出了详细的解释。

在涉及未成年人刑事案件的法律援助方面，2012 年 12 月 26 日颁布的《最高人民法院、最高人民检察院、公安部、国家安全部、司法部、全国人大常委会法制工作委员会关于实施刑事诉讼法若干问题的规定》第 5 条强调了对未成年人刑事案件诉讼的法律援助，它规定“对于人民法院、人民检察院、公安机关根据上述规定，通知法律援助机构指派律师提供辩护或者法律帮助的，法律援助机构应当在接到通知后三日以内指派律师，并将律师的姓名、单位、联系方式书面通知人民法院、人民检察院、公安机关”。2013 年 3 月 1 日颁布的《最高人民法院、最高人民检察院、公安部、司法部关于印发关于〈刑事诉讼法律援助工作的规定〉的通知（2013 修改）》[①] 再次强调了未成年人获得法定代理人协助的法定权利，要求公安机关、人民检察院、人民法院应当自发现未成年人犯罪嫌疑人、被告人没有委托辩护人的事实之日起三日内，通知所在地同级司法行政机关所属法律援助机构指派律师为其提供辩护。[②] 并且法律援助机构应当指派熟悉未成年人身心特点的律师担任辩护人。[③]

除此之外，最高人民检察院在修订的《刑事诉讼法》颁布前后，也作了大量的解释工作：颁布了《最高人民检察院关于进一步加强未成年人刑事检察工作的决定》，[④] 修订了《人民检察院办

---

① 司发通〔2013〕18 号。

②《最高人民法院、最高人民检察院、公安部、司法部关于印发关于〈刑事诉讼法律援助工作的规定〉的通知（2013 修改）》第 9 条。

③《最高人民法院、最高人民检察院、公安部、司法部关于印发关于〈刑事诉讼法律援助工作的规定〉的通知（2013 修改）》第 13 条。

④ 高检发诉字〔2012〕152 号。

理未成年人刑事案件的规定》，[①] 还发布了《最高人民检察院关于进一步加强未成年人刑事检察工作的通知》。[②]

最高人民法院、最高人民检察院以及其他相关部门的这些补充规定，都是以最大限度保护儿童合法权利，最大限度教育挽救涉罪未成年人，最大限度预防未成年人犯罪为出发点，表明我国司法部门对儿童保护的重视，预示着我国少年司法的权利保护在实践中有望走得更远。

（二）审判组织状况

我国的少年司法制度起步较晚，与其他制度更为先进的国家相比，我国现有的少年司法制度还有许多提升的空间。一般认为，1984 年上海市长宁区少年法庭的建立标志着我国少年司法制度的诞生。当时，长宁区少年法庭是附设于普通法院下的少年刑事案件合议庭，该法庭通过其办案的实际效果，证明了少年法庭在我国建立的必要性、针对性和有效性，引起了司法界的广泛重视，并获得了社会的认可。自长宁少年法庭建立后，我国各地纷纷成立了不少专门的少年法庭，而且在公安系统和检察系统都有专人负责办理未成年人的刑事案件。以少年法庭审判为重心，我国少年司法制度开始逐步发展，在保护儿童权利和利益方面发挥重要作用。

一般认为，我国少年法庭大体上包括以下几种形式：（1）少年刑事案件审判庭，专门受理未成年人刑事犯罪案件；（2）少年刑事案件合议庭，附设于刑庭内，受理未成年人刑事案件；（3）综

---

① 第二次修订。2002 年 3 月 25 日最高人民检察院第九届检察委员会第一百零五次会议通过。2006 年 12 月 28 日最高人民检察院第十届检察委员会第六十八次会议第一次修订。2013 年 12 月 19 日最高人民检察院第十二届检察委员会第十四次会议第二次修订。参见高检发研字〔2013〕7 号。

② 高检发诉字〔2014〕28 号。

合性少年案件审判庭，受理少年刑事案件、有关未成年人保护的民事和行政案件；（4）在刑事审判庭中指定专人办理少年刑事案件。[①] 但是，由于我国的《法院组织法》未作出明确规定，其设置往往流于形式，因人因时而变。近年来，全国各地的少年法庭也普遍存在案源过少的现象，对少年法庭的生存受到很大冲击。据悉，少年法庭发展鼎盛时期，全国少年法庭的数量一度达到 3600 余个，但是截至 2000 年已减少为 2500 个左右，[②] 截至 2011 年减少到 400 余个。

尽管少年法庭的发展面临困难重重，但是我国政府、司法工作者以及学界的专家学者们，多年来一直在为儿童权利的保护和司法制度的完善努力不懈，并对是否应该在我国建立少年法院进行了大量的分析。2001 年 11 月，上海市高级人民法院首次就设立少年法院问题向最高人民法院报送了请示报告，标志着我国少年司法审判机构的探索向更高层次迈进。此后，北京市高级人民法院、河南省高级人民法院等也对设立少年被法院的可行性问题进行了具体研究。

（三）诉讼程序和问题

2012 年《刑事诉讼法》颁布之前，我国在少年司法的儿童权利保护方面立法相对滞后，但是少年刑事案件基本都在少年法庭审理，已经积累了一些有益的经验，这些经验对我国儿童权利保

---

① 2012 年 11 月 5 日通过的《最高人民法院关于适用〈中华人民共和国刑事诉讼法〉的解释》第 462 条规定："中级人民法院和基层人民法院可以设立独立建制的未成年人案件审判庭。尚不具备条件的，应当在刑事审判庭内设立未成年人刑事案件合议庭，或者由专人负责审理未成年人刑事案件。高级人民法院应当在刑事审判庭内设立未成年人刑事案件合议庭。具备条件的，可以设立独立建制的未成年人案件审判庭。未成年人案件审判庭和未成年人刑事案件合议庭统称少年法庭。"

② 姚建龙：《少年司法制度概念论》，载《当代青年研究》2002 年第 05 期，第 15 页。

护起到了积极作用。具体经验总结如下：（1）分案审理制度，将未成年人与成年人共犯的案件分案审理。（2）寓教于审，其核心环节是法庭教育，是实现挽救方针的重要步骤，包括对未成年人进行相关的法律讲解，增进其对法律的理解，使其认识到犯罪行为的危害性，正确对待法庭审判。开庭审理前、庭审过程中、休庭时、宣判后都可以对未成年人被告进行教育。（3）非刑事化庭审，一些法院打破了传统的法庭格局，专门将未成年人案件的审理以圆桌会议样式进行布局。法庭的布置生活化，被告人不带械具，法警不伫立，法官言语平和。[①]

作为联合国《儿童权利公约》的缔约国，完善少年司法制度有助于我国履行应当遵守的国际法律义务。2012年《刑事诉讼法》修订后，我国立法在少年司法制度中的儿童权利保护方面取得了里程碑式的进展。少年司法中诸多的关键原则和因素已经呈现于新法当中，如提倡司法分流、非刑事化程序、强调隐私保护，具体体现为设立社会调查制度、附条件不起诉、慎用逮捕措施、辩护权保障、法定代理人在场、犯罪记录封存制度、司法人员专业化等。但结合我国具体情况，根据《儿童权利公约》的标准，我国在日后少年司法制度的改革过程中，笔者建议，还可以具体在以下方面改进完善。

（1）扩大少年法庭年龄管辖范围。借鉴将“青少年”或者“年轻成年人”的概念引入到少年司法的经验，结合现有的司法实践，在法律规定中将少年法庭的管辖范围扩大到22岁以下的年轻成年人。

（2）制定和实施针对未成年人嫌疑人、证人、被害人的询问、讯问方式和规则，对涉及未成年人案件的司法人员的用语、态度和行为作出相应的规定。

---

① 岳礼玲：《刑事审判与人权保障》，法律出版社2010年版，第308页。

（3）尽管2012年《刑事诉讼法》第266条第2款对司法人员的专业性作出了规定。但是，就目前状况来看，司法工作人员在儿童心理、教育等方面的训练有待加强。少年司法人员的专业性不仅要求对法律业务的熟悉，处理少年案件的司法人员，包括法官、检察官、法律援助人员，还应当受过与儿童心理和教育方面有关的专业训练，更应注重他们对儿童权利保护以及儿童心理、社会学、语言方式的掌握。并要求他们在询问方式、开庭辩论、主持审判程序方面的处理措施都应根据儿童的特点、需要和利益进行调整。

（4）借鉴各国保护处分制度的积极经验，时机成熟时，可考虑正式采用该制度。尽量减少监禁刑，积极提倡社区保护处分、福利机构监管等方式取代监禁刑。具体措施如下：一是废止拘留、收容教养；二是对工读教育、强制戒毒措施等进行改革。对于工读教育，根据《预防未成年人犯罪法》的规定，我国目前工读教育的适用对象是有严重不良行为的少年。建议扩大工读教育的招生范围，将一些犯罪情节居中的，既不适宜用监禁刑，也不适宜采用社区矫正措施的犯罪少年纳入工读教育的招生范围。并授予法院工读教育的招生审批权。此外，我国目前的强制戒毒措施处罚性质过强。建议对吸毒、酗酒、患有精神疾病以及性病的罪错少年采取强制医疗措施，并格外注意对其人权，比如隐私权、尊严感的保护。三是广泛设置非监禁性的保护处分措施，包括赔偿损失、罚款、赔礼道歉、训诫、社会服务、责令严加管教、假日生活辅导、保护观察等。①

（5）改善少年犯的安置和服刑条件。优先考虑改善未成年人监禁场所、监狱的设施和管理。教育对于少年犯和普通儿童来讲

① 赵秉志主编：《未成年人犯罪刑事实体法问题研究》，北京师范大学出版社2014年版，第310-314页。

都至关重要，因而对少年犯的教育质量也应引起重视。除了道德和行为规范方面的在再教育，学业也应是服刑少年重新获得有尊严的社会生活的关键。相比之下，符合国家一般标准的学业对于服刑少年来讲要比劳教更符合他们的利益。这需要国家投入更多的资源、花费一定时间来构建这一系统。

我们对未成年人的司法保护应当是全方位的，并且这些保护应当贯穿整个司法过程。尽管在过去的二十年间，我国在少年司法的立法方面取得了很大的进步，特别是2011年《刑法修正案（八）》完善了对未成年人犯罪从宽处理的规定，2012年《刑事诉讼法》对未成年人犯罪的审判程序作为特别程序予以规定，进一步扩大了对儿童的保护力度。但是，总的看，我国在此领域的人权保护，无论在立法，还是在实践上都处于起步阶段，应当进一步总结经验教训，并适当借鉴一些国家的立法和实践成果，完善基本法律体系，并加强少年司法机构和队伍建设，保证违法儿童在成长过程中切实得到更为全面的保护和关爱。

结　语

儿童保护制度的发展历程，积累并沉淀了人类关于儿童保护的若干重要理念和经验，既是世界儿童制度发展的一个历史缩影，也是整个人权事业发展的一个历史缩影，从中我们还可以得到一些重要启示。

这本书讲的是儿童问题，但是，儿童问题不可能单凭儿童制度来解决。儿童权利不是孤立存在的，只有一个国家的人权和法治的总体发展达到一定水平，儿童最大利益原则才能更好地实现，儿童的各项权利才能真正得到尊重和保障。因此，在本书结尾之际，我想跳出儿童保护制度本身，建议更多地从人权与法治一般原理的角度来看待儿童问题。

包括儿童在内的每个人都生来拥有作为人的权利，这是天经地义的，并非为国家法律所创设，正是这样的人权信念，为人们通过改革恶法、创制善法来把权利合法化、制度化提供了强大动力。但同时，人权不能成为空洞的口号，只有那些具有实在法形态的权利或国家通过法律的形式承认保障的人权，才能成为在制度上可要求、可主张、可诉讼、可获得救济的权利。一国民众权利的实现要受到该国经济文化等方面诸多客观条件的制约，但也在很大程度上取决于众多权利主体的不懈奋斗，取决于该国政府的意志和努力。我们应该更多地关注实在法制度层面的操作问题，推动政府诚实地、自觉地为国民争取权利，越来越多地承担更强的法律义务，而不是刻意寻求规避人权条约的办法，作出过多的保留。作为现代制度文明的核心原理原则，人权和法治不能停留在空泛的道德原则和政治口号上，而是要为包括中国在内的世界各国制度的进步发展注入更多的动力，凝聚更多的共识，创设更好的制度，并因此真正成为保护儿童的福音。

附　录

走出困境

——《经济、社会和文化权利国际公约》实施问题研究

【提要】随着人权法理论和实践的发展，人们逐渐改变了否定经济、社会和文化权利作为一项法定权利的观念，开始承认经社文权利与其他权利一样具有法律约束力，并在理论上取得了令人瞩目的突破。关于义务缺位论，根据国家义务的三分论，国家履行尊重的义务不再限于消极措施，而履行保护和实现的义务，也不一定要积极作为。因此，国家对人权保护承担的义务是多层次的，且无可逃遁。关于资源耗费论，并非所有的经社文权利需要耗用资源，更多情况下，实现经社文权利的最佳途径是使个人自由免受国家干预，或者通过个人自主地调配资源。关于逐步实现论，《经济、社会和文化权利国际公约》对权利逐步实现的规定，其真正用意是要求无论缔约国贫富，都公平、有效、充分地利用资源，以一切适当方法在短期内实现权利。关于不可诉论，一国不提供司法补救，并不意味着该项权利具有不可审理的性质。形成经社文权利不可诉论断的原因，主要是裁决机构缺乏能力和意愿。而国内法院和区域性人权法院的司法判例，可作为经社文权利可诉性的最佳例证。现在，可以说人们多已从经社文权利是否可诉的讨论转移到更加细致的审判和执行的问题上。一方面，通过经济、社会和文化权利委员会的

工作，进一步明确了《经济、社会和文化权利国际公约》内容的规范性和缔约国所负有的国家义务。另一方面，对于那些权利实际上不可诉的国家来讲，更重要的义务是如何使得权利可诉。

在当今世界人权遭遇的各种困境中，经济、社会和文化权利（以下简称“经社文权利”）遭遇的困境尤为典型。经社文权利从诞生之日起不仅在理论上屡遭诟病，在实践中也阻碍重重，通常并不被看作是一种“真正意义上的权利”①。如果我们恪守严格意义上的法律权利定义，而不是在宽泛的“利益”“资格”等意义上来界定“权利”，那么，相对于已有二百多年传统的公民和政治权利，经社文权利的实现似乎更为艰难。如何使经社文权利走出实施面临的困境，关系到世界人权的发展方向和基本途径，也涉及人权和法学领域的许多基本理论问题，值得认真探讨。本文旨在结合近年来来国际人权领域的新发展，着重论述经社文权利走出困境的种种努力，并希望对于推进中国有关理论和实践的发展有所裨益。

一、困境中的权利

1966年《经济、社会和文化权利国际公约》（以下简称《公约》）充分表达了人类对于有尊严生活的追求，同《世界人权宣言》（以下简称《宣言》）和《公民权利和政治权利国际公约》一起构成“国际人权宪章”，是世界人权史上的一座丰碑。尽管多数国家承认所有人权的整体性和相互依存性，但实际上，经社文权利在法律上还没有得到相当的重视，只是一项“好看的权利”，犹如漂亮橱窗里的奢侈品。

① Manfred Nowak, *Introduction to the International Human Rights Regime*, Leiden: Martinus Nijhoff, 2003, pp.23–24.

经社文权利遭遇的困境，首先是由两张不同的“出生证”造成的。1948 年《宣言》以一个统一文本涵括了当今国际普遍公认的人权的基本内容，为了实施宣言中所载的权利，需要制定具体的公约。这项工作本来应当由一个完整的公约来体现和实施，但是，由于东西方对人权性质的意识形态分歧[①]，联合国大会最终决定把基本人权划分为两类，一类是公民、政治权利，一类是经社文权利，分别由不同的公约来规定。这一决定，实际上是以一些始终未能证实的假设为基础的。那些假设的核心是，认为公民、政治权利与经社文权利是具有不同性质的两类权利，因而需要分别起草不同的条约加以规定。[②]我们知道，自从古代罗马法学家发明权利概念以来，就不断出现许多权利，不同权利之间的差异是客观存在的，公民、政治权利与经社文权利之间在权利内容和特性方面当然也会存在一些差异，那么，究竟是什么样的差异导致其必须通过不同的条约来分别规定而不能“同船共渡”呢？

从当时人们的理解和后来的学术解释来看[③]，人们对两项权利性质区别的假设可以归纳为以下三点。第一，认为公民、政治

---

① 西方国家要求按照欧洲理事会的模式，将《宣言》分为两项不同的条约以来抵制社会主义国家对于人权不可分的观点，以及经济、社会发展比民主、自由更为重要的主张。西方国家认为经济、社会和文化权利只是“纲领性的权利”，不能确立可直接执行的国际义务；而社会主义国家虽然主张人权的相互依赖且不可分割性，但在原则上拒绝任何形式的国际监督。See Manfred Nowak, *Introduction to the International Human Rights Regime*, Leiden: Martinus Nijhoff, 2003.p.24, p.79.

② 卡雷尔·瓦萨克（Karel Vasak）提出的人权三代论，尽管在理论上被人们广泛接受，然而在具体人权的实现过程中，将人权分层别次的做法早已受到学界的批驳。人权的完整性和不可分割性才是当今学界的普遍共识。Manfred Nowak, *Introduction to the International Human Rights Regime*, Leiden: Martinus Nijhoff, 2003.p. 24, p.79. 另参见齐延平:《论普遍人权》，载《法学论坛》2002 年第 17 卷第 3 期，第 5-11 页，第 8 页。

③ 根据吉奥·耶利奈克（Georg Jellinek）的性质理论以及卡雷尔·瓦萨克（Karel Vasak）的人权分代论，各国在公民权利方面只有义务不进行干预，而在经济、社会和文化权利方面则有义务提供积极的服务。只有在人权不可分割和相互依存成为显然的事实时，人们才逐渐地在原则上接受各国有义务尊重、保护和实现人权。[奥]曼弗雷德·诺瓦克:《国际人权制度导论》，柳华文译，孙世彦校，北京大学出版社 2010 年版，第 15-16 页，第 24、46 页。

权利是“绝对的”（absolute），而且是要求“立即”（immediate）实现的；而经社文权利则是程序性的（programmatic），逐步实现的（be realized gradually）。第二，认为公民、政治权利是可诉的（judiciable），即可以诉诸司法，得到法院或者相关司法机关的裁决；而经社文权利则“更具有政治意味”,①不是真正意义上的权利。第三，认为公民、政治权利是“免费”的权利，并不需要消耗很多资源；而经社文权利则是“昂贵”的。②

过去的半个多世纪里，在这些理论假设的基础上，关于两类权利区分的一些“定见”逐渐形成了。斯科特（Craig Scott）绘制的这张表可谓典型：

附表 1 两类权利区别（Craig Scott）③

经济、社会和文化权利	公民权利和政治权利
积极的（Positive）	消极的（Negative）
资源密集型（Resource-Intensive）	免费的（Cost-Free）
逐步实现的（Progressive）	即刻实现的（Immediate）
模糊的（Vague）	精确的（Precise）
无法掌控的复杂（Unmanageably Complex）	可掌握的（Manageable）
具有意识形态性的 / 具政治性的（Ideologically Divisive/Political）	不具意识形态性的 / 非政治性的（Non-Ideological/Non-Political）
不具可诉性（Non-Justiciable）	可诉的（Justiciable）
理想或目标（Aspirations or Goals）	“真正”或“法定”权利（”Real” or “Legal” Rights）

① Manfred Nowak, *Introduction to the International Human Rights Regime*, Leiden: Martinus Nijhoff.2003. p.79.

② See Asbj¢rn Eide et al., *Economic Social and Cultural Rights*: *A textbook*.2nd Rev. Ed.Dordrecht: Martinus Nijhoff.2001.p.10.

③ See Craig Scott, “The Interdependence and Permeability of Human Rights Norm: Towards a Partial Fusion of the International Covenant on Human Rights” , *Osgoode Hall Law Journal*, Vol.27, No.4, 1989.pp.769–878, at p.833.

在这张表里，最要害的或许是最后一项比对，即只有公民、政治权利才是真正的权利或法定权利，经社文权利只能称为“理想或目标”。换言之，经社文权利作为“权利”的特性已经遭到否定，而仅仅是“经社文理想”“经社文目标”。这样的“不合格的”权利会遭遇怎样的对待，便是可想而知的了。

二、走出困境的努力

经社文权利承载着人类对于美好生活平等而正当的期望，并载入了国际人权公约，因此，几乎从经社文权利概念在众多的质疑声中诞生时起，就开始了为摆脱困境而付出的种种努力。经济、社会和文化权利委员会通过一般性意见对《公约》条款的解释和适用进行指导。一些权威性的声明也为国家履行经社文权利义务的要旨和性质作出了进一步解释，比如1986年制定的《关于实施经济、社会和文化权利国际公约的林堡原则》（*The Limburg Principles on the Implementation of the International Covenant on Economic, Social and Cultural Rights*）[①]（以下简称《林堡原则》）和1997年制定的《关于侵犯经济、社会和文化

① 1986年，国际上的权威学者和专家在荷兰马斯特里赫特的林堡大学召开研讨会，制定了《关于实施经济、社会和文化权利国际公约的林堡原则》。该项原则对联合国《经济、社会和文化权利国际公约》下缔约国义务的性质和范围，经济、社会、文化权利委员会对缔约国报告的审议问题，以及联合国《经济、社会和文化权利国际公约》第四部分之下的国际合作问题作了阐释，为理解公约下法律性质的标准提供了全面的构架，并作为解释这些规范的一种重要方法。参见《关于侵犯经济、社会、文化权利行为的马斯特里赫特准则》导言（一）。由于《林堡原则》先于1990年经济、社会和文化权利委员会关于缔约国义务的法律性质的第三号一般性意见而制定，因而它对委员会起草第三号一般性意见的影响颇深。

权利行为的马斯特里赫特准则》[①]（*The Maastricht Guidelines on Violation of Economic, Social and Cultural Rights*）（以下简称《马斯特里赫特准则》），针对经社文权利的实施作了详尽的解释。可以说，近三十年来，人们对经社文权利在理论上的理解已经取得了许多令人瞩目的突破。下面我们择其主要，逐一进行考察评析。

（一）突破义务缺位论

对经社文权利的非难，通常是从义务缺位入手的。按照权利原理，一项权利之所以能够成立，乃是因为有相应的义务承担者，否则，权利就空无所有，如同空气。[②] 国际人权公约所载权利指向的义务承担者主要是国家，对应的首先是国家义务。那么，国家对实施经社文权利究竟承担什么样的义务呢？有这样一种理论，权利自由分为消极和积极的。[③] 如果要保护消极的自由权利，国家承担的是消极不作为的义务，如不干涉自由等；如果要保护积极的自由权利，国家承担的是积极作为的义务，如提供服务等。正是利用这一理论，经社文权利所对应的国家义务被空化了。具

---

① 1997年《关于侵犯经济、社会、文化权利行为的马斯特里赫特准则》是作为《林堡原则》的补充，于1997年在马斯特里赫特制定。该项指导准则讨论了经社文权利的重要意义、缔约国履行义务的形式和评估标准、通过故意和疏忽的行为对权利侵犯的含义、对侵犯所负有的责任、受害者及其被赋予享有有效救济的权利。

② 英国法哲学家约瑟夫·拉兹（Joseph Raz）认为权利与义务具有关联性，权利是义务的基础。[英]约瑟夫·拉兹：《自由的道德》，孙晓林等译，吉林人民出版社2006年版，第172–173页。美国法学家霍菲尔德（Wesley Hohfeld）在《基本法律概念》一文里还细致描述了权利与义务对应的具体情形。Wesley Newcomb Hohfeld, "Some Fundamental Legal Conceptions as Applied in Judicial Reasoning", *Yale Law Journal*, Vol.23, No.1, 1913.pp.16–45, at p.30. 参见夏勇：《中国民权哲学》，生活·读书·新知三联出版社2004年版，第221–222页。

③ 参见[英]以赛亚·伯林：《自由四论》（扩充版），胡传胜译，译林出版社2003年版。

体说来，公民、政治权利被视为消极权利，而经社文权利被视为积极权利，那么，国家对经社文权利承担的义务，就是积极作为的义务。按照这样的理论逻辑，如果国家不具备积极作为的资源、条件或能力，经社文权利不予实施或者只能根据现有条件来“逐步实施”，就是自然而然、情有可原的了。如此一来，便造成了经社文权利的国家义务在现实中的缺位。任何国家都能够以自己不具备积极行为的条件为由，来为自己不承担义务开脱，至少可以规避或淡化义务。[①]

为了推进国际人权的实现，一些睿智的学者从权利与义务概念的深入分析入手，逐步提出了破解难题的理论方案。比如，荷兰学者范·霍夫（Van Hoof）提出了国家负有四个层次的义务，即尊重（respect）、保护（protect）、保证（ensure）和促进（promote）。[②]美国学者路易斯·亨金（Louis Henkin）主张，国际人权宪章要求国家在国内制度中承认（to recognize）、尊重（to respect）和保证（to ensure）人权。[③]美国学者亨利·舒（Henry Shue）认为，每项权利应对应三类义务，即避免剥夺的义务（duties to avoid depriving），保护个人免受剥夺的义务（duties to protect from deprivation），向被剥夺者提供帮助的义务（duties to aid the

① 实践证明，一国之内侵犯人权的状况存在，是由于：（1）该国客观上缺乏必要的资源；（2）该国在主观上缺乏保障人权的意愿。参见徐显明主编：《人权法原理》，中国政法大学出版社 2008 年版，第 321 页。关于资源缺乏一说，请参见下文。

② See Godefridus. J. H. van Hoof, “The Legal Nature of Economic, Social and Cultural Rights: A Rebuttal of Some Traditional Views” , in Philip Alston, and Katarina Tomaševski, *eds.*, *The Right to Food*, Dordrecht, Netherlands: Martinus Nijhoff, 1984, pp.97–110, at p.106.

③ See Louis Henkin, “A Post-Cold War Human Rights Agenda” , *Yale Journal of International Law*, Vol.19, Iss.1, 1994, pp.249–254, at p.250.

deprived)。[①] 挪威学者艾德(Asbj¢rn Eide)则将国家义务分为三个层次，即尊重(respect)、保护(protect)、实现(fulfill)。[②]

艾德先生的国家义务三分论与联合国的条约机构所采用的国家义务分类层次相同。除《公约》第2条第1款规定之下的各种特定义务外，大致将经社文权利的国家义务分为尊重(respect)、保护(protect)和实现(fulfill)的义务。[③]

"尊重"作为国家义务的第一个层面，指的是国家勿以任何方式干涉人们享有权利。这要求缔约国"不实行、推出或容忍任何作法、政策或法律措施，以至侵犯个人的品格或侵犯人们以其认为最适当的方法利用那些能够得到的材料或其他资源满足经济、社会、文化权利的自由"。这要求缔约国做到：首先，要尊重个人所拥有的资源，以及个人独自或与他人共同使用所需资源的必要行为；其次，应当停止限制大众参与，并做出相应的承诺；再次，努力促进或创造有助于经社文权利受益者自助行动的经济、社会、政治条件。人们在此层面的权利，除了不接受任何形式的歧视、自由权利不受国家干预外，还应当享有以下权利：公民设法参与影响法律的权利，组织、集会和结社的权利，在资源和信贷上享有平等待遇的权利，以及与经社文权利有关的服务方面(如受教育、就医等)不受排斥的权利。[④]

---

① See Henry Shue, *Basic Rights: Subsistence, Affluence and U.S. Foreign Policy*, Second Edition, Princeton University Press, 1996, pp.52–53. 他还分别以上述义务三分法分别就人身安全(right to physical security)和生存权(right to subsistence)为例，作了分析。

② See Asbj¢rn Eide *et al.*, *Economic Social and Cultural Rights*: A textbook.2nd Rev. Ed.Dordrecht: Martinus Nijhoff.2001, p.23.

③ 参见经济、社会和文化权利委员会第十二号一般性意见(1999年)，E/C.12/1999/5号文件，第15段。

④ 联合国人权高专办事处：《国家人权机构手册：经济、社会和文化权利》，日内瓦：联合国出版物2004年版，第23页。

“保护”作为国家义务的第二个层面，要求缔约国及其代理采取行动，一方面确保其本身不侵犯任何人的权利，另一方面防止第三方侵犯他人的权利，保护所有人免受任何形式的歧视、骚扰或取消服务，并保障任何侵权行为的受害者获得公正的法律补救。由此可见，人权法已经不再是一个公法范畴的概念，它也包括私人领域，国家有义务确保私人行为者遵守人权，以确保所有人的个人权利得到保护。随着国家责任的理念超越传统范畴的趋势不断发展，对雇主、公司、房东、教师、医生以及任何第三方，因国家怂恿或疏忽而导致对个人权利的侵犯、公民追究责任的情况日益多。①

国家义务的第三个层面是“实现”，这一层面的国家义务涉及广泛，不仅包含了“尊重”和“保护”的意思，还要求缔约国，在涉及诸如公共支出、政府经济条例、提供基本公共服务和基础设施、税收和其他经济再分配措施等领域，以“履行（便利）”（facilitation）和“提供”（direct provision）的方式来实现个人的经社文权利。“履行（便利）”意味着国家采取积极的行动，使经社文权利能够得到充分实现。比如，国家在采取措施保障人们享有适足食物权时，“履行（便利）”可以指“充分利用科技知识、传播营养原则的知识和发展或改革土地制度以使天然资源得到最有效的开发和利用等方法，改进粮食生产、保存及分配方法”。“提

① 联合国人权高专办事处：《国家人权机构手册：经济、社会和文化权利》，日内瓦：联合国出版物2004年版，第26–27页。在关于残疾人的第五号一般性意见中，经济、社会、文化权利委员会吁请缔约国“确保公营部门和私营部门都能在恰当限度内受规章条例的约束，以确保残疾人得到公平待遇……有必要使私人雇主、货物和服务的私人提供者以及其他非公营实体受到与残疾人相关的不歧视和平等准则的约束”。经济、社会和文化权利委员会第五号一般性意见（1994），E/1995/22号文件，第11段。另外，经济、社会和文化权利委员会第十二号一般性意见中，经济、社会、文化权利委员会也指出“保护的义务要求缔约国采取措施，确保企业或个人不得剥夺个人取得足够粮食的机会”。经济、社会和文化权利委员会第十二号一般性意见（1999），E/C.12/1999/5号文件，第15段。

供”则意味着，当个人或群体无法自行获得其权利时，国家应当提供直接或间接服务。比如，以可用的资源来满足最基本的需求，将食物或资源用作食物援助或者社会保障。这层义务的实施，涉及社会公共政策领域，如：政府应当拨出适足的公共支出提供基础设施、水、电、卫生医疗、暖气、排污方面的公共服务；制定实现经社文权利的战略、行动计划、时间进程、预算，制定监测经社文权利状况的指标；从政治和立法方面对经社文权利给予承认；修正一切消极影响经社文权利实现的法律规定和行政指示；优先制定针对性战略，努力兑现弱势群体（老幼病残、灾区和灾害受难者、社会边缘人士）的经社文权利。①

以适足住房权为例，联合国人类居住区规划署（以下简称“联合国人居署”）和联合国人权事务高级专员办事处的一项重要的联合活动之一就是制定联合国住房权方案。为此，联合国人居署分别按国家全面逐步落实适足住房权的义务以及国家可能采取的行动拟定了以下内容（HS/C/17/INF6，附表 2）。② 尽管联合国住房权方案将促进与履行的义务作了区分，但是这并不妨碍我们将促进与履行的义务作为一个整体视为实现的义务，来更好地理解国家义务的三分论。

---

① Asbj¢rn Eide et al. *Economic Social and Cultural Rights: A Textbook*.2nd Rev.Ed., Dordrecht: Martinus Nijhoff, 2001.pp.23–24. 联合国人权高专办事处：《国家人权机构手册：经济、社会和文化权利》，联合国出版物 2004 年版，第 23–24 页，第 27–28 页。

② UN Commission on Human Rights Settlements, *Activities of The United Nations Centre for Human Settlements (Habitat): Progress Report of the Executive Director-Guidelines on Practical Aspects in the Realization of the Human Right to Adequate Housing, Including the Formulation of the United Nations Housing Rights Programme*, 30 March 1999, HS/C/17/INF/6, Table 2: Responsibilities of States for the full and progressive realization of the human right to adequate housing and possible actions at the national and local levels. 另见联合国人权高专办事处：《国家人权机构手册：经济、社会和文化权利》，联合国出版物 2004 年版，第 29 页。

附表 2　国家全面逐步落实适足住房权的义务及可采取的措施

	义务			
可采取的措施	尊重	保护	促进	履行
	防止非法驱逐和强迫迁出	防止侵犯住房权	保障住房占用权	消除、防止和消灭无家可归现象
	防止一切形式的歧视	国内补救和国际法的国内适用	立法审查确认住房权	增加住房公共支出并恰当确定支出对象
	防止任何倒退措施	确保所有群体权利平等	制定标志充分实现的基准	人人都有适足可居住房
	各种基于住房的自由	人人有机会获得承受得起的住房，制定承受力基准	制定国家住房权战略	制定实际住房最低标准
	隐私权和对住宅的尊重	需要特别措施扶持的处境不利群体获得住房的机会	注重脆弱群体的权利	提供一切必要的服务和基础设施
	大众参与住房决策	对住房实行居民民主管理	获得住房信息的机会	大众住房融资和储蓄计划
	尊重住房的文化标志	房租水平和私营住房部门活动的节制	确保承受得起的土地的充足供应	社会住房的建造

按照这样的理论，国家对经社文权利承担的义务是多层次的，这些义务无可逃遁，因为，切实履行其中的一个层次或多个层次的义务，并不一定太昂贵或需要耗费资源，也不需要“慢慢来”。

（二）质疑资源耗费论

经社文权利有效实施的另一个重要障碍源于资源耗费论。[①] 资源耗费论认为，经济、社会和文化权利不同于公民、政治权利

① Asbj¢rn Eide et al., *Economic Social and Cultural Rights: A textbook*.2nd Rev. Ed.Dordrecht: Martinus Nijhoff.2001.p. 26-28.

之处在于，该项权利的实现取决于一国资源的多寡。根据传统的国际法，只有主权国家和一些政府间组织对人权的侵犯行为负有责任。怎样使用一国个人财产以外的资源[①]，以及在资源不足时，采取怎样的解决措施无疑属于一国政府的责任事项。然而，在履行公约规定的义务时，一些缔约国可能以资源限制为由，不能有效履责，这极大影响了该项权利在公约下国家义务的履行状况。

长期以来人们模糊地、臆测性地认为，经社文权利的实现取决于第三个义务层次（实现的义务），同时将公民、政治权利的实施囿于第一个义务层次上（尊重的义务）。仔细分析起来，这样的假设是建立在经社文权利资源耗费论的基础上，而且是经不起推敲的。通过一些司法实践，人们逐渐发现，并非所有的经社文权利是耗用资源的，相应地，也并非所有公民、政治权利是免费的。一些公民、政治权利要求国家履行各个层次上的义务，只要有需要就应提供最为直接的援助。而更多情况下，实现经社文权利的最佳途径仅是使个人自由免受国家干预，或者通过个人自主地调配资源。[②]

关于证明经社文权利的实现未必耗用资源的例子有很多，如兹沃德·弗里斯诉荷兰案（F.H. Zwaan-de Vries v. the Netherlands）[③]和布鲁克斯诉荷兰案（S.W.M.Broeks v. The Netherlands）[④]。尽管《公民权利和政治权利国际公约》第26条在可能立法规定的事项上，并没有要

---

① 相对于个人的私有财产而言。

② Asbj¢rn Eide et al., *Economic Social and Cultural Rights: A textbook*.2nd Rev. Ed.Dordrecht: Martinus Nijhoff.2001.pp. 24–25.

③ *F.H. Zwaan-de Vries v. the Netherlands*, Communication No. 182/1984. 弗里斯案和布鲁克斯案都与荷兰社会保障立法有关。根据荷兰立法，已婚妇女不享有给予未婚妇女和所有已婚/未婚男子的某些失业福利。这一区分通过适用已婚妇女不是“养家糊口者”的法律规定来推定实施。已婚妇女必须提交证明自己是养家糊口者的证据，才能得到失业福利，但这一条件不适用于男子。人权事务委员会认为这违反了《公民权利和政治权利国际公约》第26条（非歧视），并判定这种社会保障立法在男女差别待遇上不合理。

④ *S. W. M. Broeks v. The Netherlands*, Communication No. 172/1984, U.N. Doc. CCPR/C/OP/2 at 196（1990）.

求缔约国履行制定有关社会保障立法的义务，然而，一旦缔约国通过相关立法，该法就必须与《公民权利和政治权利国际公约》第 26 条禁止歧视的原则相一致。虽然该案是以废除歧视性规定的方式提供平等的社会保障，但它雄辩地证明，在一些经济、社会权利实现的过程中，国家所遇到困难的实质未必是资源多少，更多情况下取决于是否能真正做到善意的公正。再如印和波斯卡诉多米尼克共和国案（Dilcia Yean and Violeta Bosica v. Dominican Republic）①，在更多情况下，实现经社文权利的关键不在于资源，而在于改革现行政策。

关于证明公民、政治权利的实现未必资源免费，除了著名的"艾瑞诉爱尔兰案"（Airey v.Ireland）②，"维拉戈兰 · 莫拉尔斯等诉危地马拉案"（Villagran Morales et al.v.Guatemala）③ 等，还可借鉴保护生命权的例证。人权事务委员会于 1982 年第十六届会议通过的第六号一般性意见（第 6 条）指出，"对生命权的解释，常常十分狭隘……缔约国须采取一切可能措施，减少婴儿死亡率和提高预估寿命，特别是采取措施，消灭营养不良和流行病"。④ 幼儿的生命很大程度上依赖于食物的安全、饮水的充足供给以及医疗卫生服务的提供。根据联合国儿童基金会的调查，"每天每 21 分钟有约 29000 名不满 5 岁的孩子由于无可避免的原因死去……

---

① *Dilcia Yean and Violeta Bosica v. Dominican Republic*（*Case 12.189, 2001.*），Inter-American Commission on Human Rights, Reports 28/01. 多米尼加政府因为申诉人的母亲为海外移民，拒绝为申诉人开具出生证明致使申诉人因无多米尼加国籍的合法身份而无法正常入学。法院认为多米尼加政府歧视性地剥夺了申诉人的公民资格，不仅侵害了申诉人的受教育权，还将持续侵害申诉人在《美洲人权公约》第 19 条规定下的其他权利。

② Airey v.Ireland（Application No.6289/73）,European Court of Human Rights,judgement on European Court of Human Rights, 9 October1979, para.26 and Dissenting Opinion of Judge O' Donoghue,A General Observation.

③ Villagran Morales etal.v.Guatemala, also called the case of "Street Children" .Inter-American Court of Human Rights, judgement of 19 November 1999.Joint Concurring Opinion of Judges,para.2.Annex I,p.61.

④ UN.doc.INT_CCPR_GEC_6630_C.para.5.

这些死亡主要发生在发展中国家……营养不良、缺少安全饮用水和卫生设施构成了这些孩子半数死亡的原因”。[①] 在此，国家履行保护婴幼儿生命的法律义务应当包括：落实幼儿取得安全食物的权利，解决安全幼儿食品的生产、加工、分配、销售、消费；在健康、教育和社会安全方面采取平衡措施，鼓励母乳喂养的立法和社会实现，协助母婴在医疗卫生和使用母乳代用品领域获得安全的服务等。[②] 这些措施不仅限于消极的不干预的行动，而是要求国家广泛地采取积极的措施，投入一定的公共资源予以援助和服务。这表明公民、政治权利的实现不仅囿于尊重，还可能包括更加积极的措施，并应用更多的资源。

（三）澄清逐步实现论

《公约》规定“逐渐达到……权利的充分实现”，这里“逐渐”一词本身具有的暧昧、模糊的特点，逐步实现的权利内容经常被误解为只有达到一定的经济水平才能实现，有的国家往往以此为理由，延缓公约义务的履行。事实上这并不是本款正确的法律解释和意图，相反，它要求无论缔约国贫富，都应公平、有效、充分地利用所有可用的资源，以一切适当方法在短期内实现经社文权利。虽然，一些权利的充分实现需要逐步取得，但实现这些目标的步骤必须在《公约》对缔约国生效后短时间内采取。规定“逐步实现”，一方面反映了委员会对国家争取充分实现经社文权利所面临困难的灵活安排，另一方面，“逐步实现”蕴含着对蓄意倒退性措施的禁止。[③]

---

① 联合国儿童基金会：《减少儿童死亡率》，UNICEF: “Reduce the Child Mortality”，http://www.unicef.org/mdg/childmortality.html，访问于 2008 年 6 月 15 日。

② 经济、社会和文化权利委员会第十二号一般性意见（1999），E/1995/22 号文件，第 25 段和第 30 段。

③ 经济、社会和文化权利委员会第三号一般性意见（1990），E/1991/23 号文件，第 9 段。

《林堡原则》强调："16. 所有缔约国都有义务立即着手采取步骤，充分落实《公约》所载各项权利。'逐渐实现'的短语并非指或意味着国家有权无限期推迟确保人们享有《公约》所载权利的努力。这种推迟有悖于国际法。"

针对这一情况，为了提高经社文权利在实现过程中国家义务履行的可评估性和评估的科学性，行为义务和结果义务的区分论就应运而生了。[①]按照这一理论，针对《公约》第2条规定所作的解释，说明了缔约国承担一般法律义务的性质和内容：缔约国应"尽其资源能力之所及"（to the maximum of its available resources），以"一切适当方法"，实现公约所承认的一切权利。

1. "一切适当方法"

"一切适当方法"表明缔约国为实施公约所承认的权利而采取的行动应符合国情；另外，也表明委员会对每个缔约国"决定如何最合理地使用资源，制定国策，并决定对一些资源需求优先满足"[②]之"考量幅度/决策空间"（margin of appreciation）的尊重。对于"适当方法"的理解，委员会认为选择适当的方策是国家的职责。缔约国所采取的适当措施必须包括立法措施，[③]并且不仅限于司法、行政、政策、经济、社会和教育等其他必要步骤，[④]还应

---

① 《经济、社会和文化权利国际公约》第2条第1款。

② Committee on Economic, Social and Cultural Rights, "An Evaluation of the Obligation to take Steps to the 'Maximum of Avalable Resources' under An Optional Protocol to The Covenent", E/C.12/2007/1, para.12.

③ 根据《经济、社会和文化权利国际公约》第2条第1款，立法措施是必不可少的，特别当现行法律与《经济、社会和文化权利国际公约》下缔约国的义务抵触时，第2条第1款要求采取立法行动。参见《林堡原则》第18条。

④ 《经济、社会和文化权利国际公约》第2条第1款反映的主要结果义务是采取步骤。参见经济、社会和文化权利委员会第三号一般性意见（1990），E/1991/23号文件，第7段和第9段。仅凭法律是无法确保所有人享有经济、社会和文化权利，政府应当制定行政、司法、政策、经济、社会和教育措施以及其他一切必要步骤。参见《林堡原则》第17条。

包括“为国家的司法制度下司法范围内的权利提供司法补救”。[①]

2. “尽其资源能力之所及”(to the maximum of its available resources)

怎样理解“资源”？[②]1994 年《人权季刊》(*Human Rights Quarterly*）中一篇关于讨论衡量缔约国“尽其资源能力之所及”实现经社文权利的文章认为“资源”可分人力资源、技术资源、信息资源、自然资源、财务资源。[③]继而，什么是可用于实现经社文权利的资源？这里，国家的可用资源当然不是指国民生产总值，回答这样一个问题显然不宜用列举的方式，但是至少可以这样理解：一是这些可用的资源不仅限于国内的，也是国际上的；二是可用的资源不仅指预算经费，也包括技术支持、国际合作及其他因素。[④]也就是说，一国的贫富并不能代表该国可用资源的多少。笼统讲，公权力与资源相结合，决定了经社文权利的可用资源。这样的结合，除上述那些司空见惯、我们易于想到的部分外，一方面体现在私有资源在国内社会中的分配方式，另一方面体现在国家在国际事务上的决策。

---

① 经济、社会和文化权利委员会第三号一般性意见（1990），E/1991/23 号文件，第 5 段。例如，经社文委员会注意到“不受歧视地享有公约所承认的权利可通过司法或其他有效的补救方式得到适当的促进”。另参见《林堡原则》第 19 条。

② 艾德先生早先提出了这个问题，并作出论述。下文关于此问题的主要观点请参见 Asbj¢rn Eide *et al*., *Economic Social and Cultural Rights*: *A textbook*.2nd Rev. Ed.Dordrecht: Martinus Nijhoff.2001.p.27.

③ Robert E. Robertson, “Measuring State Compliance with the Obligation to Devote the ‘Maximum Available Resources’ to Realizing Economic, Social and Cultural Rights” , *Human Rights Quarterly*, vol. 16, No.4, 1994.pp.693−741, at p.697.

④ Philip Alston, Quinn Gerard, “ ‘The Nature and Scope of States Parties’ Obligation under the International Covenant on Economic, Social and Cultural Rights” , *Human Rights Quarterly*, Vol.9, No.2, 1987.pp.156−229, at p.179.Committee on Economic, Social and Cultural Rights, “An Evaluation of the Obligation to take Steps to the ‘Maximum of Avalable Resources’ under An Optional Protocol to The Covenent” , E/C.12/2007/1, para.5.

对于前者，多数情况下，资源不济的实质不在于相对于私有资源政府掌握资源的多少，而在于政府对国家资源怎样分配。当已经形成的分配相对均衡时，可更多地由人民自治；当分配极度不均时，便要求通过政府重新分配。诺贝尔经济学奖获得者阿玛蒂亚·森（Amartya Sen）也提出过相似的观点，认为造成饥荒的原因并不是食物短缺或者食品生产不足，而是在国内、国际或区域内未能形成将权利、财产、获得物资的服务规制成为保证满足人们基本食物需要的"赋权系统"（entitlements system）。[①] 对此，艾德先生也作了精辟的阐述：当人们的收入和机会相对均等、公平时，个人更容易满足自我需求，对国家公共开支（public expenditure）的需求相对较少；反之，倘若为了实现平等的经社文权利和获得平等的机会，国家便应通过税收和国库收入等增加公共开支。这看似矛盾，然而事实却往往是平等主义社会似乎比那些非平等的社会更乐于接受将税收用于公共支出的做法。在一个社会体系中，要改善人们贫困的境况，最佳策略是确保这些人能够通过社会机制"自给自足"。然而公平分配的改革措施往往会遭到社会权贵的奋力阻拦。在过去，公平分配往往是通过土地改革或是重新分配生产资料等方式来实现的。在农业不再作为主导的工业时代和后工业化时代，便要求国家为那些即将处于社会边缘的人们提供平等机会，增其收入。并确保那些无法自立的人获得社会保障，使得他们能够自顾生活。[②]

对于后者，政府一方面有责任为保障经社文权利的实现寻求国际援助和合作，另一方面，也应反思其国际战略正确与否。经政府决策，相当一部分本可用于造福于民的资源无可避免地被投

---

① See Amartya Sen, *Poverty and Famines: An Essay on Entitlement and Deprivation*, Oxford: Oxford University Press, 1982.

② Asbj¢rn Eide et al., *Economic Social and Cultural Rights: A textbook*.2nd Rev. Ed.Dordrecht: Martinus Nijhoff.2001.p. 26.

入于其他事项上。[①]

3. 即时执行的禁止歧视原则

值得一提的是，尽管某些权利因其性质会影响“逐渐达到权利的充分实现”的规则，但仍有许多义务必须立即执行，这尤其适用于非歧视条款。委员会宣布这项义务即时、全面地履行，[②]不取决于资源多少。缔约国在采取步骤和措施的时候，缔约国要根据《公约》第2条第2款，遵守“不得有任何区分”的禁止歧视和平等原则，不仅要消除形式上（formal）和实质上（substantive）的歧视，而且任何直接（direct）和间接（indirect）形式的区别对待都应被视为歧视。[③]对此，委员会特别鼓励各国通过具体立法来禁止歧视的一切行为，定期审查和修正允许歧视行为的法律，并为私人和公共各方规定责任。缔约国应设立负责处理歧视问题申诉的机构，包括法院、法庭、行政机关、国家人权机构和/或监察员。在只有政府当局或其他机构掌握全部或部分有关事实和事件的情况下，确保由政府当局或其他机构承担举证责任。这些机构应当被授权提供有效补救办法，如赔偿、补偿、康复、不再发生的承诺和公开道歉。缔约国应确保每个人均不受任何歧视地获得这些机构和机制的服务，使得这些措施得到切实执行。[④]

---

① Asbj¢rn Eide et al., *Economic Social and Cultural Rights: A textbook*.2nd Rev. Ed.Dordrecht: Martinus Nijhoff.2001.pp. 27–28.

② 2009年经济、社会和权利委员会第二十号一般性建议，E/C.12/GC/20号文件，第7节。另见《林堡原则》第22条。

③ 经济、社会和权利委员会第二十号一般性建议（2009），E/C.12/GC/20号文件，第8、10节，第15–35节。该项建议还列举了多种禁止歧视的理由，如种族、肤色、性别、语言、宗教、政治或其他见解、国籍或社会出身、财产、出生或其他身份、残疾、年龄、婚姻和家庭状况、性取向和性别认同、健康状况、居住地点、经济和社会状况等。

④ 经济、社会和权利委员会第二十号一般性建议（2009），E/C.12/GC/20号文件，第37、40节。

4. 评估的限度和原则

相对于“行为义务”（obligation of conduct），国际法委员会（the International Law Commission）更加强调缔约国的“结果义务”（obligation of result）。[①]《公约》第 2 条第 1 款要求缔约国采取措施或经由国际援助和合作“最大限度地利用资源”以便“逐渐达到权利的充分实现”。所谓的“逐渐达到权利的充分实现”并不是没有限制的，决不能解释为国家有权无限期地延缓充分落实权利的努力。相反，这项义务要求缔约国尽可能立刻采取行动，争取迅速落实相关权利，履行其根据《公约》应负的义务。[②]

原则上讲，缔约国任何措施的出台，必须考虑《公约》所承认权利的完整性，并充分利用一切可用的资源，经慎重考虑并予以充分证明。[③] 将“资源的可用性”（availability of resources）饰以“采取步骤”（take steps），并不能改变义务的即刻性，也不能仅以资源限制为无作为开脱。逐步实现的义务不以资源是否增加而转移，它更加致力于要求有效利用现有资源，或者开发社会资源。“即使可用的资源已被证实不足，缔约国也有责任在占主导的环境条件下尽最大可能保证经社文权利。即便有严重的资源限制，缔约国也必须采用相关的低成本指标计划来保护多数弱势群体和被边缘化的人们。”[④]

对缔约国最低核心义务的规定，为正确理解“逐步实现”论

---

① International Law Commission: *Yearbook of the International Law Commission 1977*, Volume II, Part One, Documents of the twenty-ninth session（excluding the report of the Commission to the General Assembly）, p.8. 此外，经济、社会和文化权利委员会也认为《经济、社会和文化权利国际公约》第 2 条第 1 款反映的主要结果义务是采取步骤。

② 《林堡原则》第 21 条。

③ 经济、社会和文化权利委员会第三号一般性意见（1990），E/1991/23 号文件，第 9 段。

④ Committee on Economic, Social and Cultural Rights, “An Evaluation of the Obligation to take Steps to the ‘Maximum of Avalable Resources’ under An Optional Protocol to The Covenent”, E/C.12/2007/1.para.4.

提供了更为准确、相近的标准。根据公约的第 2 条第 1 款，以及委员会在第三号一般性评论中的第 10 段所示："如果不把《公约》看作是确定了此种最起码的核心义务，就等于使其基础失去了存在的理由……缔约国如要将未履行最低核心义务归因于缺乏资源，它就必须表明已经尽了一切努力利用可得的一切资源作为优先事项履行最起码的义务。"[①] 断定怎样的行为或不作为构成对该项权利的侵犯时，区分缔约国"不能"或"不愿"履行义务十分重要。倘若缔约国主张由于资源限制而导致履约失败，该国有责任证明其已将最低义务作为优先事项予以考虑，并已穷尽可支配的所有资源，包括寻求国际援助和合作，且未获成功。[②]

对此，经社文委员会在评估缔约国是否用尽所有可用资源，以及所采取的措施是否合理地将《公约》规定下的所有权利审慎地纳入考虑时，会考察如下因素：

（1）有关实现经济、社会、文化权利的措施的审慎、具体和针对性的程度；

（2）缔约国是否以非歧视的、非专断的方式行使自由裁量权；

（3）缔约国的分配（或不分配）可利用的资源的决定是否符合国际人权标准；

（4）当存在数个政策选择时，缔约国是否选择了对《公约》权利限制最小的政策；

（5）所采取步骤的时限；

---

① 经济、社会和文化权利委员会第十二号一般性意见（1999 年），E/C.12/1999/5 号文件，第 17 段。

② See Asbj¢rn Eide et al., *Economic Social and Cultural Rights: A textbook*.2nd Rev. Ed.Dordrecht: Martinus Nijhoff.2001.pp. 26–27. 经济、社会和文化权利委员会第三号一般性意见（1990），E/1991/23 号文件，第 10 段。

（6）采取步骤时，是否考虑弱势和边缘化的个人或群体岌岌可危的情况，这些步骤是否是非歧视的，以及是否优先处理严重的情况和危机。[①]

对于缔约国是否可以以资源限制作为实施倒退性措施的理由，委员会将基于以下客观标准作出评定：

（1）国家的发展水平；

（2）所称违约的严重性，特别是有关《公约》最低核心内容的实现情况；

（3）国家当前的经济状况，特别是国家是否正在经历一段时期的经济衰退；

（4）其他有关缔约国有限资源的重要声明的真实性，如由于近期的自然灾害，或者近期国内或国际上的武装冲突；

（5）缔约国是否已做出与低成本相关的选择；

（6）缔约国是否已经寻求合作和支持，或者是否无充分理由而拒绝以实施《公约》规定为目的的国际社会的资源供应。[②]

（四）挑战不可诉论

在讨论可诉性问题之前，首先要澄清一个基本问题，即经社文权利的法律效力与法律适用。在经社文权利可诉性问题上，很

① Committee on Economic, Social and Cultural Rights, "An Evaluation of the Obligation to take Steps to the 'Maximum of Avalable Resources' under An Optional Protocol to The Covenent", E/C.12/2007/1.paras.8–9. 第 8 段中译文转引自李万熙、余秀燕译：《〈经济、社会和文化权利国际公约〉及其实施：国际标准》，载柳华文主编：《经济、社会和文化权利可诉性研究》，中国社会科学出版社 2008 年版，第 19–40 页，第 27 页。

② Committee on Economic, Social and Cultural Rights, "An Evaluation of the Obligation to take Steps to the 'Maximum of Avalable Resources' under An Optional Protocol to The Covenent", E/C.12/2007/1.para.10.

多人往往将其法律效力和适用性混为一谈。前者是指条约一旦符合国际法和国内法条约缔结程序所规定的条件，在国内对缔约国就产生法律效力。条约对某国具有法律效力的结果是该国有义务遵守该条约，在国际和国内履行条约义务，这是个国际法问题。[①]而适用性的问题是国内法上的宪法性问题，指对该国已经产生效力的条约如何在国内履行。经社文权利是国际人权宪章规范内容中重要的组成部分。这些条约旨在消除歧视和保护人权，并因其为缔约国创设的法定义务而具有法律效力。在一些国家，经社文权利条约还被纳入国内法，使得该项权利在国内具有正式的法律效力。因而，阻碍经社文权利获得真正法律地位的原因并不是法律性质的有效性，而是其适用性。[②]

对两项权利的不同定性，如上文所述的积极性和消极性、逐步实现和即刻实现、耗用资源和无需资源等，都被用来证明经社文权利的救济不能援用法律，不可被司法适用。对耗用资源的权利作出裁决并要求予以救济的举措，将会使法院僭越司法独立的角色，涉足关乎民生、资源分配的公共政策领域中，[③]因此，经社文权利常常被看作是没有司法可诉性的权利。[④]一些人还根据《公约》中的义务条款，由其“政治”特征得出将经社文权利归为行为义务，而非结果义务。但是，越来越多的学者和专家认为上述

① 参见白桂梅:《国际法》，北京大学出版社 2006 年版，第 76-77 页。

② 马丁·谢宁:《作为法定权利的经济和社会权利》，载 A. 艾德、C. 克洛斯、A. 罗萨斯主编:《经济、社会和文化权利教程（修订第二版）》，四川人民出版社 2004 年版，第 25 页。

③ Craig Scott, Patrick Macklem, “Constitutional Ropes of Sand or Justifiable Guarantees? Social Rights in a New South Africa Constitution” , *University of Pennsylvania Law Review*, Vo1.141, No.1, 1992.pp.1-148, at p.35.

④ Manfred Nowak, *Introduction to the International Human Rights Regime*, Leiden: Martinus Nijhoff.2003. p.173.

主张是缺乏根据的。[①]

可以说，近年来，挑战不可诉论的理论和实践蓬勃发展，构成了一道推进经社文权利实施的亮丽风景线。

对于《公约》在缔约国国内法院的适用性问题，经济、社会和文化权利委员会曾表示过极大关注，在委员会第三号和第九号一般性意见中充分阐释了希望缔约国法院直接适用《公约》的原则和立场[②]。在第三号一般性意见中，经济、社会和文化权利委员会表示，“除了立法之外，为根据国家法律制度可加以审理的权利提供司法补救可被视为属于适当的措施”[③]。《公约》的若干条款能够由国家法律体系的司法和机构立即适用，包括：不歧视（第2条第2款）、男女权利平等（第3条）、公平的工资（第7条（a）款（i）项）、工会（第8条）、保护儿童和少年免受经济和社会剥削（第10条第3款）、免费和义务性的初等教育（第13条第2款（a）项）、宗教和私立学校（第13条第3和第4款）和进行科学研究及创造性活动的自由（第15条第3款）。[④]

此外，委员会在第九号一般性意见第3段中解释：

---

① 马丁·谢宁：《作为法定权利的经济和社会权利》，载载 A. 艾德、C. 克洛斯、A. 罗萨斯主编：《经济、社会和文化权利教程（修订第二版）》，四川人民出版社 2004 年版，第 26 页。

② 经济、社会和文化权利委员会第三号一般性意见（1990），E/1991/23 号文件，第 5–6 段。经济、社会和文化权利委员会第九号一般性意见（1998），E/1999/22 号文件，第 8 段。

③ 经济、社会和文化权利委员会第三号一般性意见（1990），E/1991/23 号文件，第 5 段。

④ 经济、社会和文化权利委员会第三号一般性意见（1990），E/1991/23 号文件，第 5 段。经济、社会和文化权利委员会第九号一般性意见（1998），E/1999/22 号文件，第 10 段。《林堡原则》第 22 条。《林堡原则》也有相似的表示：“8. 虽然充分落实《公约》确认的权利的工作须逐步加以实现，但可使某些权利的适用立即由法院裁判，而另一些权利则可以逐步成为可由法院裁判的权利。”“The Limburg Principles on the Implementation of the International Covenant on Economic, Social and Cultural Rights”，Undoc. E/CN.4/1987/17.Annex. 另见 *Human Rights Quarterley*, Vol.9，1987, pp.122–135, at p.124.

在国内适用《公约》的问题上，必须考虑两项国际法原则。第一项是《维也纳条约法公约》第 27 条所载的原则，“［A］一当事方不得援引其国内法规定为理由而不履行条约”。换言之，国家应对国内法律秩序进行必要的修订，以履行他们的条约义务。第二项原则反映在《世界人权宣言》第 8 条中，根据这项原则，“任何人当宪法或法律所赋予他的基本权利遭受侵害时，有权由合格的国家法院对这种侵害行为作有效的补救”。

这说明倘若一国不提供司法补救，并不意味着该项权利具有不可审理的性质。经社文权利性质的本身并不能成为其不可诉的依据，造成其不可诉论断的原因主要是裁决机构缺乏能力和意愿，对涉及该项权利的要求采取不受理、不审查和不判决。[①] 在实践中，从国内层面到国际层面，证明经社文权利可诉性的判例不胜枚举：

1. 国内法中经社文权利的可诉性

在司法实践中，国内方面是通过一些法院创新性的判决，证明那些被拒绝得到经社文权利服务的人，可以通过司法正义获得应有的权利。其中著名的判例有，南非宪法法院审理的苏布拉姆尼案（Soobramoney v.Minister of Health）[②]、格鲁特布姆案

---

① 联合国人权高专办事处：《国家人权机构手册：经济、社会和文化权利》，联合国人权高专出版物 2004 年版，HR/P/PT/12 号文件，第 34 页。

② *Soobramoney v.Minister of Health*（KwaZulu-Natal）(〔1997〕ZACC 17）.1996 年南非宪法生效后第一个有影响的经社文权利案件。Soobramoney 是一位患有慢性肾衰竭的失业者，在无力支付高昂治疗费的情况下，他向国立医院寻求治疗，但因为国内政策而被拒绝。有关肾透析的政策支持病人进行肾脏移植，但 Soobramoney 因患有心脏病不符合接受移植的条件。根据宪法 27 条有关获得紧急医疗权的规定和第 11 条生命权的规定，身患绝症的患者有权获得延长生命的治疗。但宪法法院拒绝了 Soobramoney 的请求，根据宪法法院的解释，第 27 条中的治疗是指防止突然灾害和禁止实践造成损害，而生命权的对国家义务的要求也不包括积极的义务。

(Government of Republic of South Africa and Others v. Grootboom)[①]、治疗行动运动案(Minister of Health and Others v. Treatment Action Campaign and Others)[②]。再如，芬兰最高行政法院1998年关于住房权的判例[③]、1997年关于获得社会援助的判例[④]、2000年有关健康和医疗服务的判例[⑤]等。这些判例转换了在社会不平等情况下的社会关系，为处于社会边缘的人们寻求公平和正义开辟了路径。同时，这些判例不仅证明了经社文权利的可诉性，它们还为人权法研究的一个新领域的创生推波助澜，这一领域即"转换法学"(transformative law)。[⑥]在美国，各种经社文权利可以散见于宪法、

---

① *Government of Republic of South Africa and Others v. Grootboom* (2000 (11) BCLR 1169 (CC))。法院判定政府违反了尊重住房权的义务，但对于Grootboom等提出的住房权的保障应遵守《公约》"最低核心义务"的观点，却未予认定。法院认为由于难以确定住房权的最低核心义务，所以国家不能够根据请求直接提供住房。南非法院虽然否认了个人拥有住房的请求权，但同时确认了合理住房政策的请求权，并以住房政策应当考虑到弱势群体的需要为由，宣布南非政府的行为违反宪法。

② *Minister of Health and Others v. Treatment Action Campaign and Others*, (TAC) (2002) 5 SA 721 (CC).南非政府为了防止艾滋病传播制定了一项政策，旨在通过使用反逆转录酶病毒药物——奈韦拉平防止母婴艾滋病毒传染。但根据该政策，只有少数试点10%的婴儿才能够从中获益。于是治疗运动组织联合医生和儿童权利组织向法院起诉反对此项政策，认为限制公共医疗机构提供奈韦拉平侵犯了人人有权获得医疗服务和儿童获得基本卫生保健服务的权利。南非宪法法院确认了这种限制政策的不合理性，裁判取消对奈韦拉平使用的限制。

③ Supreme Administrative Court, 2 September 1998,No.1701. See Martin Scheinin, "Protection of the Right to Housing in Finland" , in Scott Leckieed, National Perspective on Housing Rights, Hugue :Kluwer Law International,2003,p.248.

④ Administrative Court of Central Finland,26 March 1997,No.227.See Economic and Social Council,Fifth Periodic Reports Submitted by State Parties under Articles 16 and 17 of The Covenant,Substantive Session of 2006,E/C.12/FIN/5,8 February, 2006,p.9.

⑤ Supreme Administrative Court, 27 November 2000,No.3118. See Martin Scheinin, "Protection of the Right to Housing in Finland" , in Scott Leckieed, National Perspective on Housing Rights, Hague :Kluwer Law International,2003,p.246.

⑥ 李万熙:《〈经济、社会和文化权利国际公约〉及其实施：国际标准》，余秀燕译，载柳华文主编:《经济、社会和文化权利可诉性研究》，中国社会科学出版社2008年版，第24页。

联邦立法以及州宪法、制定法的规定中，并且其刑事、民事和行政诉讼程序都能够为经社文权利提供司法救济。

2. 区域性人权法中经社文权利的可诉性

区域范围内，如欧洲人权法院（European Court of Human Rights, ECHR）也有不少鼓舞人心的创举。[①] 经社文权利的可诉性除了通过《欧洲保护人权与基本自由公约》（以下简称《欧洲人权公约》）第 14 条的非歧视条款得到体现[②]外，《欧洲人权公约》第 6 条有关程序性保障的案例也可证明经社文权利的可诉性。在艾尔瑞诉爱尔兰一案（Airey v Ireland）[③]中，《欧洲人权公约》第 6 条第 1 款规定在“确定其公民权利和义务时”任何人有权在依法成立的无偏倚的法庭上被公正且公开地审判。由于对“公正审判”的解释无从统一，且它与公民权利相关，所以，当公民权利被解释为与经济、社会服务之下的福利、权利相关时，经社权利便应当受到程序上的保护。[④] 当相关社会福利和保障的归属被解释为第 6 条第 1 款的“公民权利”的范畴下时，它便是一项真正的公民权利，并应有一切必要的保障措施。

---

① 下文关于欧洲人权法院通过《欧洲人权公约》第 6 条来保护经社文权利的变革主要参考马丁 · 谢宁:《作为法定权利的经济和社会权利》, 载 A. 艾德、C. 克洛斯、A. 罗萨斯主编:《经济、社会和文化权利教程（修订第二版）》, 四川人民出版社 2004 年版, 第 30–33 页。

② *Gaygusuz v. Austria*, Reports of Judgments and Decisions 1996–IV, No. 14.

③ *Airey v. Ireland*, judgment of 9 October 1979, Publications of the European Court of Human Rights, Series A, No.32. 由于政府拒不给予申请人月残疾津贴，此争议的国内诉讼已经持续 6 年。此项福利旨在实施《意大利宪法》第 38 条（社会帮助），“不适合工作和没有基本生活资金的所有公民应享有生计和福利的权利”，这项福利源于法律，而不是雇佣合同。津贴不取决于税款支付。欧洲人权法院判决第 6 条第 1 款适用于社会保险领域。

④ 马丁 · 谢宁:《作为法定权利的经济和社会权利》, 载 Asbj¢rn Eide 等主编:《经济、社会和文化权利教程（修订第二版）》, 中国人权研究会组织翻译, 四川人民出版社 2004 年版, 第 30 页。

此外，欧洲人权法院依据第6条第1款裁定经社文权利时，经历了两个重要的转变。最初，通过菲尔德布鲁格诉荷兰案（Feldbrugge v. the Netherlands）[①] 和多伊梅兰德诉德国案（Deumeland v. Germany）[②]，欧洲人权法院首次将经济、社会权利的保护的范围扩大到社会福利。这里的社会福利是一项公民权利，以私法特征为主，兼具公法性质。[③] 尔后，通过塞莱西诉意大利案（Salesi v. Italy）[④] 和舒勒－兹格拉根诉瑞士案（Schuler-Zgraggen v. Switzerland）[⑤]，欧洲人权法院又将经社权利保护的范围，由先前的

---

① *Feldbrugge v. the Netherlands*, judgment of 29 May 1986, Publications of the European Court of Human Rights, Series a, No.99. 申请人被拒绝给予健康保险津贴，因为一审判决没有允许申请人适当参与，由于上诉条件的限制，申请人没有机会运用符合第6条第1款所要求的程序。欧洲人权法院必须就该案是否应按照“公民权利”处理表明态度。根据荷兰立法，此项权利属于公法权利，但根据《公约》的自动解释原则，这一分类不是决定性的。法院认为此案申诉人所主张的权利是以私法性质为主，争议与公民权利有关，因而适用于第6条第1款。

② *Deumeland v. Germany*, judgment of 29 May 1986, Publications of the European Court of Human Rights, Series a, No.100. *Deumeland* 夫人获得工业事故强制保险中寡妇养老金的权利诉讼在国内持续了近11年。欧洲委员会和人权法院针对此案，必须断定该项争议是否属于第6条第1款，关于“在合理时间内”获得公正审判问题的范畴。法院通过分析此项权利的私法和公法的性质，断定私法性质占主导地位，并认为第6条第1款适用此案。

③ 马丁·谢宁：《作为法定权利的经济和社会权利》，载 Asbj¢rn Eide 等主编：《经济、社会和文化权利教程（修订第二版）》，中国人权研究会组织译，四川人民出版社2004年版，第30页。

④ *Salesi v. Italy*, judgment of 26 February 1993, Publications of the European Court of Human Rights, Series A, No.257-E. 政府拒不给予申请人残疾津贴，涉及社会救济而非社会保险。决定申请人残疾津贴的行政当局没有行使自由裁量权，因而欧洲人权法院裁定当局政府违反了《欧洲人权公约》第6条第1款。而 Salesi 女士主张这是一项经济权利，源自于宪法下有效的具体法规。

⑤ *Schuler-Zgraggen v. Switzerland*, judgment of 24 June 1993, Publications of the European Court of Human Rights, Series A, No.263. Schuler-Zgraggen 女士主张这是一项经济权利，它源于联邦法律规定。基于 Schuler-Zgraggen 女士作为有子女的已婚妇女，即使没有健康问题，也不会再工作的假设，政府拒绝给予法定残疾养老金。欧洲人权法院判定缔约国违反了第14条和第6条第1款。

以私法特征为主导的社会福利扩大到了具有公法性质的法定的社会保障和福利。无论社会保障或津贴是否有私法关系，都被视为由公法保障的权利，其分配要符合公正审判的标准。根据上述欧洲人权法院的判决，当社会保障和福利服务被视为个人的经济权利时，受《欧洲人权公约》第 6 条保护的个人权利中的经济和社会权利，源于国际条约、国内宪法、法律和合同等因素，以及决定分配福利保障的程序和细节，将共同构成规范。①

倘若社会保障和社会救济可以作为法定权利予以保护和救济，那么经社文权利受《欧洲人权公约》保护的范围可以更加广泛。欧洲人权法院的判例也证明了这点。通过斯堡隆及隆如斯诉瑞典案（Sporrong & Lönnroth v. Sweden）② 和詹姆斯等诉英国案（James and others v. UK）③ 证明了财产权的可诉性；通过耶德森等诉丹麦案（Kjeldsen, Busk Madsen and Pedersen v.

---

① 马丁·谢宁：《作为法定权利的经济和社会权利》，载［挪］Asbjørn Eide 等主编：《经济、社会和文化权利教程（修订第二版）》，中国人权研究会译，四川人民出版社 2004 年版，第 32–33 页。

② *Sporrong & Lönnroth v.* Sweden, judgment of 23 September 1982, Publications of the European Court of Human Rights, Series A, No. 52. 本案涉及瑞典 1917 年和 1972 年的征用法案——涉及征用许可，以及 1947 年的建筑法案——涉及禁止建筑。人权法院裁定缔约国违反了第 6 条第 1 款和《欧洲人权公约第一议定书》第 1 条。

③ *James and others v. UK*, judgment of 21 February 1986, Publications of the European Court of Human Rights, Series A, No. 98. 伦敦贝尔格莱维亚区曾是伦敦市郊的农场和威斯敏斯特家族及其受托人拥有的大庄园，内有 2000 幢房子。房子由承租人居住，合同租期很长，承租人享有广泛的权利，并承担广泛的义务。在合同期满（如满 99 年）时，房东接受财产而无需对承租人补偿。人们普遍认为此项制度对承租人不公平，1967 年《租赁改革法》颁布和新法颁布后，法律赋予长期承租者在某些特定条件下获得房产的权利。1979 年—1983 年，贝尔格莱维亚区约有 80 名承租人行使了此权利。这导致了威斯敏斯特家族及其受托人 250 万英镑的损失。申诉者称这违反了《欧洲人权公约第一议定书》第 1 条。欧洲人权委员会认为新法没有违反有关公约，因为消除社会不公是民主立法机构的职责。

Denmark)[①] 和比利时语案(Belgian Linguistics v. Belgium)[②] 展示了教育权的可诉性。

尽管欧洲人权法院的有关保护经社文权利的判例都是通过公民、政治权利的司法机制进行审理的，[③] 这种情形不但不能说明经社文权利不可诉的性质，相反它表明了：一方面，个人权利的不可分割性；另一方面，经社文权利的国际条约在国内适用方面可能走得更远。

在欧洲，非常值得一提的是《欧洲社会宪章》(European Social Charter)下的权利申诉制度。20 世纪 80 年代以来，欧洲理事会为了推动经社文权利的实现进行了一系列改革。在此之前，欧洲理事会对成员国遵守《欧洲社会宪章》情况的监督仅限于国家报告制度，但该项制度并没有在实质上起到作用，很多欧洲国家在人权保护方面奉行双重标准。为了改善这种状况，欧洲社会权利委员会于 1988 年通过了《附加议定书》(Additional Protocol, 1988)，并于 1996 年修订了《欧洲社会宪章》。修订后的宪章包

---

① *Kjeldsen, Busk Madsen and Pedersen v. Denmark*, judgment of 7 December 1976, Publications of the European Court of Human Rights, Series A, No. 23. 申诉者认为丹麦国立学校引进综合和义务性教育与父母基督教信仰相冲突，并称义务性教育将构成对《欧洲人权公约第一议定书》第 2 条的一项违反。欧洲人权法院认为《欧洲人权公约第一议定书》第 2 条适用于所有国家的教育。在该条款下，缔约国有义务在整个国家的教育计划中尊重父母的宗教信仰。

② *Belgian Linguistics v. Belgium*, judgment of 23 July 1968, Series A, No. 6。申诉者所居住的荷兰语区不具备充足的法语教育立法，并且政府限制该区域机构遵守立法中有关语言学的立法规定，拒绝批准由这些机构颁发的证书。居住于该区域的孩子们不允许参加法语课程，但又不得不在当地学校就读。申诉者称比利时语言立法构成了对《欧洲人权公约》第 8 条(家庭生活)、第 14 条(非歧视)、《欧洲人权公约第一议定书》第 2 条(教育权)的违反。欧洲人权法院最终判定此案构成对《欧洲人权公约》第 14 条的违反。

③ 一些北欧国家逐渐形成一种趋势，即把社会保障、健康、教育、福利和社会服务作为一项个人权利来保护。参见马丁·谢宁：《作为法定权利的经济和社会权利》，载 A. 艾德、C. 克洛斯、A. 罗萨斯主编：《经济、社会和文化权利教程(修订第二版)》，四川人民出版社 2004 年版，第 42 页。

含19项权利和原则。

《欧洲社会宪章》的独特之处之一在于它允许缔约国自行决定本国受哪些权利条款的约束。1961年《欧洲社会宪章》要求，每个缔约国至少受第1条、第5条、第6条、第12条、第13条、第16条和第19条中任意5项条款的约束。此外，1961年《欧洲社会宪章》的缔约国还必须同时受到不少于10项条款或45项子条款的约束。1996年修订的《欧洲社会宪章》要求，每个缔约国至少受第1条、第5条、第6条、第7条、第12条、第13条、第16条、第19条和第20条中的任意6项条款的约束。此外，缔约国还必须同时受到不少于16项条款或63项子条款的约束。

现行《欧洲社会宪章》的体系下，有两个主要的制度：一是国家报告制度（National Reporting System）；二是集体申诉程序（Collective Complaints Procedure）。[①] 在国家报告制度下，《欧洲社会宪章》的缔约国每年要提交报告说明，该国政府是采取怎样的措施来执行宪章规定的。宪章的条款被分为四个专题组，[②] 缔约国每年就一个专题组所管辖条款的执行情况进行报告。每四年为一个周期，缔约国将完成宪章规定下所有与之相关条款的报告。集体申诉程序是《欧洲社会宪章》体系下最重要的改革成果。1995年通过的《关于建立集体申诉制度的欧洲社会宪章附加议定书》（Additional Protocol to the European Social Charter Providing for a System of Collective Complaints/Additional Protocol Providing for a Collective Complaints System）[③] 创设了申诉制度。迄今为止，委员会已经受理了超过100起申诉。

---

① 1999年欧洲社会权利委员会（European Committee of Social Rights）成立，它取代了之前的独立专家委员会。

② 四个专题组分别是：（1）雇佣、培训和平等机会；（2）健康、社会保障和社会保护；（3）劳动权；（4）儿童、家庭和移民。

③ 1998年7月1日生效。

3. 国际人权法对经社文权利可诉性的积极回应

经社文权利不仅具有国内宪法机制，还具有国际监督机制。国际上，有相当部分的经社文权利的申诉主要是通过《公民权利和政治权利国际公约》下非歧视原则（第26条）的申诉机制实现的，如兹沃德·弗里斯诉荷兰案（F.H. Zwaan-de Vries v. the Netherlands）、[①] 布鲁克斯诉荷兰案（S.W.M. Brooks v. the Netherlands）[②]、艾薇兰纳诉秘鲁案（Ato del Avellanal v. Peru）[③] 以及盖耶等诉法国案（Gueye et al v. France）[④] 等。这些令人振奋的创举和判例不断向人们展示经社文权利可诉的方式。而近年来，随着2008年12月8日《公约》任择议定书在联合国人权理事会的通过，联合国大会把接受和审查来自个人和群体的，有关经社文权利受到侵害的申诉权限授予经社文权利委员会，国际社会最终终止了是否在国际层面将经社文权利纳入向个人或群体提供救济机制的争论，对经社文权利是否具有可裁判性做出了强有力的回应。《公约》任择议定书走在了国际申诉程序中的最前沿，其不仅设立了处理个人和群体申诉的程序，还设立了大规模或情势严重地违反

---

① *F.H. Zwaan-de Vries v. the Netherlands*, Communication No. 182/1984.

② *S.W.M. Brooks v. the Netherlands*, Communication No. 172/1984.

③ *Ato del Avellanal v. Peru*, Communication No. 202/1986. 这是关于已婚妇女主张其婚姻所得财产权的判例，人权法院认为根据《秘鲁民法典》第168条，Ato del Avellanal女士的平等权受到侵犯，而这种不平等待遇是由于性别不同。对此，委员会认为秘鲁违反了《公民权利和政治权利国际公约》第26条，并建议秘鲁根据第2条对受害者提供有效救济。

④ *Gueye et al v. France*, Communication No. 196/1985. 根据法国法律相关规定，从法国军队退休的塞内加尔士兵的养老金低于具备同等条件的法国公民。人权事务委员会认为，法国的相关法律违反了《公民权利和政治权利国际公约》第26条（非歧视）国籍归入歧视条款中"其他身份"。法国法律提供给从法国军队退休的塞内加尔士兵的养老金，低于其他方面相同的法国公民。

《公约》的调查程序，[①] 以及为缔约国提供专家和技术性援助的信托基金。[②]

可以说，时至今日，人们多已接受了经社文权利可诉的论点，从开始是否可诉的讨论转移到更加细致的审判和执行的问题上。承认经社文权利与其他法律权利一样具有法律约束力是一个很好的起点。一方面，通过委员会的工作，进一步明确了《公约》权利的规范性和缔约国所负有的国家义务。委员会在审查缔约国提交的报告时，将以"合理性"作为衡量标准，这种审查不以一个适用于所有国家的绝对标准为依据，而是要评估缔约国是否在履行《公约》下的国家义务，以及那些真正需要逐步实现的权利要素等。另一方面，经社文权利在很多区域已经由法院来审判，但对于这些权利实际上不可诉的国家来讲，更重要的义务是如何使得权利可诉。

三、结论与启示

从经社文权利走出困境的种种努力和进展中，我们可以得出一些重要结论，并得到一些启发。

1. 正确理解经社文权利及其国家义务

随着人权法的不断发展，人们应当认识到，经社文权利与公民、政治权利的区别，不能看作权利与非权利的区别，而应当看作此权利与彼权利的区别。特别是 20 世纪 90 年代中期以来的国际趋势是，经社文权利的某些"特性"开始淡化并已经

① 2008 年《经济、社会、文化权利国际公约任择议定书》，A/RES/63/117 号文件，第 11 条。

② 2008 年《经济、社会、文化权利国际公约任择议定书》(2008)，A/RES/63/117 号文件，第 14 条。

遭到质疑，要求将人权作为整体对待的意识加强。[①] 这要求缔约国在履行《公约》下的法律义务时，一方面，消除对经济、社会和文化权利的忽视。另一方面，逐渐使得相关权利和相应的国家义务明确清楚。二者是密不可分的。尽管，通过联合国经济、社会和文化委员会的“一般性评论”对相关国际条约的解释，可以使得这些权利的内容和相应国家义务的执行标准更加详尽精确，但在法定程序下有效地确保相关权利的实现，取决于缔约国对国际法律义务的善意履行。[②] 国家应当首先正确地认识权利的属性，继而要明确保障与这项权利实现相关的法规、制度、服务、计划和行动，还要结合本国的制度实际，通过改革措施，保证该项义务的切实履行。

2. 国内法的转化和适用

如今，经社文权利的绝对渐进性和不可诉论在理论上已经得到了否定。与国际人权法的其他部分一样，经社文权利的国际人权标准终归要向国内法转化，并且很大程度上由国内宪法完成。[③] 在现实中，抽象概括的一元论或者二元论难以概括实践的全部，各国都无可避免地随时面临如何处理国际法和国内法的关系，而各国对条约的态度也取决于其国内的法律制度。各缔约国虽不必逐字逐句地将人权条款写入本国宪法，但其缔约的国际人权条约下的法律义务还是应当在国内切实履行。

---

① 柳华文：《经济、社会和文化权利保护的国际新趋势》，载柳华文主编：《经济、社会和文化权利可诉性研究》，中国社会科学出版社 2008 年版，第 41 页。

② 参见 1969 年《维也纳条约法公约》第 26 条，“凡有效之条约对其各当事国有拘束力，必须由各该国善意履行”。Article 26 of the Vienna Convention on the Law of Treaties of 1969: “Every treaty in force is binding upon the parties to the treaty and must be performed by them in good faith” .

③ 从人类早期的人权史看，人权最初是作为国内宪法的一部分得以发展的。[奥] 曼弗雷德·诺瓦克：《国际人权制度导论》，柳华文译，孙世彦校，北京大学出版社 2010 年版，第 35 页。

现实中，经社文权利的国际条款被纳入国内法，或者是由于国家固有的一元主义，或者是因为有条约转化的具体法律。还有一些国家，比如美国和德国，认为其国内的人权法案已然符合甚至超越了国际人权法的要求。当人权条约与其国内法不一致时，许多国家并没有改革本国宪法性的权利法案，而是诉诸国际法上的保留，这就引发不同的国家标准以及大量解释性的问题。①这种现象普遍存在，我国也不例外。

我国政府就《公约》在国内的执行方面，向经济、社会和权利委员会提交的报告和做出的答辩都表示，我国基本法律和法规符合《公约》规定下的立法标准，它们都具有强制效力并基本上可以满足法院裁判的需要。通过援引国内法，我国法院可以满足《公约》中规定的保护公民经社文权利的要求。②实际中，尽管我国对经社文权利保护的法律法规不胜枚举，国内的刑事、民事和行政诉讼法及其修订都显示出我国法律对经社文权利保护的支持立场，但这还不能说我国的法律制度已然能够满足保障《公约》下所有人权的需要，其中存在的问题也同样是不胜枚举，此不赘述。③这些问题和事实都表明，法律的立法或司法程序救济无法满足人们的诉求。尽管最高人民法院通过发布司法解释的方式，暂时解决或缓解了一些经社文权利问题和矛盾，但这种通过司法机关超越职权释法，以此弥补法律制度缺陷的做法不可为长久之计。

解决正确履行《公约》下的法律义务的问题，最便捷的方法是优先考虑解决国际人权条约在国内的适用问题。国际人权法的

① ［奥］曼弗雷德·诺瓦克：《国际人权制度导论》，柳华文译，孙世彦校，北京大学出版社 2010 年版，第 15-16 页，第 36 页。

② UN.doc.E/C.12/CHN/2;UN.doc.E/1990/5/Add.59;UN.doc.E/C.12/CHN/Q/2/Add.1; UN.doc.E/C.12/CHN/Q/2/Add.2;UN.doc.E/C.12/CHN/Q/2/Add.3.

③ 相关案例和事实请参见孙萌：《经济、社会和文化权利的可诉性》，知识产权出版社 2011 年版，第 199-207 页。

先驱劳特派早在1950年指出，实现国际人权法案最有效的方式就是通过国内法院的正常审判。[①]1948年《宣言》和1966年《公民权利和政治权利国际公约》也都强调了司法救济在保护人权方面的重要性。我国法院在实践中，偶尔也有在国内法没有适用条约条款的情况下，参照国际条约判决的法院判例，但目前还没有直接引用国际人权条约的法院判决，尽管我国已经加入了二十多个国际人权条约。对此，我国学者龚刃韧先生曾提出过三个选择性的解决方案：一是在宪法中加入适用国际条约的条款；二是在有关公民权利的法律中加入适用国际人权条约的条款；三是制定人权法案。从目前来讲，第一种方案似乎不太可行，第二种方案的难度又过大。相较而言，采用第三种方案，通过个别转换的方式似乎更加便捷，既可以避免修宪，也可以避免修改具体立法所带来的困难。英国就是通过采用这种做法直接适用《欧洲人权公约》的。但这种做法也会带来新问题：一是如何处理《公约》和中国宪法出现不一致的情况；二是如何看待相应人权法案与中国普通法的关系。[②]

结 语

从经社文权利走出困境的艰难历程中，我们可以看到，每个人生来拥有作为人的权利，这是天经地义的，并非为国家法律所创设，正是这样的人权信念，为人们通过改革恶法、创制善法来把经社文权利合法化、制度化提供了强大动力。但同时，我们也要看到，只有那些具有实在法形态的权利或国家通过法律的形式

① 龚刃韧：《关于国际人权条约在中国的适用问题》，载夏勇主编：《公法》（第一卷），法律出版社1999年版，第293页。

② 龚刃韧：《关于国际人权条约在中国的适用问题》，载夏勇主编：《公法》（第一卷），法律出版社1999年版，第294–296页。

承认保障的人权，才能成为可诉的、可获得救济的权利。国际人权条约机构的作用主要在于督促缔约国保障人权，一国民众权利的实现终归取决于该国政府的善意和努力。我们应该更多地关注实在法层面的操作问题，推动政府诚实地、自尊地、自觉地为国民争取权利，而不再刻意寻求规避人权条约的方法和保留。[①] 随着《公约》任择议定书的通过，公约实施机制的加强，国家必须越来越多地承担更强的法律义务。人权原则不应仅仅是国家空泛的道德义务和政治责任，它应当更多地为包括中国在内的世界各国的文明进步和法制发展注入道德的、社会政治的强大动力，并在此过程中得到充分的实现。

① 比如，《欧洲人权宪章》附件中的一项声明中指出：“《宪章》包括具有国际性质的法定义务，其适用仅受到载于第四部分内容的监督。”尽管该条款有时被理解为对《欧洲社会宪章》条款国内适用的排除，但是《欧洲社会宪章》中一些规定已经被荷兰、德国等法院适用。当芬兰议会批准《欧洲社会宪章》并通过纳入《法案》时，芬兰议会社会事务委员会特别指出：国内法院和行政当局可适用《欧洲社会宪章》的条款。马丁·谢宁：《作为法定权利的经济和社会权利》，载 A. 艾德、C. 克洛斯、A. 罗萨斯主编：《经济、社会和文化权利教程（修订第二版）》，四川人民出版社 2004 年版，第 41 页。

主要参考文献

一、中文文献

（一）中文著作

白桂梅:《国际法》，北京大学出版社 2006 年版。

鲍传友:《教育公平与政府责任》，北京师范大学出版社 2011 年版。

陈良谨主编:《社会工作百科全书》，中国社会出版社 1994 年版。

陈韶峰:《受教育权纠纷及其法律救济》，教育科学出版社 2010 年版。

陈苇:《中国婚姻家庭法立法研究》，群众出版社 2000 年版。

陈苇主编:《澳大利亚家庭法》，群众出版社 2009 年版。

董奇、辛涛主编:《如何开展中小学校督导评估》，教育科学出版社 2013 年版。

付池斌:《现实主义法学》，中国法制出版社 2005 年版。

龚向和:《受教育权论》，中国人民公安大学出版社 2004 年版。

黄风:《罗马私法导论》，中国政法大学出版社 2003 年版。

劳凯声主编:《变革社会中的教育权与受教育权教育法学基本问题研究》，教育科学出版社 2003 年版。

劳凯声主编:《中国教育法制评论》,教育科学出版社出版。

李浩培:《条约法概论(第二版)》,法律出版社 2003 年版。

柳华文主编:《经济、社会和文化权利可诉性研究》,中国社会科学出版社 2008 年版。

柳华文主编:《儿童权利与法律保护》,上海人民出版社 2009 年版。

刘作翔:《权利冲突:案例、理论与解决机制》,社会科学文献出版社 2014 年版。

齐延平:《自由大宪章研究》,山东人民出版社 2007 年版。

强海燕、郑新蓉主编:《女童教育公平与教育质量研究》,教育科学出版社 2013 年版。

任国钧选编:《外国婚姻家庭法典选编》,北京政法学院 1981 年版。

尚晓援:《中国弱势儿童群体保护制度》,社会科学文献出版社 2008 年版。

尚晓援:《建立有效的中国儿童保护制度》,中国社会科学出版社 2011 年版。

尚晓援、王小林、陶传进:《中国儿童福利前沿问题》,社会科学文献出版社 2010 年版。

尚晓援、王小林等:《中国儿童福利前沿问题》,社会科学文献出版社 2011 年版。

尚晓援、王小林等:《中国儿童福利前沿问题》,社会科学文献出版社 2012 年版。

尚晓援、王小林主编:《中国儿童福利前沿问题》,社会科学文献出版社 2013 年版。

沈宗灵:《现代西方法理学》,北京大学出版社 1992 年版。

孙萌:《经济、社会和文化权利的可诉性——标准与实践》,知识产权出版社 2011 年版。

孙霄兵:《受教育权法理学》，教育科学出版社 2003 年版。

王丽萍:《亲子法研究》，法律出版社 2004 年版。

王璐:《英国教育督导与评价：制度、理念与发展》，高等教育出版社 2010 年版。

王雪梅:《儿童权利理论——一个初步的比较研究》，中国社会科学文献出版社 2005 年版。

王雪梅:《儿童福利论》，中国社会科学文献出版社 2014 年版。

温辉:《受教育权入宪研究》，北京大学出版社 2003 年版。

夏吟兰:《美国现代婚姻家庭制度》，中国政法大学出版社 1999 年版。

夏吟兰、蒋月、薛宁兰:《21 世纪婚姻家庭关系新规制》，中国检察出版社 2001 年版。

夏勇:《中国民权哲学》，生活·读书·新知三联书店 2004 年版。

夏勇:《人权概念起源——权利的历史哲学》，中国政法大学出版社 2001 年修订版。

夏勇、高鸿均、贺卫方、张志铭主编:《走向权利的时代——中国公民权利发展研究》，中国政法大学出版社 2000 年版。

夏勇主编:《公法（第一卷）》，法律出版社 1999 年版。

熊丙奇:《教育公平：让教育回归本质》，华东师范大学出版社 2014 年版。

徐显明主编:《人权法原理》，中国政法大学出版社 2008 年版。

徐美君:《未成年人刑事诉讼特别程序研究——基于实证和比较的分析》，法律出版社 2007 年版。

杨成铭:《受教育权的促进与保护》，中国法制出版社 2004 年版。

杨东平:《教育公平的理想与现实》，北京大学出版社 2006 年版。

尹力:《儿童受教育权：性质、内容与路径》，教育科学出版社 2011 年版。

岳礼玲:《刑事审判与人权保障》，法律出版社 2010 年版。

张鸿巍:《少年司法通论》，人民出版社2008年版。

张希坡:《中国婚姻立法史》，人民出版社2004年版。

赵秉志:《刑法立法研究》，中国人民大学出版社2014年版。

赵秉志主编:《未成年人犯罪刑事实体法问题研究》，北京师范大学出版社2014年版。

周洪宇:《教育公平——维系社会公平正义的基石》，中国人民大学出版社2014年版。

朱胜群:《少年事件处理法新论》，台湾三民书局1976年版。

宋雷主编:《英汉法律用语大辞典》，法律出版社2004年版。

（二）中文译著

［美］劳拉·E.伯克著:《伯克毕生发展心理学——从0岁到青少年（第4版）》，陈会昌译，中国人民大学出版社2013年版。

［美］S.亚历山大·里帕（S. Alexander Rippa）:《自由社会中的教育：美国历程（第8版）》，陈瑶注，张斌贤注，於荣译，安徽教育出版社2010年版。

［美］E.博登海默:《法理学——法律哲学与法律方法》，邓正来译，中国政法大学出版社1998年版。

［美］玛格丽特·K.罗森海姆、富兰克林·E.齐姆林、戴维·S.坦嫩豪斯、伯纳德·多恩编:《少年司法的一个世纪》，徐显明主编，高维俭译，商务印书馆2008年版。

［美］富兰克林·E.齐姆林:《美国少年司法》，高维俭译，中国人民公安大学出版社2010年版。

［英］维特根斯坦:《哲学研究》（*Philosophical Investigations*），韩林合译，商务印书馆2013年版。

［英］以赛亚·伯林:《论自由》（修订本），胡传胜译，译林出版社2011年版。

［意］贝卡利亚:《论犯罪与刑罚》，黄风译，中国大百科全书

出版社 2003 年版。

［意］彼德罗·粤梵得:《罗马法教科书》，黄风译，中国政法大学出版社 1992 年版。

［意］朱塞佩·格罗索:《罗马法史》，黄风译，中国政法大学出版社 1994 年版。

［美］凯利·D. 阿斯金、多罗安·M. 科尼格编:《妇女与国际人权法（第一卷）: 妇女权利的国际和区域视角》，黄列、朱晓青译，生活·读书·新知三联书店 2009 年版。

［美］内尔达·H. 坎布朗 – 麦凯布、马莎·M. 麦卡锡、斯蒂芬·B. 托马斯:《教育法学——教师与学生的权利（第五版）》，江雪梅、茅锐、王晓玲译，中国人民大学出版社 2010 年版。

［法］让·雅克·卢梭:《爱弥儿》，李平沤译，商务印书馆 2011 年版。

［奥］弗雷德·诺瓦克:《国际人权制度导论》，柳华文、孙世彦译，北京大学出版社 2010 年版。

［美］艾里克·J. 马施、大卫·A. 沃尔夫:《儿童异常心理学（第二版）》，孟宪璋等译，暨南大学出版社 2004 年版。

［英］梅因:《古代法》，沈景一译，商务印书馆 1959 年版。

［澳］道格拉斯·霍奇森:《受教育人权》，申素平译，教育科学出版社 2012 年版。

［英］约瑟夫·拉兹,《自由的道德》，孙晓林等译，吉林人民出版社 2006 年版。

［美］波斯纳:《法理学问题》，苏力译，中国政法大学出版社 2002 年版。

［美］波斯纳:《法理学问题》，苏力译，北京大学出版社 2002 年版。

［德］迪尔特·施瓦布:《德国家庭法》，王葆时译，法律出版社 2010 年版。

[古希腊]亚里士多德:《政治学》,吴寿彭译,商务印书馆1965年版。

[美]米尔恩:《人的权利与人的多样性——人权哲学问题》,夏勇、张志铭译,中国大百科出版社1993年版。

[美]路易斯·亨金:《权利的时代》,信春鹰、吴玉章、李林译,知识出版社1997年版。

[美]约翰·杜威:《民主与教育》,薛绚译,译林出版社2012年版。

[英]罗素:《罗素论教育》,杨汉麟译,人民教育出版社2009年版。

[英]约翰·洛克:《政府论(下)》,叶启芳、瞿菊农译,商务印书馆1964年版。

[美]保罗·布莱斯特、桑福·列文森、杰克·巴尔金、阿基尔·阿玛编著:《宪法决策的过程:案例与材料(第四版)(下册)》,张千帆、范亚峰、孙雯译,中国政法大学出版社2002年版。

[英]哈特:《法律的概念》,张文显、郑成良、杜景义、宋金娜译,中国大百科出版社1996年版。

[英]玛格丽特·沃特兹:《女权主义简史》,朱刚、麻晓蓉译,外语教学与研究出版社2008年版。

[挪]A.艾德、[芬]C.克洛斯、[比]A.罗萨斯主编:《经济、社会和文化权利教程(修订第二版)》,四川人民出版社2004年版。

[美]哈里·D.格劳斯:《家庭法(第三版)》,法律出版社1999年版。

徐妮娜译:《家庭法》[最新不列颠法律袖珍读本(英汉对照)],武汉大学出版社2004年版。

(三)中文论文

陈苇:《离婚后父母对未成年子女监护权问题研究——兼谈我

国〈婚姻法〉相关内容的修改与补充》，载《中国法学》1998年第3期。

陈苇、谢京杰：《论“儿童最大利益优先原则”在我国的确立》，载《法商研究》2005年第5期。

褚宏启：《关于教育公平的几个基本理论问题》，载《中国教育学刊》2006年第12期。

褚宏启、杨海燕：《教育公平的原则及其政策含义》，载《教育研究》2008年第2期。

冯锐：《关于少年犯罪与完善少年司法制度的思考》，载《江苏社会科学》2005年第3期。

郭道晖：《论权利推定》，载《中国社会科学》1991年第4期。

姜美玲：《当前荷兰基础教育督导体系及其启示》，载《全球教育展望》2002年第9期。

蒋索、何姗姗、邹泓：《家庭因素与青少年犯罪的关系研究的述评》，载《心理科学进展》2006年第3期。

景春兰：《离婚时直接抚养子女方确定的现实与对策——以“儿童最大利益”原则为视角》，载《法制与社会》2010年第35期。

雷文玫：《以“子女最佳利益”之名：离婚父母对未成年子女权利义务行使与负担之研究》，载《台大法学论丛》1999年第3期。

祁靖一、牟艳娜：《“减负”，到底应该从哪下手——专访北京师范大学中国基础教育质量评价与提升协同创新中心首席专家刘坚教授》，载《中小学信息技术教育》2013年第7期。

齐延平：《论普遍人权》，载《法学论坛》2002年第3期。

尚晓援、陶传进：《中国儿童福利制度的权利基础及其限度》，载《清华大学学报》2009年第2期。

申素平：《试析国际人权法中的受教育权》，载《比较教育研究》2009年第9期。

申素平：《我国公民受教育权利的法律保护》，载《中国教育法制评论（第一辑）》2002 年版。

申素平：《受教育权的理论内涵与现实边界》，载《中国高教研究》2008 年第 4 期。

申素平：《从受教育权保护的视角看新的〈中华人民共和国义务教育法〉》，载《中小学管理》2007 年第 3 期。

孙世彦：《论国际人权法下国家的义务》，载《法学评论》2001 年第 2 期。

王洪：《论子女最佳利益原则》，载《现代法学》2003 年第 25 卷第 6 期。

王璐：《中英两国教育督导制度比较——动因、意义与职能》，载《比较教育研究》2008 年第 10 期。

吴声远：《简析法国督导制度的主要特点》，载《外国中小学教育》2004 年第 8 期。

王卫平：《论中国古代传统社会保障制度的初步形成》，载《江海学刊》2002 年第 5 期。

王雪梅：《儿童权利保护的“最大利益原则”研究（上）》，载《环球法律评论》2002 冬季号。

王雪梅：《儿童权利保护的“最大利益原则”研究（下）》，载《环球法律评论》2003 年春季号。

王雪梅：《从〈儿童权利公约〉的视角看中国儿童保护立法》，载《当代青年研究》2007 年第 10 期。

王宷兴：《美国拒绝批准〈儿童权利公约〉原因探析》，载《少年犯罪问题研究》2006 年第 1 期。

夏勇：《权利的推定与推行——米尔恩人权观点评述》，载《中国法学》1992 年第 1 期。

辛涛：《我国教育问责制建立的几个关键问题》，载《北京大学教育评论》2013 年第 1 期。

辛涛、李峰、李凌艳：《基础教育质量监测的国际比较》，载

《北京师范大学学报（社会科学版）》2007 年第 6 期。

姚建龙:《美国少年法院的运动展开》，载《法学评论》2008 年第 1 期。

姚建龙:《少年司法制度概念论》，载《当代青年研究》2002 年第 05 期。

杨成铭:《新义务教育法五论》，载《法学杂志》2007 年第 1 期。

杨东平:《从权利平等到机会均等——新中国教育公平的轨迹》，载《北京大学教育评论》2006 年第 2 期。

杨涛、辛涛、董奇:《法国基础教育质量测评体系探析》，载《比较教育研究》2013 年第 4 期。

尹力:《教育人权及其保障——新〈义务教育法〉何以落实和完善》，载《教育研究》2007 年第 8 期。

余雅风:《义务教育质量有效保障的法律分析》，载劳凯声主编:《中国教育法制评论（第九辑）》，教育科学出版社 2011 年版。

赵秉志:《当代中国刑罚制度改革论纲》，载《中国法学》2008 年第 3 期。

祝爱珍:《霍姆斯的现实主义法学思想——从“法律的生命不是逻辑，而是经验”谈起》，载《宁德师专学报（哲学社会科学版）》2007 年第 3 期。

［委内瑞拉］帕特丽夏・扭特:《监护》，鲁叔媛译，载《法治论丛》1991 年第 3 期。

二、英文文献

（一）英文著作

Philip Alston eds., *The Best Interest of the Child*: *Reconciling Culture and Human Rights*, Oxford: Clarendon Press, 1994.

Philip Alston, and Katarina Tomaševski， *eds.*, *The Right to Food*,

Dordrecht, Netherlands: Martinus Nijhoff, 1984.

Philippe Aries, *Centuries of Childhood: A Social History of Family Life*, translated by Rober Baldick, New York: Alfred A Knopf, 1962.

Sophonisba P. Breckinridge and Edith Abbott, *The Delinquent Child and the Home*. New York: Russell Sage Foundation Charities Publication Committee., 1912.

Claire Breen, *The Standard of the Best Interests of the Child: A Western Tradition in International and Comparative Law*, New York: Springer, 2002.

Willie Mc Carney, eds., *Juvenile Delinquents and Young People in Danger in an Open Environment: Utopian or Reality? Legal Frameworks and New Practices; Comparative Approach*, Winchester: Waterside Press, 1996.

Micheal Cretney, Judith Masson, Rebecca Harris, *Principles of Family Law*, United States: Sweet Maxwell, 2001.

Sharon Detrick, *A Commentary on the United Nations Convention on the Rights of the Child*, The Hague: Martinus Nijhoff, 1999.

Asbj¢rn Eide et al., *Economic Social and Cultural Rights: A textbook*.2nd Rev.Ed.Dordrecht: Martinus Nijhoff, 2001.

Sarah Elliston, *The Best Interests of the Child in Healthcare*, New York: Taylor & Francis e-Library, 2007.

Julia Fionda, ed., *Legal Concepts of Childhood*. Oxford: Hart, 2001.

Michael Freeman, *A Commentary on the United Nations Convention on the Rights of the Child*: Article 3 The Best Interest of The Child, Leiden: Martinus Nijhoff, 2007.

Micheal Freeman, *The Moral Status of Children*, The Hague: Martinus Nijhoff, 1997.

Benjamin D.Garber, *Developmental Psychology for Family Law*

Professionals: Theory, Application, and The Best Interests of the Child, New York: Springer Publishing, 2010.

Joseph Goldstein, Sonja Goldstein, Albert Solnit, and the late Anna Freud, *In the Best Interest of the Child*, New York: The Free Press, 1998.

Christopher Berry Gray ed., *The Philosophy of Law: An Encyclopedia*, New York and London: Garland Publishing, 1999.

Martin Guggenheim, *What's Wrong With Children's Rights?*, United States: Harvard University Press, 2005.

Oliver Wendell.Holmes, JR., *The Common Law*, ED.M.Howe, Boston: Little Brown, （1881）1963.

Stanford N.Katz, John Eekelaar, and Mavis Maclean， *Cross Currents: Family Law Policy in the United States and England*， Oxford: Oxford University Press, 2000.

Sanford Katz, John Eekelaar, Mavis Maclean, *Cross Currents-Family Law and Policy in the United States and England*, Oxford University Press, 2000.

Karen M. Kedrowski and Michael E. Lipscomb, *Breastfeeding Rights in The United States*, United States: Praeger Publisher, 2008.

George Kent, *Freedom from Want: The Human Right To Adequate Food*, United States: Georgetown University Press, 2005.

Michael King, ed., *Moral Agendas for Children's Welfare*， London and New York: Routledge, 1999.

Saul Kripke, *Wittgensteinian on Rules and Private Language*, Oxford, Blackwell, 1982.

Gareth Miller, *Fronteirs of Family Law*, Aldershot: Ashgate PublishingLimited, 2003.

Paul Millar, *The Best Interests of Children: An Evidence-Based*

Approach, Toronto: University of Toronto, 2009.

Manfred Nowak, *Introduction to the International Human Rights Regime*, Leiden: Martinus Nijhoff, 2003.

Katherine O'Donovan, *Family Law Matters*, London: Pluto Press, 1993.

Cynthia Price Cohen *eds.*, *Jurisprudence on the Rights of The Child*, Vol.1,Ardsley, New York: Transnational Publishers, 2005.

Jan Riordan and Karen Wambach, *Breastfeeding and Human Lactation*, The Forth Edition, Massachusetts: Jones and Bartlett Publishers, 2010.

Jan Riordan, *Breastfeeding And Human Lactation*, The Third Edition, London: Jones and Bartlett Publishers, 2005.

Amartya Sen, *Poverty and Famines*: *An Essay on Entitlement and Deprivation*, Oxford: Oxford University Press, 1982.

Henry Shue, *Basic Rights*: *Subsistence*, *Affluence and U.S. Foreign Policy*, Second Edition, Princeton University Press, 1996.

Geraldine Van Bueren, *The International Law on the Rights of the Child*, The Hague: Martinus Nijhoff, 1998.

Office of the United Nations High Commissioner for Human Rights, *Legislative History of the Convention on the Rights of the Child*（Volume I）, New York and Geneva, 2007.

（二）英文论文

Craig Scott，Patrick Macklem, "Constitutional Ropes of Sand or Justifiable Guarantees? Social Rights in a New South Africa Constitution"，in *University of Pennsylvania Law Review*, Vo1.141, No.1, 1992, pp.1–148.

Lynn M. Akre, "Struggling with Indeterminacy: A Call for

Interdisciplinary Collaboration in Redefining the Best Interest of the Child Standard" , in *Marquette Law Review*, Vol.75, Iss.3, pp.628–672.

David Archard and Marit Skivenes, "Deciding Best Interests: General Principles and the Cases of Norway and the UK" , in *Journal of Children's Services*, Vol.5, Iss.4, 2010, pp. 43–54.

Claire Breen, "Poles apart? The Best Interests of The Child and Assisted Reproduction in The Antipodes and Europe" , in *The International Journal of Children's Rights*, Vol.9, Iss.2, 2001, pp.157–180.

Eva Brems, "Right Above Their Heads: The Headscarf Controversy and Children's Rights" , in *International Journal of Children's Rights*, Vol.14, Iss.2, 2006, pp.119–136.

Claire Brennan, "*Third Party Liability for Child Abuse*: Unanswered Questions" , Journal of Social Welfare and Family Law, Vol.25, No.1, pp.23–37.

Bridgette A. Carr, "*Incorporating a 'Best Interests of the Child' Approach Into Immigration Law and Procedure*" , in Yale Human Rights and Development Law Journal, Sping, 2009, pp.120–159.

Kari J. Carter, "The Best Interest Test and Child Custody: Why Transgender Should Not Be a Factor in Custody Determinations" , in *Health Matrix Clevel*,Vol.16, No.1, 2006, pp.209–236.

David N. Cornfield, Jeffrey P. Kahn, "Decisions about Life-sustaining Measures in Children: in Whose Best Interests?" , in *Acta Paediatr*, Vol.101, No.4, 2012, pp.333–336.

Eric A. DeGroff, "Sex Education in the Public Schools and the Accom modation of Familial Rights" , in *Children's Legal Rights Journal*, Vol. 26, 2006, pp.21–45.

John Eekelaar, "The Interests of The Child and the Child's Wishes: the Role of Dynamic Self-Determinism" , in *International Journal of*

Law, Policy and The Family, Vol. 8, No. 1, 1994,pp. 42–61.

John Eekelaar, "The Importance of Thinking That Children Have Rights" , *International Journal of Law and the Family*, Vol.6, No.1, 1992, pp.221–235.

John. Elster, "Solomonic Judgements: Against the Best Interests of the Child" , in *University of Chicago Law Review*,Vol. 54, No. 1, 1987, pp. 1–45.

John Eekelaar, "The Emergence of Children's Rights" , in *Oxford Journal of Legal Studies*, Vol.6, No.2, 1986, pp.161–182.

Penny Van Esterik, "Contemporary Trends in Infant Feeding Research" , in *Annual Review of Anthropology*,Vol. 31, 2002, pp.257–278.

Martha Fineman, "Dominant Discourse, Professional Language, and Legal Change in Child Custody Decision-making" , in *Harvard Law Review*, Vol. 101, No. 4, 1988, pp. 727–774.

Jane Fortin, "Children's Rights: Are the Courts Now Taking Them More Seriously?" , in *King's College Law Journal*, Vol.15, 2004, pp.253–272.

Micheal Freeman, "Upholding The Dignity and The Brest Interest of Children: International Law and Corporal Punishment of Children" , in *Law and Contemporary Problems*, Vol.73, 2010 Spring, pp.211–251.

Micheal Freeman, "Whose Life Is It Anyway?" , in *Medical Law Review*, Vol.9, 2001, pp.259–280.

Micheal Freeman, "Rethinking *Gillick*" , in *International Journal of Children's Rights*, Vol.13, Iss.12, 2005, pp.201–218.

Theresa Glennon, Robert G. Schwartz, "Foreword: Looking Back, Looking Ahead: The Evolution of Children's Rights" , in *Temple Law Review*, Vol.68, No.4, 1995, pp.1557–1572.

Bruce C. Hafen, "Children's Liberation and the New Egalitarianism: Some Reservations about Abandoning Youth to Their Rights" , in *Brighham Young University Law Review*, Vol.1976, Iss.3, 1976, pp.605–658.

Louis Henkin, "A Post-Cold War Human Rights Agenda" , in *Yale Journal of International Law*, Vol.19, Iss.1, 1994.

Wesley Newcomb Hohfeld, "Some Fundamental Legal Conceptions as Applied in Judicial Reasoning" , in *Yale Law Journal*, Vol.23, No.1, 1913, pp.16–45.

Joan B. Kelly, "The Determination of Child Custody" , in *The Future of Children*, Vol.4, No.1, 1994, pp.121–142.

George Kent, "Child feeding and Human Rights" , in *International Breastfeeding Journal*, Dec.2006, pp.1–27.

Duncan Kennedy, "Legal Formality" , in *Journal of Legal Studies*,Vol. 2, No. 2, pp.351–398.

Michael C. Latham, "Breastfeeding-a human rights issue?" , in *The International Journal of Children's Rights*, Vol.5, Iss.4, 1997, pp.397–417.

Lynne Marie Kohm, "Tracing the Foundations of the Best Interests of the Child Standard in American Jurisprudence" , in *Journal of Law and Family Studies*, Vol.10, No 2, pp.337–376.

Kathryn L. Mercer, "A Content Analysis of Judicial Decision-Making: How Judges Use the Primary Caretaker Standard to Make a Custody Determination" , in *William and Merry Journal of Women and the Law*, Vol.5, Iss.1, 1998, pp.1–149.

Stephen F. Morin, Stephen J. Schultz, "The Gay Movement and the Rights of Children" , in *Journal of Social Issues*, Vol.34, Iss.2, 1978, pp.137–148.

Virginia Morrow, "We Are People Too: Children's and Young

People's Perspectives on Children's Rights and Decision Making in England" , in *International Journal of Children's Rights*, Vol. 7, Iss. 2, 1999, pp.149–170.

Robert H. Mnookin, "Child-Custody Adjudication: Judicial Functions in the Face of Indeterminacy" , in *Law and Contemporary Problems*, Vol. 39, No. 3, 1975, pp. 226–293.

Stephen G. Post, "Adoption Theologically Considered" , in *The Journal of Religious Ethics*, Vol.25, No.1, 1997, pp.149–168.

Daniel Rivers, " 'In The Best Interests of The Child' : Lesbian and Gay Parenting Custody Cases" , in *Journal of Social History*, Vol.43, No.4, 2010, pp.917–943.

Robert E. Robertson, "Measuring State Compliance with the Obligation to Devote the 'Maximum Available Resources' to Realizing Economic, Social and Cultural Rights" , in *Human Rights Quarterly*, Vol. 16, No.4, 1994, pp.693–741.

Carl Schneirder, "Discretion, Rules, and Law: Child Custody and the UMDA's Best-Interest Standard" , *Michigan Law Review*, Vol. 89, No. 8, 1991, pp. 2215–2298.

Craig Scott, "The Interdependence and Permeability of Human Rights Norm: Towards a Partial Fusion of the International Covenant on Human Rights" , in *Osgoode Hall Law Journal*, Vol.27, No.4, 1989, pp.769–878.

Girardeau A. Spann, "Deconstructing the Legislative Veto" , in *Minnesota Law Review*, Vol.68, pp.473–544.

Jane Spinak, "When Did Lawyers for Children Stop Reading Goldstein, Freud and Solnit? Lessons from the Twentieth Century on Best Interests and the Role of the Child Advocate" , in *Family Law Quarterly*, Vol.41, 2007, pp.393–411.

Carl Schneider, "Discretion, Rules and Law: Child Custody and the UMDA's（US Uniform Marriage and Divorce Act, 1974）Best Interest Standard" , in *Michigan Law Review*, Vol. 89, No. 8, 1991, pp.2215–2298.

Frank Sullivan Jr，"Indiana as a Forerunner in the Juvenile Court Movement"，in *Indiana Law Review*, Vol.33, 1997, pp.279–303.

Linda Sweet and Charmaine Power, "Family Law as a Determinant of Child Health and Welfare: Shared Parenting, Breastfeeding and The Best Interests of The Child" , in *Health Sociology Review*, Vol. 18, Iss.1, 2009, pp.108–118.

David S. Tanenhaus, "Between Dependency and Liberty: The Conundrum of Children's Rights in the Gilded Age" , in *Law and History Review*, Vol.23, No.2, 2005, pp.351–385.

John Tobin, "Judging the Judges: Are They Adopting the Rights Approach in Matters Involving Children?" , in *Melbourne University Law Review*, Vol.33, No.2, 2009, pp. 579–625.

Joanne Ross Wilder, "Religion and Best Interests in Custody Cases" , in *Journal of the American Academy of Matrimonial Lawyers*, Vol.18, 2002, pp.211–234.

Bar-Yam, Naomi Bromberg, "Breastfeeding and human rights: Is there a right to breastfeeding? Is there a right to be breastfed?" , in *Journal of Human Lactation*, Vol.19, No.4, 2003, pp.357–361.

Jean Zermatten，"The Best Interests of the Child Principle: Literal Analysis and Function"，in *The International Journal of Children's Rights*, Vol.18, Iss.4, 2010, pp.483–499.

Joanne Ross Wilder, "Religion and Best Interests in Custody Cases" , in *Journal of the American Academy of Matrimonial Lawyers*, Vol.18, 2002, pp, 211–234.

Danaya C. Wright, "De Manneville v. De Manneville: Rethinking the Birth of Custody Law under Patriarchy", in *Law and History Review*, Vol.17, Iss.2, 1999, pp.247–307.

后 记

键盘上敲完最后一个字符，推窗而望，方觉京师学堂边上的树木、草地和竹林是如此清雅静美。一年多来默默地“宅”在这座名旧实新的房子里，仿佛就是为了这一刻的快慰与解脱。

本书是我近十年来接触和研究儿童问题的一个小结。第七、八、九章关于儿童教育，是最近两年新写的，其他各章则是基于从前写下的、但大多数攒在手里未交发表的研究素材，经大幅修改或重写而成。其中：第一至六章关于儿童最大利益原则的基本理论问题，取材于我的博士论文；第十章关于儿童的哺乳权，取材于我的硕士论文；第十一章关于违法儿童的保护，取材于中国人权研究会的一个关于少年司法的研究项目。附录里的一篇关于《经济、社会和文化权利国际公约》实施问题的论文，曾发表于《政法论坛》，在此做了些修订，考虑到儿童保护制度与联合国《经济、社会和文化权利国际公约》关系密切，面临的理论和实践困境有诸多相通之处，收录作为参阅，期望对理解和深化本书主题有所助益。

说是“小结”，实际的感觉好像是刚刚“开始”。付梓之际，遗憾多于喜悦，许多问题被有意无意地遗漏，不少感兴趣的问题还来不及深入研究。聊以宽慰的是，写作的过程，既是重新审视、修改提高的过程，也是享受学术研究快乐的过程。写作习练仿若酿酒，愈久弥香。在这速写速朽的年代，能够潜心专一地坐下来，读所趣，思所念，写所想，的确是一件惬意的事情。只是心智有限，功力不足，恐有诸多疏漏，只得留待日后改进。

说将该书献给某某，不免落于俗套。但对我而言，致谢却承载着由衷的恩报与感激，是不得不道出的。

衷心感谢北京师范大学的老师和同事，尤其是董奇教授、辛涛教授。一年多来的耳濡目染，使我对“学为人师，行为世范”的校训有了深切体会，对“精益求精、生生不息、勤勉奉公”有了真切感受，并坚定了今后的努力方向。感谢我的同事 Andersson Bjoern 博士为本书英文目录的修改提出宝贵建议。感谢北京师范大学青年教师基金项目对本书撰写和出版的资助与支持。

衷心感谢远在荷兰的研究生导师 Ineke Boerefijn 教授、Tom Zwart 教授、Leo Zwaak 教授以及 Yuwen Li 教授，远在爱尔兰曾于 2005 年帮助我进修儿童法律问题的 William Shabas 教授、Sean Goggins 博士、Katarina Mårtensson 博士、Peter Fitzmaurice 先生等。尤其是 Ineke Boerefijn 教授，2007 年至 2008 年，她对我关于儿童哺乳权的硕士论文倾注了大量心血，她的严谨、诚恳与活力，永远是我等女性从业者的榜样。

衷心感谢王可菊教授、徐显明教授、陈泽宪教授。承蒙三位老师的鼓励与推荐，使我得以接续欧洲念书时的研究兴趣，攻读博士学位，在做学问这条艰辛孤寂的人生道路上，坚定不移地走下去。

衷心感谢我的博士导师齐延平教授。我是个鲁钝的学生，老师不曾因此见弃，付出了大量心血。还记得博士论文定稿之际，他从济南赶回北京，花费时间逐字逐句修改。老师及师母的鼓励、教诲和关爱，不仅带给我知识的惠泽，也令我感受到为人师表的厚重。

衷心感谢中国政法大学班文战教授。班老师虽不是导师，但犹似导师。同时，衷心感谢王人博教授、夏吟兰教授、郑永流教授、杨宇冠教授、张晓玲教授、岳礼玲教授、杨成铭教授、孙国栋老师、徐爽教授、张伟教授，在我的博士研究生学习期间和博士论文写作、答辩期间，他们给予的中肯批评和热情鼓励，令我受益匪浅。

衷心感谢中国法制出版社。该社严谨细致的编校，数易其稿，为我勘正了许多错漏。在这个浮躁失责的年代，他们的精神值得学习。

最后，我要感谢我的家人。他们深厚的情谊绵延不绝，高尚纯洁、无私无畏，是我坚持不懈，勇敢面对未来的力量源泉。

万籁俱寂，荷莲清香，外直中通，出泥不染。这是大自然的圣美，也是人世间的追求。

作者谨记

图书在版编目（CIP）数据

善待儿童：儿童最大利益原则及其在教育、家庭、刑事制度中的运用 / 何海澜著. —北京：中国法制出版社，2016.3

ISBN 978-7-5093-6812-1

Ⅰ. ①善…　Ⅱ. ①何…　Ⅲ. ①妇女儿童权益保护—研究—中国　Ⅳ. ①D923.84

中国版本图书馆CIP数据核字（2016）第055999号

策划编辑：戴　蕊（dora6322@sina.com）

责任编辑：薛　强（editor_xue@163.com）　　封面设计：杨泽江

善待儿童：儿童最大利益原则及其在教育、家庭、刑事制度中的运用

SHANDAI ERTONG：ERTONG ZUIDA LIYI YUANZE JIQI ZAI JIAOYU、JIATING、XINGSHI ZHIDU ZHONG DE YUNYONG

著者 / 何海澜

经销 / 新华书店

印刷 / 北京九州迅驰传媒文化有限公司

开本 / 640 × 960毫米　16　　印张 / 28.5　字数 / 357千

版次 / 2016年3月第1版　　2016年3月第1次印刷

中国法制出版社出版

书号ISBN 978-7-5093-6812-1　　定价：60.00元

值班电话：010-66026508

北京西单横二条2号　邮政编码100031　　传真：010-66031119

网址：http://www.zgfzs.com　　**编辑部电话：010-66038139**

市场营销部电话：010-66033393　　**邮购部电话：010-66033288**

（如有印装质量问题，请与本社编务印务管理部联系调换。电话：010-66032926）